앞으로 20년 대한민국은 초고령화사회로 접어든다
OECD 노인빈곤률 1위 자살률1위 이혼률 1위 현재 대한민국현실이다
우리가 나라가 잘못흘러간다는 외관상 성적표이다
누구의 책임인가?
현재 공직자는 참회의눈물을 흘리고 반성해야한다
소통하는사회를 만들어야하고 노인 학대성적에 깊이 반성해야한다
이씨조선 500년 정도전이가 설계한나라읶 성적표가 외부 문명에의해
정신문화가 사라진대한민국 참담하다
현재 생존하는 기자 방송국관계자도 노인빈곤률을 논의하고 자살률을
내리는 사회만들기에 앞장서야한다
한마디로 챙피한 나라가 되었다
자본주의작품인가? 숨만쉬어도 비용이 월200만원 나가는나라
통신비 교통비 식대 의료 기본생계비를 노인에게 100%지원해주는나라로
변해야한다
같이살아가는 교육으로 완전 바꿔어야한다
누가누가잘하나 프로그램을 없애야한다
같이 즐기고 대한민국이 영혼이 있는나라로 바꿔어야한다
노인생계비를 표준으로 각개인의소득기준을 바꿔어야한다
하나님이 둔갑하여 신의계시받는 종교를 없애야한다
5000만년전 조상의 삶의 철학을 교육하는 교육제도를 만들어야한다
의사는 병을 고쳐서 인간의삶을 풍요하게만들고 법은 세상이 잘흘러가게
만들어야하는데 모든 것이 기준이돈이다 슬픈일이다
난의사니까 병든환자를위해 임금0원이라도 행복을팔겠다
난법률가니까 임금0원이라도 평생 봉사하겠다는 법률가가 나와야한다
우선 현실을직시하고 파고다에 모여있는 노인을대상으로 사회에 합류할 수 있는 정치경제문화
개혁을 추진하는 제9회 지방자치단체 선거가 내년6월에 실시된다 4000명의 신규고용이 확대
된다 전국민이 참여하여 스스로 좋은직업을 찾자 여러분이 대한민국 우리조국을 사랑한다면
살아생전 고쳐 희망찬사회를
만들어야되지않겠는가?
                          저자 김정수배상

제9회 지방의회선거대비 홍익인간
k민주주의누구나출마고용창출

글로벌

발간에 즈음하여

우리민족은 저력있는 민족이다 민주주의를 도입하면서 수많은 시행착오를 격었다.

유튜브나 통신매체의 발달로 실시간뉴스를 매일 한눈에 접한다.

입법 사법 행정부 3권 분립으로 되어있는데 수 천가지 현안을 토론하고 의결하는 구의회 시의회의원을 선출한다.

법률1줄이 민생에 걸려있는시점에서 합리적인 판단을내려 조례 규칙등 현안을 미래지향적으로 해결하는 의결기관을 맡을 인재를 뽑는다.

국민을 행복하게 국민을 건강하게 국민의 생활을 올바르게 방향을 잡고 처리할 인재 저출산률 양극화를 해결할 기관을 뽑는날이고 유능한 인재를 널리 고용하여 국가 발전의 초석으로 삼아야한다.

수천가지 시행착오를 거울삼아 국민의 나침판이 될 인재를 뽑아야한다.

현정부는 일처리를 잘하는 의원을 원한다.

지장선거에 관심을 갖고 명퇴한 직장인 사회경험이 있는자가 많이 도전했으면하는 바램이다. 국가적으로 직면한 문제 각 구별로 직면한 문제를 국민의 차원에서 보호하고 해결했으면 하는 바램이다.

우리 사회는 초고령화에 직면해있다 잘못관리하면 민족의 역사의 죄인이 될 수 있다.

국민에 직면한 빈부차 치매발병률 자살율 저출산률 오명을 치유할 인재를 뽑아야한다.

같은 돈으로 효과적으로 해결한다면 건강도 찾고 실업률도 해소하고 안보식량도 해결하는 초강대국이 되는 기회로 삼아야한다.

해결방안은 아이디어 산출 정부협력 민관합동작전으로 수행되어야 한다. 자본주의 빈부차 원인을 파해쳐 요인을 제거해야한다.

치매발병원인과 대책을 수립해야한다. 자살률 원인을 파악하고 함께 사는 사회를 만들어야한다.

500세대 단위 도서관 건립은 치매발병률 고용창출을 상생할 수 있다.

방통대 확장은 배우지 못한 배움을 저렴한 비용으로 격상시킬 수 있다.

스마트팜농업 확대지원은 안보식량과 고용창출을 할 수 있다.

소형태양광 확대사업은 국가적으로 에너지위기를 극복하고 고용창출도할수잇다.우리민족을 이씨조선500년 과거시험으로 학문의 중요성 실요의중요성을 체감한 민족이다.

우리함께 노력합시다.

목 차

제1장 지방의회 선거개요
1. 선거 개요 ··· 15
2. 선거권 피선거권 ·· 15

제2장 지방의회 법률용어
1. 조례 중심의 의회용어 정리 ··· 16
2. 5. 용어 정리 ··· 16
3. 의회용어 알아보기 ··· 19
4. 생소한 의회용어 ··· 20
5. 회의관련 다양한 용어들 ··· 22

제3장 출마선거별 기탁금
3-1 이재명 대통령 후보 서울 지역별 공약 ······················· 24
3-2 출마선거별 기탁금 ·· 39

제4장 생각하는사람
4-1 150억 광년 전후 나 ·· 43
4-2 천부경 ··· 44
4-3 108번뇌 ·· 48
4-4 인의예지 ··· 50
4-5 외국인 한국어 교수 초빙 500명 ··································· 51
4-6 사서삼경요약(◆ 사서(四書) ··· 52
  1. 대학(大學)   52
  2. 논어(論語)   56
  3. 맹자(孟子)   63
  4. 중용(中庸)   65

◆ 삼경(詩經)
  1)시경(詩經) ··· 68
  2) 서경(書痙) ··· 70
  3) 주역(周易) ··· 73

제5장 한민족 조상얼단체
  1. 총회명부 ··· 7
  2. 단체의 정관 ··· 10
  3. 단체 총회회의록 ··· 11
  4. 사업수지계획서 ··· 12
  5. 사업수지예산서 ··· 12
  6. 공익활동 ··· 13
  7. 대표자 재산출현 ··· 13

제6장 대한민국 법률 용어

제1장 제9회 전국 동시 지방선거

1. 선거 개요
2. 선거권 피선거권

제1장 제9회 전국 동시 지방선거

1. 선거 개요

제9회 전국동시지방선거는 민선 8기의 시도지사 및 시군구청장과 광역 및 기초단체 의회 의원, 교육감의 후임자 및 연임자를 뽑는 것으로, 당선자는 민선 9기 광역단체장 및 기초단체장, 광역 및 기초단체 의회 의원, 교육감이 된다. 또한 국회의원 명을 뽑는 [2026년 대한민국 재보궐선거/6월 3일 재보궐선거]와 동시에 치른다.

이번 선거부터 교육의원 일몰제가 적용되어 교육의원에 대한 투표는 더 이상 진행하지 않게 되며 2023년 7월 1일부터 편입된 대구광역시 군위군수, 2026년 7월 1일에 출범 예정인 인천광역시 제물포구청장, 영종구청장, 검단구청장을 뽑을 예정이다.

2. 선거권, 피선거권

2008년 6월 4일이전 출생 대한민국 국민은 선거권과 피선거권이 있다
무직자 미취업자 가난한자의 자본주의 희망 주식은 지구가 멸망할때까지 오른다.
성숙자본주의 기간은 주식에 투자하라 최소 10배, 100배는 오른다.
아무직업도 없는 청년에게 조언한다. 방통대무시험으로 입학하고 국비장학금 400만원을 받아라.
절반을 주식투자 절반은 현금보유하라; 10년 뒤에 대학학위를 2~3개 받는다.
세계 어느 대학도 갈 수 있다.
의사도 변호사도 지원만 하면 가능하다. 구청에 일자리 신청하고 200만원 모아서 내년 지방의회의원에 도전하라. 판례는 변호사 조례는 지방의회의원 몫이다.
저절로 부자가 된다. 정직하고 성실하다면 출판사에 쿠팡에 누구나 취업할 수 있다.
젊어서 고생은 사서한다는 속담이 있다.
우리나라 사람과 같이 노력하지 않고 일하지 않는 국민은 못보았다.
100% 모든 개인은 저절로 재벌에 입문할 수 있다. 미국 관련 자본주의는 무조건 주식을 올

려 생활하는 민족이기에 주식을 사라.

　코스피 1만포인트 10만포인트는 10-30년 안에 간다. 미취업자 무직자 누구나 가능하므로 24시간 상담해 드린다.

　최소한 타국민보다 노력은 해야 국가가 유지되므로 희망을 가지고 청소년들 노령자님들은 살아야한다. 자살하지 말자.

제2장 지방의회 법률용어

1. 조례 중심의 의회용어 정리
2. 용어 정리
3. 의회용어 알아보기
4. 생소한 의회용어
5. 회의관련 다양한 용어들

1. 조례 중심의 의회용어 정리

지방자치단체가 조례를 제정할 수 있는 것은 헌법의 규정에 근거하는 개개의 법률에 규정이 없을지라도 지방자치단체의 사무라면 이의 조례를 정할 수 있다.

그러나 법령이 정하는 이상으로 시민에게 불이익을 주는 내용을 제정해서는 안된다. 현행 법은 '주민의 권리제한 또는 의무부과에 관한 사항이나 벌칙을 정할 때에는 법률의 위임이 있어야 한다'고 규정하고 있다.

지방자치단체 구역 내의 사무일지라도 국가의 사무일 때에는 역시 법률의 위임이 있어야 한다.
① 조례 : 지방자치단체가 법령의 범위 안에서 지방 의회의 의결을 거쳐 그 지방 사무에 관하여 제정하는 법
② 청원 : 바라는 점이 있거나, 혹은 어려움을 겪거나 하고 싶은 말이 있을때, 시의원을 통해 의회에 접수하는 것입니다.
③ 발의 : 의원이 의안을 내는 것
④ 의안 : 지방의회의 의결을 필요로 하는 많은 사항 즉, 안건중에서 특별한 형식적 요건을 구비하여 의원이나 지방자치단체의 장이 제출하는 것
⑥ 정례회 : 정례적으로 개회되는 회의로 매년 2회 개최되며 행정사무감사, 예산심의, 확정, 기타 부의안건 등을 처리합니다.
⑦ 본회의 : 의원 전체가 참여하여 시정 사안을 논의하고 결정하는 회의를 말합니다.
⑧ 의사일정 : 회기를 진행하기 위한 예정서를 말합니다. 늦어도 본회의 개의 까지 본회의에 보고해야 합니다.

2. 용어 정리

1) 발의와 제출

발의란, 의원이 안건을 낼 때를 말하며, 지방자치단체의 장이 안건을 내는 것은 '제출'이라고 한다.

2) 상임위원회

각종 의안을 전문적이고 능률적으로 심사하기 위해 설치된 기관.

3) 개회
의회가 집회되어 활동을 시작하였다는 말.

4) 제안
위원회가 안을 만들어 낼 때, 발의와 재출을 포함한 개념이라고 할 수 있음

5) 발의와 제출
발의란 지방의회에서 지방의원이 논의할 대상, 즉 조례안, 건의안, 결의안, 동의, 등 각종 안건을 내놓는 것을 통합한다. 그런데 통상적으로 의원이 안건을 낼 때를 말하며, 지방자치단체의 장이 안건을 내는 것을 '제출'이라고 합니다.

5) 상임위원회
각종 의안을 전문적이고 능률적으로 심사하기 위해 설치된 기관입니다.
의장 또는 위원장이 필요하다고 인정하거나 재적위원 3분의 1 이상의 요구가 있을 때 개회해요

6) 개회
의회가 정회되어 활동을 시작하였다는 말

7) 제언
위원회가 안을 만들어 낼 때(발의와 제출을 포함한 개념이라고 할 수 있습니다.)

8) 재의
의장이 안을 만들어 낼 때

9) 질의
의제의 범위 안에서 의문나는 사항, 문제점 등을 제안자에게 묻는 안건심사 절차로써의 한 단계

10) 이송
의회에서 의결 또는 채택한 안건을 지방자치단체의 장에게 보내는 행위

11) 부결
표결결과 찬성하는 의원이 당해 안건의 가결에 필요한 수에 미치지 못하여 통과되지 못하는 것을 뜻하는 단어입니다.

12) 폐회
예정되었던 회기를 끝마치는 것을 뜻하는 단어입니다.

13) 재개
본회의 휴회기간 중 긴급 안건 처리 등을 위해 휴회를 해제, 본회의를 다시 여는 것을 뜻하는 단어입니다.

① 조례 : 지방자치단체가 지방의회의 의결을 거쳐 제정하는 법 형식의 지방자치법
② 지방자치단체가 조례를 제정할 수 있는 것은 헌법의 규정에 근거하는 것이므로 개개의 법률에 근거 규정이 없을 지라도 지방자치단체의 사무라면 이의 조례를 정할 수 있다.
  - 조례란, 지방자치단체가 지방의회의 의결을 거쳐 제정하는 법 형식으로 지방자치단체의 자치법규이에요

  즉, 지방자치단체가 조례를 제정할 수 있는 것은 헌법의 구정에 근거하는 것이므로 개개의 법률에 근거규정이 없을지라도 지방자치단체의 사무라면 조례를 정할 수 있다. 그러나, 법률이 정하는 이상으로 시민에게 불이익을 주는 내용을 제정해서는 안휜다. '현행법은 '주민의 권리제한 또는 의무부과에 관한 사항이나 벌칙을 정할 때에는 법률의 위임이 있어야 한다'고 규정하고, 그리고 지방자치단체 구역 내의 사무일지라도 국가의 사무일 때에는 역시 법률의 위업을 요한다.

③ 제제정 : 제도나 법규 등을 만들어 정하는 것이다.
  - 제정 : 헌법이나 법률·시행령·규칙·조례와 같은 성문법규를 처음으로 입안·채택하는 것
  - 개정 : 그 후 냉용의 전부 또는 일부를 수정하는 것
  - 폐지 : 아주 없애는 것

④ 조례절차
  - 발의(제출, 제안) : 제적의원 1/5이상(시장, 교육감, 위원회)
  - 상임위원회 심사 : 제안 설명, 질의, 토론
  - 본회의 의결 : 재적의원 과반수 출석과 출석의원 과반수 찬성
  - 이송 : 의결된 날로부터 5일이내 시장, 교육감에게 이송
  - 공표 : 20일이내 시장, 교육감이 공표, 특별한 규정이 없는 한 공표일로부터 20일 경화후에 효력 발생

3. 의회용어 알아보기

1) 휴회
회기중 의결로서 일정한 기간을 정하여 본회의를 열지 않는 것

2) 산회
그날의 의사일정을 모두 처리하여 회의를 끝내는 것(1일 1차 회의 원칙)

3) 정회
회의진행 중지로서 일시 휴식하는 것

4) 일사부재의
한 안건이 한번 의회에서 부결되면 같은 회기중에 다시 발의 또는 제출할 수 없습니다.

5) 결의
회의제의 전체 의사를 나타내기 위한 사실상의 의사형성 행위

6) 의결
각각의 안에 대하여 가, 부를 판단하는 구체적, 법률적 의사 형성 행위

7) 표결
의제에 대한 찬, 반을 표시하고 집계하는 것

7. 생소한 의회용어

1) 수정가결
위원회나 본회의 심의과정에서 원래의 내용에 대하여 수정하여 의결하는 것을 뜻하는 단어입니다.

2) 원안가결
의원 또는 단체장이 제출한 안건에 대해 심사과정에서 수정없이 가결시키는 것을 뜻

하는 단어입니다.

3) 공전
회기중 회의가 이루어지지 않고 있는 상태을 뜻하는 단어입니다.

4) 속개
정회하였다가 다시 회의를 시작하는 것을 뜻하는 단어입니다.

5) 신상발언
일상상의 문제와 관련하여 회의상에서 본인이 해명, 설명하는 발언을 뜻하는 단어입니다.

6) 번안
이미 가결시킨 의안에 대해 재심하여 전과 다른 내용으로 번복하여 의결하는 안을 말합니다.

7) 상정
본회의나 위원회에서 당일 의사 일정에 있는 안건을 정식의제로 삼아 논의를 시작하는 구체적인 행위를 뜻하는 단어입니다.

8) 개원
선거후 열리는 최초 집회(법률용어는 아님)를 말합니다.

9) 회기계속의 원칙
의회에 제출된 의안은 회기 중에 의결되지 못한 이유로 폐지되지 아니한다. 다만, 지방의회 의원은 임기가 만료되는 경우에는 그러하지 아니함을 말합니다.

10) 의결정족수
안건을 의결하는데 필요한 최소한의 출석의원수를 말합니다.(특별한 규정이 없는 한 재적의원 과반수 출석과 출석의원 과반수 이상의 찬성으로 의결)

11) "정회"란 무엇일까?

"잠시 쉬었다 합시다"

회의장이 소란스러워 질서유지가 곤란한 경우나 안건에 대한 의견 조정, 휴식, 질의에 대한 답변 준비, 중식 또는 석식 시간 확보 등 회의를 진행하다가 회의를 중단하는 것을 말합니다.

12) 회기

정례회와 임시회로 나눈다.

① 정례회 : 매년 2회의 회기로 운영되며, 1차 정례회는 6~7월 중, 2차 정례회는 11~12월 중 개최된다.

 -1차 정례회 : 행정사무감사의 실시와 결산안의 승인 및 그 밖의 안건 심의·의결하며 행정 세무감사의 실시와 다음년도 예산안의 의결 및 그 밖에 의회에 부치는 안건을 심의·의결 합니다.

 -2차 정례회 : 본예산안 및 그 밖의 안건 심의·의결

② 임시회 : 지방자치단체의 장이나 재적의원 3분의 1 이상의 요구가 있는 안건을 임시로 여는 회의로, 횟수의 제한은 없지만 매회 15일 이내의 범위에서 본회의 의결로 정하며 조례안과 기타 안건을 심의·의결한다.

8. 회의관련 다양한 용어들

1) 개의
그날의 회의를 시작할 때 쓰는 용어입니다.
의회가 집회되어 활동을 시작하는 것을 말합니다.

2) 속개
정회된 회의를 다시 시작한다는 뜻입니다.

3) 폐회
회의가 완전히 끝난 것을 말합니다.

제3장 출마선거별 기탁금

3-1 이재명 대통령 후보 서울 지역별 공약

3-2 출마선거별 기탁금

3-1 이재명 대통령 후보 서울 지역별 공약

1. 제21대 대선 이재명 대통령 후보 서울 지역별 공약

1) 강남구

① 안전하고 신속한 노후도심 재건축 위한 공공 지원 강화
  - 강남구 지역 노후 도심을 안전하고 신속하게 재건축하여 주님 주거환경 개선 및 도시 경쟁력 강화
② 수서 K-Culture 복합 미디어 전시관 'lconic-K' 조성 지원
③ GTX-C, A 노선의 차질 없는 추진 및 안전하고 빠른 교통도시 강남 지원
  - 공공주차시설 확충 및 스마트 주차안내시스템 도입으로 주차문제 해결
  - 교통 정체 및 보행 환경 개성 등
④ 위례과천선 조기 착공 지원
  - 위례과천선 조기 착공으로 도시철도 접근성 획기적 개선 추진
⑤ 침수 예방 등 안전 최우선 도시 인프라 혁신 지원
  - 대치1,2,4동 및 강남역 등 저지대 지역에서 발생하는 침수피해 예방을 위한 배수로 확장 및 하수관 개선 추진

2) 용산구

① 용산국가공원을 시민의 품으로 완전 개방 추진
  - 대통령실 이전 및 용산국가공원 완전 개방으로 뉴욕 센트럴파크에 견줄 수 있는 시민 중심의 휴식공간(생활체육시설 등)으로 조성
② 경부선·경의중앙선 철도 단계적 지하화 추진
  - 동서남북으로 가로막히고 있는 경부선과 경의중앙선 철도 지하화로 용산 통합
  - 지상 공간은 시민 쉼터 및 일터로 재창조, 철도 인접 지역은 열악한 환경 개선

③ 경부선·재개발 지원으로 주거환경 획기적 개선
- 재건축·재개발 지역에 대한 용적률 상향, 고도 완화 등을 통해 합리적으로 규제 완화로 정비사업신속 추진

④ 용산정비창 부지를 국제업무지구로 신속 개발 적극 지원
- 용산 철도정비창 부지를 철도교통의 허브 기능을 갖춘 세계적인 국제업무 중심지로 신속 개발
- 신성장 거점, 업무중심, 주거중심 등으로 복합개발하여 미래도시 용산 구현

⑤ 용산 전자상가를 미래 첨단산업 거점으로 육성
- 용산전자상가를 AI·로봇빅데이터 등 미래산업의 핵심 거점으로 육성하고 창업공간 조성과 기술기업 유치

⑥ 효창공원과 효창운종장을 시민친화 공간으로!
- 효창공원을 역사전시관, 야외광장 등을 조성 지원하여 시민친화적인 독립역사공원으로 새 단장
- 효창운동장을 개방형 구조 재건축을 통해 축구장, 배츠민턴장, 탁구장 등 체육시설과 복합커뮤니티 시설로 조성

3) 강동구

① GTX-D노선 조기 착공 적극 추진
- GTX-D 강동 경유 및 조기 착공 지원

② 5호선 직결화 재추진 및 9호선 연장 조기 완공 지원
- 5호선 직결화(굽은다리역-둔촌동역) 예비타당성조사 등 재추진 지원
  9호선 4단계 및 강일동 연장선 조기 완공

③ 지하철 5·8·9호선 출퇴근 시간 혼잡도 완화 추진
- 5·8·9호선 출퇴근 시간 증차 및 배차간격 축소

④ 천호동·성내·길동 생활 SOS 확대 지원
- 천호공원 지하 활용(주차장 등) 및 한국마사회 강동지사 이전
- 구민회관, 성내2동주민센터, 천호슈수지 복합문화체육시설 조성
- 길동역 에스켈레이터 및 길동전통시장 주차장 설치

⑤ 둔촌동 그림벨트 업무·주거복합단지 개발 적극 지원
- 올림픽파크포레온 내 중학교 차질없는 개교
- 변전소 이전(둔촌동575번지) 및 청년 주거단지 조성
- 중앙보훈병원 등을 연계한 의료 바이오 연구단지 조성

⑥ 기반시설 고밀·복합 개발로 미래 첨단도시 완성

- 고덕차량기지 입체복합개발로 혁신공간 창출 및 단절해소
- 암사1동자치회관 고밀복합개발로 복지 문화 체육공간 조성
⑦ 도시철도 강동선(경전철) 추진 검토
  - 목동선~강북횡단선~면목선 연계 순환선 신설

4) 강북구

① 도시철도 신강북선 적극 지원
- 8개 노선(1·4·6·7호선, 우이신설선, 경춘선, 경의중앙선, 동북선)을 교차하는 도시철도 '신강북선' 추진
② 우이신설선, 왕십리역 연장 적극 지원
- 우이신설선 종점을 신설동역에서 왕십리역으로 연장해 강북구민의 강남 접근성 제고
③ 시립 강북어린이전문병원 건립 적극 지원
- 2010년 10월 서울시 발표 원안대로 추진되도록 적극 지원
④ 도봉세무서 복합청사 조기 건립 지원
- 도봉세무서 복합청사 조기 건립으로 수영장 등 생활 SOS 시설 조성
⑤ 시민천문대가 있는 국립생태체험관 건립 추진
- 우이령길(구)전경부대 부지 활용 주민들의 북한산 향유기회 제공
⑥ 오현적환장 지하화 및 상부공원 건립 추진
- 오현적환장 지하화를 통한 악취 저감과 주민 여가공간 조성

5) 강서구

① 김포공항 주민친화형 복합개발사업 및 고도제한 완화 적극 추진
- UAM 연계 혁신산업 클러스터 구축 및 국내 최초 복합환승시설 구축과 고도제한 완화 조기 시행으로 구민 재산권 회복
② 강서 균형발전 위한 원도심 T(Triangle)-생활 SOC 프로젝트 지원
- 마곡 유보지 어린이·청소년 등 주민친화공간 조성, 강서구민회관 리모델링 및 구 강서문화원 재건축 추진 등 생활밀착형 주민편의시설 확충 지원
③ 서울 균형발전 핵심, 강북횡단선 적극 추진
- 목동역~목동사거리인근~등촌2동주민센터~등촌역 경유
- 염창나루역 신설 방안 모색
④ (현) 강서구청 부지에 공공복합문화시설 건립 지원

- 지역간 문화격차 해소 및 주변상권과 지역경제 활성화 도모
⑤ 주민친화적 서울시립도서관 강서분관(생활체육·키즈카페 복합화 등) 조기완공 적극 지원
  - 오랜 숙원사업인 서울시립도서관 강서 분관이 하루라도 더 빨리 착공되고 조기 완공될 수 있도록 사업 추진 지원
⑥ 마곡 리서치타운 프로젝트 조성 지원
  - 미래산업 기술 공동 연구개발 산·학·연 협력 모델 구축 및 AI 등 현장 맞춤형 인재양성

6) 관악구

① 벤처창업 '메카 관악S밸리' 적극 지원!
  - 낙성대-서울대-대학동으로 이어지는 벤처창업의 요람 조성
  - 창업허브 관악, 지구단위계획 변경 등으로 창업 공간 확대
  - 청년에는 양질의 일자리 제공, 지역경제 활성화에 이바지
② 사통팔달 씽씽! 서부선·난곡선 신속 추진!
  - 서부선 여장(서울대입국~서울대정문~안양시청)과 난곡선 조석 추진으로 지역발전 견인!
③ 봉천천 생태하천 복원 지원
  - 관악산에서 봉천천, 별빛내린천까지 생태축 연결
  - 친수공간 제공 및 광역 보행 네트워크 구축
④ 노후화된 도시환경 개선으로[명품도시 관악] 추진!
  - 노후화된 주거환경 개선으로 '관악구 명품 도시화 추진
  - 주거환경 개선으로 주차난 해소
  - 양질의 교육환경 제공과 주거 복지 서비스 제공
⑤ 청년 진화 도시 관악, 전국의 롤모델로 지원
  - 수도권 유일 '청년친화도시'로 공식 지정(25.2월)
  - 관악 청년청·신림동쓰리룸 운영, 청년일자리사업 등으로
  - 관악구를 명실상부한 청년세대 대표도시로 조성
⑥ 관악산 자연휴양림, 관악 구립노인종합복지타운 조성 지원
  - 악산과 함께하는 힐링 도시 관악
  - 청정도시 관악에서 힐링과 노후 보장

7) 광진구

① 지하철 2호선 지상구간 단계적 지하화 추진
- 광진구 등 도심을 관통하는 지하철 2호선 한양대~잠실 구간 지하화 추진

② 역세권 및 천호대로 일대 고밀도 복합개발 적극 지원
- 세권 및 천호대로를 중심으로 상업지역 확대 등
- 업무, 주거, 문화 시설의 고밀도 복합개발 추진으로 균형발전 기대

③ 광진세무서 신설 적극 지원
- 서울 25개 자치구 중 강북구와 더불어 세무서가 없는 광진구에 세무서 신설로 세무행정서비스 제고

④ 공공산후조리원 및 아이·여성·가족 복합시설 건립 지원
- 현 광진구청사를 활용한 돌봄문화복지 복합공간 건립
- 임신부터 양육, 주민의 건강과 복지까지 모두 케어하는 지역커뮤니티 공간 조성

8) 구로구

① 전철 1호선 단계적 지하화 및 철도부지 상부공간 개발 추진
- 철도 단계적 지하화로 도심 단절구간 연결
- 지상구간은 지역주민들을 위한 주거문화 복합시설 조성

② 신구로선(항동~고척) 신설 지원
- 제4차국가철도망구축계획에 반영된 신구로선 사업의 원활한 추진 지원

③ 구로차량기지 이전 사업 재추진 지원
- 구로차량기지 이전 및 이전부지 활용 주거문화 업무시설 등 복합 개발 지원

④ 공공산후조리원 및 아이·여성·가족 복합시설 건립 지원
- 노후 주택 및 저층 주거지 밀집 지역의 주거환경 개선과 도시 기반시설 정비 시 주민의 이익을 우선하는 정비사업 추진

⑤ 지하철 2호선 고가구간 방음벽 교체 지원
- 서울 지하철 2호선 '대림역-구리디지털단지역' 지상 통과 구간의 소음 완화와 민원해소를 위한 방음벽 개량 설치

9) 금천구

① 전금천구청역 경제·생활 중심 복합역사 프로젝트 지원
- 노후화된 금천구청역 일대 복합개발로 지역 활성화 및 교통환경 개선

- 청년주거시설 확충으로 취약 주거환경 개선
② 공군부대 부지 융복합 도시공간 조성 추진
  - 국토부 공간혁신구역 선도사업의 신속한 추진
  - 군 부대 축소(도심형 부대 건설)배치 및 잔여부지 개발통한 첨담 산업단지, 주거·문화 복합시설 조성
③ G밸리 교통문제 개선 대책 마련 적극 지원
  - 수출의 다리 일대 교통체계 개선사업 적극 추진 등 G젤리 교통체계 개선
  - 서부간선 일반도로화 사업 조속 추진
④ 석수역세권 일대 개발 및 철재상가 현대화 지원
  - 시흥대로변 대규모 필지 개발 활성화를 위한 다각도 개발 방안 검토
  - 석수역세권 준공업지역 일대를 관문도시 도심산업 고도화 전략 포함한 합리적 도시공간으로 조성
⑤ 광역교통망의 연결 중심지(허브) 기능 강화
  - 신안산선 조기 개통, 경부선 단계적 지하화, GTX-D노선 가산 정차, 나곡선 연장 등

10) 노원구
① 서울 디지털바이오시티(S-DBC) 조성 적극 지원
  - 창동차량기지 일대 바이로·ICT 분야 글로벌 기업 및 연구소 입주, 랩센트럴 등 기업지원시설, 복합용지(상업·업무, 호텔·컨벤션 등) 조성
② 재건축·재개발 월활한 추진을 위한 적극 지원
  - 정비사업 사업성 제고 등 재건축·재개발 신속 추진 제도적 뒷받침 강화
  - 백사터널(백사마을~별내) 개통으로 교통 접근성 확보
③ 지하철 동북선 적시개통 및 2단계 사업 추진
  - (상계~왕십리 구간)   (상계~보람~마들~방학)
④ 1호선(경원선) 지상구간 지하화 단계적 추진
  - 석계~광운대~월계~녹천 구간 지하화
  - 지상 구간은 노원구민을 위한 공원 및 주거·문화 복합시설 조성
⑤ 당현천 상류구간 복원 및 태릉선수촌 개방 지원
  - 상계역~상계3·4동 주민센터 구간 복원 및 산책로 연장
  - 태릉선수촌존치 시설리모델링 후 개방으로 시민을 위한 스포츠 문화공간 확보
⑥ GTX-C노선 조기준공 및 SRT 의정부 연장 추진

(의정부~창동~광운대~수서~부산/목포) (닥정~창동~광운대~수원)
⑦ 한전 인재개9발원 이전 및 미래 첨단 산업 연구단지 조성 지원
   - 산·학·연 연계바이오, 재생에너지 등 미래 성장 동력 산업 유치

11) 도봉구
① 경원선 지하화 단계적 추진
   - 청량리역부터 지상으로 운행되는 경원선(국철1호선) 지하화로 도심 단절구간 해소 및 상부 개발 추진
② 문화·관광 1등구! 도봉구 경제성장 동력 창출
   - 창동 K-POP 전용 서울아레나 복합문화시설 조혹한 완공 지원
   - 비즈니스호텔 유치, 문화관광안내소를 비롯한 관광인프라 조성
   - 특색있는 골목상권 활성화 적극 지원
   - 창동 농협 하나로마트 부지 복합개발
③ 사통팔달 광역교통망 허브로의 도봉구
   - GTX-C 노선 실착공 신속 추진, 고속철도(SRT) 창동역 정차
   - 우이~방학 경전철의 조속한 완공, 방학역~마들역 연결 등 지원
④ 재건축·재개발 적극 지원
   - 지분매입형 주택 연금형 주택 등 지원
   - '진짜신속통합기획' 등 더 빠른 재건축·재개발 추진
⑤ 주민과 함께하는 활력도시 도봉 지원
   - 화학부대 이전부지 등 유휴부지에 주민편의시설 개발 추진
   - 동북권 시립도서관 건립사업 정상화

12) 동대문구
① 수인분당선 증편 적극 지원
   - 왕십리~청량리역간 선로용량 부족 문제 해결하여 열차 운행(현재 편도 9회) 증편 추진
② 동대문구 지상철도 단계적 지하화 및 청량리역 복합환승센터 건립 지원
   - 창청량리역 주변 교통정체 해소, 서울 동북부/수도권 편리성 제고
③ 도시철도 면목선 신속 추진 및 역세권 복합개발 사업 지원
   - 전농역·장안역·시립대역 지하상가 등 종합개발계획 추진 지원
④ 이문차량기지 일대 복합개발 적극 지원

- 문화·체육·예술이 어우러진 신랜드마크 조성
⑤ 홍릉 역사문화길 조성 적극 지원
- 제기동역~청량리역까지 이어지는 도보형 역사문화 힐링루트 조성
- 선농단, 세종대왕 기념관, 홍릉, 정릉천, 약령시장 등을 잇는 복합형 관광동선 구축 및 웰니스 관광모델 제시

13) 동작구

① 노량진 역사 일대 현대화 종합개발 지원
- 노후화된 노량진 역사 현대화 및 종합개발을 통한 복합문화생활공간 조성
② 흑석동 수변공원 조성 및 복합개발 지원
- 흑석빗물펌프장 지하화 및 지상부 공원, 문화시설 조성 등 지원
③ 기상청 서울청사 이전부지, 대형 도서관 건립 지원
- 기상청 서울청사 이전의 조속한 마무리 및 기후천문과학도서관 건립
④ 사당동 일대 재개발, 재건축 사업 신속 추진 및 지원
- 주민들이 원하는 방향으로 조속한 추진
⑤ 서부선 착공과 연계한 문화시설-대형마트 유치 지원
- 지역내 부족한 문화시설과 대형마트 유치로 주민 생활 편의와 삶의 질 향상
⑥ 상도1동 종합체육문화센터 조속 추진(수영장, 사우나 등)
- 상도동 일대 사우나, 수영장 등 종합체육문화센터(상도생활SOS) 건립으로 주민편의시설 조성

14) 마포구

① 서부광역철도(홍대~부천 대장) 조기 완공 지원
- 서부광역철도의 초기 착공 및 완공 지원으로 주민 교통편익 증대
- 상암역·성산역 확정, DNC역 신설 추진
② 신안산선 만리재역 신설 방안 적극 모색
- 신안산선 2단계철도공사 노선에 만리재역을 설치해 교통 사각지대인 만리재 고개 공덕동 주민들의 불편 최소화
③ 마포구 신규 광역자원회수시설(쓰레기소각장) 전면 백지화
- 직매입 금지에 따른 수도권 폐기물 처리 방안 마련을 위한 정부·지자체 거너번스 운영 등
④ 한강공원들 더 가까이!

- 강변북로(마포대교, 서강대교 인근) 단계적 지하화 등 한강공원 접근성 강화 및 유슈지 개발방안 모색

⑤ 합정동 군부대(천마중대) 이전 재추진 적극 지원
- 대체부지 마련 및 국방부 협의 재개 등 이전 추진
- 한강변의 뛰어난 입지환경을 주민과 상생할 수 있도록 개발

⑥ 마포구 아현동 766 제1공공부지 활용 문화체육시설(주민편의시설) 건립
- 마포구 아현동 766 제1공공부지 활용 문화체육시설 활용 문화체육시설(주민편익시설)건립

15) 서대문구

① 서부선 도시철도 신속 착공 적극 지원
- 서대문 교통 사각지대, 교통난 해소 핵심 노선
- 교통복지 향상과 주민 삶의 질 획기적 개선

② 경의선 지하화 단계적 추진
- 경의선 지하화로 단절된 도시공간 연결 및 지역 균형발전 촉진

③ 강북횡단선 재추진 적극 지원
- 서울 내 지역균형발전의 핵심인 강북횡단선
- 예비타당성 조사제도 개선방안 모색

④ 내부순환로 지하화 단계적 추진
- 내부순환로 전면 지하화 및 지상공간을 상권·녹지 및 공공시설로 활용함으로써 주거환경 획기적 개선

⑤ 현저동 군부대 이전 단계적 추진
- 군부대 이전 및 서대문 지역사회 새로운 활력 창출을 위한 부지 활용방안 검토
- 청와대 세종 완전 이전과 연계하여 추진

16) 서초구

① K컬쳐의 중심지, K-센트럴 파크 조성 지원
- 반포~잠원지구를 포함하는 한강벨트와 고속터미널을 트라이앵글로 있는 복합문화 상업 시설 조성
- 미래교통 거점 및 첨단 복합쇼핑테마파크 조성으로
- 아시아 최고의 관광산업개발

② 경부고속도로 단계적 지하화 및 상부공간 '서초복합레저파크' 조성 지원
- 상부구간에 산책로, 생활체육공원, 반려동물 공원, 어르신을 위한 파크골프장 등 건립 지원
- 레저시설 대여, 지역주민 대상 고품격 레저 강습 등

③ 남부터미널 이전 방안 모색 및 주민친화공간 조성 지원
- 뮤지컬전용극장, 책 박물관, 청소년 전용도서관 등 지역주민의 문화예술 공간으로 활용

④ 예술의 전당과 남부터미널 블록까지 문화예술 관광특구 지정 검토
- '문화예술복합 콤플렉스' 및 미드레벨 무빙워크' 등 건설 지원

⑤ 주민부담 완화하는 서초형 재건축 정책
- '공사표준계약서' 적용 의무화 및 조합 수주 후 공사비 증액 설계변경 금지, 투명 공정한 재건축 등

⑥ 서초구민 대상 우면산 터널 '반값 통행료' 추진
- '서초 주민 경제적 부담 완화 및 교통량 분산 기여

⑦ 서초형 AI기반 안전관리체계 구축 지원

17) 성동구

① 성동구 복합 에듀타운 조성 지원
- 적정규모를 갖춘 명문학교 신설을 통해 성동구 교육의 질적 향상 도모
- 한양대~신설 명문학교~덕수상고 부지 복합에듀타운 조성

② GTX-C 왕십리역 지하화 적극 지원
- 왕십리역 지상역사 지하화로 성동구 상징인 왕십리역 광장 보존 및 이용객 동선과 안전 확보 등 기대

③ 서울숲 일대 복합문화예술관 건립 적극 지원
- 서울과 성동구의 랜드마크인 서울숲 일대에 '예술의 전당'급 문화공연장 신설

④ 도시철도 지상구간 단계적 지하화로 연결된 도시, 안전한 도시! 매력 성동 구현 지원
- 성동구 구간 국가철도 및 서울시 도시철도 단계적 지하화

⑤ 중랑천에서 서울숲까지 녹색 보행 연결시설 조성 지원
- 삼표부지 개발 공공기여 활용으로 중랑천~서울숲 연결시설 조성

⑥ 청계천 산책로 접근성 확대를 위한 마장-신답 간 보행육교 신설 적극 지원
- 청계천변 마장동 주민들의 하천 산책로 접근성 확대 및 하천 북측인 동대문구 신답동과 지역간 연결을 통한 상권 활성화 기대

⑦ 왕십리오거리 지하·지상공간 재창조로 입체도시 조성 방안 모색
- 성동구청, 경찰서, 교육청, 구의회 등 행정기관 통합이전 및 행정복합타운 조성
- 행정기관 이전 후 기존 부지와 왕십리오거리 지하통합공간 조성을 통한

18) 성북구

① 강북횡단선 재추진 지원 및 (가칭)정릉3동역 신설 방안 모색
- 목동~길음~정릉~청량리역을 연계하는 강북횡단선 신설
- 정릉역~국민대역 사이 (가칭)정릉3동역 추가 신설

② 신속하고 안전한 공공재개발사업 추진
- 장위8구역, 장위9구역 안정적인 주택 공급 및 주거 환경 마련

③ (구)동대문 세무서 일대 복합개발을 통한 복합체육문화센터 조성 지원
- 공공청사, 청년 등 맞춤형 주택, 어린이집 및 복합체육문화센터 등 복합개발 추진

④ 정릉천 친환경 복원 지원
- 주민 삶의 질 향상을 위한 친환경 수변 공간 조성 및 도심 내 친환경 쉼터 제공

⑤ 탄소중립과 기후시민 육성을 위한 성북 기후위기교육센터 설립 지원
- 다양한 환경 교육, 체험 및 전시 등 기후위기 대응 의식제고를 위한 거점 공간 마련

⑥ 월곡복합문화체육센터 건립 등 생활체육 인프라 확대 지원
- 주민들의 건강 증진 및 공동체성, 소속감을 높이기 위한 생활체육 인프라 지원

19) 송파구

① 위례신사선 도시철도 조속한 착공 및 준공 지원
- 가락동 신속예타 및 공기단축 등 적극 지원

② 송파 ICT 보안클러스터 조성 적극 지원
- 가락동 중앙전파관리소에 송파ICT보안클러스터 차질 없이 조성
- ICT보안 등 4차산업 혁신성장 거범으로 육성, 청년일자리 창출

③ 성내천 생태하천 복원 적극 지원
- 성내천 상류 복개구간(거마로~남한산성 입구 1.8km)의 생태하천 복원으로 남한산성 입구에서 한강까지를 연결하는 생태축 완성

- 성내천 하류 파크리오 아파트와 아산병원 상이 수변공원화 사업 지원 및 교육부지 조성
④ 가락시장 유통 현대화 사업 지원
　　- 가락시장 현대화사업, 유통인 지원, 물류 직송, 유통단계 축소,
　　- 직거래 비상장 품목확대, 농수산물 가겨 인정 실현, 주 6일제 야간 노동현실 개선
⑤ 신속한 재개발·재건축 추진 적극 지원
　　- 안전진단 기준 현실화, 통합심의 활성화 등 '신속·안전 재건축·재개발' 추진 시스템 마련
　　- 실질적 이주 지원책 및 기반시설 확충에 대한 지원 기준 명확화 및 지원 확대 방안 검토
⑥ 한성백제 역사문화도시 조성 및 정주환경개선 지원
　　- 조기 보상 지원 및 도시 인프라 개선
　　- 풍남토성 역사문화신도시 조성 지원
⑦ 교육도시 송파 지원
　　　- 어린이집과 유치원 영어 교육 지원,

20) 양천구

① 목동선·강북횡단선 재추진 적극 지원
　　- 교통 불균형 해소와 삶의 질 개선을 통한 수도권 균형발전
② 신정차량기지 이전 적극 지원
　　- 입체적 공간 재구성을 통한 양천구 도시혁신 및 통합균형발전 도모
③ 공항소음 피해지역 발전 방안 적극 마련
　　- 신월동 일대 등 공항소음 피해지역을 위한 생활SOC 조성 제도적 지원 방안 모색 및 피해보상 현실화
④ 목동아파트 재건축 및 주택단지 재개발 적극 추진
　　- 재건축 선도와 재개발 활성화를 통한 품격 있는 도시 조성
⑤ 신월 IC 일대 서남권 관문 공원화 사업 및 지하주차장 조성 지원
　　- 국회대로 상부 공원과 연계한 신원IC 인근 공원화로 지역 연결성 및 주민 여가 공간 확보

21) 영등포구

① 서남권 교육특구 지정 및 교육시설 확충 지원

- (문래·당산·신길) 국공립 유치원 확충
- 학생과밀지역 문화 체육, 진로 공간 조성₩
- 외국인 정주여건 개선을 위한 국제학교 및 글로벌 캠퍼스 유치 등 지원

② 경부선 철도 지하화 단계적 추진(신도림역-영등포역-대방역)
- 경부선 지하화로 노후지역 정비, 상부공간 공원·문화·상업공간 조성

③ 대방천·안양천을 문화가 흐르는 생태하천으로 조성 지원
- 생태복원을 통한 생태계 회복과 여가공간 조성
- 사람과 자연이 함께하는 수변 공간 조성

④ 남부도로사업소·한전 변전소 이전 및 개발 지원
- 부지 이전으로 주민복합문화공간 건립 지원

⑤ KTX 영등포역 호남선 정차 신설 및 경부선 증편 추진
- 정차 신설 및 증편 방안 모색 및 추진으로 서남권 교통허브 도약

⑥ 메낙골 보행로 및 공원 조성 적극 지원
- 주민 보행로 신설로 이동 편의 보장 및 도심 속 자연친화공원 조성

22) 은평구

① 수색역 차량기지 이전 및 수색, DMC 역세권 개발 지원
- 주거, 업무, 쇼핑 등 대규모 시설 복합개발로 서울 서북부 경제, 문화 상업 인프라 확장

② 은평을 대중교통 중심도시로! 광역철도 '고야신사선' 추진 지원
- 신분당선 서북부 연장 대안 노선인 '(가칭) 고야신사선' 광역교통망 구측 추진으로 대중교통 편의 증진(고양신원-은평뉴타운-연신내~강남신사)

③ 서부선·고양은평선 개통 및 신사고개역 신설 지원
- 서울 북부와 남부, 경기와 서울을 잇는 대중교통 혁신
- 고질적인 교통체증 해소 및 주민 대중교통 편의 증진

④ 재개발 도심공공주택복합사업 규제 합리화 및 지원 확대
- 정체된 재개발·재건축 구역의 신속 정확한 사업 추진
- 도심공공주택복합사업 추진을 통한 주거 생활 인프라 확충

⑤ 녹번·응암, 수색 지역 중학교 건립 지원
- 원거리 통학 불편 해소를 통해 교육 환경 개선

⑥ 제2통일로9세검정구바발터널0건설 지원
- 제2통일로'불광동(통일로)~부암동(자하문로)' 신속 건설을 통한 교통정체 해소 및 통행속도 항상 기대

23) 종로구

① 대통령실 청와대 복귀 추진
  - 사회적 합의를 통한 대통령집무실 이전 및 운영방안 결정
  - 청와대 경내 및 집무실 등 부곳건물의 조속한 개보수 추진
② 도시철도 강북횡단선(청량리~목동) 재추진 적극 지원
  - 강붕횡단선의 조속한 재추진 및 평창동~상명대 경유
③ 광화문·종로 일대 집회 시위로 인한 소상공인·주민 피해보상 방안 모색
  - 대통령 파면까지 12.3일동안 집회시위로 인해 영업피해를 입은 소상공인 및 주민 피해보상
④ 창신·숭인 지역 주민친화적 주거환경 개선 적극 지원
  - 주민차여형 계획 수립으로 주민친화적 주거환경 개선
⑤ 봉제산업·주얼리산업 활성화 적극 지원
  - 봉제타운 추진·주얼리 산업 진흥

24) 중구

① 중구청소년센터 전면 재건축을 통한 문화·체육 복합시설 조성 지원
  - 청소년 및 지역주민들을 위한 문화·체육시설 기대 부응 및 청소년 수련활동의 기반 마련
② 중구청 및 중구의회 이전 재추진 지원
  - 더많은 주민이 더 찾을 수 있는 곳으로 이전하여 행정 접근성 강화
③ 정구동 공영주차장을 행복복합센터로 조성 지원
  - 단순 주차장 기능에서 행정서비스 제공 복합시럿로 개발하여 주민 편의 증진
④ '중구형 마을버스' 도입 지원
  - 골목과 어른신이 만은 중구 특성 고려해 구석구석 운행하는 마을버스 도입
⑤ 남산 일대 고도제한 완화 지원
  - 중구 재개발·재건축을 가로막는 고도제한의 합리적 완화 추진

25) 중랑구

① 면목선도 도시철도 조기착공 추진
  - 4년내 착공 추진
  - 면목2동 사거리역 신설
② 신내차량기지 일대 입체 통합개발 추진

- 신내차량기지 이전을 위한 6호선 연장
　　- 유휴부지 첨단산업 클러스터 조성과 상업·주거문화 복합개발
③ AI 첨단이재 양성 위한 중량 교육특구 조성·
　　- 제2방정화교육센터 조기 건립
　　- 용마산 첨단 천무과학관 조성
④ 경의중앙선·경춘선 중랑구간 단계적 지하화 추진
　　- 중랑구 구간 9.1km 지상철도 지하화 및 철도부지, 주변지역 개발
⑤ (구)중랑경찰서 부지 문화·체육 복합공간 조기 건립 추진
　　- 이전부지 활용『공공청사+수영장+소공연장』건립
⑥ 공공주도 첨단 도시계획 확립으로 주거환경 개선
　　　- 도심복합개발사업, 모아타운, 신속통합재정비 등 주민공감형 주택공급 확충 및 주거환경 개선

3-2 출마선거별 기탁금

1) 시도지사교육감　　　　5,000만원
2) 구시군의장선거　　　1,000만원
3) 시도의원선거　　　　300만원

예비후보자등록시 기탁금의 20%
후보자등록시 그차액인 80%만 납부

제4장 생각하는사람

4-1 150억 광년전후 나

4-2 천부경

4-3 108번뇌

4-4 인의예지

4-5 명심보감

4-6 사서삼경요약

4-1 150억 광년전후 나

4-1. 150억 광년전후 나

1억 광년은 7조 km 100억 광년은 700조 km 1000억 광년은 7000조km 빛의 속도로 측정한 광년이다.

지금까지는 무한대 거리가 우주의 거리인데 150억 빛의 속도로 가면, 150억 년 전으로 돌아갈 수 있는데 지구에서 인생은 고작 80세에서 90세이다.

엄청난 경쟁으로 지구에 잠깐 왔다 가는 인생이고 앞으로 수천억 광년 후에 다시 돌아올 수 있다

이왕 사는 것 의미 있게 살다가 죽는 것이 인생이 아니겠는가?
우주(하늘) 땅 그리고 인간으로 관계이기도 하다.
수천 조 이상의의 별 가운데 지구에 잠깐 왔다가는 것이 인생 아니겠는가?
지구에 때어나 우주의 고향으로 가는 건데 무엇 때문에 아등바등 살아야 하나?
우주께서 어떻게 살아야 진실한 인생을 살 수 있을까?

우리는 진정 우주를 사랑한다면 지구에서 우주님께서 가르친 교훈을 저버리면 우주 질서를 파괴하는 것이다.
소중한 나를 기록하고 객관적으로 평가하여 인류의 빛이 되어야 한다.
살아온 가치를 글로 표현하여 우주 속에 나를 바라볼 수 있는 시간을 가져야 자신이 살아가야 할 가치를 구현할 수 있다.

4-2. 천부경

一始無始一析三極無　　　　일시무시일석삼극무
盡本天一一地一二人　　　　진본천일일지일이인
一三一積十鉅無匱化　　　　일삼일적십거무궤화
三天二三地二三人二　　　　삼천이삼지이삼인이
三大三合六生七八九　　　　삼대삼합육생칠팔구
運三四成環五七一妙　　　　운삼사성환오칠일묘
衍萬往萬來用變不動　　　　연만왕만래용변부동
本本心本太陽昂明人　　　　본본심본태양앙명인
中天地一一終無終一　　　　중천지일일종무종일

9x9의 격자 안에 배열된 전문.

一始無始一 析三極 無盡本　　일시무시일 석삼극 무진본
天一一 地一二 人一三　　　　천일일 지일이 인일삼
一積十鉅 無匱化三　　　　　　일적십거 무궤화삼
天二三 地二三 人二三　　　　천이삼 지이삼 인이삼
大三合六 生七八九　　　　　　대삼합육 생칠팔구
運三四 成環五七 一妙衍　　　운삼사 성환오칠 일묘연
萬往萬來 用變不動本　　　　　만왕만래 용변부동본
本心本 太陽昂明　　　　　　　본심본 태양앙명
人中天地一 一終無終一　　　　인중천지일 일종무종일

일반적으로 받아들여지는 끊어 읽는 방식.

〈 본문해석 〉

하나(一)는 시작하나 시작함이 없는 하나(一)이다. [존재의 양면성 동시성. 양자물리학에서의 빛이 입자이면서 파동이기도한 바로 그성질. 불교에 있어서의 색이 공이고 공이 색인 바로 그성질. 도교에 있어서 태극은 바로 무극인 그 성질.]

삼극(三極)으로 나누어지되 그 근본은 다함이없다.
하늘 하나가 (그 삼극중의) 하나요, 땅 하나는 (그 삼극중의) 둘이요, 사람 하나가 (그 삼극중의) 셋이다
하나(一)가 크게, 또는 완전히 쌓이되(積十鉅) 그 끝없이, 또는 한없이(無궤)삼극으로 화하며 쌓인다. [즉 천지인삼극이 모여 대삼중 대천을이루고 또 천지인 삼극이 모여 大三中 대지를 이루고 마찬가지로 대삼중 대인도 이루어진다. 이렇게 대삼극이 되는것이 궤없이, 또는 끝없이, 영어로는 unlimited 하게 이루어진다.]

하늘이 둘인 삼극이고 땅이 둘인 삼극이며 사람이 둘인 삼극이라.
[천(천,지,인) 지(천,지,인) 인(천,지,인) = 大三 즉 大天속에 천지인 일극이 각 있으니 천이 두개인 천이삼이 되는 것이고 또한 大地속에도 천지인 각 일극이 있으니 지가 두개인 지이삼인것이고 大人역시 인이 두개인 인이삼인 것이다.이것이 무엇을 말하는 것이냐면 삼극이 쌓여 대삼으로 계속 되어가면 각 극은 그 극의 성질이 더 한층 강화된다는 것을 숫자로 나타낸 것이다 . 끝없이 대삼으로 쌓여 나가면 결국엔 맨나중의 남는 대삼의 성질은 각각 天∞三 地∞三 人∞三 이 될것이다. 천무한대삼은 하느님이 될 것이고 , 지무한대삼 지황이 될것이고 인무한대삼은 인황이 될것이다.]

큰 삼극이 합하여 여섯이 되고 일곱·여덟·아홉을 내며 셋·넷을 운용하여 다섯·일곱과 고리를 이룬다. (이렇게 고리를 이루면)
하나(一)는 묘하게 넓어 만물이 오고간다. [삼사가오칠과고리를 이루면 하나속에 소삼과 대삼이 같이 공존하게되니 하나가 나뉘어지든 쌓이게되든 서로가 단절된. 또는 개개로 따로 떨어진 극이 아니라 소통하는 극이 되는 것이다. 그래서 하나는 묘하게 넓으며 만왕만래인 것이다.]

쓰임은 변화하나 근본엔 변동이 없다.
근본의 핵심근본은 또는 근본중의 근본(본심본)은 태양이 높이 떠 빛나는 것이다(광

명. 태양이 근본이 아니고 태양이 발하는 빛이 근본이다). 사람속에 천지일극이 있는 것이다.

하나(一)는 마치나 마침이 없는 하나(一)이다.

천부경을 요약하면 세상 모든 우주만물은 시작도,끝도없는 최초의 하나에서 비롯되어 천지인 삼극으로 積析되어 이루어지며, 그 根本은 태양앙명(光明.빛.환함.)이다.사람에게는 천지일극이있다와 같이 된다. 최초의 시작도 끝도없는 하나는 천부경에 써있는 순서대로 보면 천극이며, 그 천극중의 지극한 천극은 바로 하느님이고 이세상 우주만물은 바로 하느님에게서 부터 시작된다는 논리로 맺어진다. 地皇 人皇도 다 天皇(하느님)에게서 나온것이다. 이와같은 내용은 삼일신고에 잘 설명 되어져 있다.

천부경 해석에 있어서 한가지 주의할점은 천부경을 절대로 음양오행설에 근거한 주역이나 기타 기존 동양학의 음양설로 해석 하려면 안된다는 것이다. 천부경의 핵심 우주관은 음양에 중성인자가 더해진 삼일사상이므로 음양이원설로는 절대 설명이 안된다. 현대의 물리학은 물질의 가장 작은 기본 단위인 원자조차도 양자 전자 중성자로 이루어졌다고 알려주고있다. 이는 천부경의 핵심사상과도 일치한다. 또한 천부경은 환인시대의 경전이라고 일컬어지고 있으므로 단군시대의 요임금이 주창한 음양오행설로 천부경을 이해하려는것은 천부당만부당한것이다. 신라 충신 박제상공이 지으셨다고하는 부도지에도 요가 주창한 음양오행설은 마고시대의 오미의변과 같은 동급의 변고로 취급하여 오행의 변이라 하셨고 인류의 두번째 재난이라 하셨다. 그러한 이단잡설로 천부경을 해석하려는것은 엄청난 모욕이고 불경인것이다.

이상 81자(가로 9자x세로 9자)가 전문인데, 세상의 모든 이치와 우주의 법칙을 담았다고 한다. 농은유집본에서는 저 중 몇 글자가 다르다. 원문은 끊어읽기가 되어 있지 않기 때문에, 끊어 읽는 방식이 종단이나 연구자마다 천차만별이다. 예컨대, 전병훈이 최초로 소개한 주해에서는 다음과 같이 끊어읽었다.

一始無始, 一析三, 極無盡, 本天一一, 地一二, 人一三, 一積十鉅, 無匱化三, 天二三, 地二三, 人二三大三合六, 生七八九, 運三四成環, 五七一妙衍, 萬往萬來, 用變不動本, 本心本太陽昂明, 人中天地一一終, 無終一。

이유립의 《천부경도해》에 실린 끊어읽기는 아래와 같다.

一始無, 始, 一。
析三, 極無, 盡本。
天一一, 地一二, 人一三。
一積十鉅, 無匱化三。
天二三, 地二三, 人二三。
大三合六。
生七八, 九運三, 四成環。
五七一, 妙衍, 萬往萬來, 用變, 不動本。
本心, 本太陽, 昂明, 人, 中天地, 一。
一終無, 終, 一。

4-3. 108번뇌

첫째는 눈·귀·코·혀·피부·뜻의 육근(六根)과 이 육근의 대상이 되는 색깔·소리·냄새·맛·감각·법(法)의 육진(六塵)이 서로 작용하여 일어나는 갖가지 번뇌에 대한 산출법이다.

육근이 육진을 접촉할 때 각각 좋고[好], 나쁘고[惡], 좋지도 싫지도 않은[平等] 세 가지 인식작용을 하게 되는데, 이것이 곧 3×6=18의 십팔번뇌가 된다. 또, 이 호·오·평등에 의거하여 즐겁고 기쁜 마음이 생기거나[樂受], 괴롭고 언짢은 마음이 생기거나[苦受], 즐겁지도 괴롭지도 않은 상태[捨受]가 생기기도 한다.

이 고·낙·사수의 삼수(三受)를 육근과 육진 관계에서 생겨나는 육식(六識)에 곱하면 역시 십팔번뇌가 성립된다. 이와 같은 36종의 번뇌에 전생·금생·내생의 3세를 곱하면 108이 되어 백팔번뇌의 실수를 얻게 된다는 것이 일반적인 풀이다.

두번째의 산출법은 보다 깊은 교리적인 해설이 요구된다. 이 산출법은 어떻게 수행을 해서 번뇌를 원천적으로 제거할 것인가 하는 수행 실천의 문제를 잘 풀이해 주고 있다. 이것은 사고의 영역에 속하는 번뇌요, 실천의 영역에 속하는 번뇌를 근거로 하는 산출법이다.
곧, 견혹(見惑)인 88사(使) 번뇌와 수혹(修惑)인 10혹(惑) 번뇌에는 십전(十纏)의 번뇌를 더하여 얻는 백팔번뇌설이다. 견혹이란 사고·지식·인식 작용에 바탕을 둔 번뇌를 뜻한다.
여기서의 견(見)은 지혜로 얻은 지식 내용을 뜻하며, 혹은 번뇌의 다른 이름으로서 지혜로 제거할 수 있는 번뇌, 올바른 지혜를 가로막는 번뇌란 뜻으로 지어진 이름이다.
다시 말하면, 지금 가지고 있는 소견이 잘못된 것인 줄만 깨달으면 곧 없어지는 번뇌이며, 보기만 바로 보면 곧 해탈된다는 뜻을 가진 번뇌이므로 '견도소단혹(見道所斷惑)'이라고 일컬어지고 있다.

이에 대해 사혹은 정서적·의지적·충동적 번뇌로서, 그 번뇌의 성질이나 내용을 알았다고 해서 곧 바뀌어지지 않는 번뇌이다. 돈이나 명예나 이성에 대한 탐욕이 바람직하지 못한 줄도 알고 있고, 시기·질투가 나쁜 줄 알면서도 아는 것과는 달리 그러한 심리작용이나 습관이 일시에 제거되지 않는 것과 같다.

그러므로 표면상으로는 견혹이 강력한 영향력을 행사하는 반면, 사혹은 정신의 이면에 깊은 뿌리를 내리고 내재하여 인간의 생을 이끌어가는 번뇌로서 좀처럼 끊어지지 않는 성격을 가지고 있다. 거울의 때를 닦고 칼을 숫돌에 갈듯이 점차로 끊어야 한다는 뜻에서 사혹을 '수도소단혹(修道所斷惑)'이라고 하는 까닭도 여기에 있다.

이 견혹의 88가지에 사혹의 10가지를 합해 98가지가 되고, 여기에 탐심과 진심(瞋心)과 치심(癡心)의 근본 번뇌에서 일어나는 10가지 부수적인 번뇌를 더하여 백팔번뇌가 되는 것이다.

4-4. 인의예지충효

仁

◆ 어질 인,

어진 이, 사람, 사람의 마음, 모든 덕(德)의 총칭

집안에 여자가 있다는 의미에서 '편안하다'로 많이 알려져 있지만 다른 학설로 '제사 장소의 무녀(巫女)'라는 뜻으로 제사의 순조로운 진행의 의미에서 '편안하다' 뜻의 생성으로 봄

義

◆ 옳을 의

옳다,의(義) , 뜻, 은혜, 의협

羊(양)과 我(아)의 결합으로 순수하고 깨끗한 양과 같은 동물의 결정체를 자신에게 비유해 바르고 깨끗한 '정의', '옳다' 등의 의미 생성

禮

◆ 예도 례

예도, 예법, 예식, 예물, 음식 대접

신에게 섬기는 도리에서 '사람이 행해야 할 중요한 도리'인 '예도(禮度)'의 의미

智

◆ 슬기 지 , 지혜 지

슬기, 슬기롭다, 꾀, 지혜로운 사람, 알다

알고 있는 것[知]을 겉으로 표현한다는 의미에서 '슬기', '지혜'의 의미 생성. 曰은 '해'가 아니라 '말하다'는 '白(백)'의 의미로 사용된 것임

4-5. 한국어교수초빙500명모집

k팝 k드라마 k문학 붐이 예상됨에따라 각동별 외국인한국어교수를 모집합니다 재택근무가능합니다

경기도 서울시 각동별 외국인 한국어교수 초빙
인원 500명
이력서제출
재택근무가능하며
보수는 협의
업무 한국어 학습

이력서제출 : gpnet@naver.com

4-6. 사서삼경요약

◆ 사서(四書)
　대학(大學), 중용(中庸), 논어(論語), 맹자(孟子)

　송나라 때 정자라는 분이 자은(子恩)의 예기에서 대학, 중용을 분리하여, 논어, 맹자와 함께 엮어 내어서 사서(四書)로 만들었다.
　그 전에는 오경(五經)이 읽혀졌으나, 어려워서 별로 호응을 못 받았다. 송나라 때부터 사서를 중시하고, 원나라 때는 고시 과목으로 중시 되었으며, 명나라의 영락제에 의해서 사서대전이 만들어졌다.
　주자는 사서대전에 주해를 달아 사서집주(史書集註)라고 하였다.
　대학과 중용에는 장구(章句), 논어와 맹자에는 집주(集註)라고 명칭을 붙였다.

　사서를 배울 때는 먼저 대학을 읽고 학문의 규모를 정하고, 논어에서 근본을 배우고, 맹자에서 그 발전을 터득한 후, 마지막 중용에서 선인들의 높은 사상을 음미하게 된다.

1) 대학(大學)

　공자(孔子)의 손자 자사(子思)가 예기(禮記) 49편 중에서 제 42편으로 들어있던 것을 별책으로 엮은 것이다.
　"대학(大學)는 공자가 남긴 글이고, 초학자가 덕으로 들어가는 문호이다.
　지금에 있으면서 옛날 사람들이 학문을 한 차서(次序)를 알 수 있게 되는 것은 오직 이 책이 남아 있기 때문이고, 논어와 맹자는 그 다음이다. "배우는 사람들이 반드시 이 책에 따라서 배운다면 거의 오차를 범하지 않을 것이다."라는 말로 그 중요성을 말할 수 있다.

　중국에서 유교가 국교로 채택된 한대(漢代) 이래 오경이 기본 경전으로 전해지다가 송대에 주희(朱熹, 1130~1200)가 당시 번성하던 불교와 도교에 맞서는 새로운 유학(性理學)의 체계를 세우면서 예기(禮記)에서 중용(中庸)과 대학(大學)의 두 편을 독립시켜 사서 중심의 체재를 확립하였다.
　49편으로 구성된 예기(禮記) 중 제42편이 대학(大學)에 해당한다. 주희는 대학(大學)에 장구(章句)를 짓고 자세한 해설을 붙이는 한편, 착간(錯簡 : 책장 또는 편장의 순서가 잘못된 것)을 바로잡았다.

그는 전체를 경(經) 1장, 전(傳) 10장으로 나누어 '경(經)'은 공자(孔子)의 사상을 제자 증자(曾子, BC 505~BC 436?)가 기술한 것이고, '전(傳)'은 증자의 생각을 그의 문인이 기록한 것이라고 하였다.

대학(大學)의 저자에 대해서는 여러 가지 설이 있는데, 전통적으로는 중용(中庸)과 대학(大學)이 공자의 손자인 자사(子思, BC 483?~BC 402?)가 지었다는 견해가 지배적이다.

'공자세가(孔子世家)'에는 송나라에서 급(伋: 子思)이 지었다고 기록되어 있고, 한나라 때 학자인 가규(賈逵, 30~101)도 공급(孔伋)이 송에서 대학(大學)을 경(經)으로 삼고 중용(中庸)을 위(緯)로 삼아 지었다고 하며, 정현(鄭玄, 127~200)도 이 설을 지지하고, 송대의 정호(程顥, 1032~1085)・정이(程頤, 1033~1007)(형제)는 "공씨가 남긴 책"이라고만 언급하였다.

주희(朱熹)는 전을 "증자의 사상을 그의 문인이 기술한 것이다."라 하였는데, 자사(子思)가 바로 증자의 문인이기 때문에 그의 주장도 대학(大學)은 자사의 저작이라는 견해로 받아들여질 수 있다.

청대(淸代)에 오면 실증적・고증적으로 검토, 비판하는 학풍이 일어나면서, 종래의 자사 저작설도 비판되어 진한(秦漢) 사이에 또는 전국시대 어느 사상가의 저작이라는 설, 자사가 지은 것이 틀림없다는 설 등이 있으나, 유가의 학자가 지은 것이라는 점에 대해서는 대체로 일치한다.

대학(大學)의 내용은 삼강령 팔조목으로 구성되어 있는데, 강령은 모든 이론의 으뜸이 되는 큰 줄거리라는 뜻을 지니며, 명명덕(明明德)・신민(新民・親民)・지어지선(止於至善)이 이에 해당되고, 팔조목은 격물(格物)・치지(致知)・성의(誠意)・정심(正心)・수신(修身)・제가(齊家)・치국(治國)・평천하(平天下)를 말한다.

대학(大學)은 예기(禮記) 가운데 한 편의 형태로 우리 나라에 들어왔을 것이라 추측된다. 7세기경의 신라 임신서기석(壬申誓記石)에는 예기(禮記)를 시경(詩經)・서경(書痙)과 함께 습득할 것을 맹세하는 화랑의 이야기가 담겨 있다.

372년(소수림왕 2)에 세운 태학(太學)을 관장한 사람이 오경박사(五經博士)였으니, 고구려에서도 일찍부터 예기(禮記)가 교수되고 있었음을 알 수 있다. 통일신라기에도 국학 3과정과 독서삼품과의 과목으로 예기(禮記)는 중요시된 경전이었다.

고려 유교의 학풍은 경전중심이어서 예종 때의 국학칠재와 사학(私學) 등에서도 경연의 주요과목으로 예기(禮記)가 자주 강론되었다. 조선 태조는 대학(大學)의 체재를 제왕의 정치귀감으로 편찬한 송대 진덕수(眞德秀)의 '대학연의(大學衍義)'를 유창(劉敞 : 초명은 敬)으로 하여금 진강(進講)하게 하였다. 그 뒤 '대학연의'를 어전에서 강의하는 전통이 마련되었다.

주희가 독립시킨 대학(大學)은 1419년(세종 1) '성리대전'· '사서오경대전'이 명나라로부터 수입될 때 함께 들어왔다.

주희의 '대학장구'에 대한 최초의 비판은 이언적(李彦迪)에서 비롯된다. 그는 '대학장구보유(大學章句補遺)'에서 주희의 일경십전(一經十傳)을 일경구전(一經九傳)으로 산정(刪正)하면서 편차의 오류를 지적하였다.

주자학이 관학으로 정립되고 성현의 편언척구(片言隻句)가 신성시되던 조선 중기에는 주희의 체계를 긍정한 바탕에서 나름의 해석을 모색하는 데 그쳤다.

이와 같은 고식적인 풍토에 반발한 윤휴(尹鑴, 1617~1680)는 '대학고본별록(大學古本別錄)'과 '대학전편대지안설(大學全篇大旨按說)'에서 주희의 방법론적 준거였던 '격물(格物)'이 지적 탐구가 아니라, 종교적 경건으로 해석되어야 하며, 본래 예기(禮記) 안에 있던 '대학고본'이 아무런 착간도 없는 정본(定本)임을 주장하였다.

박세당(朴世堂, 1529~1703)은 '대학사변록(大學思辨錄)'에서 철저한 고증에 의해 대학(大學)이 복원되어야 하며, 주희가 가한 해석이 지나치게 형이상학적이고 고답적이라 비판하면서, 구체적 실천의 관점을 강조하였다.

정약용(丁若鏞, 1762~1836)은 정조와의 문답을 정리한 '대학강의(大學講義)', 그리고 '고본 대학'에 입각해 대학(大學) 본래의 정신을 탐색한 '대학공의(大學公議)'를 저술해 명명덕· 신민만으로도 강령이 될 수 있으며 격물(格物)· 치지(致知)는 팔조목에 들 수 없다 하여, 격물· 치지에 입각한 성리학적 사유의 재검토를 촉구하기도 하였다.

삼국시대에 예기(禮記)는 이미 유포되고 있었던 것이 분명한데, 그 유입과 전파경로는 알수 없다. 1045년(정종 11) 왕이 당나라의 공영달(孔穎達)이 찬한 '신간예기정의' 한 질을 어서각(御書閣)에 두고 나머지는 문신에게 나누어주었다는 기록이 있다.

주희의 '대학장구'가 처음 반입된 것은 고려 공민왕 19년(1370) 명나라에서 '대통력'· '육경'· '통감'과 함께였다는 기록이 '고려사'에 있다.

1423년(세종 5) 대학(大學)을 포함한 사서오경 10부를 성균관·오부학당에 분급(分給)하였고, 1435년 각 도의 수령에게 명하여 그것을 향교에 비치하라고 하였다. 개인이 자비로 갖추고자 할 때는 종이를 보내면 주자소에서 찍어주게 하였다.

15세기 말 함경도·평안도·제주도에까지 대학(大學)이 보급되었다. 선조 때부터 진행된 언해사업은 1576년(선조 9) 이이(李珥, 1536~1584)가 왕명을 받아 13년 만에 완성, 간행하여 도산서원에 하사되었으며, 1605년에 재반포되어 널리 읽혀지게 되었다.

2) 논어(論語)

공자(孔子)의 언행록이다.
공자와 그 제자들의 언행을 기록한 7권 20편의 유교경전이다.
책의 내용은 공자의 말, 공자와 제자 사이의 대화, 공자와 당시 사람들의 대화, 제자들의 말, 제자들 간의 대화 등으로 구성되어 있다.
공자의 제자들이 공자의 사후에 편찬한 책이다.
공자는 인(仁)에 대하여 일관되게 말하고 있다.
인은 다른 사람에 대한 사람으로 요약할 수 있다.
공자의 자기 수양 과정은 "공자가 말씀하시길, 나는 십오세에 지(志)하고, 삼십세에 입(立), 사십오세에 불혹(不惑), 오십세에 지천명(知天命), 육십오세에 이순(耳順).칠십세에 종(縱)하여, 마음이 내키는 데로 하여도 규범에 벗어나지 않는 경지에 올랐다.(心所欲不踰炬)

논어(論語)는 공자와 그 제자들의 대화를 기록한 책으로 사서의 하나이다. 저자는 명확히 알려져 있지 않으나, 공자의 제자들과 그 문인들이 공동 편찬한 것으로 추정되고 있다.
한 사람의 저자가 일관적인 구성을 바탕으로 서술한 것이 아니라, 공자의 생애 전체에 걸친 언행을 모아 놓은 것이기 때문에 여타의 경전들과는 달리 격언이나 금언을 모아 놓은 성격을 띤다. 공자가 제자 및 여러 사람들의 질문에 대답하고 토론한 것이 '논(論)', 제자들에게 전해준 가르침을 '어(語)'라고 부른다.
현재 논어(論語)는 전20편, 482장,600여 문장으로 전해 내려오고 있다. 서술방식과 호칭의 차이 등을 기준으로 앞의 열 편을 상론(上論), 뒤의 열 편을 하론(下論)으로 구분하여 앞의 열 편이 더 이전 시대에 서술된 것으로 보는 견해가 일반적이다. 각 편의 이름은 그 편 내용의 첫 두 글자를 딴 것으로 특별한 뜻이 있는 것은 아니다.
공자의 삶과 행동과 사상을 이해하기 위해 가장 널리 읽어온 책이 논어(論語)다. 정확히 누가 언제 이 책을 만들었는지에 대해서는 아직 정설이 없다. 하지만 논어(論語)를 읽어본 사람이면 누구나 이 책이 공자가 죽은 뒤 그의 제자들이 스승의 말씀과 행적을 더듬고 자신들의 얘기를 첨가해 만든 것임을 알 수 있다. 공자 사후 그의 제자들 여기저기 흩어져 대부분 교육에 종사했는데, 여러 곳에서 스승의 말을 죽간(竹簡) 등에 기록해 학생들을 가르칠 때 쓰고 이것들을 나중에 모아서 편찬했을 것이다. 최종 정리는 공자의 가장 나이 어린 제자였던 증삼(曾參(曾子), BC 505~BC 435)의 제자들이 했을 것이라는 견해가 유력하다. 논어(論語)의 성립에 의혹을 제기하는 사람은 대부분 '좌전(左傳: '춘추(春秋)'를 해설한 책)'에서 근거를 찾는데, 최근의 연구 성과에 따르면 논어(論語)가 '좌전(左傳)'보다 앞서 성립된 것으로 보인다.

논어(論語)는 전한 시대에 처음 출현한 것으로 알려져 있다. 초기에는 논어(論語)라는 명칭 대신 전(傳), 기(記), 논(論), 어(語) 등의 이름으로 불렸고, 지역에 따라 조금씩 다른 판본이 전해지고 있었다. 논어(論語)라는 이름으로 불리게 된 것은 전한의 제6대 경제(漢 孝景皇帝 劉啓, BC 188~BC 141, 재위: BC 157~BC 141)~제7대 무제((漢 世宗 孝武皇帝 劉徹, BC 156~BC 87년, 재위: BC 141~BC 87) 기간이라고 하며, 후한에 이르러 현재와 같은 형태로 정리되었다고 한다.

한국에는 삼국시대에 전해진 것으로 추정되며, 3~4세기 경 한성백제시대 목간에 5편인 공야장(公冶長) 편의 주요 내용이 기록되어 남아있다.

논어(論語)는 어느 한 시기에 편찬되었다기보다, 몇 차례에 걸쳐 지어졌다고 보인다. 첫 번째 공자 사후에 중궁, 자유, 자하 등의 제자가 일익을 주도했고, 두 번째 증자 사후에 유자, 민자 등이 일익을 주도했으며, 전국시대 맹자 시기 또는 맹자 사후에 누군가 내용을 첨가하고 보충했다는 것이 정설이다. 이것은 당시 영향력이 있는 인물이었던 관중(管仲, BC 725~BC 645)에 대한 평가가 상론의 팔일과 하론의 헌문에서 다른 서술을 하고 있다는 점에서 추측할 수 있다. 또한 이것은 관중에 대한 노(魯)나라와 제(齊)나라의 평가가 서로 나뉘었던 것이 통합되었다는 점에서 노론과 제론을 모두 담게 되었다고 볼 수 있다.

상론 10편과 하론 10편은 문체와 호칭 및 술어 면에서 분명히 차이가 나는데, 상론은 문장이 간략하고 글자수가 짧고, 하론은 문장이 길고 글자수가 많다. 또한 상론의 마지막 10편 향당은 공자의 일상 생활을 담아 결말을 내는 셈이어서, 하론 10편의 사실성에 대한 의문이 있다.

공자 사상은 한마디로 하면 인(仁)이다. 공자가 제자들에게 가르친 세부 덕목으로서 지(知, 지혜)와 인(仁, 어짊)과 용(勇, 용기)에서의 '인(仁)'은 협의의 '인(仁)'이며, 공자가 내세운 모든 덕목을 총칭하는 개념이 광의의 '인(仁)'이다.

공자는 법이나 제도보다 사람을 중시했다. 사람을 통해 그가 꿈꾸는 도덕의 이상 사회를 이루려고 했다. 그래서 ''어짊'을 실천하는 지도자로 군자를 내세웠다. 원래 군주의 자제라는 고귀한 신분을 뜻하는 '군자'는 공자에 의해 이상적 인격의 소유자로 개념화되었다. 군자는 도(道)를 추구하고, 도에 입각하고, 도가 통하는 세상을 만드는 존재다.

이 위대한 정치가는 예(禮)로 자신을 절제하고, 악(樂, 음악)으로 조화를 추구한다. 문(文, 문예)을 열심히 공부[學]해 훌륭한 군자로 거듭나고, 정치(政治)를 통해 민생(民生)을 안정시키고 도덕의 이상을 실현해야 한다. 덕(德)과 의(義)가 사회의 중심 가치가 되는 자신의 이상 사회를 끝내 성공시키지는 못했지만, 공자는 지난한 삶의 역정 속에서도 도덕 사회의 구현이라는 처음의 꿈을 끝까지 버리지 않았는데, 이 꿈이 녹아 있는 책이 논어(論語)다.

이중 대표적인 학이편은 다음과 같이 시작하고 있다.
子曰 學而時習之 不亦說乎 有朋自遠方來 不亦樂乎 人不知而不慍 不亦君子乎
(자왈 학이시습지 불역열호 유붕자원방래 불역락호 인부지이불온이 불역군자호)
공자가 말하기를 "배우고 틈나는대로 익히면, 또한 기쁘지 아니한가. 벗이 있어 멀리서 찾아오면 또한 즐겁지 아니하겠는가. 남이 나를 알아주지 아니하여도 노여워하지 아니하면, 또한 군자가 아니겠는가."

논어(論語)는 수많은 주석서가 있다. 하안(何晏, 193?~249)의 '논어집해(論語集解)'를 "고주(古注)"라 하고 주희(朱熹, 1130~1200)의 '논어집주(論語集註)'를 "신주(新注)"라 하여 중요하게 여긴다. 조선의 정약용(丁若鏞, 1762~1836)이 지은 '논어고금주(論語古今注)'에서는 고주와 신주에서 각기 보이는 폐단을 극복하고 보다 합리적이고 공자의 원의에 가까운 해석을 하려는 노력을 엿볼 수 있다. 특히 당시 조선에서 가치를 인정받지 못하던 오규 소라이(荻生組徠, 1666~1728), 그리고 이토 진사이(伊藤 仁条, 1627~1705) 등 일본 유학자들의 주석에까지 고루 시야를 넓힌 점은 정약용의 유연하고 개방적인 사고를 미루어 짐작할 수 있는 대목이다.

공자 시대 이후로 논어(論語)는 중국의 철학자들과 가치관에 깊은 영향을 끼쳤고, 이후 동아시아에도 영향을 미쳤다. 논어(論語)는 유교 경전의 다른 세 책과 함께 사서라고 불리며 유교의 기본 가치관인 "예(禮), 의(義), 충(忠), 인(仁)" 이라는 유교적 인본주의를 가르쳐왔다.

거의 2천년 동안 논어(論語)는 중국의 학자들이 배우는 기본 과정이 되어왔는데, 공자의 저작을 공부하지 않은 사람은 도덕적으로 바르고 학식이 있는 사람으로 취급되지 않았다. 중국의 과거 시험은 진나라(晉, 265~420)에서 시작되어 청(淸)나라 말기까지 지속되었는데, 과거 시험에서는 유교경전을 강조하여 수험생들이 공자의 말을 인용하여 그들의 글에 어떻게 사용하였는지 평가하였다.

논어(論語)는 많은 언어로 번역되었는데, 영어로는 아서 웨일리(Arthur Waley,

1889~1966)와 A. 찰스 뮬러(A. Charles Muller, 1953~), 그리고 윌리엄 수딜(William Edward Soothill, 1861~1935)의 번역이 가장 유명하다. 일찍이 16세기 후반에 논어(論語)의 일부는 예수교 중국 선교사들에 의하여 라틴어로 번역되었다.

볼테르(Voltaire, 1694~1778)와 에즈라 파운드(Ezra Pound, 1885~1972)는 열 번째 향당편에서 공자가 단순한 사람이었는지 명확하게 보여준다고 지적했다. 특히 볼테르는 계몽철학자로서 논어(論語)야말로 당대까지의 허황된 형이상학이나 신학에 근거하지 않은 정치철학서라고 칭송하며 자신의 연구실에 공자의 초상화를 걸어둘 만큼 공자를 존경하였다. 근래에 논어(論語)를 영어와 프랑스어로 번역한 시몽 레스(Simon Leys, 1935~2014)는 이 어록은 유명한 사람의 개인의 삶을 묘사한 첫 기록일 것이라고 말했다. 엘리아스 카네티(Elias Canetti, 1905~1994)도 공자의 논어(論語)가 가장 오래된 지적이고 영적인 완벽한 개인의 초상이라고 말하며 향당편은 근대적인 책과 같이 감동을 주는데, 모든 것을 담고 있으면서도 정말 중요한 것은 빼놓고 서술하고 있기 때문이다라고 평했다.

공자(孔子)는 BC 551년 노(魯)나라 양공(襄公) 22년에 태어났다. 15세에 학문에 뜻을 두어서 가난에 시달리고 천한 일에 종사하면서도 부지런히 이치를 탐구하고 실천에 힘써 위대한 성인으로 추앙받았다. 20대에 이미 이름을 떨쳐 제자들이 따르게 되었으며, 그의 관심은 예(禮)와 악(樂) 등 문화 전반에 걸쳐 있었다.

당시 노나라는 계손(季孫)·맹손(孟孫)·숙손(叔孫)의 삼환씨(三桓氏)가 정권을 농락하는 형편이었다. 공자는 51세 때 대사구(大司寇)까지 역임했으나 자신의 포부를 펼치지 못하고 물러났다. 그 뒤 천하를 다니면서 정치적 혁신을 실현하려 했으나 결국 실패하고 68세에 고국으로 돌아와 후진 육성에 힘썼다.

공자는 인(仁)의 실천에 바탕을 둔 개인적 인격의 완성과 예로 표현되는 사회질서의 확립을 강조하였으며, 궁극적으로는 도덕적 이상국가를 지상에 건설하려 하였다. 만년에 육경(六經) 편찬에 힘쓴 것은 후세에게나마 그의 이상을 전하고 실현을 기약하려는 뜻에서였다.

공자는 철저한 현실주의자로 그의 사상은 실천을 전제로 한 도덕이 핵심을 이루고 있다. 따르는 제자가 3천인이 넘었다 하는데, 그 가운데 72인이 뛰어났다고 한다.

논어(論語)의 편찬자에 대해서는 여러 가지 설이 있다.
① 자하(子夏)를 비롯한 공자의 제자들,
② 자하·중궁(仲弓)·자유(子游) 등,

③ 증삼(曾參)의 문인인 악정자춘(樂正子春)과 자사(子思)의 무리,
④ 증삼과 유자(有子)의 문인 등이 그것인데, 논어(論語)가 공자 자신의 손으로 기록, 정리된 것이 아님은 분명하다.

이런 사실은 논어(論語)라는 책 이름에서도 엿볼 수 있다. 양(梁)나라의 황간(皇侃)은 "이 책은 공자의 문인에게서 나온 것이다. 먼저 자세히 따진 뒤에 사람들이 모두 좋다고 한 뒤에야 기록했으므로 '논(論)'이라 하였다. '어(語)'란 논란에 대해 대답하고 설명한다는 말이다."라고 말하였다.

원(元)나라의 하이손(何異孫)은 '논어(論語)'가 "글뜻을 토론한 데서 생긴 이름"이라 했고, 청(淸)나라의 원매(遠枚)는 "논이란 의논이란 뜻이며 어린 사람들에게 말한 것"이라고 풀이해서 의견이 다양하다.

'한서'에 의하면, 한나라 때에는 세 가지 종류의 논어(論語)가 전해오고 있었다 한다. 제(齊)나라 사람들이 전해온 제논어, 노(魯)나라에서 전해 온 노논어, 그리고 공자의 옛집 벽 속에서 나온 고문(古文)의 논어가 그것이다. 지금 전해지는 논어(論語)는 전한 말의 장우(張禹)가 노논어를 중심으로 편찬한 교정본(校定本)이다.

논어(論語)는 모두 20편으로 나뉘어 있고, 각 편의 머리 두 글자를 따서 편명으로 삼고 있다. 예컨대, 첫 편인 학이(學而)는 '학이시습지불역열호(學而時習之不亦說乎)'에서 따 왔다. 따라서 논어(論語)의 내용 구성은 '배움'에서 시작해 '하늘의 뜻을 아는 것(知命)'까지로 되어 있다.

논어(論語)의 내용은
① 공자의 말,
② 공자와 제자 사이의 대화,
③ 공자와 당시 사람들과의 대화,
④ 제자들의 말,
⑤ 제자들간의 대화 등으로 구성되어 있다.

물론 이들 모두는 공자라는 인물의 사상과 행동을 보여주려는 데 초점이 맞추어져 있다.

우리 나라에 유교가 전해진 것은 중국과의 접촉이 활발해지고 통치질서와 정치윤리에 대한 요구가 드높아가던 삼국시대였다. 논어(論語)도 이 무렵에 전래되었으리라 생각된다.

'삼국사기(三國史記)'에는 642년에 죽죽(竹竹)이라는 화랑이 인용한 논어(論語)의 구절이 보인다. 설총(薛聰)이 구경(九經)을 이두로 읽었으며 강수(强首)가 불교보다 유교의

도리를 배우겠다 하여 뒤에 외교문서 작성에 탁월한 능력을 보인 사실은 유교적 교양의 바탕인 논어(論語)가 당시에 이미 크게 영향을 미치고 있었음을 증거한다.

682년(신문왕 2) 국학이 체계를 갖추었을 때 논어(論語)를 가르쳤으며, 그 뒤 독서삼품과(讀書三品科)로 인재를 선발할 때도 논어(論語)는 필수 과목이었다.

고려조에 들어와 문묘(文廟)와 석전의 의례를 갖추는 한편, 사회적·정치적 제도를 정비한 성종은 990년(성종 9) 서경에 수서원(修書院)을 설치해 전적과 문헌을 수집하게 했는데, 물론 논어(論語)도 여기에 수장(收藏)되었다. 이 무렵 서적의 인쇄와 역사서 편찬, 그리고 궁중의 경연이 성했는데, 논어(論語)는 경연에서 자주 거론된 경전이었다.

조선시대는 오경(五經)보다 사서(四書)를 중요시하는 주자학이 사상·문화 전반의 이념으로 등장하였다. 따라서 사서의 중심인 논어(論語)는 시골 벽촌의 어린 학동들까지 배우게 되었다.

이황(李滉)은 논어의 훈석(訓釋)을 모으고 제자들과의 문답을 채록해 '논어석의(論語釋義)'를 지었다. 이 책은 임진왜란 때 소실되고 그의 문인 이덕홍(李德弘)의 '사서질의(四書質疑)'가 그 면모를 짐작하게 해준다.

그 뒤 학자들의 주석이 수없이 많지만 대개는 단편적인 글귀에 대한 나름의 의문과 해석, 아니면 공자의 인격에 대한 찬탄에 그치고 있다.

한(漢)·당(唐)의 훈고와 송(宋)·명(明)의 의리(義理)에 매이지 않고 문헌비판적·해석학적 방법론에 입각해 논어(論語)를 해석한 저작이 정약용(丁若鏞)의 '논어고금주(論語古今註)'이다. 한대에서 청대에 이르는 중국의 거의 모든 학자들과 우리 나라 선비, 그리고 일본의 연구성과까지 검토, 비판해 독자적인 주장을 폈다.

논어의 첫 간행은 1056년(문종 10)으로 '고려사'에 기록되어 있다. 논어(論語)를 포함한 비각소장(祕閣所藏)의 제 경전을 여러 학원(學院)에 나누어 두게 하고, 각각 한권씩 찍어냈다 한다. 이어 1134년(인종 12)에는 이것을 지방의 여러 학관에 나누어주었다.

조선시대에 세종은 주자소를 건립하고 논어(論語)를 포함한 다량의 서적을 간행해서 각 지방에 보급하였다. 한문으로 된 경전을 우리말로 풀어 이해하기 쉽게 하려는 노력은 전래 초기부터 있어 왔다.

설총이 "방언(方言)으로 구경(九經)을 풀이했다."는 기록이 있고, 고려 말의 정몽주(鄭夢周)와 권근(權近)은 각각 논어(論語)에 토를 달았다.

세종은 훈민정음을 창제한 다음 전문기관을 설치해 경전의 음해(音解)를 찬하게 하였다. 세조 때에는 구결(口訣)을 정했고 성종 때에 유숭조(柳崇祖)가 '언해구두(諺解口讀)'를 찬집하였다.

선조는 이것이 미비하다 하여 1581년(선조 14) 이이(李珥)에게 명해 사서와 오경의 언해를 상정(詳定)하게 하였다. 사서는 1593년에 이이의 손으로 완성되었고 나머지는 다른 사람에게 맡겨졌다. 이들 언해는 불완전한 번역이었으나 순한문본과 함께 널리 이용되었다.

3) 맹자(孟子)

맹자(孟子)는 공자(孔子)의 뜻을 진술하여 [맹자(孟子)]7편을 저술하였다.
공자가 언급하지 않는 내용도 시세에 순응시켜 부가하였다.
공자가 인(仁)만 말씀하신 것을 의(義)를 덧붙여 설명하고 있고, 인의(仁義)를 근본으로 하여 패도를 배격하고, 인뿐만 아니라 절제를 존중하였다.
특히 인간은 본래 선하다는 성선설(性善說)을 주장하고 있다.
사서(四書 : 논어(論語)·맹자(孟子)·대학(大學)·중용(中庸)) 중의 하나이다. 양혜왕(梁惠王)·공손추(公孫丑)·등문공(滕文公)·이루(離婁)·만장(萬章)·고자(告子)·진심(盡心)의 7편으로 되어 있다.
사마천(司馬遷)의 '사기(史記)'에 따르면 맹자의 저술임이 분명하지만, 자신의 저작물에 '맹자(孟子)'라고 한 점 등을 들어 맹자의 자작(自作)이 아님을 주장하는 견해도 있다. 당나라의 한유(韓愈)는 맹자가 죽은 뒤 그의 문인들이 그 동안의 일을 기록한 것이라는 말도 하였다. 어쨌든 수미일관(首尾一貫)한 논조와 설득력 있는 논리의 전개, 박력 있는 문장은 맹자라는 한 인물의 경륜과 인품을 전해주기에 손색이 없다.
맹자(孟子)는 공자의 가르침을 보완·확장하였다. 공자의 인(仁)에 의(義)를 덧붙여 인의를 강조했고, 왕도정치(王道政治)를 말했으며, 민의에 의한 정치적 혁명을 긍정하기도 하였다. 이러한 그의 작업에는 인간에 대한 적극적인 신뢰가 깔려 있다. 사람의 천성은 선하며, 이 착한 본성을 지키고 가다듬는 것이 도덕적 책무라는 성선설(性善說)을 주장하였다.

후한의 조기(趙岐, ?~201)는 맹자(孟子)에 대한 본격적인 주석 작업을 통해 7편을 상하로 나누어 14편으로 만들었는데, 지금도 이 체재가 보편화되어 있다. 송대에 이르러 주희(朱熹)는 조기가 훈고(訓詁)에 치중해 맹자의 깊은 뜻을 놓쳤다고 비판하고, 성리학의 관점에서 '맹자집주(孟子集註)'를 지었다. 이 책은 조기의 고주(古註)에 대해 신주(新註)라고 한다. 주자학이 관학(官學)으로 채택된 원대 이래 공식적인 해석서로 폭넓은 영향을 미쳤다.

우리나라에 유학의 전래와 함께 맹자(孟子)도 같이 유포되었지만, 고려 말까지는 육경 중심과 사장학적(詞章學的) 경향에 밀려 '논어(論語)'나 '문선(文選)' 등의 다른 경전에 비해 소홀히 취급되었다. 문장보다 인격을, 육경보다 사서를 교육의 핵심으로 삼는 주자학이 도입되어 자리를 굳히면서 맹자(孟子)는 지식인들의 필수 교양서로 부상되었고, 주희의 주석서가 해석의 정통적 기준이 되었다.

맹자사상의 일관된 핵심은 성선설과 혁명론이었지만, 우리나라에서는 주자학이 활발한 논란을 거쳐 배타적 권위를 형성하는 17세기 말까지 성선설에만 국한되었다. 이황(李滉)과 기대승(奇大升), 이이(李珥)와 성혼(成渾)으로부터 비롯된 사단칠정론(四端七情論)은 조선조 후반의 인물성동이론(人物性同異論)까지 이어졌다. 그러나 이러한 논의는 인간의 본성을 해명하는 입론(立論)의 근거를 주희의 주석에서만 구함으로써 200여 년 동안 해결을 보지 못했다.

주희의 경전 해석과 그 바탕에 깔린 세계관에 대해 의문을 제기했던 윤휴(尹鑴)와 박세당(朴世堂)은 '사문난적(斯文亂賊)'이라고 낙인찍히기도 하였다. 이익(李瀷)은 '맹자질서(孟子疾書)'에서 맹자가 양혜왕에게 "이익을 앞세우지 말라."고 한 것은 이익 자체를 거부하는 것이 아니라 도덕성과의 조화를 꾀하자는 데 그 의도가 있는 것이라고 주장함으로써, 주자학의 비현실적인 명분론과 의리론을 비판하기도 하였다.

맹자(孟子)는 백가(百家)가 다투어 각기 다른 사상을 주장하던 전국시대에 의연하게 공자사상을 옹호하고, 이를 한층 진전시켰다. 이러한 그의 사상은 맹자(孟子) 전편에 흐르고 있어서, 공자 다음가는 아성(亞聖)으로 추앙되고 있다.

4) 중용(中庸)

유교의 고전으로 공자의 손자 자사(子思, BC 483?~BC 402?)의 저서라고 한다.
내용은 성선설(性善說)을 중심으로 천인합일(天人合一)사상을 명백히 하고 있다.
성(性), 도(道), 교(敎)의 관계, 즉 천명(天命)은 성(性)이요, 명(命)에 따르는 것은 도(道)요, 도(道)를 닦는 것을 교(敎)라고 한다.
자세히 설명하면 성(性)의 본질을 성(誠)의 입장에서 여러 가지 문제를 설명하고 있다.
지(知), 인(仁), 용(勇)은 삼달덕(三達德: 어느 경우에도 통하는 세 가지 덕)이고, 친(親), 의(義), 별(別), 서(序), 신(信)의 오달도는 그 궁극이 성(誠)으로 돌아간다고 할 수 있다.
예기 중의 일편이던 것을 송의 정신(程)이 따로 떼어내고 주자가 주석을 가해서 사서의 하나가 되었다.

대학(大學)·논어(論語)·맹자(孟子)와 더불어 사서(四書)라고 한다. 유교에서 사서라는 일컬음이 생긴 것은 중국의 송나라 때에 이르러서이다. 주희(朱熹)가 예기(禮記) 49편 가운데 대학(大學)·중용(中庸)을 떼어내어 논어(論語)·맹자(孟子)와 함께 사서라 이름을 붙인 것이다. 이 후 사서는 유교의 근본 경전으로 반드시 읽어야 하였다.

중용(中庸)은 이와 같이 '예기' 속에 포함된 한 편이었지만 일찍부터 학자들의 주목을 받아 왔으며, 한나라 이후에는 주해서가 나왔으며 33장으로 나누어져 있었다. 송나라 정이(程頤)에 이르러 37장이 되었다가 주희가 다시 33장으로 가다듬어 독립된 경전으로 분리시켰다.

중용(中庸)의 작자에 대해서는 학자들의 의견이 일치하지 않는다. 종래에는 사기(史記)의 공자세가(孔子世家)에 "백어(伯魚)가 급(伋)을 낳으니 그가 자사(子思)였다. 나이 62세에 송나라에서 곤란을 겪으면서 중용(中庸)을 지었다"라는 대목이 있어 공자의 손자 자사의 저작으로 알려져 왔다.

그러나 청대에 고증학이 대두되면서 자사의 저작이라는 정설에 이의를 제기하기 시작하였다. 어떤 학자는 진(秦)·한(漢)시대의 어떤 사람에 의해 이루어진 저작이라 고증하기도 하고, 또는 자사의 저본(底本)을 바탕으로 후세의 학자들이 상당기간 동안 가필해 완성된 것이라 주장하기도 하여 아직까지 유력한 정설이 없는 실정이다.

중용(中庸)을 흔히 유교의 철학 개론서라 일컫는데, 그것은 유교의 철학적 배경을 천명하고 있기 때문이다. 수장(首章) 첫머리에서 "하늘이 명(命)한 것을 성(性)이라 하고, 성을 따르는 것을 도(道)라 하고, 도를 닦는 것을 교(敎)라 한다"라고 하였는데, 이 대목은 유교 철학의 출발점과 그 지향처를 제시하고 있다.

사람이 사람답게 삶을 누리자면 끊임없이 배워야 하고 그 배움에는 길(道)이 있고 길은 바로 본성(本性)에 바탕하며, 본성은 태어나면서 저절로 갖추어진 것이라는 뜻이다. '태어나면서 저절로 갖추어진' 본성을 유교에서는 맹자 이후 '순선(純善)'한 것이라 생각하였으며, 송대에 와서 정립된 성리학은 이에 기초해 전개되고 있다.

중용(中庸)은 33장으로 되어 있는데, 그 내용을 전반부·후반부로 나누어서 설명할 수 있다. 전반부에서는 주로 중용 또는 중화 사상(中和思想)을 말하고, 후반부에서는 성(誠)에 대해 설명하고 있다.

중(中)이란 한쪽으로 치우치지 않고 기울어지지 않으며, 지나침도 미치지 못함도 없는 것(不偏不倚無過不及)을 일컫는 것이고, 용(庸)이란 떳떳함(평상(平常))을 뜻하는 것이라고 주희는 설명하였고, 정자(程子, 송나라 정도명(程明道), 1032~1085)는 기울어지지 않는 것(불편(不偏))을 중(中)이라 하고, 바꾸어지지 않는 것(불이(不易))을 용(庸)이라 하였다.

중화 사상은 중용을 철학적 표현으로 달리 말한 것인데, 이 때의 중은 희로애락의 감정이 발로되기 이전의 순수한 마음의 상태를 말하는 것이고, 마음이 발해 모두 절도에 맞는 것을 화(和)라 일컫는다고 하였다. 이러한 중화를 이루면 하늘과 땅이 제자리에 있게 되고 만물이 자라게 된다는 것인데, 이는 우주 만물이 제 모습대로 운행되어 가는 것을 뜻한다.

성(誠)은 바로 우주 만물이 운행되는 원리이다. 그 원리는 하늘과 땅, 그리고 사람에 이르기까지 하나로 꿰뚫어 있다. 그래서 "성은 하늘의 도이고 성되려는 것은 사람의 도"라고 말한다.

다시 말하면, 성실한 것은 우주의 원리이고, 성실해지려고 하는 것은 사람의 도리라는 뜻이다. 결국, 사람은 우주의 운행 원리인 성을 깨닫고 배우고 실천하는 데에서 인격이 완성되며, 결국에 가서는 천인합일의 경지에 도달하게 된다.

신라 원성왕 4년(788) 관리 등용법인 독서삼품과(讀書三品科)를 태학(太學)에 설치할 때 그 과목 중에 '예기(禮記)'가 포함되어 있는 것을 보면, 우리 나라에서는 이미 삼국 시대에 '예기(禮記)'의 한 편으로서 중용(中庸)을 접하게 된 것으로 추측된다. 그 뒤 고려 말 정주학을 수용한 이후에는 사서의 하나로 중용(中庸)을 극히 존숭하기에 이르렀다.

일찍이 권근(權近)은 사서에 구결(口訣)을 하였다고 하나 지금은 전하지 않으며, 조선조에 들어와서는 모든 유학자들이 중용(中庸) 연구에 심혈을 기울였다. 성리학이 바로 중용(中庸)에 근거하고 있기 때문이다. 따라서, 전통 사회에 있어서의 학술의 전개와 민족 문화 발달에 중용적 철학 사상이 결정적인 영향을 끼쳤다고 말할 수 있다.

◈ 사서(四書)
◈ 삼경(三經) —시경(詩經), 서경(書痙), 주역(周易)인 역경(易經)

1) 시경(詩經)

시경(詩經)은 오경(五經)의 하나로서 춘추(春秋)시대(時代)의 민요(民謠)를 중심으로 한 중국 최고(最古)의 시집(詩集)이다.

시경(詩經)은 중국 최초의 시가집이다. 서주의 말기로부터 동주에 걸쳐(BC 9세기~BC 7세기) 완성된 시집으로 305편이 수록되어 있다. 공자가 문하의 제자를 교육할 때, 주나라 왕조의 정치적 형태와 민중의 수용 태도를 가르치고 문학·교육에 힘쓰기 위하여 편집한 것으로 알려져 있다. 시경(詩經)은 전한시대에 '제시(齊詩)'· '노시(魯詩)'· '한시(韓詩· '모시(毛詩)'라는 네 가지 종류의 책이 나왔지만, 오늘날 남은 것은 그중의 모시(毛詩)뿐이어서 별도로 모시(毛詩)라 하기도 한다.

처음에는 시(詩)라고만 불리었으며, "시"라는 말의 어원은 여기서 나왔다. 주나라때 편찬되었다 하여 주시(周詩)라고도 하다가 당나라 때 와서 오경의 하나에 포함되면서 시경이라고 불리게 되었다.
여기에 실린 노래들은 철기(鐵器)의 보급으로 농경문화가 비약적으로 발전하고 봉건제가 정착되어 사상과 예술이 처음으로 피던 주왕조 초에서 전국(戰國) 중기에 불려졌다. 분포 지역은 황하(黃河)를 중심으로 한 주나라 직할 경역이었으리라 추정된다.
311편의 고대 민요를 '풍(風)', '아(雅)', '송(頌)'의 3부로 나누어서 편집하였다. 그중 6편은 제명(題名)만 있을 뿐 어구를 갖고 있지 않기 때문에 가사가 있는 것은 305편이다.

'풍(風)'이라는 것은 각국의 여러 지역에서 수집된 160개의 민요를 모은 것이요, '아(雅)'라는 것은 연석(宴席)의 노래로, 다시 소아(小雅)와 대아(大雅)로 구분된다. 소아 74편과 대아 31편은 조정에서 불렸던 것으로 알려져 있다. '송(頌)' 40편은 왕조·조상의 제사를 지낼 때의 노래라고 여겨진다. 어느 것이든 고대의 이름없는 민중이나 지식인의 노래이다.
주(周)는 제13대 평왕 때에 도읍을 호경(鎬京)으로부터 하남성(河南省)의 낙양으로 옮겼는데(BC 770), 그때 일을 노래한 것이 있다. 주실 동천(周室東遷) 이전, 즉 서주(

西周)의 것으로는 제11대 선왕(宣王, 재위: BC 827~BC 782) 시대의 노래로 보이는 것이 있다. 그것이 시경(詩經) 중의 옛 부분이다. 주 왕조(周王朝) 창업의 모습을 노래한 것도 있으나 그것들도 선왕기(宣王期) 무렵에 만들어진 것이라고 생각된다. 전설에 의하면 주왕조 초기인 문왕· 무왕시절의 노래가 있다고 한다. 그것을 사실이라고 그대로 믿을 수는 없지만 현존하는 중국의 가장 오래된 가요를 모은 것이 된다. 공자는 고대의 가요를 통해서 당시 정치·사회의 모습을 생각하게 하려고 했던 것으로 추측되기도 한다.

'풍(風)'에는 애정의 노래라든가 일하는 노래, 유랑의 노래 등이 많으나, '아(雅)' 또는 '송(頌)'에는 천(天)의 사상에 근거하여 주왕조를 찬양한 것이 있다. 또 천은 백성들에게 재앙을 내리는 것이라 믿고 천을 원망하여 천의 권위의 붕괴를 노래한 것도 많다. 천의 권위의 붕괴를 말하는 것은, 위정자의 입장에서 기록된 '시경(詩經)'에서는 찾아 볼 수 없다. 따라서 주왕조를 뒷받침하고 있던 천(天)의 사상에 대한 무명의 민중이나 지식인의 비판의 소리를 엿들을 수 있다. 천(天)은 지정공평(至正公平)하지 못하다는 원성(怨聲)은 바로 주 왕조의 권위에 대한 피지배층의 비판이다.

2) 서경(書經)

서경(書經)은 삼경 또는 오경의 하나로서 중국의 요순 때부터 주나라 때까지의 정사(正使)에 대한 문서를 수집하여 공자(公子)가 편찬한 책이다.
서경(書經)은 중국 유교의 5경(五經) 가운데 하나로 중국에서 가장 오래된 역사서이다. 중국의 고대 국가들의 정사(政事)에 관한 문서를 공자가 편찬하였다고 전한다. 특히, 주나라의 정치철학을 상세하면서도 구체적으로 말한 제일의 자료이다.
크게 우서(虞書)· 하서(夏書)· 상서(商書)· 주서(周書)의 4부로 나뉘어 있는데 각각 요순시대· 하나라· 은나라(상나라)· 주나라에 관련된 내용을 싣고 있다.

전국시대에는 공문서라는 의미로 '서(書)'라고 했다. 이후, 유학을 숭상하고 통치 이념으로 삼았던 한나라 시대에서, 당시의 유학자들은 존중하고 숭상해야 할 고대의 기록이라는 뜻에서 '상서(尙書)'라고 하였다. 혹은 상(尙)은 상(上)을 뜻한다고 보아 "상고지서(上古之書, 상고시대의 공문서)"의 의미로 해석하기도 하였다. 송나라 시대에는 유교의 주요 경전인 5경(五經)에 속한다는 뜻에서 '서경(書經)'이라고 불렀다.
서경(書經)의 판본은 크게 나누어 '금문상서(今文尙書)'와 '고문상서(古文尙書)'가 있다. 신나라(新, 8~23) 왕망(王莽) 때 유흠(劉歆, ?~23)이 새로운 판본인 '고문상서'를 들고 나옴에 따라, 기존의 판본인 '금문상서'를 지지하는 금문가(今文家)와 새로운 판본인 '고문상서'를 지지하는 고문가(古文家) 사이에 금고문 논쟁(今古文論爭)이 치열하게 전개되었다. 현존하는 판본은 '위고문상서'와 '칭화대본 죽간상서'가 있다.

서경(書經)은 요임금(堯, BC 2356?~BC 2255?)부터 주나라(BC 1046?~BC 256) 시대까지 요(堯)·순(舜)의 2제와 우왕(禹王)·탕왕(湯王)·문왕(文王) 또는 무왕(武王)의 3왕들이 신하에게 당부하는 훈계와 군왕이 백성에게 내린 포고와 명령, 군왕에게 올린 신하의 진언, 전쟁을 앞두고 백성과 장병들에게 한 훈시, 대신들 사이의 대화 등을 담고 있다.

서경(書經)은 서약(誓約)하는 글인 "서(誓)"와 고시(告示) 또는 포고(布告)하는 글인 "고(誥)"가 주가 되어 있다. 그 중에서도 전형적인 것들로는 다음의 것들이 있다.

- 반경(盤庚): 은나라 시대의 고시문(告示文)을 주나라 사람이 추기한 것
- 목서(牧誓): 주나라 무왕의 서약문(誓約文)
- 낙고(洛誥): 주나라 때의 고시문
- 강고(康誥): 주나라 때의 고시문
- 주고(酒誥): 주나라 때의 고시문

이들 중 '목서(牧誓)'에서 주나라 무왕은 "지금 저 발(發)은 공손히 하늘의 벌을 행하고자 합니다(今予發惟恭行天之罰·금여발유공행천지벌)"라고 말하고 있는데, 서경(書經)의 글들은 모두 이와 같이 조상신(祖上神) 혹은 상제(上帝)에 대한 신앙이나 노예 사회에서의 왕의 권력을 보여주는 무겁고 엄격한 색조(色調)로 일관되어 있다.

서경(書經)은 3000편이 있었다고 하지만 전해지는 것은 고문(古文) 25편, 금문(今文) 33편 등 58편에 불과하다. 진시황의 분서갱유(焚書坑儒)로 원본이 소실된 것으로 전해지기 때문이다.

고문상서(古文尚書)는 한나라 경제(景帝, BC 188~BC 141) 때 노나라의 공왕(恭王)이 공자(孔子)의 옛 집을 허물다 장벽(牆壁)에서 발견했다는, 춘추시대의 문자체(진(晉)나라의 문자)로 씌여진 고본을 말하고, 금문상서(今文尚書)는 한나라 문제(漢文帝, BC 202~BC 157, 재위: BC 180~BC 157) 때, 과거 진(秦)의 박사를 지냈고 상서에 정통했던 복생(伏生)의 구술을 조조(晁錯)가 당시 통용되던 예서로 정리한 것이다.

사정이 이런 만큼 고문상서와 금문상서는 별차이가 없었다고 하나 이후 금문학파와 고문학파로 나뉘어 전수되었다. 고문상서는 동한 광무제(漢 世祖 光武皇帝 劉秀, BC 6~AD 57, 재위: 25~57) 때 무성편이 서진 말기에 나머지 15편이 전부 없어졌고, 현재

는 위고문상서만이 전해지고 있다. 공안국의 위고문상서는 동진 원제(晉 中宗 元皇帝 司馬睿, 276~322, 재위: 317~322)때 매색(梅賾, ?~?)이라는 사람이 위고문상서를 조정에 바쳐진 후 청나라 때까지 천여 년 동안 진짜로 받아들여졌다. 현재 전해지는 고문상서는 공안국 혹은 매색의 위고문상서이다.

현행본 58편 가운데 이르바 '오고'라고 일컫는 대고, 강고, 주고, 소고, 낙고와 금등, 자재, 다사, 다방 등이 서경 가운데에서 가장 먼저 성립이 된것으로 주나라 초기의 기록이라고 한다. 오고는 문체가 가장 난해하여 더 고대의 것으로 생각한다. 그러나 내용상으로 볼때 고요모에는 사상적으로 노장철학과 유가철학이 분화되지 않은 것도 엿보여 고오기 가장 오래되었다는 점에 의문을 표시하는 경우도 있다.

서경(書經)은 모두 58편으로 이루어져 있는데, 그중 33편을 금문상서(今文尙書)라 부르고 나머지 25편을 고문상서(古文尙書)라 한다. 금문상서는 원래 29편이었지만 일부를 분할하여 편수가 늘어났다. 대부분의 학자들은 이것을 BC 4세기 이전에 작성된 진본으로 생각하고 있다.

고문상서는 원래 16편으로 구성되어 있었지만 오래전에 소실되었다. 4세기에 나타난 모작은 원본의 제목을 붙인 16편에 9편을 더하여 모두 25편으로 이루어져 있다.

처음의 5편은 중국의 전설적인 태평시대에 나라를 다스렸다는 유명한 요(堯)·순(舜)의 말과 업적을 기록한 것이다. 6~9편은 하나라(夏, BC 2205?~BC 1766?)에 대한 기록이지만 역사적으로는 아직 명확히 밝혀지지 않고 있다.

그 다음 17편은 은나라의 건국과 몰락(BC 1122)에 대한 기록인데, 은나라의 멸망을 마지막 왕인 주왕이 타락한 탓으로 돌리고 있다. 주왕은 포악하고 잔인하며 사치스럽고 음탕한 인물로 묘사되어 있다.

마지막 32편은 BC 771년까지 중국을 다스렸던 서주에 대해 기록하고 있다.

서경(書經)은 중국 역사서의 효시로 후대의 '사기'와 '한서'같은 본격적인 정사는 아니지만 중국 고대사의 원천이 되는 책이다. 서경의 기록 대부분은 사관에 의해 사실적으로 쓰여져 사료로서 가치가 매우 높다. 또한 서경은 중국 고대 사상의 뿌리로 유가(儒家)의 덕치주의(德治主義), 도가(道家)의 무위이치(無爲而治, 묵가(墨家)의 숭검비명(崇儉非命), 법가(法家,)의 법치주의(法治主義) 등의 사상을 포괄하고 있다.

서경(書經)의 내용과 언어 특징은 은주 시대의 갑골 그리고 청동기에 적힌 글을 해석하는 데 도움이 되고 제작연대를 밝히는 데 결정적인 역할을 한다.

3) 주역(周易)

주역(周易)은 유교의 경전으로 육경(六經)의 한 가지이다.
점을 보는 점서(占書)인데, 경(經)과 전(傳)의 두 부분으로 되어 있다.
경은 양효(陽爻)와 음효(陰爻)를 여섯 개의 선으로 된 그림에 설명을 붙이고 있다.
그 각각의 그림을 괘(卦)라고 하는데, 모두 64개이다.
서죽(筮竹)과 산목(算木)을 써서 그림을 구하여 길흉을 판단한다.

주역은 음양(陰陽), 사상(四象), 팔괘(八卦) 등 우주관은 후세 철학, 윤리, 정치에 많은 영향을 끼치고 있다.
공자는 주역을 대성이라 하고, 주자는 역경(易經)이라고 불렀다.

동양에서 가장 오래된 경전인 동시에 가장 난해한 글로 일컬어진다. 공자가 극히 진중하게 여겨 받들고 주희(朱熹)가 '역경(易經)'이라 이름하여 숭상한 이래로 주역(周易)은 오경의 으뜸으로 손꼽히게 되었다.

주역(周易)은 상경(上經)·하경(下經) 및 십익(十翼)으로 구성되어 있다. 십익은 단전(彖傳) 상하, 상전(象傳) 상하, 계사전(繫辭傳) 상하, 문언전(文言傳)·설괘전(說卦傳)·서괘전(序卦傳)·잡괘전(雜卦傳) 등 10편을 말한다.

한대(漢代)의 학자 정현(鄭玄)은 "역에는 세 가지 뜻이 포함되어 있으니 이간(易簡)이 첫째요, 변역(變易)이 둘째요, 불역(不易)이 셋째다"라 하였고, 송대의 주희도 "교역(交易)·변역의 뜻이 있으므로 역이라 이른다"고 하였다.

이간(易簡)이란 하늘과 땅이 서로 영향을 미쳐 만물을 생성케 하는 이법(理法)은 실로 단순하며, 그래서 알기 쉽고 따르기 쉽다는 뜻이다. 변역이란 천지간의 현상, 인간 사회의 모든 사행(事行)은 끊임없이 변화한다는 뜻이고, 불역이란 이런 중에도 결코 변하지 않는 줄기가 있으니 예컨대, 하늘은 높고 땅은 낮으며 해와 달이 갈마들어 밝히고 부모는 자애를 베풀고 자식은 그를 받들어 모시는 것과 같다는 것이다.

주희의 교역이란 천지와 상하 사방이 대대(對待)함을 이르는 것이고, 변역은 음양과 주야의 유행(流行)을 뜻하는 것이라 하였다. '설문(說文)'에는 역이라는 글자를 도마뱀(蜥易, 蝘蜓, 守宮)이라 풀이하고 있다. 말하자면, 易자는 그 상형으로 日은 머리 부분이고 아래쪽 勿은 발과 꼬리를 나타내고 있다. 도마뱀은 하루에도 12번이나 몸의 빛깔을 변하기 때문에 역이라 한다고 하였다. 또, 역은 일월(日月)을 가리키는 것이고 음양을 말하는 것이라고도 하였다. 이상 여러 설을 종합해 보면 역이란 도마뱀의 상형으로 천변만화하는 자연·인사(人事)의 사상(事象)을 뜻하는 것이라고 할 수 있다.

'주례(周禮)' 춘관편(春官篇) 대복(大卜)의 직(職)을 논하는 글에 "삼역법(三易法)을 장악하나니 첫째는 연산(連山)이요, 둘째는 귀장(歸藏), 셋째는 주역인데 그 괘가 모두 여덟이고 그 나누임이 64이다"라고 하였다. 이에 대해 한대의 두자춘(杜子春)은 연산은 복희(伏羲), 귀장은 황제(黃帝)의 역이라 하였고, 정현은 역을 하(夏)나라에서는 연산이라 하고 은(殷)나라에서는 귀장, 주(周)나라에서는 주역이라 한다고 하였다. 아무튼 연산·귀장은 일찍이 없어지고 지금 남아 있는 것은 주대(周代)의 역인 주역(周易)뿐이다.

역의 작자에 대해서는 주역(周易) 계사전에 몇 군데 암시가 있다. 그 중 뚜렷한 것은 "옛날 포희씨(包犧氏)가 천하를 다스릴 때에 위로 상(象)을 하늘에서 우러르고 아래로 법을 땅에서 살폈으며 새와 짐승의 모양, 초목의 상태를 관찰해 가까이는 몸에서 취하고 멀리는 사물에서 취해, 이로써 비로소 팔괘(八卦)를 만들어 신명(神明)의 덕에 통하고 만물의 정에 비기었다"고 하였다.

이로 미루어 복희씨가 팔괘를 만들고 신농씨(神農氏, 혹은 伏羲氏, 夏禹氏, 文王)가 64괘로 나누었으며, 문왕이 괘에 사(辭)를 붙여 주역(周易)이 이루어진 뒤에 그 아들 주공(周公)이 효사(爻辭)를 지어 완성되었고 이에 공자가 십익을 붙였다고 한다. 이것이 대개의 통설이다.

역을 점서(占筮)와 연결시키고 역의 원시적 의의를 점서에 두는 것은 모든 학자의 공통된 견해이다. 어느 민족도 그러하지만 고대 중국에서는 대사(大事)에 부딪히면 그 해결을 복서(卜筮)로 신의(神意)를 묻는 방법을 썼다. 하여튼 처음 점서를 위해 만들어진 역이 시대를 거치면서 성인(聖人) 학자에 의해 고도의 철학적 사색과 심오한 사상적 의미가 부여되어 인간학의 대경대법(大經大法)으로 정착된 것이다.

7. 천자문

● 단어카드

○ 天地玄黃, 宇宙洪荒 천지현황, 우주홍황
1. 하늘은 위에 있어 그 빛이 검고 땅은 아래 있어서 그 빛이 누름. 하늘과 땅 사이는 넓고 커서 끝이 없음.

○ 日月盈昃, 辰宿列張 일월영측, 진수열장
1. 해는 서쪽으로 기울고 달도 차면 점차 이지러짐. 성좌(星座)가 해, 달과 같이 하늘에 넓게 벌려져 있음.

○ 寒來暑往, 秋收冬藏 한래서왕, 추수동장
1. 찬 것이 오면 더운 것이 가고, 더운 것이 오면 찬 것이 감. 가을에 곡식(穀食)을 거두고, 겨울이 오면 그것을 저장(貯藏)함.

○ 閏餘成歲, 律呂調陽 윤여성세, 율여조양
1. 일 년(一年) 24절기(節氣) 나머지 시각(時刻)을 모아 윤달(閏-)로 하여 해를 이루었음. 천지간(天地間)의 양기(陽氣)를 고르게 하니, 즉 율(律)은 양(陽)이요, 여(呂)는 음(陰)임.

○ 雲騰致雨, 露結爲霜 운등치우, 노결위상
1. 수증기(水蒸氣)가 올라가서 구름이 되고, 냉기(冷氣)를 만나 비가 됨. 이슬이 맺어 서리가 되니, 밤기운(-氣運)이 풀잎에 물방울처럼 이슬을 이룸.

○ 金生麗水, 玉出崑岡 금생여수, 옥출곤강
1. 금(金)은 중국(中國)의 여수(麗水)에서 남. 옥(玉)은 중국(中國)의 곤강(崑岡)에서 남.

○ 劍號巨闕, 珠稱夜光 검호거궐, 주칭야광
1. 거궐(巨闕)은 칼 이름이고, 오(吳)나라의 구야자(歐冶子)가 지은 보검(寶劍)임. 구슬의 빛이 영롱(玲瓏)하므로 야광(夜光)이라 칭(稱)했음.

○ 果珍李柰, 菜重芥薑 과진이내, 채중개강
1. 과실(果實) 중(中)에 오얏(자두)과 능금이 진미(珍味)임. 나물은 겨자와 생강(生薑)이 소중(所重)함.

○ 海鹹河淡, 鱗潛羽翔 해함하담, 인잠우상
1. 바닷물은 짜고 민물은 맛이 담백(淡白)함. 비늘 있는 고기는 물속에 잠기고, 날개 있는 새는 공중(空中)에 낢.

○ 龍師火帝, 鳥官人皇 용사화제, 조관인황
1. 복희씨(伏羲氏·伏犧氏)는 용(龍)으로써 벼슬을 기록(記錄)하고, 신농씨(神農氏)는 불로써 기록(記錄)했음. 소호(少昊·少顥·少皞)는 새로써 벼슬을 기록(記錄)하고, 황제(黃帝)는 인문(人文)을 갖추었으므로 인황(人皇)이라 했음.

○ 始制文字, 乃服衣裳 시제문자, 내복의상
1. 복희씨(伏羲氏·伏犧氏)의 신하(臣下) 창힐(倉頡·蒼頡)이 새의 발자취를 보고 글자를 처음 만들었음. 이에 의복(衣服)을 입게 하니 황제(黃帝)가 의관(衣冠)을 지어 등분(等分)을 분별(分別)하고 위의(威儀)를 엄숙(嚴肅)케 했음.

○ 推位讓國, 有虞陶唐 추위양국, 유우도당
1. 벼슬을 미루고 나라를 사양(辭讓)하니, 요임금(堯--)이 순임금(舜--)에게 전위(傳位)했음. 유우(有虞)는 순임금(舜--)이요, 도당(陶唐)은 요임금(堯--)임.

○ 弔民伐罪, 周發殷湯 조민벌죄, 주발은탕
1. 불쌍한 백성(百姓)은 돕고, 죄(罪)지은 백성(百姓)은 벌(罰)주었음. 주발(周發)은 무왕(武王)의 이름이고, 은탕(殷湯)은 왕(王)의 칭호(稱號)임.

○ 坐朝問道, 垂拱平章 좌조문도, 수공평장
1. 좌조(坐朝)는 천하(天下)를 통일(統一)하여 왕위(王位)에 앉은 것이고, 문도(問道)는 나

라 다스리는 법(法)을 말함. 밝고 평화(平和)스럽게 다스리는 길을 겸손(謙遜)히 생각함.

○ 愛育黎首, 臣伏戎羌 애육여수, 신복융강
1. 명군(明君)이 천하(天下)를 다스림에 백성(百姓)을 사랑하고 양육(養育)함. (이상(以上)과 같이 나라를 다스리면 그 덕에)융(戎)과 강(羌)도 항복(降伏)하고야 맒.

○ 遐邇壹體, 率賓歸王 하이일체, 솔빈귀왕
1. 멀고 가까운 나라가 전부(全部) 그 덕망(德望)에 귀순(歸順)케 하며 일체(一體)가 될 수 있음. 거느리고 복종(服從)하여 왕(王)에게 돌아오니 덕(德)을 입어 복종(服從)치 않음이 없음.

○ 鳴鳳在樹, 白駒食場 명봉재수, 백구식장
1. 명군(名君), 성현(聖賢)이 나타나면 봉(鳳)이 운다는 말과 같이 덕망(德望)이 미치는 곳마다 봉(鳳)이 나무 위에서 울 것임. 흰 망아지도 감화(感化)되어 사람을 따르며 마당 풀을 뜯어먹게 함.

○ 化被草木, 賴及萬方 화피초목, 뇌급만방
1. 덕화(德化)가 사람이나 짐승 뿐만 아니라 초목(草木)에까지도 미침. 만방(萬方)이 극(極)히 넓으나 어진 덕(德)이 고루 미치게 됨.

○ 蓋此身髮, 四大五常 개차신발, 사대오상
1. 이 몸의 털은 대개 사람마다 없는 이가 없음. 네 가지 큰 것과 다섯 가지 떳떳함이 있으니, 즉 사대(四大)는 천지군친(天地君親)이요, 오상(五常)은 인의예지신(仁義禮智信)임.

○ 恭惟鞠養, 豈敢毀傷 공유국양, 기감훼상
1. 국양(鞠養)함을 공손(恭遜)히 해야함. 부모(父母)께서 낳아 길러 주신 이 몸을 어찌 감(敢)히 훼상(毀傷)할 수 없음.

○ 女慕貞烈, 男效才良 여모정렬, 남효재량
1. 여자(女子)는 정조(貞操)를 굳게 지키고 행실(行實)을 단정(端正)하게 해야 함. 남자(男子)는 재능(才能)을 닦고 어진 것을 본받아야 함.

○ 知過必改, 得能莫忘 지과필개, 득능막망
1. 누구나 허물이 있는 것이니, 허물을 알면 즉시(卽時) 고쳐야 함. 사람으로써 알아야 할 것을 배운 후(後)에는 잊지 않도록 노력(努力)하여야 함.

○ 罔談彼短, 靡恃己長 망담피단, 미시기장
1. 자기(自己)의 단점(短點)을 말하지 않는 동시(同時)에 남의 잘못을 욕하지 말아야 함. 자신(自身)의 특기(特技)를 믿고 자랑하지 말아야 함.

○ 信使可覆, 器欲難量 신사가복, 기욕난량
1. 믿음은 움직일 수 없는 진리(眞理)이고, 또한 남과의 약속(約束)은 지켜야 함. 사람의 기량(器量)은 깊고 깊어서 헤아리기 어려움.

○ 墨悲絲染, 詩讚羔羊 묵비사염, 시찬고양
1. 흰 실에 검은 물이 들면 다시 희지 못함을 슬퍼함. 즉 사람도 매사(每事)를 조심(操心)하여야 함. ≪시전(詩傳)≫ 고양편(羔羊編)에 문왕(文王)의 덕(德)을 입은 남국(南國) 대부(大夫)의 정직(正直)함을 칭찬(稱讚)하였으니 사람의 선악(善惡)을 말한 것임.

○ 景行維賢, 克念作聖 경행유현, 극념작성
1. 행실(行實)을 훌륭하게 하고 당당(堂堂)하게 행(行)하면 어진 사람이 됨. 성인(聖人)의 언행(言行)을 잘 생각하여 수양(修養)을 쌓으면, 자연(自然)스럽게 성인(聖人)이 됨.

○ 德建名立, 形端表正 덕건명립, 형단표정
1. 항상(恒常) 덕(德)을 가지고 세상일(世上-)을 행(行)하면 자연(自然)스럽게 이름도 서게 됨. 몸의 형상(形象·形像)이 단정(端正)하고 깨끗하면 마음도 바르며 또 겉으로도 나타남.

○ 空谷傳聲, 虛堂習聽 공곡전성, 허당습청
1. 산골짜기에서 크게 소리치면 그대로 전(傳)함. 즉 악(惡)한 일을 당(當)하게 됨. 빈 방에서 소리를 내면 울려서 다 들림. 즉 착한 말을 하면 천(千) 리(里) 밖에서도 응(應)함.

○ 禍因惡積, 福緣善慶 화인악적, 복연선경
1. 재앙(災殃)은 악(惡)을 쌓음에 인(因)한 것이므로, 재앙(災殃)을 받는 이는 평소(平素)에 악(惡)을 쌓았기 때문임. 복(福)은 착한 일에서 오는 것이니, 착한 일을 하면 경사(慶事)가 옴.

○ 尺璧非寶, 寸陰是競 척벽비보, 촌음시경
1. 지름이 한 자나 되는 보옥(寶玉)도 시간(時間)에 비하면 보배라고 할 수 없음. 한 자 되는 구슬보다도 잠깐의 시간(時間)이 더욱 귀중(貴重)하니 시간(時間)을 아껴야 함.

○ 資父事君, 曰嚴與敬 자부사군, 왈엄여경
1. 아버지를 자료(資料)로 하여 임금을 섬길지니, 아버지 섬기는 효도(孝道)로 임금을 섬겨야 함. 임금을 대하는 데는 엄숙(嚴肅)함과 공경(恭敬)함이 있어야 함.

○ 孝當竭力, 忠則盡命 효당갈력, 충칙진명
1. 부모(父母)를 섬길 때에는 마땅히 힘을 다하여야 함. 충성(忠誠)함에는 곧 목숨을 다하니, 임금을 섬기는 데 몸을 사양(辭讓)해서는 안됨.

○ 臨深履薄, 夙興溫凊 임심이박, 숙흥온청
1. 깊은 곳에 임하 듯하며 얇은 데를 밟듯이 세심히 주의(注意)하여야 함. 일찍 일어나서 추우면 덥게, 더우면 서늘케 하는 것이 부모(父母) 섬기는 절차(節次)임.

○ 似蘭斯馨, 如松之盛 사란사형, 여송지성
1. 난초(蘭草)같이 꽃다우니 군자(君子)의 지조(志操)를 비유(比喩·譬喩)한 것임. 솔나무같이 푸르러 성(盛)함은 군자(君子)의 절개(節槪·節介)를 말한 것임.

○ 川流不息, 淵澄取暎 천류불식, 연징취영
1. 내가 흘러 쉬지 아니하니, 군자(君子)의 행동거지(行動擧止)를 말한 것임. 못이 맑아서 비치니, 군자(君子)의 마음을 말한 것임.

○ 容止若思, 言辭安定 용지약사, 언사안정
1. 행동(行動)을 덤비지 말고 형용(形容)과 행동거지(行動擧止)를 조용히 생각하는 침착(沈着)한 태도(態度)를 가져야 함. 태도(態度)만 침착(沈着)할 뿐 아니라 말도 안정(安定)케 하며 쓸데없는 말을 삼감.

○ 篤初誠美, 愼終宜令 독초성미, 신종의령
1. 무엇이든지 처음에 성실(誠實)하고 신중(愼重)히 하여야 함. 처음 뿐만 아니라 끝맺음도 좋아야 함.

○ 榮業所基, 籍甚無竟 영업소기, 적심무경
1. (이상(以上)과 같이 잘 지키면)번성(蕃盛·繁盛)하는 기본(基本)이 됨. 뿐만 아니라 자신(自身)의 명예(名譽)스러운 이름이 길이 전(傳)하여질 것임.

○ 學優登仕, 攝職從政   학우등사, 섭직종정
1. 배운 것이 넉넉하면 벼슬에 오를 수 있음. 벼슬을 잡아 정사(政事)를 좇으니 국가(國家) 정사(政事)에 종사(從事)함.

○ 存以甘棠, 去而益詠 존이감당, 거이익영
1. 주(周)나라 소공(召公)이 남국(南國)의 아가위나무 아래에서 백성(百姓)을 교화(教化)했음. 소공(召公)이 죽은 후(後) 남국(南國)의 백성(百姓)이 그의 덕(德)을 추모(追慕)하여 감당시(甘棠詩)를 읊었음.

○ 樂殊貴賤, 禮別尊卑 악수귀천, 예별존비
1. 풍류(風流)는 귀천(貴賤)이 다르니, 천자(天子)는 팔일무(八佾舞), 제후(諸侯)는 육일무(六佾舞), 사대부(士大夫)는 사일무(四佾舞), 서민(庶民)은 이일무(二佾舞)임. 예도(禮度)에 존비(尊卑)의 분별(分別)이 있으니 군신(君臣), 부자(父子), 부부(夫婦), 장유(長幼), 붕우(朋友)의 차별(差別)이 있음.

○ 上和下睦, 夫唱婦隨 상화하목, 부창부수
1. 위에서 사랑하고 아래에서 공경(恭敬)함으로써 화목(和睦)이 됨. 남편(男便)이 주장(主將)하고 아내가 이에 따름.

○ 外受傅訓, 入奉母儀 외수부훈, 입봉모의
1. 8세(八歲)면 바깥 스승의 가르침을 받아야 함. 집에 들어서는 어머니를 받들어 종사(從事)해야 함.

○ 諸姑伯叔, 猶子比兒 제고백숙, 유자비아
1. 고모(姑母), 백부(伯父), 숙부(叔父) 등(等) 집안 내의 친척(親戚) 등(等)을 말함.

조카들도 자기(自己)의 아이들과 같이 취급(取扱)하여야 함.

○ 孔懷兄弟, 同氣連枝 공회형제, 동기연지
1. 형제(兄弟)는 서로 사랑하여 의좋게 지내야 함. 형제(兄弟)는 부모(父母)의 기운(氣運)을 같이 받았으니 나무의 가지와 같음.

○ 交友投分, 切磨箴規 교우투분, 절마잠규
1. 벗을 사귈 때에는 서로가 분에 맞는 사람끼리 사귀어야 함. 열심히 닦고 배워서 사람으로서의 도리(道理)를 지켜야 함.

○ 仁慈隱惻, 造次弗離 인자은측, 조차불리
1. 어진 마음으로 남을 사랑하고 또는 이를 측은(惻隱)히 여겨야 함. 남을 위(爲)한 동정심(同情心)을 잠시(暫時)라도 잊지 말고 항상(恒常) 가져야 함.

○ 節義廉退, 顚沛匪虧 절의염퇴, 전패비휴
1. 청렴(淸廉)과 절개(節槪·節介)와 의리(義理)와 사양(辭讓)함과 물러감은 늘 지켜야 함. 엎드려지고 자빠져도 이지러지지 않으니 용기(勇氣)를 잃지 않아야 함.

○ 性靜情逸, 心動神疲 성정정일, 심동신피
1. 성품(性品)이 고요하면 뜻이 편안(便安)하니 고요함은 천성(天性)이요, 동작(動作)함은 인정(人情)임. 마음이 움직이면 신기(身氣)가 피곤(疲困)하니 마음이 불안(不安)하면 신기(身氣)가 불편(不便)함.

○ 守眞志滿, 逐物意移 수진지만, 축물의이
1. 사람의 도리(道理)를 지키면 뜻이 가득 차고, 군자(君子)의 도(道)를 지키면 뜻이 편안(便安)함. 마음이 불안(不安)함은 욕심(慾心)이 있어서 그러함. 너무 욕심(慾心) 내면 마음도 변함.

○ 堅持雅操, 好爵自縻 견지아조, 호작자미
1. 맑은 절조(節操)를 굳게 가지고 있으면 나의 도리(道理)를 극진(極盡)히 하는 것임. 스스로 벼슬을 얻게 되니 찬작(鑽灼)을 극진(極盡)히 하면 인작(人爵)이 스스로 이르게 됨.

○ 都邑華夏, 東西二京 도읍화하, 동서이경
1. 도읍(都邑)은 왕성(王城)의 지위(地位)를 말한 것이고, 화하(華夏)는 당시(當時) 중국(中國)을 지칭(指稱)하던 말임. 동(東)과 서(西)에 두 서울이 있으니, 동경(東京)은 낙양(洛陽)이고 서경(西京)은 장안(長安)임.

○ 背邙面洛, 浮渭據涇 배망면락, 부위거경
1. 동경(東京)은 북(北)에 북망산(北邙山)이 있고, 낙양(洛陽)은 남(南)에 낙수(洛水)가 있음. 위수(渭水)에 뜨고 경수(涇水)를 눌렀으니, 장안(長安)은 서북(西北)에 위수(渭水), 경수(涇水), 두 물이 있음.

○ 宮殿盤鬱, 樓觀飛驚 궁전반울, 누관비경
1. 궁전(宮殿)은 울창한 나무 사이에 서린 듯 위치(位置)함. 궁전(宮殿) 가운데 있는 물견대(物見臺)는 높아서 올라가면 나는 듯하여 놀람.

○ 圖寫禽獸, 畫彩仙靈 도사금수, 화채선령
1. 궁전(宮殿) 내부(內部)에는 유명(有名)한 화가(畫家)들이 그린 그림 조각 등(等)으로 장식(裝飾)되어 있음. 신선(神仙)과 신령(神靈)의 그림도 화려(華麗)하게 채색(彩色)되어 있음.

○ 丙舍傍啓, 甲帳對楹 병사방계, 갑장대영
1. 병사(丙舍) 곁에 통로(通路)를 열어 궁전(宮殿) 내(內)를 출입(出入)하는 사람들의 편리(便利)를 도모(圖謀)했음. 아름다운 갑장(甲帳)이 기둥을 대하였으니, 동방삭(東方朔)이 갑장(甲帳)을 지어 임금이 잠시(暫時) 정지(停止)하는 곳임.

○ 肆筵設席, 鼓瑟吹笙 사연설석, 고슬취생
1. 자리를 베풀고 돗자리를 베푸니 연회(宴會)하는 좌석(座席)임. 비파(琵琶)를 치고 저를 부니 잔치하는 풍류(風流)임.

○ 陞階納陛, 弁轉疑星   승계납폐, 변전의성
1. 문무백관(文武百官)이 계단(階段)을 올라 임금께 납폐(納陛)하는 절차(節次)임. 많은 사람들의 관(冠)에서 번쩍이는 구슬이 별안간 의심(疑心)할 정도(程度)임.

○ 右通廣內, 左達承明 우통광내, 좌달승명
1. 오른편에 광내(廣內)가 통(通)하니 광내(廣內)는 나라 비서(祕書)를 두는 집임. 왼편에 승명(承明)이 사무치니, 승명(承明)은 사기(史記)를 교열(校閱)하는 집임.

○ 旣集墳典, 亦聚群英 기집분전, 역취군영
1. 이미 분(墳)과 전(典)을 모았으니, 삼황(三皇)의 글은 삼분(三墳)이요, 오제(五帝)의 글은 오전(五典)임. 또한 여러 영웅(英雄)을 모으니, 분전(墳典)을 강론(講論)하여 치국(治國)하는 도(道)를 밝힘임.

○ 杜稾鐘隸, 漆書壁經   두고종례, 칠서벽경
1. 초서(草書)를 처음으로 쓴 두고(杜稾)와 예서(隸書)를 쓴 종례(鐘隸)의 글로 비치(備置)되어 있음. 한(漢)나라 영제(靈帝)가 돌벽에서 발견(發見)한 서골과 공자(孔子)가 발견(發見)한 육경(六經)도 비치(備置)되어 있음.

○ 府羅將相, 路夾槐卿 부라장상, 노협괴경
1. 마을 좌우(左右)에 장수(將帥)와 정승(政丞)이 벌려 있음. 길에 고위(高位) 고관(高官)인 삼공구경(三公九卿)의 마차가 열지어 궁전(宮殿)으로 들어가는 모습.

○ 戶封八縣, 家給千兵 호봉팔현, 가급천병
1. 한(漢)나라가 천하(天下)를 통일(統一)하고 여덟 고을 민호(民戶)를 주어 공신(功臣)을 봉(封)함. 제후(諸侯) 나라에 일천 군사(軍士)를 주어 그의 집을 호위(護衛)시킴.

○ 高冠陪輦, 驅轂振纓   고관배련, 구곡진영
1. 높은 관을 쓰고 연을 모시니 제후(諸侯)의 예로 대접(待接)함. 수레를 몰며 갓끈이 떨치니 임금 출행(出行)에 제후(諸侯)의 위엄(威嚴)이 있음.

○ 世祿侈富, 車駕肥輕 세록치부, 거가비경
1. 대대(代代)로 녹이 사치(奢侈)하고 부하니 제후(諸侯) 자손(子孫)이 세세 관록이 무성(茂盛)함. 수레의 말은 살찌고 몸의 의복(衣服)은 가볍게 차려져 있음.

○ 策功茂實, 勒碑刻銘 책공무실, 늑비각명
1. 공(功)을 꾀함에 무성(茂盛)하고 충실(充實)함. 비를 세워 이름을 새겨서 그 공을 찬양(讚揚)하며 후세(後世)에 전(傳)함.

○ 磻溪伊尹, 佐時阿衡　　반계이윤, 좌시아형
1. 주문왕(周文王)은 반계(磻溪)에서 강태공(姜太公)을 맞고, 은왕(殷王)은 신야(莘野)에서 이윤(伊尹)을 맞이함. 때를 돕는 아형(阿衡)이니 아형(阿衡)은 상(商)나라 재상(宰相)의 칭호(稱號)임.

○ 奄宅曲阜, 微旦孰營 엄택곡부, 미단숙영
1. 주공(周公)이 큰 공(功)이 있는 고로, 백금(伯禽)을 노(魯)나라에 봉건(封建)한 후(後) 곡부(曲阜)에다 궁전(宮殿)을 세움. 주공(周公)인 단(旦)이 아니면 어찌 큰 궁전(宮殿)을 세웠으리오.

○ 桓公匡合, 濟弱扶傾 환공광합, 제약부경
1. 제(齊)나라 환공(桓公)은 바르게 하고 모두었으니 초(楚)를 물리치고 난을 바로잡음. 약한 나라를 구제(救濟)하고 기울어지는 제신(諸臣)을 도와서 붙들어 줌.

○ 綺回漢惠, 說感武丁 기회한혜, 열감무정
1. 한(漢)나라 네 현인(賢人)의 한 사람인 기(綺)가 한(漢)나라 혜제(惠帝)를 회복(回復)시킴. 부열(傅說)이 들에서 역사(役事)하며 무정(武丁)의 꿈에 감동(感動)되어 곧 정승(政丞)에 됨.

○ 俊乂密勿, 多士寔寧 준예밀물, 다사식녕
1. 준걸(俊傑)과 재사(才士)가 조정(朝廷)에 모여 빽빽함. 준걸(俊傑)과 재사(才士)가 조정(朝廷)에 많으니 국가(國家)가 태평(太平)함.

○ 晉楚更霸, 趙魏困橫 진초갱패, 조위곤횡
1. 진(晉)과 초(楚)가 다시 으뜸이 되니, 진문공(晉文公), 초장왕(楚莊王)이 패왕(霸王)이 됨. 조(趙)와 위(魏)는 횡(橫)에 곤(困)하니, 육군(六群) 때에 진(秦)나라를 섬기자 함을 횡(橫)이라 함.

○ 假道滅虢, 踐土會盟　　가도멸괵, 천토회맹
1. 길을 빌려 괵국(虢國)을 멸(滅)하니, 진헌공(晉獻公)이 우국길을 빌려 괵국(虢國)을 멸(滅)함. 진(晉)나라 문공(文公)이 제후(諸侯)를 천토(踐土)에 모아, 주(周)나라의 천자(天子)를 공경(恭敬)하고 조공(朝貢)할 것을 맹세(盟誓)함.

○ 何遵約法, 韓弊煩刑　하준약법, 한폐번형
1. 소하(蕭荷)는 한고조(漢高祖)와 더불어 약법삼장(約法三章)을 정(定)하여 준행(遵行)함. 한비(韓非)는 진왕(晉王)을 달래 형벌(刑罰)을 펴다가 그 형벌(刑罰)에 죽음.

○ 起翦頗牧, 用軍最精　기전파목, 용군최정
1. 백기(白起)와 왕전(王剪)은 진(秦)나라 장수(將帥)요, 염파(廉頗)와 이목(李牧)은 조(趙)나라 장수(將帥)임. 군사(軍士) 쓰기를 가장 정결(精潔)히 함.

○ 宣威沙漠, 馳譽丹靑　선위사막, 치예단청
1. 장수(將帥)로서 그 위엄(威嚴)은 멀리 사막(沙漠)에까지 퍼짐. 그 이름은 생전(生前) 뿐 아니라 죽은 후(後)에도 전(傳)하기 위(爲)하여 초상(肖像)을 그린 비각(碑閣)에 그림.

○ 九州禹跡, 百郡秦幷　구주우적, 백군진병
1. 하우씨(夏禹氏)가 구주(九州)를 분별(分別)하니 기(冀)·연(兗)·청(靑)·서(徐)·형(荊)·양(揚)·예(豫)·양(梁)·옹(雍)이 구주(九州)임. 진시황(秦始皇)이 천하(天下)를 봉군(封郡)하는 법(法)을 폐(廢)하고 일백군(100郡)을 둠.

○ 嶽宗恒岱, 禪主云亭　악종항대, 선주운정
1. 오악(五嶽)은 동(東) 태산(泰山), 서(西) 화산(華山), 남(南) 형산(衡山), 북(北) 항산(恒山), 중(中) 숭산(嵩山)이니, 항산(恒山)과 태산(泰山)이 조종(祖宗)임. 운(云)과 정(亭)은 천자(天子)를 봉선(封禪)하고 제사(祭祀)하는 곳이니, 운정(云亭)은 태산(泰山)에 있음.

○ 鴈門紫塞, 鷄田赤城　안문자색, 계전적성
1. 기러기가 북으로 가는 고로 안문(雁門)이라 했고, 흙이 붉은 고로 자색(紫塞)이라 함. 계전(鷄田)은 웅주(熊州)에 있는 고을이고, 적성(赤城)은 기주에 있는 고을임.

○ 昆池碣石, 鉅野洞庭 곤지갈석, 거야동정
1. 곤지(昆池)는 운남 곤명현(昆明縣)에 있고, 갈석(碣石)은 부평현(富平縣)에 있음. 거야(鉅野)는 태산(泰山) 동편에 있는 광야(廣野), 동정(洞庭)은 호남성(湖南省)에 있는 중국(中國) 제1(第一)의 호수(湖水)임.

○ 曠遠綿邈, 巖岫杳冥 광원면막, 암수묘명
1. 산, 벌판, 호수(湖水) 등(等)이 아득하고 멀리 그리고 널리 줄지어 있음을 말함. 큰 바위와 메 뿌리가 묘연(渺然)하고 아득함을 말함.

○ 治本於農, 務玆稼穡 치본어농, 무자가색
1. 다스리는 것은 농사(農事)를 근본(根本)으로 하니, 중농(重農) 정치(政治)를 이름. 때맞춰 심고 힘써 일하며 많은 수익(收益)을 거둠.

○ 俶載南畝, 我藝黍稷   숙재남묘, 아예서직
1. 비로소 남양의 밭에서 농작물(農作物)을 배양(培養)함. 나는 기장과 피를 심는 일에 열중(熱中)함.

○ 稅熟貢新, 勸賞黜陟 세숙공신, 권상출척
1. 곡식(穀食)이 익으면 부세(負稅)하여 국용(國用)을 준비(準備)하고, 신곡(新穀)으로 종묘(宗廟)에 제사(祭祀)를 올림. 농민(農民)의 의기(義氣)를 앙양(昂揚)키 위(爲)하여 열심인 자는 상 주고, 게을리한 자는 출척(黜陟)함.

○ 孟軻敦素, 史魚秉直 맹가돈소, 사어병직
1. 맹자(孟子)는 그 모친(母親)의 교훈(敎訓)을 받아 자사(子思) 문하(門下)에서 배움. 사어(史魚)라는 사람은 위(魏)나라 태부(太傅·大傳)였으며, 그 성격(性格)이 매우 강직(剛直)했음.

○ 庶幾中庸, 勞謙謹勅 서기중용, 노겸근칙
1. 어떠한 일도 한쪽으로 기울어지게 일하면 안됨. 근로(勤勞)하고 겸손(謙遜)하며 삼가고 신칙(申飭)하면 중용(中庸)의 도(道)에 이름.

○ 聆音察理, 鑑貌辨色　　영음찰리, 감모변색
1. 소리를 듣고 그 거동(擧動)을 살피니, 조그마한 일이라도 주의(注意)하여야 함. 모양(模樣)과 거동(擧動)으로 그 마음속을 분별(分別)할 수 있음.

○ 貽厥嘉猷, 勉其祗植　　이궐가유, 면기지식
1. 도리(道理)를 지키고 착함으로 자손(子孫)에 좋은 것을 끼쳐야 함. 착한 것으로 자손(子孫)에 줄 것을 힘써야 좋은 가정(家庭)을 이룰 것임

○ 省躬譏誡, 寵增抗極　　성궁기계, 총증항극
1. 나무람과 경계(警戒)함이 있는가 염려(念慮)하며 몸을 살펴야 함. 총애(寵愛)가 더할수록 교만(驕慢)한 태도(態度)를 부리지 말고 더욱 조심(操心)하여야 함.

○ 殆辱近恥, 林皐幸卽　　태욕근치, 임고행즉
1. 총애(寵愛)를 받는다고 욕된 일을 하면 머지 않아 위태(危殆)함과 치욕(恥辱)이 옴. 부귀(富貴)할지라도 검소(儉素)하여 산간(山間) 수풀에서 편히 지내는 것도 다행(多幸)한 일임.

○ 兩疏見機, 解組誰逼　　양소견기, 해조수핍
1. 한(漢)나라의 소광과 소수는 기틀을 보고 상소(上疏)하고 낙향(落鄕)함. 관의 끈을 풀어 사직(辭職)하고 돌아가니 누가 핍박(逼迫)하리오.

○ 索居閑處, 沈默寂寥　　색거한처, 침묵적요
1. 퇴직(退職)하여 한가(閑暇)한 곳에서 세상(世上)을 보냄. 세상(世上)에 나와서 교제(交際)하는 데도 언행(言行)에 침착(沈着)해야 함.

○ 求古尋論, 散慮逍遙　　구고심론, 산려소요
1. 예(禮)를 찾아 의논(議論)하고 고인(古人)을 찾아 토론(討論)함. 세상일(世上-)을 잊어버리고 자연(自然) 속에서 한가(閑暇)하게 즐김.

○ 欣奏累遣, 感謝歡招　　흔주누견, 척사환초
1. 기쁨은 아뢰고 더러움은 보냄. 심중(心中)의 슬픈 것은 없어지고 즐거움만 부른 듯이 오게 됨.

○ 渠荷的歷, 園莽抽條 거하적력, 원망추조
1. 개천의 연꽃도 아름다우니 향기(香氣)를 잡아볼 만함. 동산의 풀은 땅속 양분(養分)으로 가지가 뻗고 크게 자람.

○ 枇杷晚翠, 梧桐早凋 비파만취, 오동조조
1. 비파나무는 늦은 겨울에도 그 빛은 푸름. 오동잎(梧桐-)은 가을이면 다른 나무보다 먼저 마름.

○ 陳根委翳, 落葉飄颻 진근위예, 낙엽표요
1. 가을이 오면 오동(梧桐) 뿐 아니라 고목(古木)의 뿌리는 시들어 마름. 가을이 오면 낙엽(落葉)이 펄펄 날리며 떨어짐.

○ 遊鯤獨運, 凌摩絳霄 유곤독운, 능마강소
1. 곤어(鯤魚)는 북해(北海)의 큰 고기이며 홀로 창해(蒼海)를 헤엄쳐 놂. 곤어(鯤魚)가 붕새(鳳-)로 변(變)하여 한 번 날면 구천(九天)에 이르니, 사람의 운수(運數)를 말함.

○ 耽讀翫市, 寓目囊箱 탐독완시, 우목낭상
1. 한(漢)나라의 왕충은 독서(讀書)를 즐겨 서점에 가서 탐독(耽讀)했음. 왕충이 한번 읽으면 잊지 아니하여 글을 주머니나 상자(箱子)에 둠과 같다고 했음.

○ 易輶攸畏, 屬耳垣牆 이유유외, 속이원장
1. 매사(每事)를 소홀(疏忽)히 하고 경솔(輕率)함은 군자(君子)가 진실(眞實)로 두려워하는 바임. 담장(-牆)에도 귀가 있다는 말과 같이 경솔(輕率)히 말하는 것을 조심(操心)함.

○ 具膳飱飯, 適口充腸 구선손반, 적구충장
1. 반찬(飯饌)을 갖추고 밥을 먹음. 훌륭한 음식(飮食)이 아니라도 입에 맞으면 배를 채움.

○ 飽飫烹宰, 饑厭糟糠 포어팽재, 기염조강
1. 배 부를 때에는 아무리 좋은 음식(飮食)이라도 그 맛을 모름. 반대(反對)로 배가 고플 때에는 겨와 재강도 맛있게 되는 것임.

○ 親戚故舊, 老少異糧 친척고구, 노소이량
1. 친(親)은 동성지친(同姓之親)이고 척(戚)은 이성지친(異姓之親)이요, 고구(故舊)는 오랜 친구(親舊)를 말함. 늙은이와 젊은이의 식사(食事)가 다름.

○ 妾御績紡, 侍巾帷房 첩어적방, 시건유방
1. 남자(男子)는 밖에서 일하고, 여자(女子)는 안에서 길쌈을 함. 유방(帷房)에서 모시고 수건을 받드니 처첩(妻妾)이 하는 일임.

○ 紈扇圓潔, 銀燭煒煌 환선원결, 은촉위황
1. 흰 비단(緋緞)으로 만든 부채는 둥글고 깨끗함. 은촛대의 촛불은 빛나서 휘황찬란(輝煌燦爛)함.

○ 晝眠夕寐, 藍筍象牀 주면석매, 남순상상
1. 낮에 낮잠 자고 밤에 일찍 자니 한가(閑暇)한 사람의 일임. 푸른 대순과 코끼리 상이니, 즉 한가(閑暇)한 사람의 침대(寢臺)임.

○ 絃歌酒讌, 接杯擧觴 현가주연, 접배거상
1. 거문고를 타며 술과 노래로 잔치함. 작고 큰 술잔을 서로 주고받으며 즐기는 모습임.

○ 矯手頓足, 悅豫且康 교수돈족, 열예차강
1. 손을 들고 발을 두드리며 춤을 춤. 이상(以上)과 같이 마음 편히 즐기고 살면 단란한 가정(家庭)임.

○ 嫡後嗣續, 祭祀蒸嘗 적후사속, 제사증상
1. 적자(嫡子)된 자, 즉 장남(長男)은 뒤를 계승(繼承)하여 대(代)를 이룸. 제사(祭祀)하되 겨울 제사(祭祀)는 증(蒸)이라 하고 가을 제사(祭祀)는 상(嘗)이라 함.

○ 稽顙再拜, 悚懼恐惶 계상재배, 송구공황
1. 이마를 조아려 선조(先祖)에게 두 번 절함. 송구(悚懼)하고 공황(恐惶)하니 엄중(嚴重), 공경(恭敬)함이 지극(至極)함.

○ 牋牒簡要, 顧答審詳 전첩간요, 고답심상
1. 글과 편지(便紙)는 간략(簡略)함을 요함. 편지(便紙)의 회답(回答)도 자세(仔細)히 살펴 써야 함.

○ 骸垢想浴, 執熱願凉 해구상욕, 집열원량
1. 몸에 때가 끼면 목욕(沐浴)하기를 생각함. 더우면 서늘하기를 원함.

○ 驢騾犢特, 駭躍超驤　　여라독특, 해약초양
1. 나귀와 노새와 송아지. 즉 가축(家畜)을 말함. 뛰고 달리며 노는 가축(家畜)의 모습을 말함.

○ 誅斬賊盜, 捕獲叛亡 주참적도, 포획반망
1. 역적(逆賊)과 도적(盜賊)을 베어 물리침. 배반(背反)하고 도망(逃亡)하는 자(者)를 잡아 죄(罪)를 다스림.

○ 布射僚丸, 嵇琴阮嘯 포사요환, 혜금완소
1. 한(漢)나라 여포(呂布)는 화살을 잘 쐈고, 웅의료(熊宜僚)는 탄자(彈子)를 잘 던졌음. 위국(衛國) 혜강(嵇康)은 거문고를 잘 타고, 완적(玩籍)은 휘파람을 잘 불었음.

○ 恬筆倫紙, 鈞巧任釣　　염필륜지, 균교임조
1. 진국 몽염(蒙恬)은 토끼털로 처음 붓을 만들었고, 후한(後漢) 채륜(蔡倫)은 처음 종이를 만들었음. 위국(衛國) 마균(馬鈞)은 지남거(指南車)를 만들고, 전국시대(戰國時代) 임공자(任公子)는 낚시를 만들었음.

○ 釋紛利俗, 竝皆佳妙 석분이속, 병개가묘
1. 이상(以上) 팔인의 재주를 다하여 어지러움을 풀어 풍속(風俗)에 이(利)롭게 함. 모두가 아름다우며 묘한 재주임.

○ 毛施淑姿, 工嚬姸笑 모시숙자, 공빈연소
1. 모(毛)는 오의 모타라는 여자(女子)이고, 시(施)는 월의 서시(西施)라는 여자(女子)인데, 모두 절세미인(絕世美人)이었음. 이 두 미인(美人)의 웃는 모습이 매우 곱고 아름다움.

○年矢每催, 曦暉朗耀 연시매최, 희휘낭요
1. 화살같이 매양 재촉함. 태양빛(太陽-)과 달빛은 온 세상(世上)을 비추어 만물(萬物)에 혜택(惠澤)을 주고 있음.

○ 璇璣懸斡, 晦魄環照 선기현알, 회백환조
1. 선기(璿璣)는 천기(天紀)를 보는 기구(器具)이고, 그 기구(器具)가 높이 걸려 도는 것을 말함. 달이 고리와 같이 돌며 천지(天地)를 비치는 것을 말함.

○ 指薪修祐, 永綏吉邵 지신수우, 영수길소
1. 불타는 나무와 같이 정열(情熱)로 도리(道理)를 닦으면 복(福)을 얻음. 그리고 영구(永久)히 편안(便安)하고 길함이 높음.

○ 矩步引領, 俯仰廊廟   구보인령, 부앙낭묘
1. 걸음을 바로 걷고 따라서 얼굴도 바르니 위의(威儀)가 당당(堂堂)함. 항상(恒常) 낭묘(廊廟)에 있는 것으로 생각하고 머리를 숙여 예의(禮儀)를 지켜야 함.

○ 束帶矜莊, 徘徊瞻眺 속대긍장, 배회첨조
1. 의복(衣服)에 주의(注意)하여 단정(端正)히 함으로써 긍지(矜持)를 갖음. 같은 장소(場所)를 배회(徘徊)하며 선후(先後)를 보는 모양(模樣)임.

○ 孤陋寡聞, 愚蒙等誚 고루과문, 우몽등초
1. 하등(下等)의 식견(識見)도 재능(才能)도 없음. 적고 어리석어 몽매(蒙昧)함을 면치 못한다는 것을 말함.

○ 謂語助者, 焉哉乎也 위어조자, 언재호야
1. 어조(語助)라 함은 한문(漢文)의 조사(助辭), 즉 다음의 4글자임. 언재호야(焉哉乎也). 이 네 글자는 어조사(語助辭)임.

제5장 한민족 조상얼단체

1. 총회원명부

2. 단체의 정관

3. 단체의 총회의록

4. 사업수지계획서

5. 사업수지예산서

6. 공익활동

7. 대표자 재산출현

제5장 한민족 조상얼단체

1. 총회명부

no	성 명	주 소
1	조0식	경기도 남양주시 오남읍
2	문0란	경기도 남양주시 오남읍
3	유0자	서울 중랑구 신내로 17길 41
4	김0필	서울 중랑구 신내로 17길41
5	박0영	서울 동대문구 왕산로 200
6	고0희	서울 광진구 21-22
7	신0정	경기도 용인시 기흥구
8	김0균	서울 광진구 동일로 64길
8	신0정	경기도 용인시 기흥구 흥덕1로 79번길
9	최0석	경북 구미시 형곡로 73
10	서0라	서울 동대문구 장한로 119
11	이0현	서울 중구 다산로24가길 13
12	김0순	전북 고창군 고창읍 중앙로
13	박0규	인천 계양구 양지말1길
14	송0묵	경기도 성남시 수정구 수정남로
15	최0영	전북 고창군 고창읍 중거리 당산로
16	김0열	전북 고창군 고창읍 중앙로
17	이0찬	전북 고창군 대산면 석현길
18	김0수	전북 고창군 대산면 중산길
19	김0희	서울 강동구 동남로 49길
20	이0세	경기도 구리시 동구종로 136번길
21	안0연	서울 동대문구 장한로26길 40

22	주0성	서울 동대문구 한천로24 77
23	김0환	서울 용산구 이태원로 16길 48
24	김0진	서울 동대문구 제기로 1518-1
25	김0연	서울 동대문구 장한로 10길 25-3
26	김0선	서울 동대문구 장한로 119 102호
27	신0선	경기도 광주시 오포읍 909번길
28	김0례	경기도 화성시남양읍 786번길
29	정0자	서울시 송파구 삼전로8길 18
30	이0수	서울시 강북구 우이동 180-29
31	이0숙	경기도 시흥시 대야동 284
32	곽0미	경기도 부천시 소사구 하우로
33	유0재	서울 중구 신당동 346-491
34	윤0순	서울 동대문구 전농로 10길
35	이0진	서울시 광진구 동일로 80길
36	김0희	서울 구로구 구일로
37	권0숙	경기도 부천시 경인로
38	이0희	서울 구로구 구일로
39	이0정	서울 중구 다산로
40	정0원	서울 송파구 올림픽로
41	장0순	인천 남구 동주길94번길 12
42	김0순	경기도 부천시 원미구
43	권0숙	경기도 시흥시 시청로 59
44	김0순	서울 관악구 은천로
45	유0연	경남진주시 진주대로
46	신0연	서울 마포구월드컵북로
47	오0주	인천시 미추홀구 소성로
48	신0길	경기 동두천시 강변로 664
49	김0영	서울 동대문구 장안동 382-2
50	송0곤	서울 동대문구 장한로
51	신0수	서울 동대문구 장한로 105
52	최0아	서울 동대문구 장한로
53	이0하	서울 동대문구 장한로

54	최0영	서울 동대문구 장한로 105
55	임0재	서울 동대문구 장한로 105
56	김0근	서울 동대문구 장한로 105
57	최0은	서울 동대문구 장한로 105
58	김0한	서울 동대문구 장한로 105
59	류0승	서울 동대문구 장한로 99
60	임0민	서울 동대문구 장한로99
61	사0진	서울 동대문구 장한로 99
62	장0	서울 동대문구 장한로 91
63	김0연	서울 동대문구 장한로91
64	김0현	서울 동대문구 장한로91
65	장0영	서울 동대문구 장한로91
66	유0나	서울 동대문구 장한로91
67	김0슬	서울 동대문구 장한로91
68	노0옥	서울 동대문구 장한로21길 11-10
69	유0진	서울 동대문구 장한로21길 11-10
70	유0은	경기도 부천시 신흥로 16번길 10번길
71	민0선	서울 동대문구 왕산로 244
72	표0주	강원도 춘천시 효석로 17
73	김0진	서울 종로구 난계로 29가길 20
74	신0빈	서울 노원구 상계동 1318
75	조0경	서울 용산구 한가대로
76	고0순	서울 동대문구 장한로 105
77	김0영	경기도 고양시 덕양구 향기로
78	오0록	서울 강동구 올림픽로 58
79	송0완	서울 송파구 오금로
80	최0성	서울 송파구 오금로35 18
81	전0복	서울 송파구 마천로 30
82	조0희	서울 동대문구 장한로 91
83	김0원	서울 강동구 천중로 35가길 42
84	최0연	서울 광진구 자양로 202 802호
85	이0우	인천광역시 중구 영종대로 190

86	서O훈	서울 성동구 용답중앙19길 3-1
87	김O석	서울 중랑구 중랑천로 286 104동 801호
88	구O지	서울 강북구 한천로 170길 59 206호
89	박O식	경남 양산시 물금읍 41 501동 702호
90	고O린	서울 동대문구 이문로 128
91	황O원	서울 동대문구 장한로 24길 30-12
92	배O나	충남 보령시 봉황로 116 103동 304호
93	김O빈	서울 동대문구 전능로 27길 77-1
94	이O람	경기도 고양시 덕양구 도래울로 17 510동 704호
95	한O화	서울 동대문구 사가정로 25길 32 402호
96	김O래	서울 종로구 숭인동 1367 경일오피스텔606호
97	신O영	경기도 화성시 동탄반석로 71 454동 204호
98	김O영	서울 동대문구 장한로 105 1105
99	사O진	서울 동대문구 장안동 373-1 양우내 707
100	강O원	서울 동작구 동작대로 29길 118 504동 206호
101	정O찬	서울 광진구 동일로 58길 34
102	구O석	서울 동대문구 한천로 24길 74-9
103	송O영	서울 동대문구 장한로 91
104	오O석	서울 노원구 덕능로 459-21
105	최O혜	충남 천안시 서북구 불당 24로
106	고O란	서울 성북구 화랑로 48길16 123동 1301호
107	박O수	서울 난계로 29 가길 20
108	황O연	경기도 용인시 처인구 김량장도 4-2
109	원O숙	서울 동작구 여의대방로 22
110	지O석	서울 동대문구 장한로 18길
111	임O영	대구광역시 서구 내당4동 삼익뉴타운
112	강O규	서울 종로구 숭인동 1421-1 동광모닝스카이
113	강O욱	경기도 남양주시 진접읍
114	육O진	서울 동대문구 천호대로
115	이O노	서울 송파구 오금로
116	김O배	서울 동대문구 장안동
117	정O조	서울 관악로 15길 39 , 4층

118	김O배	서울 성동구 마장로 42길
119	홍O규	서울 중랑구 동인로 778
120	이O세	경기도 구리시 동구홍로
121	김O란	인천 남동구 논현로 46번길
122	최O재	경기도 부천시 성오로 160번길
123	이O현	서울 중구 다산로 24가길 13 202호
124	최O나	서울 서대문구 이화여대길 50-12
125	김O희	서울 관악구 신림로 29길
126	이O민	서울 강북구 삼양로 27길 19
127	이O희	서울 관악구 문성로 31길

2. 단체의 정관

본점   서울강남구 선능로 704 청담빌딩 10층

정관1조   우리한민족의 조상얼 을 존경하고 받드는 모임이다

정관2조   민족의거울인 조상얼을 위해 출판 교육 홍보행사를한다

정관3조 이사회대표1인을 포함한 3인으로 구성한다

정관4조 대상은 전세계 한민족조상얼 로 회원가입이 가능하며
이사회승인을 거쳐 회원가입이 가능하다

정관5조   매년 1회 회계자료를 전회원이 열람하도록 공시하며
보존기간은 20년으로 한다

정관6조 각나라에 지부를 이사회동의를얻어 설립할 수 있다

정관7조 각지부장은 정기적으로 협회본부에 추진결과를
이메일로 보고하고 이사회는 회의록을 작성 하여 주요의결사항을 결정한다

정관8조 회원은 해외지국설립 우선권을 가질수잇다

정관9조 회원요청시 회계장부를 7일내로 공개해야한다

정관10조 대표자 오피스텔 10개을 출현한다

3. 단체 총회회의록

안건 천부경도서발행
일시 2023년 12월 5일
장소 서울 강남구 선능로 704 10층회의실

1) 총회명부

no   성 명   주 소
1   조O식   경기도 남양주시 오남읍
2   문O란   경기도 남양주시 오남읍
3   권Oㅎ회 서울 동대문구

2). 회의내용

000년역사의경전을 잘보전 보급하는데
천부경디자인승인건
도서내용 편집건
교육장선정건

4. 사업수지계획서

전국민이 5000년 문화와전통을 깨닫게하고 상경하애정신 배양 천부경발행 천부경교육을 시켜 자부심을 배양 세계문화질서를 배양함에있다
　1. 천부경 발행
　2. 국민예절교육강좌실시
　3. 한민족조상얼강사양성
　4. 홈페이 및 어풀개발
　5. 전국순회 한민족얼 강좌

5. 사업수지예산서

정기간행물발행　년 1000만원
홈페이지어프풀개발 년 1000만원
관리유지보수　　년 2000만원
사무실임대료　　년 2000만원
세미나비용　　　년 2000만원
기념비 설치　　　년 2000만원

　　　　　년 1억원

6. 공익활동

정기적 국토순례 유적지탐사
매년 불우이웃 돕기
장애인 돕기
쉼터찾아가서 상담하기
노숙자 상담
매월무료 천부경교육

7. 대표자 재산출현

1. 서울 종로구 숭인동 1421-2 한양립스
2. 서울 동대문구 장한로 372-5 장안뉴시티
3. 서울 동대문구 장한로 373-3 장안뉴시티
4. 서울 동대문구 장안동 372-5 현대선엔빌
5. 서울 동대문구 장안동 372-5 현대선엔빌
6. 서울 동대문구 장한로 105 장안뉴시티
7. 서울 동대문구 장안동 372-5 현대선엔빌
8. 서울 동대문구 장안동 372-5 장안뉴시티
9. 서울 동대문구 장안동 373-3 현대선엔빌
10. 서울 동대문구 장안동 373-1 양우내

8. 총회참석자명부

일시 2023년 12월25일

김정수 　　서명
권일회 　　서명
권선호 　　서명
정영조 　　서명
김상배 　　서명

제6장 대한민국헌법

6-1 대한민국헌법

판 판례 연 연혁 행 위임행정규칙 규 규제 생 생활법령 한 한눈보기

1. 대한민국헌법

[시행 1988. 2. 25.] [헌법 제10호, 1987. 10. 29., 전부개정]

1. 전문

　유구한 역사와 전통에 빛나는 우리 대한국민은 3·1운동으로 건립된 대한민국임시정부의 법통과 불의에 항거한 4·19민주이념을 계승하고, 조국의 민주개혁과 평화적 통일의 사명에 입각하여 정의·인도와 동포애로써 민족의 단결을 공고히 하고, 모든 사회적 폐습과 불의를 타파하며, 자율과 조화를 바탕으로 자유민주적 기본질서를 더욱 확고히 하여 정치·경제·사회·문화의 모든 영역에 있어서 각인의 기회를 균등히 하고, 능력을 최고도로 발휘하게 하며, 자유와 권리에 따르는 책임과 의무를 완수하게 하여, 안으로는 국민생활의 균등한 향상을 기하고 밖으로는 항구적인 세계평화와 인류공영에 이바지함으로써 우리들과 우리들의 자손의 안전과 자유와 행복을 영원히 확보할 것을 다짐하면서 1948년 7월 12일에 제정되고 8차에 걸쳐 개정된 헌법을 이제 국회의 의결을 거쳐 국민투표에 의하여 개정한다.

1987년 10월 29일

제1장 총강

판 **제1조** ① 대한민국은 민주공화국이다.
　② 대한민국의 주권은 국민에게 있고, 모든 권력은 국민으로부터 나온다.

판 **제2조** ① 대한민국의 국민이 되는 요건은 법률로 정한다.
　② 국가는 법률이 정하는 바에 의하여 재외국민을 보호할 의무를 진다.

판 **제3조** 대한민국의 영토는 한반도와 그 부속도서로 한다.

[판] **제4조** 대한민국은 통일을 지향하며, 자유민주적 기본질서에 입각한 평화적 통일 정책을 수립하고 이를 추진한다.

[판] **제5조** ① 대한민국은 국제평화의 유지에 노력하고 침략적 전쟁을 부인한다.
② 국군은 국가의 안전보장과 국토방위의 신성한 의무를 수행함을 사명으로 하며, 그 정치적 중립성은 준수된다.

[판] **제6조** ① 헌법에 의하여 체결·공포된 조약과 일반적으로 승인된 국제법규는 국내법과 같은 효력을 가진다.
② 외국인은 국제법과 조약이 정하는 바에 의하여 그 지위가 보장된다.

[판] **제7조** 공무원은 국민전체에 대한 봉사자이며, 국민에 대하여 책임을 진다.
② 공무원의 신분과 정치적 중립성은 법률이 정하는 바에 의하여 보장된다.

[판] **제8조** ① 정당의 설립은 자유이며, 복수정당제는 보장된다.
② 정당은 그 목적·조직과 활동이 민주적이어야 하며, 국민의 정치적 의사형성에 참여하는데 필요한 조직을 가져야 한다.
③ 정당은 법률이 정하는 바에 의하여 국가의 보호를 받으며, 국가는 법률이 정하는 바에 의하여 정당운영에 필요한 자금을 보조할 수 있다.
④ 정당의 목적이나 활동이 민주적 기본질서에 위배될 때에는 정부는 헌법재판소에 그 해산을 제소할 수 있고, 정당은 헌법재판소의 심판에 의하여 해산된다.

[판] **제9조** 국가는 전통문화의 계승·발전과 민족문화의 창달에 노력하여야 한다.

제2장 국민의 권리와 의무

[판][생] **제10조** 모든 국민은 인간으로서의 존엄과 가치를 가지며, 행복을 추구할 권리를 가진다. 국가는 개인이 가지는 불가침의 기본적 인권을 확인하고 이를 보장할 의무를 진다.

[판][생] **제11조** ① 모든 국민은 법 앞에 평등하다. 누구든지 성별·종교 또는 사회적 신분에 의하여 정치적·경제적·사회적·문화적 생활의 모든 영역에 있어서 차별을 받지 아니한다.
② 사회적 특수계급의 제도는 인정되지 아니하며, 어떠한 형태로도 이를 창설할 수 없다.
③ 훈장등의 영전은 이를 받은 자에게만 효력이 있고, 어떠한 특권도 이에 따르지 아니한다.

판 생 **제12조** ① 모든 국민은 신체의 자유를 가진다. 누구든지 법률에 의하지 아니하고는 체포·구속·압수·수색 또는 심문을 받지 아니하며, 법률과 적법한 절차에 의하지 아니하고는 처벌·보안처분 또는 강제노역을 받지 아니한다.

② 모든 국민은 고문을 받지 아니하며, 형사상 자기에게 불리한 진술을 강요당하지 아니한다.

③ 체포·구속·압수 또는 수색을 할 때에는 적법한 절차에 따라 검사의 신청에 의하여 법관이 발부한 영장을 제시하여야 한다. 다만, 현행범인인 경우와 장기 3년 이상의 형에 해당하는 죄를 범하고 도피 또는 증거인멸의 염려가 있을 때에는 사후에 영장을 청구할 수 있다.

④ 누구든지 체포 또는 구속을 당한 때에는 즉시 변호인의 조력을 받을 권리를 가진다. 다만, 형사피고인이 스스로 변호인을 구할 수 없을 때에는 법률이 정하는 바에 의하여 국가가 변호인을 붙인다.

⑤ 누구든지 체포 또는 구속의 이유와 변호인의 조력을 받을 권리가 있음을 고지받지 아니하고는 체포 또는 구속을 당하지 아니한다. 체포 또는 구속을 당한 자의 가족등 법률이 정하는 자에게는 그 이유와 일시·장소가 지체없이 통지되어야 한다.

⑥ 누구든지 체포 또는 구속을 당한 때에는 적부의 심사를 법원에 청구할 권리를 가진다.

⑦ 피고인의 자백이 고문·폭행·협박·구속의 부당한 장기화 또는 기망 기타의 방법에 의하여 자의로 진술된 것이 아니라고 인정될 때 또는 정식재판에 있어서 피고인의 자백이 그에게 불리한 유일한 증거일 때에는 이를 유죄의 증거로 삼거나 이를 이유로 처벌할 수 없다.

판 생 **제13조** ① 모든 국민은 행위시의 법률에 의하여 범죄를 구성하지 아니하는 행위로 소추되지 아니하며, 동일한 범죄에 대하여 거듭 처벌받지 아니한다.

② 모든 국민은 소급입법에 의하여 참정권의 제한을 받거나 재산권을 박탈당하지 아니한다.

③ 모든 국민은 자기의 행위가 아닌 친족의 행위로 인하여 불이익한 처우를 받지 아니한다.

판 **제14조** 모든 국민은 거주·이전의 자유를 가진다.

판 **제15조** 모든 국민은 직업선택의 자유를 가진다.

판 **제16조** 모든 국민은 주거의 자유를 침해받지 아니한다. 주거에 대한 압수나 수색을 할 때에는 검사의 신청에 의하여 법관이 발부한 영장을 제시하여야 한다.

[판] **제17조** 모든 국민은 사생활의 비밀과 자유를 침해받지 아니한다.

[판] **제18조** 모든 국민은 통신의 비밀을 침해받지 아니한다.

[판] **제19조** 모든 국민은 양심의 자유를 가진다.

[판] **제20조** ① 모든 국민은 종교의 자유를 가진다.
② 국교는 인정되지 아니하며, 종교와 정치는 분리된다.

[판] **제21조** ① 모든 국민은 언론·출판의 자유와 집회·결사의 자유를 가진다.
② 언론·출판에 대한 허가나 검열과 집회·결사에 대한 허가는 인정되지 아니한다.
③ 통신·방송의 시설기준과 신문의 기능을 보장하기 위하여 필요한 사항은 법률로 정한다.
④ 언론·출판은 타인의 명예나 권리 또는 공중도덕이나 사회윤리를 침해하여서는 아니된다. 언론·출판이 타인의 명예나 권리를 침해한 때에는 피해자는 이에 대한 피해의 배상을 청구할 수 있다.

[판] **제22조** ① 모든 국민은 학문과 예술의 자유를 가진다.
② 저작자·발명가·과학기술자와 예술가의 권리는 법률로써 보호한다.

[판] **제23조** ① 모든 국민의 재산권은 보장된다. 그 내용과 한계는 법률로 정한다.
② 재산권의 행사는 공공복리에 적합하도록 하여야 한다.
③ 공공필요에 의한 재산권의 수용·사용 또는 제한 및 그에 대한 보상은 법률로써 하되, 정당한 보상을 지급하여야 한다.

[판][생] **제24조** 모든 국민은 법률이 정하는 바에 의하여 선거권을 가진다.

[판] **제25조** 모든 국민은 법률이 정하는 바에 의하여 공무담임권을 가진다.

[판][생] **제26조** ① 모든 국민은 법률이 정하는 바에 의하여 국가기관에 문서로 청원할 권리를 가진다.
② 국가는 청원에 대하여 심사할 의무를 진다.

|판| |생| **제27조** ① 모든 국민은 헌법과 법률이 정한 법관에 의하여 법률에 의한 재판을 받을 권리를 가진다.
② 군인 또는 군무원이 아닌 국민은 대한민국의 영역 안에서는 중대한 군사상 기밀·초병·초소·유독음식물공급·포로·군용물에 관한 죄중 법률이 정한 경우와 비상계엄이 선포된 경우를 제외하고는 군사법원의 재판을 받지 아니한다.
③ 모든 국민은 신속한 재판을 받을 권리를 가진다. 형사피고인은 상당한 이유가 없는 한 지체없이 공개재판을 받을 권리를 가진다.
④ 형사피고인은 유죄의 판결이 확정될 때까지는 무죄로 추정된다.
⑤ 형사피해자는 법률이 정하는 바에 의하여 당해 사건의 재판절차에서 진술할 수 있다.

|판| |생| **제28조** 형사피의자 또는 형사피고인으로서 구금되었던 자가 법률이 정하는 불기소처분을 받거나 무죄판결을 받은 때에는 법률이 정하는 바에 의하여 국가에 정당한 보상을 청구할 수 있다.

|판| |생| **제29조** ① 공무원의 직무상 불법행위로 손해를 받은 국민은 법률이 정하는 바에 의하여 국가 또는 공공단체에 정당한 배상을 청구할 수 있다. 이 경우 공무원 자신의 책임은 면제되지 아니한다.
② 군인·군무원·경찰공무원 기타 법률이 정하는 자가 전투·훈련등 직무집행과 관련하여 받은 손해에 대하여는 법률이 정하는 보상 외에 국가 또는 공공단체에 공무원의 직무상 불법행위로 인한 배상은 청구할 수 없다.

|판| **제30조** 제30조 타인의 범죄행위로 인하여 생명·신체에 대한 피해를 받은 국민은 법률이 정하는 바에 의하여 국가로부터 구조를 받을 수 있다.

|판| |생| **제31조** ① 모든 국민은 능력에 따라 균등하게 교육을 받을 권리를 가진다.
② 모든 국민은 그 보호하는 자녀에게 적어도 초등교육과 법률이 정하는 교육을 받게 할 의무를 진다.
③ 의무교육은 무상으로 한다.
④ 교육의 자주성·전문성·정치적 중립성 및 대학의 자율성은 법률이 정하는 바에 의하여 보장된다.
⑤ 국가는 평생교육을 진흥하여야 한다.
⑥ 학교교육 및 평생교육을 포함한 교육제도와 그 운영, 교육재정 및 교원의 지위에 관한 기본적인 사항은 법률로 정한다.

판 생 **제32조** ① 모든 국민은 근로의 권리를 가진다. 국가는 사회적·경제적 방법으로 근로자의 고용의 증진과 적정임금의 보장에 노력하여야 하며, 법률이 정하는 바에 의하여 최저임금제를 시행하여야 한다.

② 모든 국민은 근로의 의무를 진다. 국가는 근로의 의무의 내용과 조건을 민주주의원칙에 따라 법률로 정한다.

③ 근로조건의 기준은 인간의 존엄성을 보장하도록 법률로 정한다.

④ 여자의 근로는 특별한 보호를 받으며, 고용·임금 및 근로조건에 있어서 부당한 차별을 받지 아니한다.

⑤ 연소자의 근로는 특별한 보호를 받는다.

⑥ 국가유공자·상이군경 및 전몰군경의 유가족은 법률이 정하는 바에 의하여 우선적으로 근로의 기회를 부여받는다.

판 **제33조** ① 근로자는 근로조건의 향상을 위하여 자주적인 단결권·단체교섭권 및 단체행동권을 가진다.

② 공무원인 근로자는 법률이 정하는 자에 한하여 단결권·단체교섭권 및 단체행동권을 가진다.

③ 법률이 정하는 주요방위산업체에 종사하는 근로자의 단체행동권은 법률이 정하는 바에 의하여 이를 제한하거나 인정하지 아니할 수 있다.

판 **제34조** ① 모든 국민은 인간다운 생활을 할 권리를 가진다.

② 국가는 사회보장·사회복지의 증진에 노력할 의무를 진다.

③ 국가는 여자의 복지와 권익의 향상을 위하여 노력하여야 한다.

④ 국가는 노인과 청소년의 복지향상을 위한 정책을 실시할 의무를 진다.

⑤ 신체장애자 및 질병·노령 기타의 사유로 생활능력이 없는 국민은 법률이 정하는 바에 의하여 국가의 보호를 받는다.

⑥ 국가는 재해를 예방하고 그 위험으로부터 국민을 보호하기 위하여 노력하여야 한다.

판 **제35조** ① 모든 국민은 건강하고 쾌적한 환경에서 생활할 권리를 가지며, 국가와 국민은 환경보전을 위하여 노력하여야 한다.

② 환경권의 내용과 행사에 관하여는 법률로 정한다.

③ 국가는 주택개발정책등을 통하여 모든 국민이 쾌적한 주거생활을 할 수 있도록 노력하여야 한다.

판 **제36조** ① 혼인과 가족생활은 개인의 존엄과 양성의 평등을 기초로 성립되고 유지되어야 하며, 국가는 이를 보장한다.
② 국가는 모성의 보호를 위하여 노력하여야 한다.
③ 모든 국민은 보건에 관하여 국가의 보호를 받는다.

판 생 **제37조** ① 국민의 자유와 권리는 헌법에 열거되지 아니한 이유로 경시되지 아니한다.
② 국민의 모든 자유와 권리는 국가안전보장·질서유지 또는 공공복리를 위하여 필요한 경우에 한하여 법률로써 제한할 수 있으며, 제한하는 경우에도 자유와 권리의 본질적인 내용을 침해할 수 없다.

판 **제38조** 모든 국민은 법률이 정하는 바에 의하여 납세의 의무를 진다.

판 생 **제39조** ① 모든 국민은 법률이 정하는 바에 의하여 국방의 의무를 진다.
② 누구든지 병역의무의 이행으로 인하여 불이익한 처우를 받지 아니한다.

제3장 국회

판 생 **제40조** 입법권은 국회에 속한다.

판 생 **제41조** ① 국회는 국민의 보통·평등·직접·비밀선거에 의하여 선출된 국회의원으로 구성한다.
② 국회의원의 수는 법률로 정하되, 200인 이상으로 한다.
③ 국회의원의 선거구와 비례대표제 기타 선거에 관한 사항은 법률로 정한다.

판 생 **제42조** 국회의원의 임기는 4년으로 한다.

판 **제43조** 국회의원은 법률이 정하는 직을 겸할 수 없다.

판 **제44조** ① 국회의원은 현행범인인 경우를 제외하고는 회기 중 국회의 동의없이 체포 또는 구금되지 아니한다.
② 국회의원이 회기 전에 체포 또는 구금된 때에는 현행범인이 아닌 한 국회의 요구가 있으

면 회기 중 석방된다.

판 **제45조** 국회의원은 국회에서 직무상 행한 발언과 표결에 관하여 국회 외에서 책임을 지지 아니한다.

판 **제46조** ① 국회의원은 청렴의 의무가 있다.
② 국회의원은 국가이익을 우선하여 양심에 따라 직무를 행한다.
③ 국회의원은 그 지위를 남용하여 국가·공공단체 또는 기업체와의 계약이나 그 처분에 의하여 재산상의 권리·이익 또는 직위를 취득하거나 타인을 위하여 그 취득을 알선할 수 없다.

판 **제47조** ① 국회의 정기회는 법률이 정하는 바에 의하여 매년 1회 집회되며, 국회의 임시회는 대통령 또는 국회재적의원 4분의 1 이상의 요구에 의하여 집회된다.
② 정기회의 회기는 100일을, 임시회의 회기는 30일을 초과할 수 없다.
③ 대통령이 임시회의 집회를 요구할 때에는 기간과 집회요구의 이유를 명시하여야 한다.

판 **제48조** 국회는 의장 1인과 부의장 2인을 선출한다.

판 **제49조** 국회는 헌법 또는 법률에 특별한 규정이 없는 한 재적의원 과반수의 출석과 출석의원 과반수의 찬성으로 의결한다. 가부동수인 때에는 부결된 것으로 본다.

판 **제50조** ① 국회의 회의는 공개한다. 다만, 출석의원 과반수의 찬성이 있거나 의장이 국가의 안전보장을 위하여 필요하다고 인정할 때에는 공개하지 아니할 수 있다.
② 공개하지 아니한 회의내용의 공표에 관하여는 법률이 정하는 바에 의한다.

판 **제51조** 국회에 제출된 법률안 기타의 의안은 회기 중에 의결되지 못한 이유로 폐기되지 아니한다. 다만, 국회의원의 임기가 만료된 때에는 그러하지 아니하다.

판 **제52조** 국회의원과 정부는 법률안을 제출할 수 있다.

판 **제53조** ① 국회에서 의결된 법률안은 정부에 이송되어 15일 이내에 대통령이 공포한다.
② 법률안에 이의가 있을 때에는 대통령은 제1항의 기간내에 이의서를 붙여 국회로 환부하고, 그 재의를 요구할 수 있다. 국회의 폐회 중에도 또한 같다.

③ 대통령은 법률안의 일부에 대하여 또는 법률안을 수정하여 재의를 요구할 수 없다.

④ 재의의 요구가 있을 때에는 국회는 재의에 붙이고, 재적의원 과반수의 출석과 출석의원 3분의 2 이상의 찬성으로 전과 같은 의결을 하면 그 법률안은 법률로서 확정된다.

⑤ 대통령이 제1항의 기간 내에 공포나 재의의 요구를 하지 아니한 때에도 그 법률안은 법률로서 확정된다.

⑥ 대통령은 제4항과 제5항의 규정에 의하여 확정된 법률을 지체없이 공포하여야 한다. 제5항에 의하여 법률이 확정된 후 또는 제4항에 의한 확정법률이 정부에 이송된 후 5일 이내에 대통령이 공포하지 아니할 때에는 국회의장이 이를 공포한다.

⑦ 법률은 특별한 규정이 없는 한 공포한 날로부터 20일을 경과함으로써 효력을 발생한다.

판 제54조 ① 국회는 국가의 예산안을 심의·확정한다.

② 정부는 회계연도마다 예산안을 편성하여 회계연도 개시 90일 전까지 국회에 제출하고, 국회는 회계연도 개시 30일 전까지 이를 의결하여야 한다.

③ 새로운 회계연도가 개시될 때까지 예산안이 의결되지 못한 때에는 정부는 국회에서 예산안이 의결될 때까지 다음의 목적을 위한 경비는 전년도 예산에 준하여 집행할 수 있다.

1. **헌법**이나 법률에 의하여 설치된 기관 또는 시설의 유지·운영
2. 법률상 지출의무의 이행
3. 이미 예산으로 승인된 사업의 계속

판 제55조 ① 한 회계연도를 넘어 계속하여 지출할 필요가 있을 때에는 정부는 연한을 정하여 계속비로서 국회의 의결을 얻어야 한다.

② 예비비는 총액으로 국회의 의결을 얻어야 한다. 예비비의 지출은 차기국회의 승인을 얻어야 한다.

판 제56조 정부는 예산에 변경을 가할 필요가 있을 때에는 추가경정예산안을 편성하여 국회에 제출할 수 있다.

판 제57조 국회는 정부의 동의 없이 정부가 제출한 지출예산 각항의 금액을 증가하거나 새 비목을 설치할 수 없다.

판 제58조 국채를 모집하거나 예산 외에 국가의 부담이 될 계약을 체결하려 할 때에는 정부는 미리 국회의 의결을 얻어야 한다.

판 제59조 조세의 종목과 세율은 법률로 정한다.

|판| |생| **제60조** ① 국회는 상호원조 또는 안전보장에 관한 조약, 중요한 국제조직에 관한 조약, 우호통상항해조약, 주권의 제약에 관한 조약, 강화조약, 국가나 국민에게 중대한 재정적 부담을 지우는 조약 또는 입법사항에 관한 조약의 체결·비준에 대한 동의권을 가진다.

② 국회는 선전포고, 국군의 외국에의 파견 또는 외국군대의 대한민국 영역 안에서의 주류에 대한 동의권을 가진다.

|판| **제61조** ① 국회는 국정을 감사하거나 특정한 국정사안에 대하여 조사할 수 있으며, 이에 필요한 서류의 제출 또는 증인의 출석과 증언이나 의견의 진술을 요구할 수 있다.

② 국정감사 및 조사에 관한 절차 기타 필요한 사항은 법률로 정한다.

|판| **제62조** ① 국무총리·국무위원 또는 정부위원은 국회나 그 위원회에 출석하여 국정처리상황을 보고하거나 의견을 진술하고 질문에 응답할 수 있다.

② 국회나 그 위원회의 요구가 있을 때에는 국무총리·국무위원 또는 정부위원은 출석·답변하여야 하며, 국무총리 또는 국무위원이 출석요구를 받은 때에는 국무위원 또는 정부위원으로 하여금 출석·답변하게 할 수 있다.

|판| **제63조** ① 국회는 국무총리 또는 국무위원의 해임을 대통령에게 건의할 수 있다.

② 제1항의 해임건의는 국회재적의원 3분의 1 이상의 발의에 의하여 국회재적의원 과반수의 찬성이 있어야 한다.

|판| |생| **제64조** ① 국회는 법률에 저촉되지 아니하는 범위 안에서 의사와 내부규율에 관한 규칙을 제정할 수 있다.

② 국회는 의원의 자격을 심사하며, 의원을 징계할 수 있다.

③ 의원을 제명하려면 국회재적의원 3분의 2 이상의 찬성이 있어야 한다.

④ 제2항과 제3항의 처분에 대하여는 법원에 제소할 수 없다.

|판| **제65조** ① 대통령·국무총리·국무위원·행정각부의 장·헌법재판소 재판관·법관·중앙선거관리위원회 위원·감사원장·감사위원 기타 법률이 정한 공무원이 그 직무집행에 있어서 헌법이나 법률을 위배한 때에는 국회는 탄핵의 소추를 의결할 수 있다.

② 제1항의 탄핵소추는 국회재적의원 3분의 1 이상의 발의가 있어야 하며, 그 의결은 국회재적의원 과반수의 찬성이 있어야 한다. 다만, 대통령에 대한 탄핵소추는 국회재적의원 과반수의 발의와 국회재적의원 3분의 2 이상의 찬성이 있어야 한다.
③ 탄핵소추의 의결을 받은 자는 탄핵심판이 있을 때까지 그 권한행사가 정지된다.
④ 탄핵결정은 공직으로부터 파면함에 그친다. 그러나, 이에 의하여 민사상이나 형사상의 책임이 면제되지는 아니한다.

제4장 정부

제1절 대통령

판 **제66조** ① 대통령은 국가의 원수이며, 외국에 대하여 국가를 대표한다.
② 대통령은 국가의 독립·영토의 보전·국가의 계속성과 헌법을 수호할 책무를 진다.
③ 대통령은 조국의 평화적 통일을 위한 성실한 의무를 진다.
④ 행정권은 대통령을 수반으로 하는 정부에 속한다.

판 생 **제67조** ① 대통령은 국민의 보통·평등·직접·비밀선거에 의하여 선출한다.
② 제1항의 선거에 있어서 최고득표자가 2인 이상인 때에는 국회의 재적의원 과반수가 출석한 공개회의에서 다수표를 얻은 자를 당선자로 한다.
③ 대통령후보자가 1인일 때에는 그 득표수가 선거권자 총수의 3분의 1 이상이 아니면 대통령으로 당선될 수 없다.
④ 대통령으로 선거될 수 있는 자는 국회의원의 피선거권이 있고 선거일 현재 40세에 달하여야 한다.
⑤ 대통령의 선거에 관한 사항은 법률로 정한다.

판 **제68조** ① 대통령의 임기가 만료되는 때에는 임기만료 70일 내지 40일 전에 후임자를 선거한다.
② 대통령이 궐위된 때 또는 대통령 당선자가 사망하거나 판결 기타의 사유로 그 자격을 상실한 때에는 60일 이내에 후임자를 선거한다.

판 **제69조** 대통령은 취임에 즈음하여 다음의 선서를 한다.
"나는 헌법을 준수하고 국가를 보위하며 조국의 평화적 통일과 국민의 자유와 복리의 증진 및 민족문화의 창달에 노력하여 대통령으로서의 직책을 성실히 수행할 것을 국민 앞에 엄숙히 선서합니다."

판 생 **제70조** 대통령의 임기는 5년으로 하며, 중임할 수 없다.

판 **제71조** 대통령이 궐위되거나 사고로 인하여 직무를 수행할 수 없을 때에는 국무총리, 법률이 정한 국무위원의 순서로 그 권한을 대행한다.

판 생 **제72조** 대통령은 필요하다고 인정할 때에는 외교·국방·통일 기타 국가안위에 관한 중요정책을 국민투표에 붙일 수 있다.

판 **제73조** 대통령은 조약을 체결·비준하고, 외교사절을 신임·접수 또는 파견하며, 선전포고와 강화를 한다.

판 **제74조** ① 대통령은 헌법과 법률이 정하는 바에 의하여 국군을 통수한다.
② 국군의 조직과 편성은 법률로 정한다.

판 **제75조** 대통령은 법률에서 구체적으로 범위를 정하여 위임받은 사항과 법률을 집행하기 위하여 필요한 사항에 관하여 대통령령을 발할 수 있다.

판 **제76조** ① 대통령은 내우·외환·천재·지변 또는 중대한 재정·경제상의 위기에 있어서 국가의 안전보장 또는 공공의 안녕질서를 유지하기 위하여 긴급한 조치가 필요하고 국회의 집회를 기다릴 여유가 없을 때에 한하여 최소한으로 필요한 재정·경제상의 처분을 하거나 이에 관하여 법률의 효력을 가지는 명령을 발할 수 있다.
② 대통령은 국가의 안위에 관계되는 중대한 교전상태에 있어서 국가를 보위하기 위하여 긴급한 조치가 필요하고 국회의 집회가 불가능한 때에 한하여 법률의 효력을 가지는 명령을 발할 수 있다.
③ 대통령은 제1항과 제2항의 처분 또는 명령을 한 때에는 지체없이 국회에 보고하여 그 승인을 얻어야 한다.
④ 제3항의 승인을 얻지 못한 때에는 그 처분 또는 명령은 그때부터 효력을 상실한다. 이 경우 그 명령에 의하여 개정 또는 폐지되었던 법률은 그 명령이 승인을 얻지 못한 때부터 당연히 효력을 회복한다.

⑤ 대통령은 제3항과 제4항의 사유를 지체없이 공포하여야 한다.

판 **제77조** ① 대통령은 전시·사변 또는 이에 준하는 국가비상사태에 있어서 병력으로써 군사상의 필요에 응하거나 공공의 안녕질서를 유지할 필요가 있을 때에는 법률이 정하는 바에 의하여 계엄을 선포할 수 있다.
② 계엄은 비상계엄과 경비계엄으로 한다.
③ 비상계엄이 선포된 때에는 법률이 정하는 바에 의하여 영장제도, 언론·출판·집회·결사의 자유, 정부나 법원의 권한에 관하여 특별한 조치를 할 수 있다.
④ 계엄을 선포한 때에는 대통령은 지체없이 국회에 통고하여야 한다.
⑤ 국회가 재적의원 과반수의 찬성으로 계엄의 해제를 요구한 때에는 대통령은 이를 해제하여야 한다.

판 **제78조** 대통령은 헌법과 법률이 정하는 바에 의하여 공무원을 임면한다.

판 **제79조** ① 대통령은 법률이 정하는 바에 의하여 사면·감형 또는 복권을 명할 수 있다.
② 일반사면을 명하려면 국회의 동의를 얻어야 한다.
③ 사면·감형 및 복권에 관한 사항은 법률로 정한다.

판 **제80조** 대통령은 법률이 정하는 바에 의하여 훈장 기타의 영전을 수여한다.

판 **제81조** 대통령은 국회에 출석하여 발언하거나 서한으로 의견을 표시할 수 있다.

판 **제82조** 대통령의 국법상 행위는 문서로써 하며, 이 문서에는 국무총리와 관계 국무위원이 부서한다. 군사에 관한 것도 또한 같다.

판 **제83조** 제83조 대통령은 국무총리·국무위원·행정각부의 장 기타 법률이 정하는 공사의 직을 겸할 수 없다.

판 **제84조** 대통령은 내란 또는 외환의 죄를 범한 경우를 제외하고는 재직 중 형사상의 소추를 받지 아니한다.

📄 **제85조** 전직대통령의 신분과 예우에 관하여는 법률로 정한다.

제2절 행정부

제1관 국무총리와 국무위원

📄 **제86조** ① 국무총리는 국회의 동의를 얻어 대통령이 임명한다.
② 국무총리는 대통령을 보좌하며, 행정에 관하여 대통령의 명을 받아 행정각부를 통할한다.
③ 군인은 현역을 면한 후가 아니면 국무총리로 임명될 수 없다.

📄 **제87조** ① 국무위원은 국무총리의 제청으로 대통령이 임명한다.
② 국무위원은 국정에 관하여 대통령을 보좌하며, 국무회의의 구성원으로서 국정을 심의한다.
③ 국무총리는 국무위원의 해임을 대통령에게 건의할 수 있다.
④ 군인은 현역을 면한 후가 아니면 국무위원으로 임명될 수 없다.

제2관 국무회의

판 **제88조** ① 국무회의는 정부의 권한에 속하는 중요한 정책을 심의한다.
② 국무회의는 대통령·국무총리와 15인 이상 30인 이하의 국무위원으로 구성한다.
③ 대통령은 국무회의의 의장이 되고, 국무총리는 부의장이 된다.

판 **제89조** 다음 사항은 국무회의의 심의를 거쳐야 한다.
1. 국정의 기본계획과 정부의 일반정책
2. 선전·강화 기타 중요한 대외정책
3. 헌법개정안·국민투표안·조약안·법률안 및 대통령령안
4. 예산안·결산·국유재산처분의 기본계획·국가의 부담이 될 계약 기타 재정에 관한 중요사항
5. 대통령의 긴급명령·긴급재정경제처분 및 명령 또는 계엄과 그 해제
6. 군사에 관한 중요사항
7. 국회의 임시회 집회의 요구
8. 영전수여
9. 사면·감형과 복권
10. 행정각부간의 권한의 획정
11. 정부 안의 권한의 위임 또는 배정에 관한 기본계획
12. 국정처리상황의 평가·분석
13. 행정각부의 중요한 정책의 수립과 조정
14. 정당해산의 제소
15. 정부에 제출 또는 회부된 정부의 정책에 관계되는 청원의 심사
16. 검찰총장·합동참모의장·각군참모총장·국립대학교총장·대사 기타 법률이 정한 공무원과 국영기업체관리자의 임명
17. 기타 대통령·국무총리 또는 국무위원이 제출한 사항

판 **제90조** ① 국정의 중요한 사항에 관한 대통령의 자문에 응하기 위하여 국가원로로 구성되는 국가원로자문회의를 둘 수 있다.

② 국가원로자문회의의 의장은 직전대통령이 된다. 다만, 직전대통령이 없을 때에는 대통령이 지명한다.
③ 국가원로자문회의의 조직·직무범위 기타 필요한 사항은 법률로 정한다.

판 **제91조** ① 국가안전보장에 관련되는 대외정책·군사정책과 국내정책의 수립에 관하여 국무회의의 심의에 앞서 대통령의 자문에 응하기 위하여 국가안전보장회의를 둔다.
② 국가안전보장회의는 대통령이 주재한다.
③ 국가안전보장회의의 조직·직무범위 기타 필요한 사항은 법률로 정한다.

판 **제92조** ① 평화통일정책의 수립에 관한 대통령의 자문에 응하기 위하여 민주평화통일자문회의를 둘 수 있다.
② 민주평화통일자문회의의 조직·직무범위 기타 필요한 사항은 법률로 정한다.

판 **제93조** ① 국민경제의 발전을 위한 중요정책의 수립에 관하여 대통령의 자문에 응하기 위하여 국민경제자문회의를 둘 수 있다.
② 국민경제자문회의의 조직·직무범위 기타 필요한 사항은 법률로 정한다.

제3관 행정각부

판 **제94조** 행정각부의 장은 국무위원 중에서 국무총리의 제청으로 대통령이 임명한다.

판 **제95조** 국무총리 또는 행정각부의 장은 소관사무에 관하여 법률이나 대통령령의 위임 또는 직권으로 총리령 또는 부령을 발할 수 있다.

판 **제96조** 행정각부의 설치·조직과 직무범위는 법률로 정한다.

제4관 감사원

판 **제97조** 국가의 세입·세출의 결산, 국가 및 법률이 정한 단체의 회계검사와 행정기관 및 공무원의 직무에 관한 감찰을 하기 위하여 대통령 소속하에 감사원을 둔다.

판 **제98조** ① 감사원은 원장을 포함한 5인 이상 11인 이하의 감사위원으로 구성한다.
② 원장은 국회의 동의를 얻어 대통령이 임명하고, 그 임기는 4년으로 하며, 1차에 한하여 중임할 수 있다.
③ 감사위원은 원장의 제청으로 대통령이 임명하고, 그 임기는 4년으로 하며, 1차에 한하여 중임할 수 있다.

판 **제99조** 감사원은 세입·세출의 결산을 매년 검사하여 대통령과 차년도국회에 그 결과를 보고하여야 한다.

판 **제100조** 감사원의 조직·직무범위·감사위원의 자격·감사대상공무원의 범위 기타 필요한 사항은 법률로 정한다.

제5장 법원

판 **제101조** ① 사법권은 법관으로 구성된 법원에 속한다.
② 법원은 최고법원인 대법원과 각급법원으로 조직된다.
③ 법관의 자격은 법률로 정한다.

판 **제102조** ① 대법원에 부를 둘 수 있다.
② 대법원에 대법관을 둔다. 다만, 법률이 정하는 바에 의하여 대법관이 아닌 법관을 둘 수 있다.
③ 대법원과 각급법원의 조직은 법률로 정한다.

📖 **제103조** 법관은 헌법과 법률에 의하여 그 양심에 따라 독립하여 심판한다.

📖 **제104조** ① 대법원장은 국회의 동의를 얻어 대통령이 임명한다.
② 대법관은 대법원장의 제청으로 국회의 동의를 얻어 대통령이 임명한다.
③ 대법원장과 대법관이 아닌 법관은 대법관회의의 동의를 얻어 대법원장이 임명한다.

📖 **제105조** ① 대법원장의 임기는 6년으로 하며, 중임할 수 없다.
② 대법관의 임기는 6년으로 하며, 법률이 정하는 바에 의하여 연임할 수 있다.
③ 대법원장과 대법관이 아닌 법관의 임기는 10년으로 하며, 법률이 정하는 바에 의하여 연임할 수 있다.
④ 법관의 정년은 법률로 정한다.

📖 **제106조** ① 법관은 탄핵 또는 금고 이상의 형의 선고에 의하지 아니하고는 파면되지 아니하며, 징계처분에 의하지 아니하고는 정직·감봉 기타 불리한 처분을 받지 아니한다.
② 법관이 중대한 심신상의 장해로 직무를 수행할 수 없을 때에는 법률이 정하는 바에 의하여 퇴직하게 할 수 있다.

📖 **제107조** ① 법률이 헌법에 위반되는 여부가 재판의 전제가 된 경우에는 법원은 헌법재판소에 제청하여 그 심판에 의하여 재판한다.
② 명령·규칙 또는 처분이 헌법이나 법률에 위반되는 여부가 재판의 전제가 된 경우에는 대법원은 이를 최종적으로 심사할 권한을 가진다.
③ 재판의 전심절차로서 행정심판을 할 수 있다. 행정심판의 절차는 법률로 정하되, 사법절차가 준용되어야 한다.

📖 **제108조** 대법원은 법률에 저촉되지 아니하는 범위 안에서 소송에 관한 절차, 법원의 내부규율과 사무처리에 관한 규칙을 제정할 수 있다.

📖 **제109조** 재판의 심리와 판결은 공개한다. 다만, 심리는 국가의 안전보장 또는 안녕질서를 방해하거나 선량한 풍속을 해할 염려가 있을 때에는 법원의 결정으로 공개하지 아니할 수 있다.

판 **제110조** ① 군사재판을 관할하기 위하여 특별법원으로서 군사법원을 둘 수 있다.
② 군사법원의 상고심은 대법원에서 관할한다.
③ 군사법원의 조직·권한 및 재판관의 자격은 법률로 정한다.
④ 비상계엄하의 군사재판은 군인·군무원의 범죄나 군사에 관한 간첩죄의 경우와 초병·초소·유독음식물공급·포로에 관한 죄중 법률이 정한 경우에 한하여 단심으로 할 수 있다. 다만, 사형을 선고한 경우에는 그러하지 아니하다.

제6장 헌법재판소

판 **제111조** ① 헌법재판소는 다음 사항을 관장한다.
 1. 법원의 제청에 의한 법률의 위헌여부 심판
 2. 탄핵의 심판
 3. 정당의 해산 심판
 4. 국가기관 상호간, 국가기관과 지방자치단체간 및 지방자치단체 상호간의 권한쟁의에 관한 심판
 5. 법률이 정하는 헌법소원에 관한 심판
② 헌법재판소는 법관의 자격을 가진 9인의 재판관으로 구성하며, 재판관은 대통령이 임명한다.
③ 제2항의 재판관중 3인은 국회에서 선출하는 자를, 3인은 대법원장이 지명하는 자를 임명한다.
④ 헌법재판소의 장은 국회의 동의를 얻어 재판관 중에서 대통령이 임명한다.

판 **제112조** ① 헌법재판소 재판관의 임기는 6년으로 하며, 법률이 정하는 바에 의하여 연임할 수 있다.
② 헌법재판소 재판관은 정당에 가입하거나 정치에 관여할 수 없다.
③ 헌법재판소 재판관은 탄핵 또는 금고 이상의 형의 선고에 의하지 아니하고는 파면되지 아니한다.

판 **제113조** ① 헌법재판소에서 법률의 위헌결정, 탄핵의 결정, 정당해산의 결정 또는 헌법소원에 관한 인용결정을 할 때에는 재판관 6인 이상의 찬성이 있어야 한다.
② 헌법재판소는 법률에 저촉되지 아니하는 범위 안에서 심판에 관한 절차, 내부규율과 사

무처리에 관한 규칙을 제정할 수 있다.
③ 헌법재판소의 조직과 운영 기타 필요한 사항은 법률로 정한다.

제7장 선거관리

[판] **제114조** ① 선거와 국민투표의 공정한 관리 및 정당에 관한 사무를 처리하기 위하여 선거관리위원회를 둔다.
② 중앙선거관리위원회는 대통령이 임명하는 3인, 국회에서 선출하는 3인과 대법원장이 지명하는 3인의 위원으로 구성한다. 위원장은 위원 중에서 호선한다.
③ 위원의 임기는 6년으로 한다.
④ 위원은 정당에 가입하거나 정치에 관여할 수 없다.
⑤ 위원은 탄핵 또는 금고 이상의 형의 선고에 의하지 아니하고는 파면되지 아니한다.
⑥ 중앙선거관리위원회는 법령의 범위 안에서 선거관리·국민투표관리 또는 정당사무에 관한 규칙을 제정할 수 있으며, 법률에 저촉되지 아니하는 범위 안에서 내부규율에 관한 규칙을 제정할 수 있다.
⑦ 각급 선거관리위원회의 조직·직무범위 기타 필요한 사항은 법률로 정한다.

[판] **제115조** ① 각급 선거관리위원회는 선거인명부의 작성 등 선거사무와 국민투표사무에 관하여 관계 행정기관에 필요한 지시를 할 수 있다.
② 제1항의 지시를 받은 당해 행정기관은 이에 응하여야 한다.

[판] [생] **제116조** ① 선거운동은 각급 선거관리위원회의 관리하에 법률이 정하는 범위 안에서 하되, 균등한 기회가 보장되어야 한다.
② 선거에 관한 경비는 법률이 정하는 경우를 제외하고는 정당 또는 후보자에게 부담시킬 수 없다.

제8장 지방자치

[판] **제117조** ① 지방자치단체는 주민의 복리에 관한 사무를 처리하고 재산을 관리하며, 법령의 범위 안에서 자치에 관한 규정을 제정할 수 있다.
② 지방자치단체의 종류는 법률로 정한다.

판 생 **제118조** ① 지방자치단체에 의회를 둔다.

② 지방의회의 조직·권한·의원선거와 지방자치단체의 장의 선임방법 기타 지방자치단체의 조직과 운영에 관한 사항은 법률로 정한다.

제9장 경제

판 생 **제119조** ① 대한민국의 경제질서는 개인과 기업의 경제상의 자유와 창의를 존중함을 기본으로 한다.

② 국가는 균형있는 국민경제의 성장 및 안정과 적정한 소득의 분배를 유지하고, 시장의 지배와 경제력의 남용을 방지하며, 경제주체간의 조화를 통한 경제의 민주화를 위하여 경제에 관한 규제와 조정을 할 수 있다.

판 **제120조** ① 광물 기타 중요한 지하자원·수산자원·수력과 경제상 이용할 수 있는 자연력은 법률이 정하는 바에 의하여 일정한 기간 그 채취·개발 또는 이용을 특허할 수 있다.

② 국토와 자원은 국가의 보호를 받으며, 국가는 그 균형있는 개발과 이용을 위하여 필요한 계획을 수립한다.

판 생 **제121조** ① 국가는 농지에 관하여 경자유전의 원칙이 달성될 수 있도록 노력하여야 하며, 농지의 소작제도는 금지된다.

② 농업생산성의 제고와 농지의 합리적인 이용을 위하거나 불가피한 사정으로 발생하는 농지의 임대차와 위탁경영은 법률이 정하는 바에 의하여 인정된다.

판 **제122조** 국가는 국민 모두의 생산 및 생활의 기반이 되는 국토의 효율적이고 균형있는 이용·개발과 보전을 위하여 법률이 정하는 바에 의하여 그에 관한 필요한 제한과 의무를 과할 수 있다.

판 생 **제123조** ① 국가는 농업 및 어업을 보호·육성하기 위하여 농·어촌종합개발과 그 지원등 필요한 계획을 수립·시행하여야 한다.

② 국가는 지역간의 균형있는 발전을 위하여 지역경제를 육성할 의무를 진다.

③ 국가는 중소기업을 보호·육성하여야 한다.

④ 국가는 농수산물의 수급균형과 유통구조의 개선에 노력하여 가격안정을 도모함으로써 농·어민의 이익을 보호한다.
⑤ 국가는 농·어민과 중소기업의 자조조직을 육성하여야 하며, 그 자율적 활동과 발전을 보장한다.

판 **제124조** 국가는 건전한 소비행위를 계도하고 생산품의 품질향상을 촉구하기 위한 소비자보호운동을 법률이 정하는 바에 의하여 보장한다.

판 **제125조** 제125조 국가는 대외무역을 육성하며, 이를 규제·조정할 수 있다.

판 **제126조** 국방상 또는 국민경제상 긴절한 필요로 인하여 법률이 정하는제외하하고는, 사영기업을 국유 또는 공유로 이전하거나 그 경영을 통제 또는 관리할 수 없다.

판 **제127조** ① 국가는 과학기술의 혁신과 정보 및 인력의 개발을 통하여 국민경제의 발전에 노력하여야 한다.
②국가는 국가표준제도를 확립한다.
③대통령은 제1항의 목적을 달성하기 위하여 필요한 자문기구를 둘 수 있다.

제10장 헌법개정

판 **제128조** ①헌법개정은 국회재적의원 과반수 또는 대통령의 발의로 제안된다.
② 대통령의 임기연장 또는 중임변경을 위한 헌법개정은 그 헌법개정 제안 당시의 대통령에 대하여는 효력이 없다.

판 **제129조** ① 제안된 헌법개정안은 대통령이 20일 이상의 기간 이를 공고하여야 한다.

판 생 **제130조** ① 국회는 헌법개정안이 공고된 날로부터 60일 이내에 의결하여야 하며, 국회의 의결은 재적의원 3분의 2 이상의 찬성을 얻어야 한다.
② 헌법개정안은 국회가 의결한 후 30일 이내에 국민투표에 붙여 국회의원선거권자 과반수의 투표와 투표자 과반수의 찬성을 얻어야 한다.
③ 헌법개정안이 제2항의 찬성을 얻은 때에는 헌법개정은 확정되며, 대통령은 즉시 이를 공포하여야 한다.

부　칙 〈헌법 제10호, 1987. 10. 29.〉

제1조　이 헌법은 1988년 2월 25일부터 시행한다. 다만, 이 헌법을 시행하기 위하여 필요한 법률의 제정·개정과 이 헌법에 의한 대통령 및 국회의원의 선거 기타 이 헌법시행에 관한 준비는 이 헌법시행 전에 할 수 있다.

제2조　① 이 헌법에 의한 최초의 대통령선거는 이 헌법시행일 40일 전까지 실시한다.

② 이 헌법에 의한 최초의 대통령의 임기는 이 헌법시행일로부터 개시한다.

제3조　① 이 헌법에 의한 최초의 국회의원선거는 이 헌법공포일로부터 6월 이내에 실시하며, 이 헌법에 의하여 선출된 최초의 국회의원의 임기는 국회의원선거후 이 헌법에 의한 국회의 최초의 집회일로부터 개시한다.

② 이 헌법공포 당시의 국회의원의 임기는 제1항에 의한 국회의 최초의 집회일 전일까지로 한다.

제4조　① 이 헌법시행 당시의 공무원과 정부가 임명한 기업체의 임원은 이 헌법에 의하여 임명된 것으로 본다. 다만, 이 헌법에 의하여 선임방법이나 임명권자가 변경된 공무원과 대법원장 및 감사원장은 이 헌법에 의하여 후임자가 선임될 때까지 그 직무를 행하며, 이 경우 전임자인 공무원의 임기는 후임자가 선임되는 전일까지로 한다.

② 이 헌법시행 당시의 대법원장과 대법원판사가 아닌 법관은 제1항 단서의 규정에 불구하고 이 헌법에 의하여 임명된 것으로 본다.

③ 이 헌법 중 공무원의 임기 또는 중임제한에 관한 규정은 이 헌법에 의하여 그 공무원이 최초로 선출 또는 임명된 때로부터 적용한다.

제5조　이 헌법시행 당시의 법령과 조약은 이 헌법에 위배되지 아니하는 한 그 효력을 지속한다.

제6조　이 헌법시행 당시에 이 헌법에 의하여 새로 설치될 기관의 권한에 속하는 직무를 행하고 있는 기관은 이 헌법에 의하여 새로운 기관이 설치될 때까지 존속하며 그 직무를 행한다.

제6장 대한민국 법률 용어

6-1 선거관리위원회 사무관리규칙
6-2 공공단체등 위탁선거에 관한 법률
   (약칭: 위탁선거법)
6-3 공직선거관리규칙
6-4 공직자윤리법의 시행에 관한
   중앙선거관리위원회 규칙
6-5 [시행 2025.2.21.] [중앙선거관리위원회규칙
   제624호, 2025. 2. 21., 일부개정]
6-6 당내경선 위탁사무 관리규칙
6-7 법률안의 입안과정
6-8 산업안전보건법

6-1 선거관리위원회 사무관리규칙

[시행 2025. 1. 1.] [중앙선거관리위원회규칙 제610호, 2024. 11. 29., 타법개정]

제1장 총칙

제1조(목적) 이 규칙은 선거관리위원회의 사무관리에 관한 사항을 규정함으로써 사무의 간소화·표준화·과학화 및 정보화를 기하여 행정의 능률을 높임을 목적으로 한다.

제2조(적용범위) 각급선거관리위원회("소속기관을 포함하며", 이하 "각급위원회"라 한다)의 사무관리에 관하여는 다른 법령에 특별한 규정이 있는 경우를 제외하고는 이 규칙이 정하는 바에 의한다.

제3조(정의) 이 규칙에서 사용하는 용어의 정의는 다음과 같다. 〈개정 2005. 12. 19., 2013. 10. 1., 2023. 12. 15.〉

1. "공문서"라 함은 각급위원회 내부 또는 상호 간이나 대외적으로 공무상 작성 또는 시행되는 문서(도면·사진·디스크·테이프·필름·슬라이드·전자문서 등의 특수매체기록을 포함한다. 이하 같다) 및 각급위원회가 접수한 모든 문서를 말한다.

2. "문서과"라 함은 각급위원회내의 공문서의 분류·배부·수발업무지원 및 보존 등 문서에 관한 사무를 주관하는 과(이에 준하는 보조기관 및 보좌기관을 포함한다. 이하 같다)를 말한다. 다만, 구·시ㆍ군선거관리위원회(이하 "구·시ㆍ군위원회"라 한다)의 문서과라 함은 사무국 또는 사무과를 말한다.

3. "처리과"라 함은 문서의 수발 및 사무처리를 주관하는 과를 말한다. 다만, 구·시·군위원회의 처리과라 함은 사무국 또는 사무과를 말한다.

4. "정보통신망"이라 함은 「전기통신사업법」 제2조제2호에 따른 전기통신설비를 활용하거나 전기통신설비와 컴퓨터 및 컴퓨터의 이용기술을 활용하여 정보를 수집·가공·저장·검색·송신 또는 수신하는 정보통신체제를 말한다.

5. "전자문서"라 함은 컴퓨터 등 정보처리능력을 가진 장치에 의하여 전자적인 형태로 작성, 송·수신 또는 저장된 문서를 말한다.

6. "서명"이라 함은 기안자·검토자·협조자·결재권자 또는 발신명의인이 공문서(전자문서를 제외한다)상에 자필로 자기의 성명을 다른 사람이 알아볼 수 있도록 한글로 표

시하는 것을 말한다.
7. "전자문자서명"이라 함은 기안자·검토자·협조자·결재권자 또는 발신명의인이 전자문서상에 전자적 결합으로 자동 생성된 자기의 성명을 전자적인 문자 형태로 표시하는 것을 말한다.
8. "전자이미지서명"이라 함은 기안자·검토자·협조자·결재권자 또는 발신명의인이 전자문서상에 전자적인 이미지 형태로 된 자기의 성명을 표시하는 것을 말한다.
9. "행정전자서명"이라 함은 기안자·검토자·협조자·결재권자 또는 발신명의인의 신원과 전자문서의 변경여부를 확인할 수 있도록 당해 전자문서에 첨부되거나 논리적으로 결합된 전자적형태의 정보로서 「선거관리위원회 행정업무 등의 전자화촉진에 관한 규칙」 제19조에 따른 인증관리센터 또는 같은 규칙 제20조에 따른 인증기관으로부터 인증을 받은 것을 말한다.
10. "전자이미지관인"이라 함은 관인의 인영을 컴퓨터 등 정보처리능력을 가진 장치에 전자적인 이미지 형태로 입력하여 사용하는 관인을 말한다.
11. "전자문서시스템"이라 함은 문서의 기안·검토·협조·결재·등록·시행·분류·편철·보관·보존·이관·접수·배부·공람·검색·활용 등 문서의 모든 처리절차가 전자적으로 처리되는 시스템을 말한다.
12. "행정정보시스템"이라 함은 행정기관이 행정정보를 생산·수집·가공·저장·검색·제공·송신·수신 및 활용하기 위한 하드웨어·소프트웨어·데이터베이스와 처리절차 등을 통합한 시스템을 말한다.

제4조(사무관리의 원칙) 각급위원회의 사무는 용이성·정확성·신속성 및 경제성이 확보될 수 있도록 관리하여야 한다.

제5조(사무의 분장) 각 처리과의 장은 사무의 능률적 처리와 책임소재의 명확을 기하기 위하여 소관사무를 단위업무별로 분장하되, 소속공무원간의 업무량이 균형되게 하여야 한다.

제6조(사무의 인계·인수) 공무원이 인사발령 또는 사무분장의 조정 등의 사유로 사무를 인계·인수하는 때에는 담당사무에 관한 진행상황·관계문서·자료 기타 업무와 관련되는 사항을 중앙선거관리위원회훈령(이하 "중앙위원회훈령"이라 한다)이 정하는 서식으로 작성하여 인계·인수하고, 인수자가 전자문서시스템에 인계·인수서를 등록하여야 한다. 〈개정 2013. 10. 1., 2023. 12. 15.〉

제2장 공문서관리

제1절 일반사항

제7조(공문서의 종류) 공문서(이하 "문서"라 한다)는 다음과 같이 법규문서・지시문서・공고문서・비치문서・민원문서 및 일반문서로 나눈다.
1. 법규문서는 헌법・법률・규칙 등에 관한 문서를 말한다.
2. 지시문서는 훈령・지시・예규 및 일일명령 등 상급선거관리위원회(이하 "상급위원회"라 한다)가 그 하급선거관리위원회(이하 "하급위원회"라 한다) 또는 소속공무원에 대하여 일정한 사항을 지시하는 문서를 말한다.
3. 공고문서는 고시・공고 등 각급위원회가 일정한 사항을 일반에게 알리기 위한 문서를 말한다.
4. 비치문서는 비치대장・비치카드등 각급위원회가 일정한 사항을 기록하여 위원회 내부에 비치하면서 업무에 활용하는 문서를 말한다.
5. 민원문서는 민원인이 각급위원회에 대하여 특정한 행위를 요구하는 문서 및 그에 대한 처리문서를 말한다.
6. 일반문서는 제1호 내지 제5호에 속하지 아니하는 모든 문서를 말한다.

제8조(문서의 성립 및 효력발생) ① 문서는 결재권자가 해당 문서에 서명(전자문서서명・전자이미지서명 및 행정전자서명을 포함한다. 이하 같다)의 방식으로 결재함으로써 성립한다. 〈개정 2013. 10. 1.〉
② 문서는 수신자에게 도달(전자문서의 경우는 수신자가 관리하거나 지정한 전자적 시스템 등에 입력되는 것을 말한다)됨으로써 그 효력을 발생한다. 다만, 공고문서의 경우에는 다른 법령 및 공고문서에 특별한 규정이 있는 경우를 제외하고는 그 고시 또는 공고가 있은 후 5일이 경과한 날부터 효력을 발생한다. 〈개정 2013. 10. 1.〉
③ 민원문서를 정보통신망을 이용하여 접수・처리한 경우에는 당해 민원사항을 규정한 법령에서 정한 절차에 따라 접수・처리된 것으로 본다.

제9조(행정전자서명의 인증 및 효력) ①중앙선거관리위원회사무총장(이하 "사무총장"이라 한다)은 행정전자서명에 대한 인증업무를 행하되,「선거관리위원회 행정업무 등의 전자화촉진에 관한 규칙」제19조의 규정에 의한 인증기관이 그 기능을 수행한다. 〈개정 2005. 8. 4., 2020. 12. 21.〉
② 제1항의 규정에 의한 인증을 받은 행정전자서명이 있는 경우에는 제3조제6호의

규정에 의한 서명이 있는 것으로 보며, 당해 전자문서는 행정전자서명이 된 후에 그 내용이 변경되지 아니하였다고 추정한다.

③ 행정전자서명의 인증업무는 「선거관리위원회 행정업무 등의 전자화촉진에 관한 규칙」제20조부터 제24조까지의 규정에 따른다. 〈개정 2005. 8. 4., 2020. 12. 21.〉

제10조(문서의 발신원칙) ①문서는 직접 처리하여야 할 기관에 발신한다. 다만, 필요한 경우에는 행정조직상의 계통에 따라 발신한다.

② 하급위원회가 직근 상급위원회외의 상급위원회(당해 하급위원회에 대한 지휘·감독권을 가지는 상급위원회를 말한다. 이하 이 조에서 같다)에 발신하는 문서중 필요하다고 인정되는 문서는 그 직근 상급위원회를 경유하여 발신하여야 한다.

③ 제2항의 규정은 상급위원회에서 직근 하급위원회외의 하급위원회(당해 상급위원회가 지휘·감독권을 가지는 하급위원회를 말한다)에 문서를 발신하는 경우에 이를 준용한다.

제2절 문서의 작성 및 처리

제11조(문서작성의 일반원칙) ①문서는 「국어기본법」 제3조제3호에 따른 어문규범에 맞게 한글로 작성하되, 쉽고 간명하게 표현하고, 뜻을 정확하게 전달하기 위하여 필요한 경우에는 괄호안에 한자 그 밖의 외국어를 넣어 쓸 수 있으며, 특별한 사유가 있는 경우를 제외하고는 가로로 쓴다. 〈개정 2005. 8. 4., 2013. 10. 1.〉

② 문서에 쓰는 숫자는 특별한 사유가 있는 경우를 제외하고는 아라비아숫자로 한다.

③ 문서에 쓰는 날짜의 표기는 숫자로 하되, 연·월·일의 글자는 생략하고 그 자리에 온점을 찍어 표시하며, 시·분의 표기는 24시각제에 따라 숫자로 하되, 시·분의 글자는 생략하고 그 사이에 쌍점을 찍어 구분한다. 다만, 특별한 사유로 인하여 다른 방법으로 표시할 필요가 있는 경우에는 그러하지 아니하다.

④ 문서의 작성에 쓰이는 용지의 크기는 특별한 사유가 있는 경우를 제외하고는 가로 210밀리미터, 세로 297밀리미터로 한다.

제12조(문서의 전자적 처리) 각급위원회위원장은 문서의 기안·검토·협조·결재·등록·시행·분류·편철·보관·보존·이관·접수·배부·공람·검색·활용 등 문서의 모든 처리절차가 전자문서시스템상에서 전자적으로 처리되도록 하여야 한다.

제13조(문서의 수정) 문서의 일부분을 삭제하거나 수정한 때에는 중앙위원회훈령이

정하는 바에 따라 삭제하거나 수정한 곳에 서명 또는 날인하여야 한다. 다만, 전자문서를 본문의 규정에 따라 수정할 수 없는 경우에는 수정한 내용대로 재작성하여 결재를 받아 시행하되, 수정 전의 전자문서는 기안자·검토자 또는 결재권자가 보존할 필요가 있다고 인정하는 경우에 이를 보존하여야 한다. 〈개정 2023. 12. 15.〉

제14조(문서의 간인) ① 다음 각 호의 어느 하나에 해당하는 2장 이상으로 이루어지는 문서에는 중앙위원회훈령이 정하는 바에 따라 간인하여야 한다. 〈개정 2005. 12. 19.〉
　　1. 전후관계를 명백히 할 필요가 있는 문서
　　2. 사실 또는 법률관계의 증명에 관계되는 문서
　　3. 허가·인가 및 등록 등에 관계되는 문서
② 제1항의 규정에 불구하고 민원서류 기타 필요하다고 인정되는 문서는 간인에 갈음하여 천공방식으로 할 수 있다.
③ 전자문서의 간인은 중앙위원회훈령이 정하는 면표시 또는 발급번호 기재 등의 방법으로 할 수 있다.

제15조(발신명의) ① 문서의 발신명의는 각급위원회위원장(법령에 의하여 행정권한이 위임 또는 위탁된 경우에는 그 위임 또는 위탁을 받은 자를 말한다. 이하 같다)으로 한다. 다만, 각급 위원회 내의 보조기관 또는 보좌기관 상호 간에 발신하는 문서는 해당 보조기관 또는 보좌기관의 명의로 한다.〈개정 2023. 12. 15.〉
② 내부결재문서는 발신명의를 표시하지 아니한다.

제16조(문서의 기안) ① 문서의 기안은 전자문서로 함을 원칙으로 한다. 다만, 업무의 성격 그 밖의 특별한 사정이 있는 경우에는 그러하지 아니하다. 〈개정 2005. 12. 19.〉
② 문서의 기안은 중앙위원회훈령이 정하는 기안문서(이하 "기안문"이라 한다)로 하여야 한다. 다만, 관계서식이 따로 있는 경우에는 그 내용을 관계서식에 기입하는 방법으로 할 수 있다.
③ 2명 이상의 선거관리위원회(이하 "위원회"라 한다)위원장의 결재를 요하는 문서는 그 문서의 처리를 주관하는 위원회에서 기안하여야 한다. 〈개정 2023. 12. 15.〉
④ 기안문에는 중앙위원회훈령이 정하는 바에 따라 발의자(기안하도록 지시한 자를 말하며, 기안자가 스스로 입안한 경우에는 기안자를 말한다)와 보고자(결재권자에게 직접 보고하는 자를 말한다)를 알 수 있도록 표시하여야 한다. 다만, 다음

각 호의 문서는 이를 생략할 수 있다. 〈개정 2005. 12. 19.〉
1. 검토 및 결정을 요하지 아니하는 문서
2. 제증명 발급, 회의록 기타 단순사실을 기록한 문서
3. 일상적·반복적 업무로서 경미한 사항에 관한 문서

제17조(검토 및 협조) ①기안문은 결재권자의 결재를 받기 전에 보조기관 또는 보좌기관의 검토를 받아야 한다. 다만, 보조기관 또는 보좌기관의 출장 등의 사유로 검토를 받을 수 없는 등 부득이한 경우에는 이를 생략할 수 있으며, 이 경우 검토자의 서명란에 출장 등의 사유를 명시하여야 한다. 〈개정 2023. 12. 15.〉

② 문서의 내용이 동일 위원회 내의 다른 보조기관 또는 보좌기관이나 다른 위원회의 업무와 관련이 있는 때에는 그 기관의 협조를 받아야 한다. 〈개정 2023. 12. 15.〉

③ 제1항 및 제2항의 규정에 의하여 기안문을 검토 또는 협조함에 있어서 그 내용과 다른 의견이 있는 때에는 해당 문서 또는 별지에 그 의견을 표시하여야 한다. 〈개정 2023. 12. 15.〉

제18조(결재) ①문서는 해당 위원회위원장(소속기관의 경우 해당 소속기관의 장을 말한다. 이하 이 조에서 같다)의 결재를 받아야 한다. 다만, 보조기관 또는 보좌기관의 명의로 발신하는 문서는 그 보조기관 또는 보좌기관의 결재를 받아야 한다. 〈개정 2023. 12. 15.〉

② 각급위원회위원장은 사무의 내용에 따라 그 보조기관·보좌기관 또는 당해 업무담당 공무원으로 하여금 위임전결하게 할 수 있으며, 그 위임전결사항은 해당 위원회위원장이 훈령으로 정한다. 다만, 구·시·군위원회위원장의 위임전결사항은 해당 구·시·군위원회를 관할하는 시·도선거관리위원회(이하 "시·도위원회"라 한다)위원장이 훈령으로 정할 수 있다. 〈개정 2023. 12. 15.〉

③ 결재권자가 휴가·출장 그 밖의 사유로 결재를 할 수 없는 경우에는 그 직무를 대리하는 자가 대결할 수 있되, 내용이 중요한 문서에 대하여는 결재권자에게 사후에 보고하여야 한다. 〈개정 2005. 12. 19.〉

제19조(검토·협조 및 결재 중인 문서의 열람체계 구축) 각급 위원회위원장은 검토·협조 및 결재 중인 전자문서를 검토자·협조자 및 결재권자가 동시에 볼 수 있도록 전자문서의 열람체계를 구축할 수 있다. 〈개정 2023. 12. 15.〉

[제목개정 2023. 12. 15.]

제20조(발신방법의 지정) 결재권자가 전신 또는 정보통신망에 의하여 시행할 문서에 결재를 함에 있어서 그 내용이 비밀사항이거나 비밀사항이 아니라도 누설되는 경우 국가안전보장, 질서유지, 경제안정 그 밖에 국가이익을 해할 우려가 있는 사

항은 그 발신방법을 암호 또는 음어로 지정하여야 한다. 〈개정 2005. 12. 19.〉

제21조(시행문의 작성) ① 결재를 받은 문서 가운데 발신하여야 하는 문서는 중앙위원회훈령이 정하는 시행문으로 작성하여 발신한다.

② 시행문의 수신자가 여럿인 경우 그 수신자 전체를 함께 표시하여 시행문을 작성·시행할 수 있다. 다만, 수신자의 개인정보 보호 등을 위하여 필요할 때에는 수신자별로 작성·시행하여야 하다.

[전문개정 2013. 10. 1.]

제22조(관인날인 또는 서명) ① 각급위원회위원장의 명의로 발신하는 문서의 시행문, 게시판 등에 고시 또는 공고하는 문서, 임용장·상장 및 각종 증명서에 속하는 문서에는 관인(전자이미지관인을 포함한다. 이하 같다)을 찍거나 각급위원회위원장이 서명(전자문자서명 및 행정전자서명을 제외한다)을 하고, 보조기관 및 보좌기관의 명의로 발신하는 문서의 시행문에는 보조기관 또는 보좌기관이 서명을 한다. 다만, 관보·신문 등에 게재하는 문서에는 관인을 찍거나 서명하지 아니하며, 경미한 내용의 문서에는 중앙위원회훈령이 정하는 바에 따라 관인을 찍거나 서명하는 것을 생략할 수 있다. 〈개정 2013. 10. 1.〉

② 관인을 찍어야 할 문서로서 다수의 수신자에게 동시에 발신 또는 교부하는 문서에는 관인날인에 갈음하여 관인의 인영을 인쇄하여 사용할 수 있다. 이 경우 실제 규격대로 인쇄하기 어려운 경우에는 관인의 실제 규격보다 축소하여 인쇄할 수 있다. 〈개정 2013. 10. 1.〉[제목개정 2013. 10. 1.]

제23조(문서의 발송) ① 시행문은 처리과에서 발송하되, 종이문서인 경우에는 이를 복사하여 발송하고, 전자문서인 경우에는 전자문서시스템상에서 발송하여야 한다.

② 문서는 정보통신망을 이용하여 발신함을 원칙으로 한다. 다만, 업무의 성격 그 밖에 특별한 사정이 있는 경우에는 인편·우편·팩스 등의 방법으로 발신할 수 있으며, 내용이 중요한 문서는 인편·등기우편 그 밖에 발송사실을 증명할 수 있는 특수한 방법으로 발송하여야 한다. 〈개정 2005. 12. 19., 2013. 10. 1.〉

③ 제1항의 규정에도 불구하고 전자문서는 각급위원회의 홈페이지 또는 공무원의 공식전자우편주소(중앙위원회에 등록된 전자우편주소를 말한다. 이하 같다)를 이용하여 행정기관 외의 자에게 발송할 수 있다. 〈개정 2023. 12. 15.〉

④ 인편 또는 우편으로 발송하는 문서는 문서과의 지원을 받아 발송할 수 있다.

⑤ 전자문서 중 정보통신망을 이용하여 발송할 수 없는 문서는 출력하여 시행할 수 있다. 〈개정 2023. 12. 15.〉

제24조(문서의 접수·처리) ① 문서는 처리과에서 접수하여야 하며, 문서과에서 직접

받은 문서는 지체 없이 처리과에 이를 배부하여 접수하게 하되, 이 경우 배부정보는「선거관리위원회 기록물관리 규칙」(이하 "기록물관리 규칙"이라 한다) 제12조에 따른 등록정보로 관리하여야 한다. 〈개정 2007. 4. 26., 2023. 12. 15.〉

② 접수된 문서에는 중앙위원회훈령이 정하는 접수인을 찍고, 기록물관리 규칙 제12조제1항의 규정에 따라 전자기록생산시스템으로 접수등록번호를 부여하고 이를 그 기록물에 표시하여야 하며, 전자문서인 경우에는 그 접수등록번호와 접수일시가 자동으로 표시되도록 하여야 한다. 다만, 제1항의 규정에 의하여 문서과에서 직접 받은 문서는 문서과가 접수일시를 기재하여 이를 처리과로 보낸다. 〈개정 2007. 4. 26., 2023. 12. 15.〉

③ 처리과의 문서수발사무를 담당하는 자는 접수된 문서를 처리담당자에게 인계하고, 처리담당자는 중앙위원회훈령이 정하는 문서에 해당하는 경우에는 공람할 자의 범위를 정하여 그 문서를 공람하게 할 수 있다. 다만, 전자문서인 경우에는 공람하였다는 기록이 전자문서시스템상에서 자동으로 표시되도록 하여야 한다.

④ 제3항의 규정에 의한 공람을 하는 결재권자는 문서의 처리기한 및 처리방법을 지시할 수 있으며, 필요하다고 인정하는 때에는 그 처리담당자를 따로 지정할 수 있다.

⑤ 각급위원회위원장은 정보통신망을 이용하여 행정기관 외의 자로부터 문서를 접수할 수 있도록 필요한 조치를 할 수 있으며, 정보통신망을 이용하여 접수된 문서는 제1항부터 제4항까지의 규정에 의하여 처리하여야 한다. 다만, 발신자의 주소·성명 등이 불분명한 경우에는 접수하지 아니할 수 있다. 〈개정 2023. 12. 15.〉

⑥ 각급 위원회위원장은 각급위원회의 홈페이지 또는 공무원의 공식전자우편주소를 이용하여 행정기관 외의 자로부터 문서를 받아 처리과에서 접수할 수 있다. 〈개정 2023. 12. 15.〉

⑦ 민원문서의 접수 및 처리는 중앙위원회훈령이 정하는 바에 의한다.

제25조(문서의 등록) 문서는 생산한 즉시 기록물관리 규칙 제12조제1항의 규정에 의하여 전자기록생산시스템으로 생산등록번호를 부여하여야 한다. 〈개정 2007. 4. 26., 2023. 12. 15.〉

제26조(외국어로 된 문서 등에 대한 특례) 외국어로 된 문서에 대하여는 제11조부터 제15조까지 및 제22조의 규정을 적용하지 아니할 수 있다. 〈개정 2023. 12. 15.〉

제27조 삭제 〈2005. 8. 4.〉

제3절 전자문서의 표준 및 유통

제28조(전자문서의 표준고시 등) ① 사무총장은 전자문서시스템 기능의 규격표준, 전자문서시스템 간 전자문서의 유통표준, 전자문서시스템과 행정정보시스템 간 전자문서 또는 행정정보의 유통표준 등을 정하여야 한다. 다만, 행정안전부장관이 정하여 고시한 규격표준 등이 있는 경우 이를 준용할 수 있다. 〈개정 2013. 10. 1., 2023. 12. 15.〉
② 사무총장은 특별한 사유가 없는 한 제1항의 표준에 적합하다고 인증을 받은 전자문서시스템을 사용하여야 한다.
③ 제2항의 규정에 의한 인증은 사무총장이 지정하는 전문기관이 행한다. 다만, 제1항 단서의 경우 행정안전부장관이 인증하는 전자문서시스템을 사용할 수 있다. 〈개정 2013. 10. 1., 2023. 12. 15.〉

제3장 정책실명제 등

제29조(정책실명제) ① 각급위원회위원장은 주요정책의 결정 또는 집행과 관련되는 다음 각 호의 사항을 종합적으로 기록·보존하여야 한다. 〈개정 2005. 12. 19.〉
  1. 주요정책의 결정 및 집행과정에 참여한 관련자의 소속·직급 및 성명과 그 의견
  2. 주요정책의 결정 및 집행과 관련된 각종 계획서, 보고서, 회의·공청회 또는 세미나 관련 준비자료 및 토의내용
② 각급위원회위원장은 주요정책의 결정을 위하여 공청회·세미나 또는 관계자회의 등을 개최하는 경우에는 개최일시·참석자·발언내용·결정사항 및 표결내용 등을 처리과의 직원으로 하여금 기록하게 하여야 한다.

제30조(정책자료집) ① 각급위원회위원장은 매년 처리과로 하여금 다음 각 호의 어느 하나에 관한 정책자료집을 만들게 할 수 있다. 〈개정 2005. 12. 19.〉
  1. 주요 현안사항
  2. 대규모의 예산이 투입되는 사업
  3. 법규의 제정 및 개정에 관한 사항
  4. 선거·정당 등 제도연구에 관한 사항
  5. 그 밖에 정책자료집으로 만들어 보존할 필요가 있는 사항
② 각급위원회(중앙위원회를 제외한다)위원장은 제1항의 규정에 의하여 만든 정책자료집

중 1부는 당해 위원회에 보관하고, 3부는 중앙위원회에 제출하여야 한다.
③ 중앙위원회는 제2항의 규정에 의하여 제출받은 정책자료집을 영구보존하여야 한다.

제4장 관인관리

제31조(종류 및 비치) ① 관인은 각급위원회 및 그 소속의결기관(이하 "의결기관"이라 한다)의 명의로 발송 또는 교부하는 문서에 사용하는 청인과 각급위원회위원장 및 의결기관의 장 또는 보조기관의 명의로 발송 또는 교부하는 문서에 사용하는 직인으로 구분한다.
② 각급위원회와 의결기관은 청인을 각급위원회위원장과 의결기관의장은 직인을 가진다.
③ 제2항 외에 다음 각 호의 어느 하나에 해당하는 자는 소관사무를 처리하기 위하여 직인을 가진다. 〈개정 2005. 12. 19., 2010. 1. 25., 2023. 12. 15.〉
  1. 중앙위원회 : 사무총장, 총무과장
  2. 시·도위원회 : 사무처장
  3. 선거연수원 : 연수원장

제32조(특수관인) ①세입징수관·지출관 및 관서운영경비출납공무원 등 회계관계공무원이 직무상 필요로 하는 직인은 「회계관계공무원 직인규칙」이 정하는 바에 의한다. 〈개정 2005. 8. 4., 2023. 12. 15.〉
② 회계관계공무원의 직인은 별도 대장에 그 인영을 등록한 후 사용하여야 한다.
③ 각급위원회위원장은 전자문서에 사용하기 위하여 전자이미지관인을 가지며, 전자이미지관인은 관인의 인영을 전자입력하여 사용하여야 한다.

제33조(규격) 관인은 정사각형으로 하되, 그 한 변의 길이는 별표 1과 같다. 〈개정 2023. 12. 15.〉

제34조(등록) ①각급위원회는 중앙위원회훈령이 정하는 바에 따라 관인의 인영을 당해 위원회의 관인대장에, 전자이미지관인의 인영을 당해 위원회의 전자이미지관인대장에 각각 등록하여야 한다. 다만, 구·시·군위원회는 직근 상급위원회에 등록하여야 하며, 읍·면·동위원회의 관인은 구·시·군위원회에서 새겨 이를 등록한 후 교부한다. 〈개정 2005. 8. 4.〉
② 관인은 등록되어야만 사용할 수 있다.

제35조(재등록 및 폐기) ①관인이 분실 또는 마멸되거나 갱신할 필요가 있는 때에는

그 사유를 들어 제34조의 규정에 의한 등록위원회에 관인을 재등록하여야 한다.
② 제1항 또는 그 밖의 사유로 관인을 폐기하고자 하는 때에는 해당 관인의 등록위원회에 관인폐기 신고서와 함께 이송하여야 하며, 해당 등록위원회는 관인대장에 관인폐기 내역을 기재하고, 그 관인을 중앙위원회에 관인폐기 공고문과 함께 이관하여야 한다. 이 경우 중앙위원회는 폐기된 관인이 잘못 사용되거나 유출되지 아니하도록 하여야 한다. 〈개정 2023. 12. 15.〉
③ 전자이미지관인을 사용하는 위원회는 관인을 재등록한 경우 즉시 사용 중인 전자이미지관인을 삭제하고, 재등록한 관인의 인영을 전자이미지관인으로 전환하여 사용하여야 한다. 〈개정 2023. 12. 15.〉
④ 전자이미지관인을 사용하는 각급 위원회는 사용 중인 전자이미지관인의 인영이 원형대로 표시되지 아니하는 경우 전자이미지관인을 재등록하여 사용하여야 한다. 〈개정 2023. 12. 15.〉

제36조(공고) 관인 또는 전자이미지관인을 등록 또는 재등록하거나 폐기한 때에는 등록위원회는 이를 관보에 공고하여야 한다. 다만, 읍·면·동위원회의 관인은 공고하지 아니할 수 있다. 〈개정 2005. 8. 4.〉

제5장 보고사무

제37조(보고의 심사) 각급위원회가 다른 위원회, 정당 또는 후원회 그 밖의 단체로부터 정기 또는 수시로 보고를 받고자 하는 때에는 미리 이 장에 의한 심사(이하 "보고심사"라 한다)를 받아야 한다. 〈개정 2005. 12. 19.〉

제38조(보고심사대상) ① 보고심사의 대상이 되는 보고는 다음과 같다. 〈개정 2005. 12. 19.〉
  1. 각급위원회가 다른 위원회로부터 받는 보고
  2. 법령의 규정에 의하여 각급위원회가 정당 또는 후원회 그 밖의 단체로부터 받는 보고
② 제1항의 규정에도 불구하고 다음 각 호의 어느 하나에 해당하는 사항에 대하여는 보고심사를 받지 아니한다. 〈개정 2005. 8. 4., 2005. 12. 19., 2023. 12. 15.〉1. 국민투표관리에 관한 보고
  2. 각종 선거관리에 관한 보고
  3. 국민투표 및 각종 선거에 관한 소송처리
  4. 법령의 해석 및 질의응답

5. 인원차출 및 표창상신
  6. 유인물·책자 및 수령증 등의 송부
  7. 위원회 위원의 위촉에 따른 동의·조회 및 신원조회
  8. 법령에 의한 관계기관 간의 협의·동의 및 합의
  9. 소송수행에 필요한 보고 또는 자료
  10. 「감사원법」에 의한 회계검사에 관한 보고와 실지감사 및 현지조사에 필요한 보고 또는 자료
  11. 보안업무규정에 의하여 비밀로 분류된 보고
  12. 위험한 재해(화재, 풍수해, 설해 및 한해 등을 말한다) 및 질병에 관하여 긴급을 요하는 사항
  13. 국회의 의결에 의하여 요구한 자료에 대한 보고
  14. 정기보고의 보고기일 또는 보고주기 등을 완화하거나 보고내용을 축소하는 보고
  15. 단순·경미한 보고사항
  16. 그 밖에 사무총장이 심사제외대상으로 지정하는 보고

제39조(보고심사관) ①보고심사에 관한 사무를 관장하기 위하여 각급위원회에 다음과 같이 보고심사관을 둔다. 〈개정 2005. 12. 19., 2007. 11. 30., 2008. 12. 23. 2010. 12. 16., 2012. 12. 10., 2014. 3. 21., 2017. 3. 27., 2019. 5. 30. 2022. 11. 30., 2023. 11. 24., 2024. 11. 29.〉

  1. 중앙위원회 : 조직행정과장
  2. 선거연수원 : 기획운영부장
  3. 인터넷선거보도심의위원회 : 기획팀장
  4. 중앙선거방송토론위원회 : 토론기획팀장
  5. 중앙선거여론조사심의위원회: 기획·협력팀장
  6. 시·도위원회 : 총무과장
  7. 구·시·군위원회 : 사무국장 또는 사무과장

② 중앙위원회 및 시·도위원회의 보고심사관은 관할 각급위원회의 보고심사사무에 관한 감독을 행한다.

제40조(보고의 종류) ① 보고는 정기보고 및 수시보고로 구분한다.
  ② 정기보고는 정기적으로 행하여지는 보고를 말한다.
  ③ 수시보고는 정기보고를 제외한 보고를 말한다.

제41조(정기보고의 지정) ①정기보고는 사무총장이 지정한다.
  ② 정기보고의 서식은 정기보고 지정시 사무총장의 승인을 얻어야 한다. 이 경우 사무총

장은 중앙위원회훈령이 정하는 바에 따라 정기보고의 지정번호를 부여하여야 한다.
③ 제1항 및 제2항의 규정에 의하여 정기보고의 지정을 받고자 하거나 서식의 승인을 얻고자 하는 경우에는 중앙위원회훈령이 정하는 바에 따라 관계서류를 제출하여야 한다.
④ 사무총장은 지정된 정기보고에 대하여 존치의 필요가 없다고 인정되는 때에는 이를 폐지하여야 한다.

제42조(수시보고요구에 대한 보고심사) ①다음 각 호의 어느 하나에 해당하는 수시보고요구문서는 보고심사관의 심사를 받아야 한다. 〈개정 2005. 12. 19.〉
　1. 법령의 규정에 의하여 각급위원회가 정당·후원회로부터 받는 수시보고
　2. 상급위원회가 동급 또는 하급위원회로부터 받는 수시보고
② 제1항의 규정에 의하여 보고심사를 받고자 하는 경우에는 중앙위원회훈령이 정하는 바에 따라 관계서류를 제출하여야 한다.
③ 중앙 및 시·도위원회의 수시보고 요구문서는 국장급공무원 이상의 결재를 받아 시행하여야 한다.

제43조(보고심사기준) 정기보고를 지정하거나 수시보고에 대한 보고심사를 함에 있어서는 다음의 기준에 의하여 심사하고 그 결과를 지체 없이 통보하여야 한다. 〈개정 2023. 12. 15.〉
　1. 보고목적의 타당성
　2. 다른 보고와의 중복여부
　3. 관계기관 등과의 사전협의 여부
　4. 보고기일 또는 보고주기의 타당성
　5. 보고작성위원회의 적정성
　6. 보고서식의 합리성
　7. 기존자료활용 가능성
　8. 표본조사의 가능성
　9. 보고내용의 정확성
　10. 행정용어 순화여부

제44조(보고기일) ① 정기보고의 보고기일은 별표 2에 의한다. 다만, 정기보고를 지정한 법령 또는 훈령이 보고기일을 따로 정한 경우에는 그러하지 아니하다.
② 수시보고의 보고기일은 보고위원회 등의 범위, 보고내용의 난이도 및 보고작성에 소요되는 시간 등을 참작하여 정하되, 최소한 다음 각 호에 규정된 기일을 부여하여야 한다. 다만, 전화 또는 정보통신망으로 보고하는 경우와 특별한 사유가 있는 경우에는 보고심사관의 승인을 얻어 그 기일을 단축 조정할 수 있다. 〈개정 2005.

12. 19., 2013. 10. 1., 2023. 12. 15.〉
1. 동급위원회 상호 간에는 5일
2. 중앙위원회와 시·도위원회 간에는 7일
3. 시·도위원회와 구·시·군위원회 간에는 5일

③ 제1항 및 제2항의 보고기일 내에 보고할 수 없는 경우에는 해당 보고기일 이전에 보고예정일과 지연사유를 보고요구위원회에 통보하여야 한다. 〈개정 2023. 12. 15.〉

제45조(보고의 독촉) ① 보고요구위원회위원장은 보고가 기일 내에 도달되지 아니한 때에는 다음 각 호의 규정에 의하여 보고위원회위원장에게 중앙위원회훈령이 정하는 독촉장을 발부할 수 있으며, 독촉을 받은 보고위원회의 보고심사관은 해당 보고가 지체 없이 행하여지도록 필요한 조치를 하여야 한다. 〈개정 2005. 12. 19., 2023. 12. 15.〉

1. 보고기일 후 5일이 경과하여도 보고가 도달되지 아니한 때에는 제1차 독촉장을 발부한다.
2. 제1차 독촉장에 명시된 보고기일 후 5일이 경과하여도 보고가 도달되지 아니한 때에는 제2차 독촉장을 발부한다.
3. 제2차 독촉장에 명시된 보고기일 후 5일이 경과하여도 보고가 도달되지 아니한 때에는 제3차 독촉장을 발부할 수 있다.
4. 독촉장을 발부하는 경우에는 3일 이상의 보고기일을 부여하여야 한다.

② 제3차 독촉장을 받은 보고위원회의 위원장은 보고지연의 책임이 있는 관계공무원에 대하여 법령이 정하는 바에 따라 징계 그 밖의 필요한 조치를 하고, 그 결과를 보고요구위원회의 위원장에게 통보하여야 한다. 〈개정 2005. 12. 19.〉

제46조(보고요구문서 등의 근거표시) 보고요구문서 및 보고문서를 시행하는 때에는 그 기안문 및 시행문에 중앙위원회훈령이 정하는 바에 따라 표시를 하여야 한다.

제47조(보고자료의 관리 및 활용) 보고심사관은 보고자료의 공동활용을 위하여 필요하다고 인정되는 경우에는 하급위원회 또는 처리과에 정기보고 또는 수시보고와 관련된 보고자료의 제출을 요구할 수 있으며, 이 경우 그 요구를 받은 하급위원회 또는 처리과는 특별한 사유가 있는 경우를 제외하고는 이에 응하여야 한다.

제6장 서식관리

제48조(서식의 제정) 각급위원회에서 장기간에 걸쳐 반복적으로 사용하는 문서로서

정형화할 수 있는 문서는 특별한 사유가 있는 경우를 제외하고는 서식으로 정하여 사용한다.

제49조(서식의 종류) 서식은 다음과 같이 법규서식과 일반서식으로 나눈다.
　1. 법규서식은 법률, 규칙 등 법규로 정한 서식을 말한다.
　2. 일반서식은 법규서식을 제외한 모든 서식을 말한다.

제50조(서식제정의 방법) 다음의 서식은 법규로 정한다. 다만, 법규에서 훈령 등으로 정하도록 정한 경우와 그 밖에 특별한 사유가 있는 경우에는 그 서식을 훈령 또는 예규로 정할 수 있다. 〈개정 2005. 12. 19., 2023. 12. 15.〉
　1. 해당 서식의 기재사항이 국민의 권리나 의무와 직접 관련되는 사항을 정하는 서식
　2. 각급위원회에서 공통적으로 사용하는 서식 중 중요한 서식

제51조(서식설계의 일반원칙) ① 서식에 사용되는 용지의 규격은 제11조제4항의 규정에 의한 용지의 규격과 같게 하되, 부득이한 경우에는 별표 3의 규격에 해당하는 용지를 사용한다. 다만, 증표류 또는 컴퓨터에 의한 기록서식 등 그 밖에 특별한 사유가 있는 경우에는 그에 적합한 규격의 용지를 사용할 수 있다. 〈개정 2005. 12. 19., 2023. 12. 15.〉

② 서식은 특별한 사유가 있는 경우를 제외하고는 별도의 기안문 및 시행문을 작성하지 아니하고 서식 자체를 기안문 및 시행문으로 갈음할 수 있도록 생산등록번호·접수등록번호·수신자·시행일자 및 접수일자 등의 항목을 넣어 설계한다. 〈개정 2023. 12. 15.〉

③ 전자문서의 서식에 대하여는 「선거관리위원회 행정업무 등의 전자화촉진에 관한 규칙」 제15조의 규정이 정하는 바에 의한다. 〈개정 2005. 8. 4., 2023. 12. 15.〉

④ 서식에는 가족관계등록·병적·연고지조사 등의 필요가 있는 경우를 제외하고는 등록기준지란을 설치하지 아니한다. 〈개정 2023. 12. 15.〉

⑤ 민원서식에는 해당 민원사무의 처리절차·연락처·처리기간 및 전자적 처리가능여부 등을 표시하여 민원인의 편의를 도모하여야 한다. 〈개정 2023. 12. 15.〉

⑥ 서식은 누구나 쉽게 이해할 수 있는 용어를 사용하여 설계하여야 하며, 불필요하거나 활용도가 낮은 항목을 넣어서는 아니된다.

⑦ 서식은 법령에 의하여 서식에 날인하도록 정한 경우를 제외하고는 서명이나 날인을 선택적으로 할 수 있도록 설계하여야 한다.

⑧ 서식은 글씨의 크기, 항목 간의 간격, 기재할 여백의 크기 등을 균형 있게 조절하여 기입항목의 식별이 쉽도록 설계하여야 한다. 〈개정 2023. 12. 15.〉

⑨ 서식에는 가능한 한 선거관리위원회의 로고·상징·마크 또는 홍보문구 등을 표시하

여 선거관리위원회의 이미지가 제고될 수 있도록 하여야 한다.

제52조(서식제원의 표시) ①서식에는 아래 한계선 오른쪽 밑에 용지의 규격·지질 및 단위당 중량을 표시하여야 한다. 〈개정 2023. 12. 15.〉

② 서식의 지질 및 단위당 중량의 결정기준은 중앙위원회훈령으로 정한다.

제53조(서식의 전산관리) 사무총장은 부득이한 경우를 제외하고는 서식을 전산기기에 의하여 관리하고 이를 사용자에게 제공하여야 한다.

제7장 업무편람

제54조(업무편람의 작성·활용) 각급위원회가 상당 기간에 걸쳐 반복적으로 행하는 업무에 대하여는 그 업무의 처리가 표준화·전문화될 수 있도록 업무편람을 작성하여 활용함을 원칙으로 한다. 〈개정 2023. 12. 15.〉

제55조(업무편람의 종류) 업무편람은 다음과 같이 선거편람(투표편람을 포함한다. 이하 같다)과 직무편람으로 구분한다. 〈개정 2005. 8. 4., 2023. 12. 15.〉

1. 선거편람은 사무처리절차 및 기준과 장비운용방법 기타 일상적 근무규칙 등에 관하여 각 업무담당자에게 필요한 지침·기준 또는 지식을 제공하는 업무지도서 또는 업무참고서를 말한다.
2. 직무편람은 부서별로 또는 개인별로 그 소관업무에 대한 업무계획·관리업무현황 기타 참고자료 등을 체계적으로 정리하여 활용하는 업무현황철 또는 업무참고철을 말한다.

제56조(선거편람의 발간구분) ① 다음 각 호의 어느 하나에 해당하는 사항의 경우에는 중앙위원회의 선거편람으로 발간한다. 〈개정 2005. 12. 19., 2023. 12. 15.〉

1. 모든 위원회가 공통적으로 행하는 선거·정당 등의 업무에 관한 사항
2. 다수의 위원회가 공통적으로 활용하는 장비 등의 이용방식이나 운용규칙 등에 관한 사항
3. 위원회소속공무원에게 공통적으로 적용되는 복무규칙 기타 공무원이 알아야 할 사항
4. 그 밖에 중앙위원회위원장이 선거편람 발간대상으로 지정한 사항

② 시·도위원회가 특별히 편람으로 발간하는 것이 필요하다고 인정하는 사항은 당해 위원회의 선거편람으로 발간할 수 있다.

제57조(선거편람의 심의) ① 사무총장은 중앙위원회의 선거편람을 발간함에 있어서

필요한 경우에는 소속공무원 및 관계전문가를 심의자문위원으로 위촉할 수 있다.

② 제1항의 규정에 의한 심의자문위원에 대하여는 예산의 범위 안에서 수당 그 밖에 필요한 경비를 지급할 수 있다. 〈개정 2005. 12. 19., 2023. 12. 15.〉

제58조(선거편람의 수정 및 보완) 선거편람을 발간한 위원회는 관련 제도의 변경 등으로 선거편람의 내용을 수정 또는 보완하여야 하는 사유가 발생한 때에는 그 내용을 수정 또는 보완하여야 한다. 〈개정 2023. 12. 15.〉

제59조(직무편람의 작성대상) ①직무편람은 부서별로 작성하는 부서편람과 개인별로 작성하는 개인편람으로 구분한다.

② 부서편람은 특별한 사유가 있는 경우를 제외하고는 과(이에 준하는 보조기관 또는 보좌기관을 포함한다)별로 작성한다. 〈개정 2005. 12. 19.〉

③ 개인편람은 특별한 사유가 있는 경우를 제외하고는 소속공무원이 담당하고 있는 단위 업무별로 작성한다.

제60조(업무편람의 관리) ①처리과의 장은 정기 또는 수시로 직무편람의 내용을 점검하여야 한다.

② 업무편람은 컴퓨터 파일로 관리할 수 있다. 〈개정 2023. 12. 15.〉

제8장 사무자동화

제61조(행정사무의 자동화) 각급위원회는 소관사무를 효율적으로 수행하기 위하여 사무의 자동화를 추진하여야 한다.

제62조(기본계획의 수립) ①사무총장은 사무자동화를 종합적·체계적으로 추진하기 위하여 다음의 내용이 포함된 사무자동화 기본계획(이하 "기본계획"이라 한다)을 수립하여 추진할 수 있다. 〈개정 2005. 12. 19., 2023. 12. 15.〉
1. 사무자동화의 대상이 되는 사무분야
2. 사무자동화기기의 수요 및 소요예산에 관한 사항
3. 사무자동화기기 이용기술의 보급에 관한 사항
4. 사무자동화의 교육·훈련에 관한 사항
5. 그 밖에 사무자동화사업의 추진에 관한 사항

② 사무총장은 제1항의 규정에 의하여 기본계획을 수립한 때에는 이를 각급위원회에 통지하여야 한다.

③ 기본계획은 「지능정보화 기본법」제6조의 규정에 의한 지능정보사회 종합계획에 포함

하여 시행할 수 있다. 〈개정 2005. 8. 4., 2023. 12. 15.〉

제63조(시범사업 등의 실시) ①사무총장은 각급위원회에서 공통적으로 사용하거나 호환성이 필요한 사무자동화기기에 대하여 그 기종의 지정에 앞서 기기의 성능측정 등을 위하여 필요한 경우에는 특정 위원회를 지정하여 그 위원회로 하여금 기기의 시험운용을 하게 할 수 있다. 〈개정 2023. 12. 15.〉

② 사무총장은 기기의 보급·확산을 위하여 필요한 경우에는 시범위원회를 지정하여 사무자동화시범사업을 하게 할 수 있다.

제64조(실태조사) ①사무총장은 사무자동화사업의 효율적인 추진을 위하여 필요한 때에는 각급위원회에 대하여 사무자동화기기의 운영실태 등을 조사하거나 관계자료의 제출을 요구할 수 있다. 〈개정 2023. 12. 15.〉

② 사무총장은 제1항의 규정에 의한 조사결과 시정 또는 보완이 필요한 사항에 대하여는 필요한 조치를 취하여야 한다.

제65조(사무자동화사업의 평가) 사무총장은 각급 위원회의 사무자동화추진상황을 종합평가하고 그 결과를 기본계획에 반영하여야 한다.

제9장 사무환경

제66조(사무환경의 관리) 각급위원회위원장은 사무환경을 사무능률의 향상 및 공무원의 건강보호를 기할 수 있도록 조성·관리하여야 한다.

제67조(사무실의 환경) 사무총장은 사무실 내의 조명, 온·습도, 공기, 소음, 색채 등 환경요소에 대한 관리기준을 정할 수 있다. 〈개정 2023. 12. 15.〉

제68조(사무환경관리의 점검) 각급위원회위원장은 매년 1회 이상 사무환경관리상태의 적정여부를 점검하고, 중대한 결함이 발견된 경우에는 지체 없이 이를 시정·개선하여야 한다. 〈개정 2023. 12. 15.〉

제10장 행정사무개선

제69조(행정사무개선의 추진) ①각급위원회위원장은 국민에 대한 서비스의 질을 향상시키고 효율적인 업무수행을 위하여 지속적으로 해당 위원회의 행정사무의 수행절차 및 방법을 개선하여야 한다. 〈개정 2023. 12. 15.〉

② 각급위원회위원장은 행정사무개선을 추진하기 위하여 해당 위원회의 사무에 대한 체계적인 목표관리를 행하도록 노력하여야 한다. 〈개정 2023. 12. 15.〉

제70조(행정능률진단의 실시 등) ①사무총장은 각급위원회의 사무개선지원과 행정의 능률 향상을 위하여 행정사무의 절차 및 방법, 수행체계, 관련 제도 등을 분석하고 재설계하는 행정능률진단을 실시할 수 있다. 〈개정 2023. 12. 15.〉

② 사무총장은 다음 각 호의 어느 하나에 해당하는 진단을 실시하는 때에는 제1항의 규정에 의한 행정능률진단을 활용하게 할 수 있다. 〈개정 2005. 8. 4., 2005. 12. 19., 2023. 12. 15.〉

1. 「전자정부법」 제48조의 규정에 의한 각급위원회의 업무재설계
2. 「행정기관의 조직과 정원에 관한 통칙」 제32조의 규정을 준용한 조직진단

제11장 보칙

제71조(사무관리 감사) 위원장은 필요하다고 인정하는 때에는 각급위원회에 대한 사무관리 감사를 실시할 수 있다. 〈개정 2023. 12. 15.〉

제72조(문서미등록자 등에 대한 조치) 각급위원회위원장은 다음 각 호의 어느 하나에 해당하는 공무원에 대하여는 징계 그 밖의 필요한 조치를 하여야 한다. 〈개정 2005. 12. 19., 2013. 10. 1.〉

1. 결재가 끝난 문서를 등록하지 아니한 자
2. 제18조제2항의 규정에 의한 훈령으로 정한 결재권자를 상향 또는 하향 조정하여 기안·검토 및 결재를 한 자
3. 관인을 부당하게 사용한 자
4. 보고지연의 책임이 있는 자
5. 업무협조지연의 책임이 있는 자
6. 공무가 아닌 목적으로 전자문서시스템을 이용한 사람

부칙 〈제610호, 2024. 11. 29.〉
(선거관리위원회 사무기구에 관한 규칙)

제1조(시행일) 이 규칙은 2025년 1월 1일부터 시행한다.

제2조(다른 규칙의 개정) ① 선거관리위원회 사무관리규칙 일부를 다음과 같이 개정한다.

제39조제1항제1호 중 "기획재정과장"을 "조직행정과장"으로 한다.

제39조제1항제3호 중 "심의지원팀장"을 "기획팀장"으로 한다.

② 및 ③ 생략

6-2 공공단체등 위탁선거에 관한 법률 (약칭: 위탁선거법)

[시행 2025. 8. 14.] [법률 제21028호, 2025. 8. 14., 일부개정]

중앙선거관리위원회(법제과 - 법령 제개정) 02-3294-8400
중앙선거관리위원회(의정지원선거안내센터 - 법령 해석) 02-3294-8444

제1장 총칙

제1조(목적) 이 법은 공공단체등의 선거가 깨끗하고 공정하게 이루어지도록 함으로써 공공단체등의 건전한 발전과 민주사회 발전에 기여함을 목적으로 한다.

제2조(기본원칙) 「선거관리위원회법」에 따른 선거관리위원회(이하 "선거관리위원회"라 한다)는 이 법에 따라 공공단체등의 위탁선거를 관리하는 경우 구성원의 자유로운 의사와 민주적인 절차에 따라 공정하게 행하여지도록 하고, 공공단체등의 자율성이 존중되도록 노력하여야 한다.

제3조(정의) 이 법에서 사용하는 용어의 뜻은 다음과 같다. 〈개정 2023. 3. 2., 2023. 8. 8., 2025. 8. 14.〉

1. "공공단체등"이란 다음 각 목의 어느 하나에 해당하는 단체를 말한다.
    가. 「농업협동조합법」, 「수산업협동조합법」, 「산림조합법」 및 「신용협동조합법」에 따른 조합 및 중앙회와 「새마을금고법」에 따른 금고 및 중앙회
    나. 「중소기업협동조합법」에 따른 중소기업중앙회 및 「도시 및 주거환경정비법」에 따른 조합과 조합설립추진위원회
    다. 그 밖의 법령에 따라 임원 등의 선출을 위한 선거의 관리를 선거관리위원회에 위탁하여야 하거나 위탁할 수 있는 단체[「공직선거법」 제57조의4(당내경선사무의 위탁)에 따른 당내경선 또는 「정당법」 제48조의2(당대표경선사무의 위탁)에 따른 당대표경선을 위탁하는 정당을 제외한다]
    라. 그 밖에 가목부터 다목까지의 규정에 준하는 단체로서 임원 등의 선출을 위한 선거의 관리를 선거관리위원회에 위탁하려는 단체
2. "위탁단체"란 임원 등의 선출을 위한 선거의 관리를 선거관리위원회에 위탁하는 공공단체등을 말한다.

3. "관할위원회"란 위탁단체의 주된 사무소 소재지를 관할하는 「선거관리위원회법」에 따른 구·시·군선거관리위원회(세종특별자치시선거관리위원회를 포함한다)를 말한다. 다만, 법령에서 관할위원회를 지정하는 경우에는 해당 선거관리위원회를 말한다.
4. "위탁선거"란 관할위원회가 공공단체등으로부터 선거의 관리를 위탁받은 선거를 말한다.
5. "선거인"이란 해당 위탁선거의 선거권이 있는 자로서 선거인명부에 올라 있는 자를 말한다.
6. "공직선거등"이란 다음 각 목의 어느 하나에 해당하는 선거 또는 투표를 말한다.
    가. 「공직선거법」에 따른 대통령선거, 국회의원선거, 지방의회의원 및 지방자치단체의 장의 선거, 「제주특별자치도 설치 및 국제자유도시 조성을 위한 특별법」 및 「세종특별자치시 설치 등에 관한 특별법」에 따른 지방의회의원 및 지방자치단체의 장의 선거
    나. 「지방교육자치에 관한 법률」, 「제주특별자치도 설치 및 국제자유도시 조성을 위한 특별법」 및 「세종특별자치시 설치 등에 관한 특별법」에 따른 교육감 및 교육의원 선거
    다. 「국민투표법」에 따른 국민투표
    라. 「주민투표법」에 따른 주민투표
    마. 「주민소환에 관한 법률」에 따른 주민소환투표
7. "동시조합장선거"란 「농업협동조합법」, 「수산업협동조합법」 및 「산림조합법」에 따라 관할위원회에 위탁하여 동시에 실시하는 임기만료에 따른 조합장선거를 말하고, "동시이사장선거"란 「새마을금고법」 및 「신용협동조합법」에 따라 관할위원회에 위탁하여 동시에 실시하는 임기만료에 따른 이사장선거를 말한다.
8. "정관등"이란 위탁단체의 정관, 규약, 규정, 준칙, 그 밖에 위탁단체의 조직 및 활동 등을 규율하는 자치규범을 말한다.

제4조(적용 범위) 이 법은 다음 각 호의 위탁선거에 적용한다.
1. 의무위탁선거: 제3조제1호가목에 해당하는 공공단체등이 위탁하는 선거와 같은 조 제1호다목에 해당하는 공공단체등이 선거관리위원회에 위탁하여야 하는 선거
2. 임의위탁선거: 제3조제1호나목 및 라목에 해당하는 공공단체등이 위탁하는 선거와 같은 조 제1호다목에 해당하는 공공단체등이 선거관리위원회에 위탁할 수 있는 선거

제5조(다른 법률과의 관계) 이 법은 공공단체등의 위탁선거에 관하여 다른 법률에 우선하여 적용한다.

제6조(선거관리 협조 등) ① 국가기관·지방자치단체·위탁단체 등은 위탁선거의 관리에 관하여 선거관리위원회로부터 인력·시설·장비 등의 협조 요구를 받은 때에는 특별한 사유가 없으면 이에 따라야 한다. 〈개정 2024. 1. 30.〉

② 중앙행정기관의 장은 위탁선거의 관리에 관한 내용의 법령을 제정·개정 또는 폐지하려는 경우에는 미리 해당 법령안을 중앙선거관리위원회에 보내 그 의견을 들어야 한다. 국회의원이 발의한 위탁선거의 관리에 관한 법률안이 국회 소관 상임위원회 등에 회부된 사실을 통보받은 때에도 또한 같다. 〈신설 2024. 1. 30.〉

[제목개정 2024. 1. 30.]

제2장 선거관리의 위탁 등

제7조(위탁선거의 관리 범위) 관할위원회가 관리하는 위탁선거 사무의 범위는 다음 각 호와 같다.
1. 선거관리 전반에 관한 사무. 다만, 선거인명부의 작성 및 확정에 관한 사무는 제외한다.
2. 선거참여·투표절차, 그 밖에 위탁선거의 홍보에 관한 사무
3. 위탁선거 위반행위[이 법 또는 위탁선거와 관련하여 다른 법령(해당 정관등을 포함한다)을 위반한 행위를 말한다. 이하 같다]에 대한 단속과 조사에 관한 사무

제8조(선거관리의 위탁신청) 공공단체등이 임원 등의 선출을 위한 선거의 관리를 위탁하려는 때에는 다음 각 호에 따른 기한까지 관할위원회에 서면으로 신청하여야 한다. 다만, 재선거, 보궐선거, 위탁단체의 설립·분할 또는 합병으로 인한 선거(이하 "보궐선거등"이라 한다)의 경우에는 그 선거의 실시사유가 발생한 날부터 5일까지 신청하여야 한다. 〈개정 2023. 8. 8., 2024. 1. 30.〉
1. 의무위탁선거: 임원 등의 임기만료일 전 180일까지. 이 경우 동시조합장선거 및 동시이사장선거에서는 임기만료일 전 180일에 별도의 신청 없이 위탁한 것으로 본다.
2. 임의위탁선거: 임원 등의 임기만료일 전 90일까지

제9조(임의위탁선거의 위탁관리 결정·통지) 제8조제2호에 따른 선거관리의 위탁신청을 받은 관할위원회는 공직선거등과 다른 위탁선거와의 선거사무일정 등을 고려하여 그 신청서를 접수한 날부터 7일 이내에 위탁관리 여부를 결정하고, 지체 없이 그 결과를 해당 공공단체등에 통지하여야 한다.

제10조(공정선거지원단) ① 관할위원회는 위탁선거 위반행위의 예방 및 감시·단속활동을 위하여 선거실시구역·선거인수, 그 밖의 조건을 고려하여 다음 각 호의 기간의 범위에

서 중립적이고 공정한 사람으로 구성된 공정선거지원단을 둘 수 있다. 다만, 동시조합장선거 및 동시이사장선거의 경우에는 임기만료일 전 180일부터 선거일까지 공정선거지원단을 둔다. 〈개정 2023. 8. 8.〉
   1. 의무위탁선거: 제8조에 따라 위탁신청을 받은 날부터 선거일까지
   2. 임의위탁선거: 제9조에 따라 위탁받아 관리하기로 결정하여 통지한 날부터 선거일까지
② 공정선거지원단은 위탁선거 위반행위에 대하여 관할위원회의 지휘를 받아 사전안내·예방 및 감시·단속·조사활동을 할 수 있다.
③ 공정선거지원단의 구성·활동방법 및 수당·실비의 지급, 그 밖에 필요한 사항은 중앙선거관리위원회규칙으로 정한다.

제11조(위탁선거의 관리) ① 중앙선거관리위원회는 이 법에 특별한 규정이 있는 경우를 제외하고는 위탁선거 사무를 통할·관리하며, 하급선거관리위원회의 위법·부당한 처분에 대하여 이를 취소하거나 변경할 수 있다.
② 특별시·광역시·도·특별자치도선거관리위원회는 하급선거관리위원회의 위탁선거에 관한 위법·부당한 처분에 대하여 이를 취소하거나 변경할 수 있다.
③ 관할위원회는 선거관리를 위하여 필요하다고 인정하는 경우에는 중앙선거관리위원회규칙으로 정하는 바에 따라 관할위원회가 지정하는 사람 또는 하급선거관리위원회나 다른 구·시·군선거관리위원회로 하여금 위탁선거 사무를 행하게 할 수 있다.
④ 직근 상급선거관리위원회는 관할위원회가 천재지변, 그 밖의 부득이한 사유로 그 기능을 수행할 수 없는 경우에는 위탁선거 사무를 직접 관리하거나 다른 선거관리위원회로 하여금 관할위원회의 기능이 회복될 때까지 대행하게 할 수 있다. 이 경우 다른 선거관리위원회로 하여금 위탁선거 사무를 대행하게 하는 때에는 대행할 업무의 범위도 함께 정하여야 한다.
⑤ 직근 상급선거관리위원회는 제4항에 따라 위탁선거 사무를 직접 관리하거나 대행하게 한 경우에는 해당 선거관리위원회와 업무의 범위를 지체 없이 공고하여야 한다.

제3장 선거권 및 피선거권

제12조(선거권 및 피선거권) 위탁선거에서 선거권 및 피선거권(입후보자격 등 그 명칭에 관계없이 임원 등이 될 수 있는 자격을 말한다. 이하 같다)에 관하여는 해당 법령이나 정관 등에 따른다.

제4장 선거기간과 선거일

제13조(선거기간) ① 선거별 선거기간은 다음과 같다. 〈개정 2023. 8. 8., 2025. 8. 14.〉
  1. 「농업협동조합법」, 「수산업협동조합법」 및 「산림조합법」에 따른 조합장선거(이하 "조합장선거"라 한다)와 「새마을금고법」 및 「신용협동조합법」에 따른 이사장선거(이하 "이사장선거"라 한다): 14일
  2. 제1호에 따른 선거 외의 위탁선거: 관할위원회가 해당 위탁단체와 협의하여 정하는 기간

② "선거기간"이란 후보자등록마감일의 다음 날부터 선거일까지를 말한다.

제14조(선거일) ① 동시조합장선거 및 동시이사장선거의 선거일은 그 임기가 만료되는 해당 연도 3월 중 첫 번째 수요일로 한다. 다만, 「신용협동조합법」에 따른 동시이사장선거의 선거일은 그 임기가 만료되는 해당 연도 11월 중 두 번째 수요일로 한다. 〈개정 2023. 8. 8., 2024. 1. 30., 2025. 8. 14.〉

② 동시조합장선거·동시이사장선거 외의 위탁선거의 선거일은 관할위원회가 해당 위탁단체와 협의하여 정하는 날로 한다. 〈개정 2023. 8. 8.〉

③ 관할위원회는 그 관할구역에서 공직선거등이 실시되는 때에는 해당 공직선거등의 선거일 또는 투표일 전 30일부터 선거일 또는 투표일 후 20일까지의 기간에 속한 날은 위탁선거의 선거일로 정할 수 없다. 다만, 임기만료에 따른 지방자치단체의 의회의원 및 장의 선거가 실시되는 때에는 그 선거일 전 60일부터 선거일 후 20일까지의 기간에 속한 날은 위탁선거의 선거일로 정할 수 없다.

④ 관할위원회는 제2항에 따라 선거일을 정한 후에 공직선거등의 실시 사유가 발생하여 선거사무일정이 중첩되는 때에는 해당 위탁단체와 다시 협의하여 위탁선거의 선거일을 새로 정할 수 있다. 이 경우 임의위탁선거는 그 위탁관리 결정을 취소할 수 있다.

⑤ 제4항에 따라 선거일을 새로 정하는 경우 해당 정관등에 따른 선거일로 정할 수 있는 기간이 공직선거등의 선거사무일정과 중첩되는 때에는 그 정관등에도 불구하고 위탁선거의 선거일을 따로 정할 수 있다.

⑥ 관할위원회는 선거인명부작성개시일 전일까지 선거일을 공고하여야 한다. 이 경우 동시조합장선거 및 동시이사장선거에서는 선거인명부작성개시일 전일에 선거일을 공고한 것으로 본다. 〈개정 2017. 12. 26., 2023. 8. 8.〉

제5장 선거인명부

제15조(선거인명부의 작성 등) ① 위탁단체는 관할위원회와 협의하여 선거인명부작성기간과 선거인명부확정일을 정하고, 선거인명부를 작성 및 확정하여야 한다. 다만, 조합장선거 및 이사장선거의 경우에는 선거일 전 19일부터 5일 이내에 선거인명부를 작성하여야 하며, 그 선거인명부는 선거일 전 10일에 확정된다. 〈개정 2023. 8. 8.〉

② 위탁단체는 선거인명부를 작성한 때에는 즉시 그 등본(전산자료 복사본을 포함한다. 이하 이 항에서 같다) 1통을, 선거인명부가 확정된 때에는 지체 없이 확정된 선거인명부 등본 1통을 각각 관할위원회에 송부하여야 한다. 이 경우 둘 이상의 투표소를 설치하는 경우에는 투표소별로 분철하여 선거인명부를 작성·확정하여야 한다. 〈개정 2024. 1. 30.〉

③ 제2항에도 불구하고 동시조합장선거 또는 동시이사장선거를 실시하는 경우 위탁단체는 중앙선거관리위원회규칙으로 정하는 구역단위로 선거인명부를 작성·확정하여야 하며, 중앙선거관리위원회는 확정된 선거인명부의 전산자료 복사본을 해당 조합 또는 금고로부터 제출받아 전산조직을 이용하여 하나의 선거인명부를 작성한 후 투표소에서 사용하게 할 수 있다. 이 경우 위탁단체는 선거인명부 등본을 제출하지 아니할 수 있다. 〈개정 2023. 8. 8., 2024. 1. 30.〉

④ 위탁단체는 선거인명부작성개시일 전 30일까지(보궐선거등의 경우 그 실시사유가 발생한 날부터 5일까지) 해당 위탁단체의 조합원 자격 등을 확인하여 회원명부(그 명칭에 관계없이 위탁단체가 해당 법령이나 정관등에 따라 작성한 구성원의 명부를 말한다)를 정비하여야 한다. 〈신설 2024. 1. 30.〉

⑤ 동시조합장선거 및 동시이사장선거를 실시하는 경우 위탁단체는 선거인명부의 작성을 위하여 「주민등록법」 제30조에 따라 주민등록전산정보자료를 이용할 수 있다. 〈신설 2024. 1. 30.〉

⑥ 선거인명부의 작성·수정 및 확정 사항과 확정된 선거인명부의 오기 등의 통보, 그 밖에 필요한 사항은 중앙선거관리위원회규칙으로 정한다. 〈개정 2024. 1. 30.〉

제16조(명부 열람 및 이의신청과 결정) ① 위탁단체는 선거인명부를 작성한 때에는 선거인명부작성기간만료일의 다음 날부터 3일간 선거권자가 선거인명부를 열람할 수 있도록 하여야 한다. 이 경우 선거인명부의 열람은 공휴일에도 불구하고 매일 오전 9시부터 오후 6시까지 할 수 있다. 〈개정 2024. 1. 30.〉

② 선거권자는 누구든지 선거인명부에 누락 또는 오기가 있거나 자격이 없는 선거인이 올라 있다고 인정되면 열람기간 내에 구술 또는 서면으로 해당 위탁단체에 이의를 신

청할 수 있다.
③ 위탁단체는 제2항의 이의신청이 있는 경우에는 이의신청을 받은 날의 다음 날까지 이를 심사·결정하되, 그 신청이 이유가 있다고 결정한 때에는 즉시 선거인명부를 정정하고 관할위원회·신청인·관계인에게 통지하여야 하며, 이유 없다고 결정한 때에는 그 사유를 신청인에게 통지하여야 한다.

제17조(선거인명부 사본의 교부 신청) 후보자는 해당 법령이나 정관등에서 정하는 바에 따라 선거인명부 사본의 교부를 신청할 수 있다.

제6장 후보자

제18조(후보자등록) ① 후보자가 되려는 사람은 선거기간개시일 전 2일부터 2일 동안 관할위원회에 서면으로 후보자등록을 신청하여야 한다. 이 경우 후보자등록신청서의 접수는 공휴일에도 불구하고 매일 오전 9시부터 오후 6시까지로 한다.
② 후보자등록을 신청하는 사람은 다음 각 호의 서류 등을 제출하여야 한다.
　1. 후보자등록신청서
　2. 해당 법령이나 정관등에 따른 피선거권에 관한 증명 서류
　3. 기탁금(해당 법령이나 정관등에서 기탁금을 납부하도록 한 경우에 한정한다)
　4. 그 밖에 해당 법령이나 정관등에 따른 후보자등록신청에 필요한 서류 등
③ 관할위원회가 후보자등록신청을 접수한 때에는 즉시 이를 수리한다. 다만, 제2항제1호부터 제3호까지의 규정에 따른 서류 등을 갖추지 아니한 등록신청은 수리하지 아니한다.
④ 후보자가 되려는 사람은 선거기간개시일 전 60일부터 본인의 범죄경력(해당 법령이나 정관등에서 정하는 범죄경력을 말한다. 이하 같다)을 국가경찰관서의 장에게 조회할 수 있으며, 그 요청을 받은 국가경찰관서의 장은 지체 없이 그 범죄경력을 회보(回報)하여야 한다. 이 경우 회보받은 범죄경력은 후보자등록시 함께 제출하여야 한다. 〈신설 2024. 1. 30.〉
⑤ 관할위원회는 후보자등록마감 후에 후보자의 피선거권에 관한 조사를 하여야 하며, 그 조사를 의뢰받은 기관 또는 단체는 지체 없이 그 사실을 확인하여 해당 관할위원회에 회보하여야 한다. 〈개정 2024. 1. 30.〉
⑥ 관할위원회는 제4항 후단에 따라 제출된 범죄경력에 대하여 그 확인이 필요하다고 인정되는 경우에는 후보자등록마감 후 지체 없이 해당 위탁단체의 주된 사무소 소재지

를 관할하는 검찰청의 장에게 해당 후보자의 범죄경력을 조회할 수 있고, 해당 검찰청의 장은 그 범죄경력의 진위여부를 지체 없이 관할위원회에 회보하여야 한다. 〈신설 2024. 1. 30.〉

⑦ 후보자등록신청서의 서식, 그 밖에 필요한 사항은 중앙선거관리위원회규칙으로 정한다. 〈개정 2024. 1. 30.〉

제19조(등록무효) ① 관할위원회는 후보자등록 후에 다음 각 호의 어느 하나에 해당하는 사유가 있는 때에는 그 후보자의 등록은 무효로 한다. 〈개정 2024. 1. 30.〉

1. 후보자의 피선거권이 없는 것이 발견된 때
2. 제18조제2항제1호부터 제3호까지의 규정에 따른 서류 등을 제출하지 아니한 것이 발견된 때
3. 제25조제2항을 위반하여 범죄경력을 게재하지 아니한 선거공보를 제출하거나 범죄경력에 관한 서류를 별도로 제출하지 아니한 것이 발견된 때

② 관할위원회가 후보자등록을 무효로 한 때에는 지체 없이 그 후보자와 해당 위탁단체에 등록무효의 사유를 명시하여 그 사실을 알려야 한다.

제20조(후보자사퇴의 신고) 후보자가 사퇴하려는 경우에는 자신이 직접 관할위원회에 가서 서면으로 신고하여야 한다.

제21조(후보자등록 등에 관한 공고) 관할위원회는 후보자가 등록·사퇴·사망하거나 등록이 무효로 된 때에는 지체 없이 그 사실을 공고하여야 한다.

제7장 선거운동

제22조(적용 제외) 제3조제1호가목에 해당하는 공공단체등이 위탁하는 선거 외의 위탁선거에는 이 장을 적용하지 아니한다. 다만, 제3조제1호다목에 따라 공공단체등이 임원 등의 선출을 위한 선거의 관리를 위탁하여야 하는 선거(「교육공무원법」 제24조의3에 따른 대학의 장 후보자 추천 선거는 제외한다)에는 제31조부터 제34조까지, 제35조제1항부터 제4항까지, 제37조를 적용한다. 〈개정 2016. 12. 27.〉

제23조(선거운동의 정의) 이 법에서 "선거운동"이란 당선되거나 되게 하거나 되지 못하게 하기 위한 행위를 말한다. 다만, 다음 각 호의 어느 하나에 해당하는 행위는 선거운동으로 보지 아니한다.

1. 선거에 관한 단순한 의견개진 및 의사표시

2. 입후보와 선거운동을 위한 준비행위

제24조(선거운동의 주체·기간·방법) ① 후보자와 후보자가 그의 배우자, 직계존비속 또는 해당 위탁단체의 임직원이 아닌 조합원·회원 중 지정하는 1명(이하 "후보자등"이라 한다)이 제25조부터 제30조의4까지의 규정에 따라 선거운동을 하는 경우(제30조의4에 따른 방법은 후보자가 하는 경우에 한정한다)를 제외하고는 누구든지 어떠한 방법으로도 선거운동을 할 수 없다. 〈개정 2015. 12. 24., 2024. 1. 30.〉

② 선거운동은 후보자등록마감일의 다음 날부터 선거일 전일까지에 한정하여 할 수 있다. 다만, 다음 각 호의 어느 하나에 해당하는 경우에는 그러하지 아니하다. 〈개정 2017. 12. 26.〉

1. 제24조제3항제3호에 따른 중앙회장선거의 후보자가 선거일 또는 결선투표일에 제28조제2호에 따른 문자메시지를 전송하는 방법으로 선거운동을 하는 경우
2. 제30조의2에 따라 후보자가 선거일 또는 결선투표일에 자신의 소견을 발표하는 경우

③ 선거별 선거운동방법은 다음 각 호와 같다. 〈개정 2015. 12. 24., 2016. 12. 27., 2017. 12. 26., 2023. 3. 2., 2023. 8. 8., 2024. 1. 30., 2025. 8. 14.〉

1. 「농업협동조합법」 제45조제5항제1호, 「수산업협동조합법」 제46조제3항제1호 및 「산림조합법」 제35조제4항제1호에 따른 선출방법 중 총회 외에서 선출하는 조합장선거와 「새마을금고법」 제18조제5항에 따라 회원의 투표로 직접 선출하는 이사장선거 및 「신용협동조합법」 제26조의2제1항제2호에 따라 조합원의 투표로 선출하는 이사장선거: 제25조부터 제30조까지, 제30조의3 및 제30조의4의 규정에 따른 방법
2. 「농업협동조합법」 제45조제5항제1호, 「수산업협동조합법」 제46조제3항제1호 및 「산림조합법」 제35조제4항제1호에 따른 선출방법 중 총회에서 선출하는 조합장선거와 「새마을금고법」 제18조제5항 단서에 따라 총회에서 선출하는 이사장선거 및 「신용협동조합법」 제27조제3항에 따라 총회에서 선출하는 이사장선거: 제25조부터 제30조의4까지의 규정에 따른 방법
3. 「농업협동조합법」, 「수산업협동조합법」, 「산림조합법」, 「새마을금고법」 및 「신용협동조합법」에 따른 중앙회장선거, 「농업협동조합법」 제45조제5항제2호, 「수산업협동조합법」 제46조제3항제2호 및 「산림조합법」 제35조제4항제2호에 따라 대의원회에서 선출하는 조합장선거 및 「새마을금고법」 제18조제5항 단서에 따라 대의원회에서 선출하는 이사장선거: 제25조·제28조·제29조·제30조 및 제30조의2부터 제30조의4까지에 따른 방법(제30조에 따른 방법은 중앙회장선거에 한정한다)

제24조의2(예비후보자) ① 제24조제3항제1호부터 제3호까지에 따른 선거의 예비후보자가 되려는 사람은 선거기간개시일 전 30일부터 관할위원회에 예비후보자등록을 서면으로 신청하여야 한다. 〈개정 2024. 1. 30.〉
② 제1항에 따라 예비후보자등록을 신청하는 사람은 해당 법령이나 정관 등에 따른 피선거권에 관한 증명서류를 제출하여야 한다.
③ 제1항에 따른 등록신청을 받은 관할위원회는 이를 지체 없이 수리하여야 한다.
④ 관할위원회는 피선거권을 확인할 필요가 있다고 인정되는 예비후보자에 대하여 관계 기관의 장에게 필요한 사항을 조회할 수 있다. 이 경우 관계 기관의 장은 지체 없이 해당 사항을 조사하여 회보하여야 한다.
⑤ 예비후보자등록 후에 피선거권이 없는 것이 발견된 때에는 그 예비후보자의 등록은 무효로 한다.
⑥ 예비후보자가 사퇴하려는 경우에는 자신이 직접 관할위원회에 가서 서면으로 신고하여야 한다.
⑦ 제24조에도 불구하고 예비후보자와 예비후보자가 그의 배우자, 직계존비속 또는 해당 위탁단체의 임직원이 아닌 조합원·회원 중 지정하는 1명(이하 "예비후보자등"이라 한다)은 다음 각 호의 어느 하나에 해당하는 방법으로 선거운동을 할 수 있다. 〈개정 2024. 1. 30.〉
 1. 제28조 및 제29조에 따른 방법
 2. 제30조에 따른 방법(위탁단체가 사전에 공개한 행사장에서 하는 경우에 한정하며,
제24조제3항제3호에 해당하는 선거의 경우에는 중앙회장선거에 한정한다)
 3. 제30조의4에 따른 방법(예비후보자가 하는 경우에 한정한다)
⑧ 제18조에 따라 후보자로 등록한 사람은 선거기간개시일 전일까지 예비후보자를 겸하는 것으로 본다.
⑨ 예비후보자등록신청서의 서식, 그 밖에 필요한 사항은 중앙선거관리위원회규칙으로 정한다.
[본조신설 2017. 12. 26.]

제24조의3(활동보조인) ① 중앙선거관리위원회규칙으로 정하는 장애인 예비후보자·후보자는 그의 활동을 보조하기 위하여 배우자, 직계존비속 또는 해당 위탁단체의 임직원이 아닌 조합원·회원 중에서 1명의 활동보조인(이하 "활동보조인"이라 한다)을 둘 수 있다.
② 제1항에 따라 예비후보자·후보자가 활동보조인을 선임하거나 해임하는 때에는 지체 없이 관할위원회에 서면으로 신고하여야 한다.
③ 제24조에도 불구하고 예비후보자·후보자와 함께 다니는 활동보조인은 다음 각 호

에 따라 선거운동을 할 수 있다. 이 경우 활동보조인은 관할위원회가 교부하는 표지를 패용하여야 한다.
   1. 예비후보자의 활동보조인: 제24조의2제7항제2호에 해당하는 방법
   2. 후보자의 활동보조인: 선거운동기간 중 제27조(제24조제3항제3호에 해당하는 선거의 경우에는 제외한다) 및 제30조(제24조제3항제3호에 해당하는 선거의 경우에는 중앙회장선거에 한정한다)에 해당하는 방법
④ 예비후보자·후보자는 활동보조인에게 수당과 실비를 지급할 수 있다.
⑤ 활동보조인의 선임·해임 신고서, 표지, 수당과 실비, 그 밖에 필요한 사항은 중앙선거관리위원회규칙으로 정한다.

[본조신설 2024. 1. 30.]

제25조(선거공보) ① 후보자는 선거운동을 위하여 선거공보 1종을 작성할 수 있다. 이 경우 후보자는 선거인명부확정일 전일까지 관할위원회에 선거공보를 제출하여야 한다.
② 후보자가 제1항에 따라 선거공보를 제출하는 경우에는 중앙선거관리위원회규칙으로 정하는 바에 따라 선거공보에 범죄경력을 게재하여야 하고, 선거공보를 제출하지 아니하는 경우에는 범죄경력에 관한 서류를 별도로 작성하여 제1항에 따른 선거공보의 제출마감일까지 관할위원회에 제출하여야 한다. 〈신설 2024. 1. 30.〉
③ 관할위원회는 제1항 또는 제2항에 따라 제출된 선거공보 또는 범죄경력에 관한 서류를 선거인명부확정일 후 3일까지 제43조에 따른 투표안내문과 동봉하여 선거인에게 발송하여야 한다. 〈개정 2024. 1. 30.〉
④ 후보자가 제1항 후단에 따른 기한까지 선거공보 또는 범죄경력에 관한 서류를 제출하지 아니하거나 규격을 넘는 선거공보를 제출한 때에는 그 선거공보는 발송하지 아니한다. 〈개정 2024. 1. 30.〉
⑤ 제출된 선거공보는 정정 또는 철회할 수 없다. 다만, 오기나 이 법에 위반되는 내용이 게재되었을 경우에는 제출마감일까지 해당 후보자가 정정할 수 있다. 〈개정 2024. 1. 30.〉
⑥ 후보자 및 선거인은 선거공보의 내용 중 경력·학력·학위·상벌·범죄경력에 관하여 거짓으로 게재되어 있음을 이유로 이의제기를 하는 때에는 관할위원회에 서면으로 하여야 하고, 이의제기를 받은 관할위원회는 후보자와 이의제기자에게 그 증명서류의 제출을 요구할 수 있으며, 그 증명서류의 제출이 없거나 거짓 사실임이 판명된 때에는 그 사실을 공고하여야 한다. 〈개정 2024. 1. 30.〉
⑦ 관할위원회는 제6항에 따라 허위게재사실을 공고한 때에는 그 공고문 사본 1매를 선거일에 투표소의 입구에 첩부하여야 한다. 〈개정 2024. 1. 30.〉

⑧ 선거공보의 작성수량·규격·면수·제출, 그 밖에 필요한 사항은 중앙선거관리위원회규칙으로 정한다. 〈개정 2024. 1. 30.〉

제26조(선거벽보) ① 후보자는 선거운동을 위하여 선거벽보 1종을 작성할 수 있다. 이 경우 후보자는 선거인명부확정일 전일까지 관할위원회에 선거벽보를 제출하여야 한다.

② 관할위원회는 제1항에 따라 제출된 선거벽보를 제출마감일 후 2일까지 해당 위탁단체의 주된 사무소와 지사무소의 건물 또는 게시판 및 위탁단체와 협의한 장소에 첩부하여야 한다. 〈개정 2024. 1. 30.〉

③ 제25조제4항부터 제7항까지의 규정은 선거벽보에 이를 준용한다. 이 경우 "선거공보"는 "선거벽보"로, "발송"은 "첩부"로, "규격을 넘는"은 "규격을 넘거나 미달하는"으로 본다. 〈개정 2024. 1. 30.〉

④ 선거벽보의 작성수량·첩부수량·규격·제출, 그 밖에 필요한 사항은 중앙선거관리위원회규칙으로 정한다.

제27조(어깨띠·윗옷·소품) 후보자등은 선거운동기간 중 어깨띠나 윗옷(上衣)을 착용하거나 소품을 이용하여 선거운동을 할 수 있다. 〈개정 2024. 1. 30.〉

제28조(전화를 이용한 선거운동) 후보자등은 선거운동기간 중 다음 각 호의 어느 하나에 해당하는 방법으로 선거운동을 할 수 있다. 다만, 오후 10시부터 다음 날 오전 7시까지는 그러하지 아니하다. 〈개정 2024. 1. 30.〉

    1. 전화를 이용하여 송화자·수화자 간 직접 통화하는 방법
    2. 문자(문자 외의 음성·화상·동영상 등은 제외한다)메시지를 전송하는 방법

제29조(정보통신망을 이용한 선거운동) ① 후보자등은 선거운동기간 중 다음 각 호의 어느 하나에 해당하는 방법으로 선거운동을 할 수 있다. 〈개정 2024. 1. 30.〉

    1. 인터넷 홈페이지의 게시판·대화방 등에 글이나 동영상 등을 게시하는 방법
    2. 전자우편(컴퓨터 이용자끼리 네트워크를 통하여 문자·음성·화상 또는 동영상 등의 정보를 주고받는 통신시스템을 말한다)을 전송하는 방법

② 관할위원회는 이 법에 위반되는 정보가 인터넷 홈페이지의 게시판·대화방 등에 게시된 때에는 그 인터넷 홈페이지의 관리자·운영자 또는 「정보통신망 이용촉진 및 정보보호 등에 관한 법률」 제2조(정의)제1항제3호에 따른 정보통신서비스 제공자(이하 이 조에서 "정보통신서비스 제공자"라 한다)에게 해당 정보의 삭제를 요청할 수 있다. 이 경우 그 요청을 받은 인터넷 홈페이지의 관리자·운영자 또는 정보통신서비스 제공자는 지체 없이 이에 따라야 한다.

③ 제2항에 따라 정보가 삭제된 경우 해당 정보를 게시한 사람은 그 정보가 삭제된 날부

터 3일 이내에 관할위원회에 서면으로 이의신청을 할 수 있다.
④ 위법한 정보의 게시에 대한 삭제 요청, 이의신청, 그 밖에 필요한 사항은 중앙선거관리위원회규칙으로 정한다.

제30조(명함을 이용한 선거운동) 후보자등은 선거운동기간 중 다수인이 왕래하거나 집합하는 공개된 장소에서 길이 9센티미터 너비 5센티미터 이내의 선거운동을 위한 명함을 선거인에게 직접 주거나 지지를 호소하는 방법으로 선거운동을 할 수 있다. 다만, 중앙선거관리위원회규칙으로 정하는 장소에서는 그러하지 아니하다. 〈개정 2024. 1. 30.〉

제30조의2(선거일 후보자 소개 및 소견발표) ① 제24조제3항제2호 및 제3호에 따른 조합장선거, 이사장선거 또는 중앙회장선거에서 투표관리관 또는 투표관리관이 지정하는 사람(이하 이 조에서 "투표관리관등"이라 한다)은 선거일 또는 제52조에 따른 결선투표일(제24조제3항제3호에 따른 중앙회장선거에 한정한다)에 투표를 개시하기 전에 투표소 또는 총회나 대의원회가 개최되는 장소(이하 이 조에서 "투표소등"이라 한다)에서 선거인에게 기호순에 따라 각 후보자를 소개하고 후보자로 하여금 조합 또는 금고 운영에 대한 자신의 소견을 발표하게 하여야 한다. 이 경우 발표시간은 후보자마다 10분의 범위에서 동일하게 배정하여야 한다. 〈개정 2017. 12. 26., 2023. 8. 8.〉
② 후보자가 자신의 소견발표 순서가 될 때까지 투표소등에 도착하지 아니한 때에는 소견발표를 포기한 것으로 본다.
③ 투표관리관등은 후보자가 제61조 또는 제62조에 위반되는 발언을 하는 때에는 이의 중지를 명하여야 하고 후보자가 이에 따르지 아니하는 때에는 소견발표를 중지시키는 등 필요한 조치를 취하여야 한다.
④ 투표관리관등은 투표소등에서 후보자가 소견을 발표하는 것을 방해하거나 질서를 문란하게 하는 사람이 있는 때에는 이를 제지하고, 그 명령에 불응하는 때에는 투표소등 밖으로 퇴장시킬 수 있다.
⑤ 제1항에 따른 후보자 소개 및 소견발표 진행, 그 밖에 필요한 사항은 중앙선거관리위원회규칙으로 정한다.
[본조신설 2015. 12. 24.]

제30조의3(선거운동을 위한 휴대전화 가상번호의 제공) ① 후보자는 제28조에 따른 선거운동을 하기 위하여 해당 위탁단체에 그 구성원의 이동전화번호가 노출되지 아니하도록 생성한 번호(이하 "휴대전화 가상번호"라 한다)를 이동통신사업자로부터 제공받아 후보자에게 제공하여 줄 것을 요청할 수 있다.
② 위탁단체는 제1항에 따른 휴대전화 가상번호 제공 요청이 있는 경우에는 관할위원회를 경유하여 이동통신사업자에게 휴대전화 가상번호를 제공하여 줄 것을 서면(이하 "

휴대전화 가상번호 제공 요청서"라 한다)으로 요청하여야 한다.

③ 관할위원회는 해당 휴대전화 가상번호 제공 요청서를 심사한 후 제출받은 날부터 3일 이내에 해당 휴대전화 가상번호 제공 요청서를 이동통신사업자에게 송부하여야 한다.

④ 관할위원회는 휴대전화 가상번호 제공 요청서의 심사를 위하여 필요하다고 판단되는 때에는 해당 위탁단체에 휴대전화 가상번호 제공 요청서의 보완 또는 자료의 제출을 요구할 수 있으며, 그 요구를 받은 위탁단체는 지체 없이 이에 따라야 한다.

⑤ 이동통신사업자가 제2항에 따른 요청을 받은 때에는 그 요청을 받은 날부터 7일 이내에 휴대전화 가상번호 제공 요청서에 따라 휴대전화 가상번호를 생성하여 유효기간을 설정한 다음 관할위원회를 경유하여 해당 위탁단체에 제공하여야 한다.

⑥ 이동통신사업자(그 대표자 및 구성원을 포함한다)가 제5항에 따라 휴대전화 가상번호를 제공할 때에는 다음 각 호의 어느 하나에 해당하는 행위를 하여서는 아니 된다.

1. 휴대전화 가상번호에 유효기간을 설정하지 아니하고 제공하거나 휴대전화 가상번호를 제공하는 날부터 선거일까지의 기간을 초과하는 유효기간을 설정하여 제공하는 행위

2. 휴대전화 가상번호의 제공을 요청한 위탁단체 이외의 자에게 휴대전화 가상번호를 제공하는 행위

⑦ 위탁단체는 제2항에 따라 휴대전화 가상번호 제공 요청을 하기 전에 해당 단체의 구성원에게 위탁선거 후보자의 선거운동을 위하여 본인의 이동전화번호가 후보자에게 휴대전화 가상번호로 제공된다는 사실과 그 제공을 거부할 수 있다는 사실을 알려야 한다. 이 경우 위탁단체는 전단에 따른 고지를 받고 명시적으로 거부의사를 밝힌 구성원의 휴대전화 가상번호를 후보자에게 제공하여서는 아니 된다.

⑧ 위탁단체는 제5항에 따라 제공받은 휴대전화 가상번호를 제1항에 따라 제공을 요청한 후보자 외에 해당 선거의 다른 후보자에게도 제공할 수 있다.

⑨ 위탁단체로부터 휴대전화 가상번호를 제공받은 후보자는 다음 각 호의 어느 하나에 해당하는 행위를 하여서는 아니 된다.

1. 제공받은 휴대전화 가상번호를 제28조에 따른 선거운동 외의 다른 목적으로 사용하는 행위

2. 제공받은 휴대전화 가상번호를 다른 자에게 제공하는 행위

⑩ 휴대전화 가상번호를 제공받은 후보자는 유효기간이 지난 휴대전화 가상번호를 즉시 폐기하여야 한다.

⑪ 이동통신사업자가 제5항에 따라 휴대전화 가상번호를 생성하여 제공하는 데 소요되는 비용은 휴대전화 가상번호의 제공을 요청한 위탁단체가 부담한다. 이 경우 이동통신사

업자는 휴대전화 가상번호 생성·제공에 소요되는 최소한의 비용을 청구하여야 한다.

⑫ 휴대전화 가상번호 제공 요청 방법과 절차, 휴대전화 가상번호의 유효기간 설정, 휴대전화 가상번호 제공 요청서 서식, 그 밖에 필요한 사항은 중앙선거관리위원회규칙으로 정한다.

[본조신설 2024. 1. 30.]

제30조의4(공개행사에서의 정책 발표) ① 예비후보자와 후보자는 해당 위탁단체가 개최하는 공개행사에 방문하여 자신의 정책을 발표할 수 있다.

② 제1항에 따라 공개행사에서 정책을 발표하려는 예비후보자와 후보자는 참석할 공개행사의 일시, 소견 발표에 소요되는 시간과 발표 방법 등을 해당 위탁단체에 미리 신고하여야 한다. 이 경우 위탁단체는 정당한 사유 없이 이를 거부할 수 없다.

③ 위탁단체는 예비후보자등록신청개시일 전 5일부터 선거일 전일까지 매주 제1항에 따른 공개행사의 일시와 소견 발표가 가능한 시간을 공고하여야 한다.

④ 제2항에 따른 신고 및 제3항에 따른 공고의 절차·방법과 그 밖에 필요한 사항은 중앙선거관리위원회규칙으로 정한다.

[본조신설 2024. 1. 30.]

제31조(지위를 이용한 선거운동금지 등) 위탁단체의 임직원은 다음 각 호의 어느 하나에 해당하는 행위를 할 수 없다.

1. 지위를 이용하여 선거운동을 하는 행위
2. 지위를 이용하여 선거운동의 기획에 참여하거나 그 기획의 실시에 관여하는 행위
3. 후보자(후보자가 되려는 사람을 포함한다)에 대한 선거권자의 지지도를 조사하거나 이를 발표하는 행위

제32조(기부행위의 정의) 이 법에서 "기부행위"란 다음 각 호의 어느 하나에 해당하는 사람이나 기관·단체·시설을 대상으로 금전·물품 또는 그 밖의 재산상 이익을 제공하거나 그 이익제공의 의사를 표시하거나 그 제공을 약속하는 행위를 말한다. 〈개정 2024. 1. 30.〉

1. 선거인[선거인명부를 작성하기 전에는 그 선거인명부에 오를 자격이 있는 자(해당 위탁단체에 가입되어 해당 법령이나 정관등에 따라 위탁선거의 선거권이 있는 자 및 해당 위탁단체에 가입 신청을 한 자를 말한다)를 포함한다. 이하 이 조에서 같다]이나 그 가족(선거인의 배우자, 선거인 또는 그 배우자의 직계존비속과 형제자매, 선거인의 직계존비속 및 형제자매의 배우자를 말한다. 이하 같다)
2. 선거인이나 그 가족이 설립·운영하고 있는 기관·단체·시설

제33조(기부행위로 보지 아니하는 행위) ① 다음 각 호의 어느 하나에 해당하는 행위는 기

부행위로 보지 아니한다. 〈개정 2024. 1. 30.〉
  1. 직무상의 행위
    가. 기관·단체·시설(나목에 따른 위탁단체를 제외한다)이 자체사업계획과 예산에 따라 의례적인 금전·물품을 그 기관·단체·시설의 명의로 제공하는 행위(포상을 포함한다. 이하 나목에서 같다)
    나. 위탁단체가 해당 법령이나 정관등에 따른 사업계획 및 수지예산에 따라 집행하는 금전·물품을 그 위탁단체의 명의로 제공하는 행위
    다. 물품구매·공사·역무의 제공 등에 대한 대가의 제공 또는 부담금의 납부 등 채무를 이행하는 행위
    라. 가목부터 다목까지의 규정에 따른 행위 외에 법령에 근거하여 물품 등을 찬조·출연 또는 제공하는 행위
  2. 의례적 행위
    가. 「민법」 제777조(친족의 범위)에 따른 친족(이하 이 조에서 "친족"이라 한다)의 관혼상제의식이나 그 밖의 경조사에 축의·부의금품을 제공하는 행위
    나. 친족 외의 사람의 관혼상제의식에 통상적인 범위에서 축의·부의금품을 제공하거나 주례를 서는 행위
    다. 관혼상제의식이나 그 밖의 경조사에 참석한 하객이나 조객 등에게 통상적인 범위에서 음식물 또는 답례품을 제공하는 행위
    라. 소속 기관·단체·시설(위탁단체는 제외한다)의 유급 사무직원이나 친족에게 연말·설 또는 추석에 의례적인 선물을 제공하는 행위
    마. 친목회·향우회·종친회·동창회 등 각종 사교·친목단체 및 사회단체의 구성원으로서 그 단체의 정관 등 또는 운영관례상의 의무에 기하여 종전의 범위에서 회비를 납부하는 행위
    바. 평소 자신이 다니는 교회·성당·사찰 등에 통상의 예에 따라 헌금(물품의 제공을 포함한다)하는 행위
  3. 「공직선거법」 제112조제2항제3호에 따른 구호적·자선적 행위에 준하는 행위
  4. 그 밖에 제1호부터 제3호까지의 어느 하나에 준하는 행위로서 중앙선거관리위원회 규칙으로 정하는 행위
② 제1항제1호 각 목 중 위탁단체의 직무상 행위는 해당 법령이나 정관등에 따라 포상하는 경우를 제외하고는 해당 위탁단체의 명의로 하여야 하며, 해당 위탁단체의 대표자의 직명 또는 성명을 밝히거나 그가 하는 것으로 추정할 수 있는 방법으로 제공하는 행위는 기부행위로 본다. 이 경우 다음 각 호의 어느 하나에 해당하는 경우에는 "그

가 하는 것으로 추정할 수 있는 방법"에 해당하는 것으로 본다. 〈신설 2024. 1. 30.〉
  1. 종전의 대상·방법·범위·시기 등을 법령 또는 정관등의 제정 또는 개정 없이 확대 변경하는 경우
  2. 해당 위탁단체의 대표자의 업적을 홍보하는 등 그를 선전하는 행위가 부가되는 경우
③ 제1항에 따라 통상적인 범위에서 1명에게 제공할 수 있는 축의·부의금품, 음식물, 답례품 및 의례적인 선물의 금액범위는 중앙선거관리위원회규칙으로 정한다. 〈개정 2024. 1. 30.〉

제34조(기부행위제한기간) 기부행위를 할 수 없는 기간(이하 "기부행위제한기간"이라 한다)은 다음 각 호와 같다. 〈개정 2024. 1. 30.〉
  1. 임기만료에 따른 선거: 임기만료일 전 1년부터 선거일까지
  2. 해당 법령이나 정관등에 따른 보궐선거등: 그 선거의 실시 사유가 발생한 날부터 선거일까지

제35조(기부행위제한) ① 후보자(후보자가 되려는 사람을 포함한다. 이하 이 조에서 같다), 후보자의 배우자, 후보자가 속한 기관·단체·시설은 기부행위제한기간 중 기부행위를 할 수 없다.
② 누구든지 기부행위제한기간 중 해당 위탁선거에 관하여 후보자를 위하여 기부행위를 하거나 하게 할 수 없다. 이 경우 후보자의 명의를 밝혀 기부행위를 하거나 후보자가 기부하는 것으로 추정할 수 있는 방법으로 기부행위를 하는 것은 해당 위탁선거에 관하여 후보자를 위한 기부행위로 본다.
③ 누구든지 기부행위제한기간 중 해당 위탁선거에 관하여 제1항 또는 제2항에 규정된 자로부터 기부를 받거나 기부의 의사표시를 승낙할 수 없다.
④ 누구든지 제1항부터 제3항까지 규정된 행위에 관하여 지시·권유·알선 또는 요구할 수 없다.
⑤ 「농업협동조합법」, 「수산업협동조합법」 및 「산림조합법」에 따른 조합장·중앙회장과 「새마을금고법」 및 「신용협동조합법」에 따른 이사장·중앙회장은 재임 중에 기부행위를 할 수 없다. 〈개정 2023. 3. 2., 2023. 8. 8., 2025. 8. 14.〉

제36조(조합장 등의 축의·부의금품 제공제한) 「농업협동조합법」, 「수산업협동조합법」, 「산림조합법」 및 「신용협동조합법」에 따른 조합·중앙회 또는 「새마을금고법」에 따른 금고·중앙회(이하 이 조에서 "조합등"이라 한다)의 경비로 관혼상제의식이나 그 밖의 경조사에 축의·부의금품을 제공하는 경우에는 해당 조합등의 경비임을 명기하여 해당 조합등의 명의로 하여야 하며, 해당 조합등의 대표자의 직명 또는 성명을 밝히거나 그가 하는 것으로 추정할 수 있는 방법으로 하는 행위는 기부행위로 본다. 〈개정 2023. 3. 2.,

2023. 8. 8., 2025. 8. 14.〉

제37조(선거일 후 답례금지) 후보자, 후보자의 배우자, 후보자가 속한 기관·단체·시설은 선거일 후 당선되거나 되지 아니한 데 대하여 선거인에게 축하·위로나 그 밖의 답례를 하기 위하여 다음 각 호의 어느 하나에 해당하는 행위를 할 수 없다.
 1. 금전·물품 또는 향응을 제공하는 행위
 2. 선거인을 모이게 하여 당선축하회 또는 낙선에 대한 위로회를 개최하는 행위

제38조(호별방문 등의 제한) 누구든지 선거운동을 위하여 선거인(선거인명부작성 전에는 선거인명부에 오를 자격이 있는 자를 포함한다)을 호별로 방문하거나 특정 장소에 모이게 할 수 없다.

제8장 투표 및 개표

제39조(선거방법 등) ① 선거는 투표로 한다.
 ② 투표는 선거인이 직접 투표용지에 기표(記票)하는 방법으로 한다.
 ③ 투표는 선거인 1명마다 1표로 한다. 다만, 해당 법령이나 정관등에서 정하는 사람이 법인을 대표하여 행사하는 경우에는 그러하지 아니하다.

제40조(투표소의 설치 등) ① 관할위원회는 해당 위탁단체와 투표소의 설치수, 설치장소 등을 협의하여 선거일 전일까지 투표소를 설치하여야 한다.
 ② 관할위원회는 공정하고 중립적인 사람 중에서 투표소마다 투표에 관한 사무를 관리할 투표관리관 1명과 투표사무를 보조할 투표사무원을 위촉하여야 한다.
 ③ 관할위원회로부터 투표소 설치를 위한 장소 사용 협조 요구를 받은 기관·단체의 장은 정당한 사유가 없으면 이에 따라야 한다. 〈신설 2024. 1. 30.〉

제41조(동시조합장선거·동시이사장선거의 투표소의 설치 등) ① 동시조합장선거 또는 동시이사장선거를 실시하는 경우 관할위원회는 제40조제1항에도 불구하고 그 관할구역 안의 읍·면[「지방자치법」 제7조(자치구가 아닌 구와 읍·면·동 등의 명칭과 구역)제3항에 따라 행정면을 둔 경우에는 행정면을 말한다]·동(「지방자치법」 제7조제4항에 따라 행정동을 둔 경우에는 행정동을 말한다)마다 1개소씩 투표소를 설치·운영하여야 하며, 감염병 발생 등 부득이한 사유가 있는 경우 중앙선거관리위원회규칙으로 정하는 바에 따라 추가로 투표소를 설치할 수 있다. 다만, 조합 또는 금고의 주된 사무소가 설치되지 아니한 지역 등 중앙선거관리위원회규칙으로 정하는 경우에는 관할위원회가 해당 조합 또는 금고와 협의하여 일부 읍·면·동에 투표소를 설치할 수 있다. 〈개정 2021. 1. 12., 2023.

8. 8., 2024. 1. 30.〉

② 동시조합장선거 또는 동시이사장선거에서 선거인은 자신이 올라 있는 선거인명부의 작성 구역단위에 설치된 어느 투표소에서나 투표할 수 있다. 〈개정 2023. 8. 8.〉

③ 투표관리관은 제2항에 따라 투표하려는 선거인에 대해서는 본인임을 확인할 수 있는 신분증명서를 제시하게 하여 본인여부를 확인한 다음 전자적 방식으로 무인 또는 서명하게 하고, 투표용지 발급기를 이용하여 선거권이 있는 해당 선거의 투표용지를 출력하여 자신의 도장을 찍은 후 선거인에게 교부한다.

④ 중앙선거관리위원회는 2개 이상 조합장선거 또는 2개 이상 이사장선거의 선거권이 있는 선거인이 투표하는 데 지장이 없도록 하고, 같은 사람이 2회 이상 투표를 할 수 없도록 하는 데 필요한 기술적 조치를 하여야 한다. 〈개정 2023. 8. 8.〉

⑤ 관할위원회는 섬 또는 산간오지 등에 거주하는 등 부득이한 사유로 투표소에 가기 어려운 선거인에게는 그 의결로 거소투표, 순회투표, 인터넷투표 등 중앙선거관리위원회규칙으로 정하는 방법으로 투표를 하게 할 수 있다. 이 경우 투표방법 등에 관하여는 해당 조합 또는 금고와 협의하여야 한다. 〈개정 2023. 8. 8.〉

⑥ 제5항에 따른 거소투표, 순회투표, 인터넷투표 등의 대상·절차·기간·방법, 그 밖에 필요한 사항은 중앙선거관리위원회규칙으로 정한다.

[제목개정 2023. 8. 8.]

제42조(투표용지) ① 투표용지에는 후보자의 기호와 성명을 표시하되, 기호는 후보자의 게재순위에 따라 "1, 2, 3" 등으로 표시하고, 성명은 한글로 기재하여야 한다. 다만, 한글로 표시된 성명이 같은 후보자가 있는 경우에는 괄호 속에 한자를 함께 기재한다.

② 관할위원회는 후보자등록마감 후에 후보자 또는 그 대리인의 참여하에 투표용지에 게재할 후보자의 순위를 추첨의 방법으로 정하여야 한다. 다만, 추첨개시시각에 후보자 또는 그 대리인이 참여하지 아니하는 경우에는 관할위원회 위원장이 지정하는 사람이 그 후보자를 대리하여 추첨할 수 있다.

③ 투표용지는 인쇄하거나 투표용지 발급기를 이용하여 출력하는 방법으로 작성할 수 있다.

제43조(투표안내문의 발송) 관할위원회는 선거인의 성명, 선거인명부등재번호, 투표소의 위치, 투표할 수 있는 시간, 투표할 때 가지고 가야 할 지참물, 투표절차, 그 밖에 투표참여를 권유하는 내용 등이 기재된 투표안내문을 선거인명부확정일 후 3일까지 선거인에게 우편으로 발송하여야 한다. 〈개정 2025. 8. 14.〉

제44조(투표시간) ① 선거별 투표시간은 다음과 같다. 〈개정 2023. 8. 8.〉

  1. 동시조합장선거 및 동시이사장선거: 오전 7시부터 오후 5시까지

2. 제1호에 따른 선거 외의 위탁선거: 관할위원회가 해당 위탁단체와 협의하여 정하는 시간

② 투표를 마감할 때에 투표소에서 투표하기 위하여 대기하고 있는 선거인에게는 번호표를 부여하여 투표하게 한 후에 닫아야 한다.

제45조(투표·개표의 참관) ① 후보자는 해당 위탁단체의 조합원 또는 회원 중에서 투표소마다 2명 이내의 투표참관인을 선정하여 선거일 전 2일까지, 개표소마다 2명 이내의 개표참관인을 선정하여 선거일 전일까지 관할위원회에 서면으로 신고하여야 한다. 이 경우 개표참관인은 투표참관인이 겸임하게 할 수 있다. 〈개정 2024. 1. 30.〉

② 관할위원회는 제1항에 따라 신고한 투표참관인·개표참관인이 투표 및 개표 상황을 참관하게 하여야 한다.

③ 후보자가 제1항에 따른 투표참관인·개표참관인의 신고를 하지 아니한 때에는 투표·개표 참관을 포기한 것으로 본다.

④ 후보자 또는 후보자의 배우자와 해당 위탁단체의 임직원은 투표참관인·개표참관인이 될 수 없다.

⑤ 제1항에도 불구하고 동시조합장선거 및 동시이사장선거의 투표참관인은 투표소마다 12명으로 하며, 후보자수가 12명을 넘는 경우에는 후보자별로 1명씩 우선 선정한 후 추첨에 따라 12명을 지정하고, 후보자수가 12명에 미달하되 후보자가 선정·신고한 인원수가 12명을 넘는 때에는 후보자별로 1명씩 선정한 자를 우선 지정한 후 나머지 인원은 추첨에 의하여 지정한다. 〈개정 2023. 8. 8.〉

⑥ 투표참관인·개표참관인의 선정·신고 및 투표참관인 지정의 구체적인 절차·방법, 그 밖에 필요한 사항은 중앙선거관리위원회규칙으로 정한다.

제46조(개표소의 설치 등) ① 관할위원회는 해당 관할구역에 있는 위탁단체의 시설 등에 개표소를 설치하여야 한다. 다만, 섬 또는 산간오지 등의 지역에 투표소를 설치한 경우로서 투표함을 개표소로 이송하기 어려운 부득이한 경우에는 관할위원회의 의결로 해당 투표소에 개표소를 설치할 수 있다.

② 관할위원회는 개표사무를 보조하게 하기 위하여 개표사무를 보조할 능력이 있는 공정하고 중립적인 사람을 개표사무원으로 위촉할 수 있다.

③ 개표사무원은 투표사무원이 겸임하게 할 수 있다.

④ 개표소의 설치를 위한 장소 사용 협조 요구를 받은 위탁단체 등의 장은 정당한 사유가 없으면 이에 따라야 한다. 〈신설 2024. 1. 30.〉

⑤ 제1항 단서에 따라 투표소에 개표소를 설치하는 경우의 개표 절차, 개표사무원의 위촉, 개표참관, 그 밖에 필요한 사항은 중앙선거관리위원회규칙으로 정한다. 〈개정

2024. 1. 30.〉

제47조(개표의 진행) ① 개표는 위탁단체별로 구분하여 투표수를 계산한다.

② 관할위원회는 개표사무를 보조하기 위하여 투표지를 유효별·무효별 또는 후보자별로 구분하거나 계산하는 데 필요한 기계장치 또는 전산조직을 이용할 수 있다.

③ 후보자별 득표수의 공표는 최종 집계되어 관할위원회 위원장이 서명 또는 날인한 개표상황표에 의한다. 이 경우 출석한 관할위원회의 위원 전원은 공표 전에 득표수를 검열하여야 하며, 정당한 사유 없이 개표사무를 지연시키는 위원이 있는 때에는 검열을 포기한 것으로 보고, 개표록에 그 사유를 기재한다.

④ 제11조제3항에 따라 개표사무의 관리를 지정받은 사람 또는 하급선거관리위원회나 다른 구·시·군선거관리위원회는 그 개표결과를 관할위원회에 즉시 송부하여야 하며, 해당 관할위원회는 송부 받은 개표결과를 포함하여 후보자별 득표수를 공표하여야 한다.

⑤ 제4항에 따른 개표결과의 작성·송부, 그 밖에 필요한 사항은 중앙선거관리위원회규칙으로 정한다.

제48조(개표관람) ① 누구든지 관할위원회가 발행하는 관람증을 받아 구획된 장소에서 개표상황을 관람할 수 있다.

② 관할위원회는 투표와 개표를 같은 날 같은 장소에서 실시하는 경우에는 관람증을 발급하지 아니한다. 이 경우 관람인석과 투표 및 개표 장소를 구분하여 관람인이 투표 및 개표 장소에 출입할 수 없도록 하여야 한다.

제49조(투표록·개표록 및 선거록의 작성 등) ① 관할위원회는 투표록, 개표록을 각각 작성하여야 한다. 다만, 투표와 개표를 같은 날 같은 장소에서 실시하는 경우에는 투표 및 개표록을 통합하여 작성할 수 있다.

② 제11조제3항에 따라 관할위원회가 지정하는 사람 등에게 투표사무 또는 개표사무를 관리하게 하는 경우에는 그 지정을 받은 사람 또는 하급선거관리위원회나 다른 구·시·군선거관리위원회는 제1항에 따른 투표록·개표록 또는 투표 및 개표록을 작성하여 지체 없이 관할위원회에 송부하여야 한다.

③ 제2항에 따라 투표록·개표록 또는 투표 및 개표록을 송부받은 관할위원회는 지체 없이 후보자별 득표수를 계산하고 선거록을 작성하여야 한다.

④ 투표록·개표록, 투표 및 개표록과 선거록은 전산조직을 이용하여 작성·보고 또는 송부할 수 있다.

제50조(선거 관계 서류의 보관) 관할위원회는 투표지, 투표록, 개표록, 투표 및 개표록, 선거록, 그 밖에 위탁선거에 관한 모든 서류를 그 당선인의 임기 중 보관하여야 한다. 다만,

중앙선거관리위원회규칙으로 정하는 바에 따라 그 보존기간을 단축할 수 있다.

제51조(「공직선거법」의 준용 등) ① 투표 및 개표의 관리에 관하여는 이 법에 규정된 것을 제외하고는 그 성질에 반하지 아니하는 범위에서 「공직선거법」 제10장(투표) 및 제11장(개표)을 준용한다.

② 임의위탁선거의 투표 및 개표의 절차 등에 관하여는 해당 위탁단체와 협의하여 달리 정할 수 있다.

제52조(결선투표 등) ① 결선투표 실시 여부에 관하여는 해당 법령이나 정관등에 따른다.

② 결선투표일은 관할위원회가 위탁단체와 협의하여 정한다.

③ 제1항에 따른 결선투표는 특별한 사정이 없으면 당초 위탁선거에 사용된 선거인명부를 사용한다.

④ 천재지변이나 그 밖의 부득이한 사유로 선거를 실시할 수 없거나 실시하지 못한 때에는 관할위원회가 해당 위탁단체와 협의하여 선거를 연기하여야 한다. 이 경우 처음부터 선거절차를 다시 진행하여야 하고, 선거일만을 다시 정한 때에는 이미 진행된 선거절차에 이어 계속하여야 한다.

제53조(총회 등에서 선출하는 조합장선거·이사장선거에 관한 특례) ① 동시조합장선거 또는 동시이사장선거를 실시하는 경우 제24조제3항제2호 및 제3호에 따른 조합장선거·이사장선거(이하 이 조에서 "총회 등에서 선출하는 조합장선거 등"이라 한다)의 선거인명부 작성·확정, 투표 및 개표에 관하여는 다음 각 호에 따른다. 〈개정 2015. 12. 24., 2023. 8. 8., 2024. 1. 30.〉

1. 제24조제3항제2호 및 제3호에 따른 조합장선거와 이사장선거에서는 제15조제3항을 적용하지 아니한다.
2. 제41조제1항에도 불구하고 투표소는 선거인이 투표하기 편리한 곳에 1개소를 설치하여야 한다.
3. 제41조제2항에도 불구하고 해당 조합 또는 금고의 선거인은 제2호에 따른 투표소에서 투표하여야 한다.
4. 제44조제1항제1호에도 불구하고 투표시간은 관할위원회가 해당 조합 또는 금고와 협의하여 정하되 투표마감시각은 오후 5시까지로 한다.
5. 결선투표는 제52조제2항에도 불구하고 해당 선거일에 실시하고, 결선투표시간은 관할위원회가 해당 조합 또는 금고와 협의하여 정한다.
6. 그 밖에 투표 및 개표의 절차 등에 관하여 이 법에서 정한 사항을 제외하고는 해당 법령이나 정관등에 따른다.

② 제1항에도 불구하고 관할위원회는 총회 등에서 선출하는 조합장선거 등의 보궐선거등

의 투표 및 개표의 절차 등에 관하여 해당 조합 또는 금고와 협의하여 달리 정할 수 있다. 〈개정 2015. 12. 24., 2023. 8. 8., 2024. 1. 30.〉

[제목개정 2015. 12. 24., 2023. 8. 8.]

제54조(위탁선거의 동시실시) 관할위원회는 선거일을 같은 날로 정할 수 있는 둘 이상의 선거의 관리를 위탁받기로 결정한 때에는 해당 위탁단체와 협의하여 이들 위탁선거를 동시에 실시할 수 있다.

제55조(위탁선거의 효력 등에 대한 이의제기) 위탁선거에서 선거 또는 당선의 효력에 대한 이의제기는 해당 위탁단체에 하여야 한다. 다만, 위탁선거 사무의 관리집행 상의 하자 또는 투표의 효력에 대한 이의제기는 관할위원회의 직근 상급선거관리위원회에 하여야 한다.

제9장 당선인

제56조(당선인 결정) 당선인 결정은 해당 법령이나 정관등에 따른다.

제10장 벌칙

제57조(적용 제외) ① 제3조제1호가목에 해당하는 공공단체등이 위탁하는 선거 외의 위탁선거에는 이 장을 적용하지 아니한다. 다만, 제65조, 제66조제2항제12호, 제68조제1항·제2항제2호 및 제4항·제5항은 그러하지 아니하다. 〈개정 2016. 12. 27., 2025. 8. 14.〉

② 제1항 본문에도 불구하고 제3조제1호다목에 따라 공공단체등이 임원 등의 선출을 위한 선거의 관리를 위탁하여야 하는 선거(「교육공무원법」 제24조의3에 따른 대학의 장 후보자 추천 선거는 제외한다)에는 제58조부터 제65조까지, 제66조제2항제8호·제10호·제12호·제13호, 제67조, 제68조제1항, 같은 조 제2항제2호, 같은 조 제3항부터 제5항까지를 적용한다. 〈신설 2016. 12. 27., 2025. 8. 14.〉

제58조(매수 및 이해유도죄) 선거운동을 목적으로 다음 각 호의 어느 하나에 해당하는 행위를 한 자는 3년 이하의 징역 또는 3천만원 이하의 벌금에 처한다. 〈개정 2024. 1. 30.〉

1. 선거인[선거인명부를 작성하기 전에는 그 선거인명부에 오를 자격이 있는 자(해당 위탁단체에 가입되어 해당 법령이나 정관등에 따라 위탁선거의 선거권이 있는 자 및 해당 위탁단체에 가입 신청을 한 자를 말한다)를 포함한다. 이하 이 조에서 같다]

이나 그 가족 또는 선거인이나 그 가족이 설립·운영하고 있는 기관·단체·시설에 대하여 금전·물품·향응이나 그 밖의 재산상 이익이나 공사(公私)의 직을 제공하거나 그 제공의 의사를 표시하거나 그 제공을 약속한 자

2. 후보자가 되지 아니하도록 하거나 후보자가 된 것을 사퇴하게 할 목적으로 후보자가 되려는 사람이나 후보자에게 제1호에 규정된 행위를 한 자
3. 위탁단체의 회원으로 가입하여 특정 후보자에게 투표하게 할 목적으로 위탁단체의 회원이 아닌 자에게 제1호에 규정된 행위를 한 자
4. 제1호부터 제3호까지에 규정된 이익이나 직을 제공받거나 그 제공의 의사표시를 승낙한 자
5. 제1호부터 제4호까지에 규정된 행위에 관하여 지시·권유·알선하거나 요구한 자
6. 후보자등록개시일부터 선거일까지 포장된 선물 또는 돈봉투 등 다수의 선거인(선거인의 가족 또는 선거인이나 그 가족이 설립·운영하고 있는 기관·단체·시설을 포함한다)에게 배부하도록 구분된 형태로 되어 있는 금품을 운반한 자

제59조(기부행위의 금지·제한 등 위반죄) 제35조를 위반한 자(제68조제3항에 해당하는 자를 제외한다)는 3년 이하의 징역 또는 3천만원 이하의 벌금에 처한다.

제60조(매수 및 이해유도죄 등으로 인한 이익의 몰수)
제58조 또는 제59조의 죄를 범한 자가 받은 이익은 몰수한다. 다만, 그 전부 또는 일부를 몰수할 수 없는 때에는 그 가액을 추징한다.

제61조(허위사실 공표죄) ① 당선되거나 되게 할 목적으로 선거공보나 그 밖의 방법으로 후보자(후보자가 되려는 사람을 포함한다. 이하 이 조에서 같다)에게 유리하도록 후보자, 그의 배우자 또는 직계존비속이나 형제자매에 관하여 허위의 사실을 공표한 자는 3년 이하의 징역 또는 3천만원 이하의 벌금에 처한다.

② 당선되지 못하게 할 목적으로 선거공보나 그 밖의 방법으로 후보자에게 불리하도록 후보자, 그의 배우자 또는 직계존비속이나 형제자매에 관하여 허위의 사실을 공표한 자는 5년 이하의 징역 또는 500만원 이상 5천만원 이하의 벌금에 처한다.

제62조(후보자 등 비방죄) 선거운동을 목적으로 선거공보나 그 밖의 방법으로 공연히 사실을 적시하여 후보자(후보자가 되려는 사람을 포함한다), 그의 배우자 또는 직계존비속이나 형제자매를 비방한 자는 2년 이하의 징역 또는 2천만원 이하의 벌금에 처한다. 다만, 진실한 사실로서 공공의 이익에 관한 때에는 처벌하지 아니한다.

제63조(사위등재죄) ① 거짓의 방법으로 선거인명부에 오르게 한 자는 1년 이하의 징역 또는 1천만원 이하의 벌금에 처한다.

② 선거인명부작성에 관계 있는 자가 선거인명부에 고의로 선거권자를 기재하지 아니하

거나 거짓 사실을 기재하거나 하게 한 때에는 3년 이하의 징역 또는 3천만원 이하의 벌금에 처한다.

제64조(사위투표죄) ① 성명을 사칭하거나 신분증명서를 위조 또는 변조하여 사용하거나 그 밖에 거짓의 방법으로 투표하거나 하게 하거나 또는 투표를 하려고 한 자는 1년 이하의 징역 또는 1천만원 이하의 벌금에 처한다.

② 선거관리위원회의 위원·직원·투표관리관 또는 투표사무원이 제1항에 규정된 행위를 하거나 하게 한 때에는 3년 이하의 징역에 처한다.

제65조(선거사무관계자나 시설 등에 대한 폭행·교란죄) 다음 각 호의 어느 하나에 해당하는 자는 1년 이상 7년 이하의 징역 또는 1천만원 이상 7천만원 이하의 벌금에 처한다.

1. 위탁선거와 관련하여 선거관리위원회의 위원·직원, 공정선거지원단원, 그 밖에 위탁선거 사무에 종사하는 사람을 폭행·협박·유인 또는 불법으로 체포·감금한 자
2. 폭행하거나 협박하여 투표소·개표소 또는 선거관리위원회 사무소를 소요·교란한 자
3. 투표용지·투표지·투표보조용구·전산조직 등 선거관리 및 단속사무와 관련한 시설·설비·장비·서류·인장 또는 선거인명부를 은닉·파손·훼손 또는 탈취한 자

제66조(각종 제한규정 위반죄) ① 다음 각 호의 어느 하나에 해당하는 자는 3년 이하의 징역 또는 3천만원 이하의 벌금에 처한다. 〈신설 2024. 1. 30.〉

1. 제30조의3제6항제2호를 위반하여 해당 위탁단체 이외의 자에게 휴대전화 가상번호를 제공한 자
2. 제30조의3제7항을 위반하여 명시적으로 거부의사를 밝힌 구성원의 휴대전화 가상번호를 제공한 자
3. 제30조의3제9항제1호를 위반하여 휴대전화 가상번호를 제28조에 따른 선거운동 외의 다른 목적으로 사용한 자
4. 제30조의3제9항제2호를 위반하여 휴대전화 가상번호를 다른 자에게 제공한 자
5. 제30조의3제10항을 위반하여 유효기간이 지난 휴대전화 가상번호를 즉시 폐기하지 아니한 자

② 다음 각 호의 어느 하나에 해당하는 자는 2년 이하의 징역 또는 2천만원 이하의 벌금에 처한다. 〈개정 2015. 12. 24., 2017. 12. 26., 2024. 1. 30.〉

1. 제24조를 위반하여 후보자등이 아닌 자가 선거운동을 하거나 제25조부터 제30조의4까지의 규정에 따른 선거운동방법 외의 방법으로 선거운동을 하거나 선거운동기간이 아닌 때에 선거운동을 한 자. 다만, 제24조의2제7항에 따라 선거운동을 한 예비후보자등과 제24조의3제3항에 따라 선거운동을 한 활동보조인은 제외한다.

1의2. 제24조의2제7항을 위반하여 선거운동을 한 자

2. 제25조에 따른 선거공보의 종수·수량·면수 또는 배부방법을 위반하여 선거운동을 한 자

3. 제26조에 따른 선거벽보의 종수·수량 또는 첩부방법을 위반하여 선거운동을 한 자

4. 제27조를 위반하여 선거운동을 한 자

5. 제28조에 따른 통화방법 또는 시간대를 위반하여 선거운동을 한 자

6. 삭제 〈2024. 1. 30.〉

7. 제30조에 따른 명함의 규격 또는 배부방법을 위반하여 선거운동을 한 자

7의2. 제30조의2제4항을 위반하여 투표관리관등의 제지명령에 불응한 자

7의3. 제30조의3제6항제1호를 위반하여 휴대전화 가상번호에 유효기간을 설정하지 아니하고 제공하거나 휴대전화 가상번호를 제공하는 날부터 선거일까지의 기간을 초과하는 유효기간을 설정하여 제공한 자

8. 제31조를 위반한 자

9. 제36조를 위반하여 축의·부의금품을 제공한 자

10. 제37조를 위반한 자

11. 제38조를 위반한 자

12. 제73조제3항을 위반하여 출입을 방해하거나 자료제출의 요구에 응하지 아니한 자 또는 허위자료를 제출한 자

13. 제75조제2항을 위반한 자

제67조(양벌규정) 법인 또는 단체의 대표자나 법인 또는 단체의 대리인, 사용인, 그 밖의 종업원이 그 법인 또는 단체의 업무에 관하여 이 법의 위반행위를 하였을 때에는 행위자를 벌하는 외에 그 법인 또는 단체에 대하여도 해당 조문의 벌금형을 과(科)한다. 다만, 그 법인 또는 단체가 그 위반 행위를 방지하기 위하여 해당 업무에 관하여 상당한 주의와 감독을 게을리하지 아니한 경우에는 그러하지 아니하다.

제68조(과태료의 부과·징수 등) ①「형사소송법」제211조(현행범인과 준현행범인)에 규정된 현행범인 또는 준현행범인으로서 제73조제4항에 따른 동행요구에 응하지 아니한 자에게는 300만원 이하의 과태료를 부과한다.

② 다음 각 호의 어느 하나에 해당하는 자에게는 100만원 이하의 과태료를 부과한다.

1. 제29조제2항에 따른 관할위원회의 요청을 이행하지 아니한 자

2. 제73조제4항에 따른 출석요구에 정당한 사유 없이 응하지 아니한 자

③ 제35조제3항을 위반하여 금전·물품이나 그 밖의 재산상 이익을 제공받은 자(그 제공받은 금액 또는 물품의 가액이 100만원을 초과한 자는 제외한다)에게는 그 제공받은

금액이나 가액의 10배 이상 50배 이하에 상당하는 금액의 과태료를 부과하되, 그 상한액은 3천만원으로 한다. 다만, 제공받은 금액 또는 음식물·물품(제공받은 것을 반환할 수 없는 경우에는 그 가액에 상당하는 금액을 말한다) 등을 선거관리위원회에 반환하고 자수한 경우에는 그 과태료를 감경 또는 면제할 수 있다.

④ 과태료는 중앙선거관리위원회규칙으로 정하는 바에 따라 관할위원회(이하 이 조에서 "부과권자"라 한다)가 부과한다. 이 경우 과태료처분대상자가 납부기한까지 납부하지 아니한 때에는 관할세무서장에게 징수를 위탁하고 관할세무서장이 국세체납처분의 예에 따라 이를 징수하여 국가에 납입하여야 한다.

⑤ 이 법에 따른 과태료의 부과·징수 등의 절차에 관하여는 「질서위반행위규제법」 제5조(다른 법률과의 관계)에도 불구하고 다음 각 호에서 정하는 바에 따른다.

1. 당사자[「질서위반행위규제법」 제2조(정의)제3호에 따른 당사자를 말한다. 이하 이 항에서 같다]는 「질서위반행위규제법」 제16조(사전통지 및 의견 제출 등)제1항 전단에도 불구하고 부과권자로부터 사전통지를 받은 날부터 3일까지 의견을 제출하여야 한다.

2. 제4항 전단에 따른 과태료 처분에 불복이 있는 당사자는 「질서위반행위규제법」 제20조(이의제기)제1항 및 제2항에도 불구하고 그 처분의 고지를 받은 날부터 20일 이내에 부과권자에게 이의를 제기하여야 하며, 이 경우 그 이의제기는 과태료 처분의 효력이나 그 집행 또는 절차의 속행에 영향을 주지 아니한다.

3. 「질서위반행위규제법」 제24조(가산금 징수 및 체납처분 등)에도 불구하고 당사자가 납부기한까지 납부하지 아니한 경우 부과권자는 체납된 과태료에 대하여 100분의 5에 상당하는 가산금을 더하여 관할세무서장에게 징수를 위탁하고, 관할세무서장은 국세 체납처분의 예에 따라 이를 징수하여 국가에 납입하여야 한다.

4. 「질서위반행위규제법」 제21조(법원에의 통보)제1항 본문에도 불구하고 제4항에 따라 과태료 처분을 받은 당사자가 제2호에 따라 이의를 제기한 경우 부과권자는 지체 없이 관할법원에 그 사실을 통보하여야 한다.

제11장 보칙

제69조(전자투표 및 개표) ① 관할위원회는 해당 위탁단체와 협의하여 전산조직을 이용하여 투표와 후보자별 득표수의 집계 등을 처리할 수 있는 방법으로 투표 및 개표(이하 이 조에서 "전자투표 및 개표"라 한다)를 실시할 수 있다.

② 관할위원회가 제1항에 따라 전자투표 및 개표를 실시하려는 때에는 이를 지체 없이 공고하고 해당 위탁단체 및 후보자에게 통지하여야 하며, 선거인의 투표에 지장이 없도록 홍보하여야 한다.

③ 전자투표 및 개표를 실시하는 경우 투표 및 개표의 절차·방법, 그 밖에 필요한 사항은 중앙선거관리위원회규칙으로 정한다.

제70조(위탁선거범죄로 인한 당선무효) 다음 각 호의 어느 하나에 해당하는 경우에는 그 당선은 무효로 한다.

1. 당선인이 해당 위탁선거에서 이 법에 규정된 죄를 범하여 징역형 또는 100만원 이상의 벌금형을 선고받은 때
2. 당선인의 배우자나 직계존비속이 해당 위탁선거에서 제58조나 제59조를 위반하여 징역형 또는 300만원 이상의 벌금형을 선고받은 때. 다만, 다른 사람의 유도 또는 도발에 의하여 해당 당선인의 당선을 무효로 되게 하기 위하여 죄를 범한 때에는 그러하지 아니하다.

제70조의2(기소·판결에 관한 통지) ① 위탁선거에 관한 범죄로 당선인, 후보자, 후보자의 배우자 또는 직계존비속을 기소한 때에는 관할위원회에 이를 통지하여야 한다.

② 제58조, 제59조, 제61조부터 제66조까지의 범죄에 대한 확정판결을 행한 재판장은 그 판결서등본을 관할위원회에 송부하여야 한다.

[본조신설 2024. 1. 30.]

제71조(공소시효) 이 법에 규정한 죄의 공소시효는 해당 선거일 후 6개월(선거일 후 행하여진 범죄는 그 행위가 있는 날부터 6개월)이 지남으로써 완성한다. 다만, 범인이 도피한 때나 범인이 공범 또는 범죄의 증명에 필요한 참고인을 도피시킨 때에는 그 기간은 3년으로 한다.

제71조의2(재판기간) 이 법을 위반한 죄를 범한 자와 그 공범에 관한 재판은 다른 재판에 우선하여 신속히 하여야 하며, 그 판결의 선고는 제1심에서는 공소가 제기된 날부터 6개월 이내에, 제2심 및 제3심에서는 전심의 판결의 선고가 있은 날부터 각각 3개월 이내에 하도록 노력하여야 한다.

[본조신설 2024. 1. 30.]

제72조(위반행위에 대한 중지·경고 등) ① 관할위원회의 위원·직원은 직무수행 중에 위탁선거 위반행위를 발견한 때에는 중지·경고 또는 시정명령을 하여야 한다.

② 관할위원회는 위탁선거 위반행위가 선거의 공정을 현저하게 해치는 것으로 인정되거나 중지·경고 또는 시정명령을 이행하지 아니하는 때에는 관할수사기관에 수사의뢰 또는 고발할 수 있다.

제73조(위반행위에 대한 조사 등) ① 선거관리위원회의 위원·직원은 위탁선거 위반행위에 관하여 다음 각 호의 어느 하나에 해당하는 경우에는 그 장소에 출입하여 관계인에 대하여 질문·조사를 하거나 관련 서류 그 밖의 조사에 필요한 자료의 제출을 요구할 수 있다.
1. 위탁선거 위반행위의 가능성이 있다고 인정되는 경우
2. 후보자가 제기한 위탁선거 위반행위의 가능성이 있다는 소명이 이유 있다고 인정되는 경우
3. 현행범의 신고를 받은 경우

② 선거관리위원회의 위원·직원은 위탁선거 위반행위 현장에서 위탁선거 위반행위에 사용된 증거물품으로서 증거인멸의 우려가 있다고 인정되는 때에는 조사에 필요한 범위에서 현장에서 이를 수거할 수 있다. 이 경우 해당 선거관리위원회의 위원·직원은 수거한 증거물품을 그 관련된 위탁선거 위반행위에 대하여 고발 또는 수사의뢰한 때에는 관계 수사기관에 송부하고, 그러하지 아니한 때에는 그 소유·점유·관리하는 사람에게 지체 없이 반환하여야 한다.

③ 누구든지 제1항에 따른 장소의 출입을 방해하여서는 아니 되며 질문·조사를 받거나 자료의 제출을 요구받은 사람은 이에 따라야 한다.

④ 선거관리위원회의 위원·직원은 위탁선거 위반행위 조사와 관련하여 관계자에게 질문·조사하기 위하여 필요하다고 인정되는 때에는 선거관리위원회에 동행 또는 출석할 것을 요구할 수 있다. 다만, 선거기간 중 후보자에 대하여는 동행 또는 출석을 요구할 수 없다.

⑤ 선거관리위원회의 위원·직원이 제1항에 따른 장소에 출입하거나 질문·조사·자료의 제출을 요구하는 경우에는 관계인에게 그 신분을 표시하는 증표를 제시하고 소속과 성명을 밝히고 그 목적과 이유를 설명하여야 한다.

⑥ 소명절차·방법, 증거자료의 수거, 증표의 규격, 그 밖에 필요한 사항은 중앙선거관리위원회규칙으로 정한다.

제74조(자수자에 대한 특례) ① 제58조 또는 제59조의 죄를 범한 사람 중 금전·물품이나 그 밖의 이익 등을 받거나 받기로 승낙한 사람이 자수한 때에는 그 형을 감경 또는 면제한다. 다만, 다음 각 호의 어느 하나에 해당하는 사람은 그러하지 아니하다.
1. 후보자 및 그 배우자
2. 후보자 또는 그 배우자의 직계존비속 및 형제자매
3. 후보자의 직계비속 및 형제자매의 배우자
4. 거짓의 방법으로 이익 등을 받거나 받기로 승낙한 사람

② 제1항의 본문에 규정된 사람이 선거관리위원회에 자신의 해당 범죄사실을 신고하여

선거관리위원회가 관계 수사기관에 이를 통보한 때에는 선거관리위원회에 신고한 때를 자수한 때로 본다.

제75조(위탁선거범죄신고자 등의 보호) ① 이 법에 규정된 범죄에 관한 신고·진정·고소·고발 등 조사 또는 수사단서의 제공, 진술 또는 증언, 그 밖의 자료제출행위 및 범인검거를 위한 제보 또는 검거활동을 한 사람이 그와 관련하여 피해를 입거나 입을 우려가 있다고 인정할 만한 상당한 이유가 있는 경우 해당 범죄에 관한 형사절차 및 관할위원회의 조사과정에서는「특정범죄신고자 등 보호법」제5조(불이익처우의 금지)·제7조(인적 사항의 기재 생략)·제9조(신원관리카드의 열람)부터 제12조(소송진행의 협의 등)까지 및 제16조(범죄신고자등에 대한 형의 감면)를 준용한다.

② 누구든지 제1항에 따라 보호되고 있는 범죄신고자 등이라는 정을 알면서 그 인적사항 또는 범죄신고자 등임을 알 수 있는 사실을 다른 사람에게 알려주거나 공개 또는 보도하여서는 아니 된다.

제76조(위탁선거 위반행위 신고자에 대한 포상금 지급) ① 관할위원회는 위탁선거 위반행위에 대하여 선거관리위원회가 인지하기 전에 그 위반행위의 신고를 한 사람에게 포상금을 지급할 수 있다. 〈개정 2024. 1. 30.〉

② 관할위원회는 제1항에 따라 포상금을 지급한 후 다음 각 호의 어느 하나에 해당하는 사유가 있는 경우에는 그 포상금의 지급결정을 취소한다. 〈신설 2024. 1. 30.〉

  1. 담합 등 거짓의 방법으로 신고한 사실이 발견된 경우
  2. 사법경찰관의 불송치결정이나 검사의 불기소처분이 있는 경우
  3. 무죄의 판결이 확정된 경우

③ 관할위원회는 제2항에 따라 포상금의 지급결정을 취소한 때에는 해당 신고자에게 그 취소 사실과 지급받은 포상금에 해당하는 금액을 반환할 것을 통지하여야 하며, 해당 신고자는 통지를 받은 날부터 30일 이내에 그 금액을 해당 관할위원회에 납부하여야 한다. 〈신설 2024. 1. 30.〉

④ 관할위원회는 제3항에 따라 포상금의 반환을 통지받은 해당 신고자가 납부기한까지 반환할 금액을 납부하지 아니한 때에는 해당 신고자의 주소지를 관할하는 세무서장에게 징수를 위탁하고 관할 세무서장이 국세강제징수의 예에 따라 징수한다. 〈신설 2024. 1. 30.〉

⑤ 제3항 또는 제4항에 따라 납부 또는 징수된 금액은 국가에 귀속된다. 〈신설 2024. 1. 30.〉

⑥ 포상금의 지급 기준 및 절차, 제2항제2호에 해당하는 불송치결정 또는 불기소처분의 사유, 반환금액의 납부절차, 그 밖에 필요한 사항은 중앙선거관리위원회규칙으로 정

한다. 〈신설 2024. 1. 30.〉

제77조(위탁선거에 관한 신고 등) ① 이 법 또는 이 법의 시행을 위한 중앙선거관리위원회규칙에 따라 선거기간 중 선거관리위원회에 대하여 행하는 신고·신청·제출·보고 등은 이 법에 특별한 규정이 있는 경우를 제외하고는 공휴일에도 불구하고 매일 오전 9시부터 오후 6시까지 하여야 한다.

② 각급선거관리위원회는 이 법 또는 이 법의 시행을 위한 중앙선거관리위원회규칙에 따른 신고·신청·제출·보고 등을 해당 선거관리위원회가 제공하는 서식에 따라 컴퓨터의 자기디스크나 그 밖에 이와 유사한 매체에 기록하여 제출하게 하거나 해당 선거관리위원회가 지정하는 인터넷 홈페이지에 입력하는 방법으로 제출하게 할 수 있다.

제78조(선거관리경비) ① 위탁선거를 위한 다음 각 호의 경비는 해당 위탁단체가 부담하고 선거의 실시에 지장이 없도록 제1호의 경우에는 선거기간개시일 전 60일(보궐선거등의 경우에는 위탁신청을 한 날부터 10일)까지, 제2호부터 제4호까지의 경우에는 위탁관리 결정의 통지를 받은 날(의무위탁선거의 경우에는 위탁신청을 한 날)부터 10일까지 관할위원회에 납부하여야 한다. 〈개정 2024. 1. 30.〉

1. 위탁선거의 준비 및 관리에 필요한 경비
2. 위탁선거에 관한 계도·홍보에 필요한 경비
3. 위탁선거 위반행위의 단속 및 조사에 필요한 경비
4. 제79조에 따른 보상을 위한 재해보상준비금

② 동시조합장선거 및 동시이사장선거에서 제76조에 따른 포상금 지급에 필요한 경비는 해당 조합 또는 금고와 그 중앙회가 균분하여 부담하여야 한다. 〈개정 2023. 8. 8.〉

③ 위탁선거의 관리에 필요한 다음 각 호의 경비는 국가가 부담한다.

1. 위탁선거에 관한 사무편람의 제정·개정에 필요한 경비
2. 그 밖에 위탁선거 사무의 지도·감독 등 통일적인 업무수행을 위하여 필요한 경비

④ 중앙선거관리위원회는 위탁기관의 의견을 들어 선거관리경비 산출기준을 정하고 이를 관할위원회에 통지하여야 하며, 관할위원회는 그 산출기준에 따라 경비를 산출하여야 한다.

⑤ 관할위원회는 제52조에 따른 결선투표가 실시될 경우 그 선거관리경비를 제4항과 별도로 산출하여야 한다.

⑥ 관할위원회는 제4항에 따라 선거관리경비를 산출하는 때에는 예측할 수 없는 경비 또는 불가피한 사유로 산출기준을 초과하는 경비에 충당하기 위하여 산출한 선거관리경비 총액의 100분의 5 범위에서 부가경비를 계상하여야 한다.

⑦ 제1항에 따른 납부금은 체납처분이나 강제집행의 대상이 되지 아니하며 그 경비의 산

출기준, 납부절차와 방법, 집행, 검사, 반환, 그 밖에 필요한 사항은 중앙선거관리위원회규칙으로 정한다.

제78조의2(선거관리경비 산출기준의 보고 등) ① 중앙선거관리위원회는 제78조제4항에 따라 선거관리경비 산출기준을 정한 때에는 지체 없이 그 결과를 국회 소관 상임위원회에 보고하여야 한다.

② 중앙선거관리위원회는 제78조에 따른 선거관리경비에 관한 결산개요, 사업설명자료, 성질별·세목별 집행내역 등 결산서를 다음 연도 4월 말까지 국회 소관 상임위원회에 제출하여야 한다.

[본조신설 2025. 8. 14.]

제79조(질병·부상 또는 사망에 대한 보상) ① 중앙선거관리위원회는 각급선거관리위원회위원, 투표관리관, 공정선거지원단원, 투표 및 개표사무원(공무원인 자를 제외한다)이 선거기간(공정선거지원단원의 경우 공정선거지원단을 두는 기간을 말한다) 중에 이 법에 따른 선거업무로 인하여 질병·부상 또는 사망한 때에는 보상금을 지급하여야 한다.

② 제1항의 보상금 지급사유가 제3자의 행위로 인하여 발생한 경우에는 중앙선거관리위원회는 이미 지급한 보상금의 지급 범위에서 수급권자가 제3자에 대하여 가지는 손해배상청구권을 취득한다. 다만, 제3자가 공무수행 중의 공무원인 경우에는 손해배상청구권의 전부 또는 일부를 행사하지 아니할 수 있다.

③ 제2항의 경우 보상금의 수급권자가 그 제3자로부터 동일한 사유로 인하여 이미 손해배상을 받은 경우에는 그 배상액의 범위에서 보상금을 지급하지 아니한다.

④ 제1항의 보상금 지급사유가 그 수급권자의 고의 또는 중대한 과실로 인하여 발생한 경우에는 해당 보상금의 전부 또는 일부를 지급하지 아니할 수 있다.

⑤ 보상금의 종류 및 금액, 고의 또는 중대한 과실에 의한 보상금의 감액, 중대한 과실의 적용범위, 그 밖에 필요한 사항은 중앙선거관리위원회규칙으로 정한다.

[본조신설 2024. 1. 30.]

[종전 제79조는 제81조로 이동 〈2024. 1. 30.〉]

제80조(선전물의 공익목적 활용 등) ① 각급선거관리위원회는 이 법에 따라 위탁단체 또는 후보자(후보자가 되려는 사람을 포함한다. 이하 이 조에서 같다)가 선거관리위원회에 제출한 벽보·공보 등 각종 인쇄물, 사진, 그 밖의 선전물을 공익을 목적으로 출판·전시하거나 인터넷 홈페이지 게시, 그 밖의 방법으로 활용할 수 있다.

② 제1항에 따라 각급선거관리위원회가 공익을 목적으로 활용하는 위탁단체 또는 후보자의 벽보·공보 등 각종 인쇄물, 사진, 그 밖의 선전물에 대하여는 누구든지 각급선거관리위원회에 대하여 「저작권법」상의 권리를 주장할 수 없다.

[본조신설 2024. 1. 30.]

제81조(선거운동의 중지) 위탁선거에서 후보자등록마감일 현재 등록한 후보자가 1명인 경우 또는 후보자등록마감 후 후보자가 사퇴·사망하거나 등록이 무효로 되어 후보자가 1명이 된 경우로서 투표를 하지 아니하게 된 때에는 그 사유가 확정된 때부터 이 법에 따른 해당 위탁선거의 선거운동은 중지한다.

[본조신설 2025. 8. 14.]

[종전 제81조는 제82조로 이동 〈2025. 8. 14.〉]

제82조(시행규칙) 위탁선거의 관리에 관하여 이 법의 시행을 위하여 필요한 사항은 중앙선거관리위원회규칙으로 정한다.

[제81조에서 이동 〈2025. 8. 14.〉]

부칙〈제21028호, 2025. 8. 14.〉]

이 법은 공포한 날부터 시행한다.

6-3 공직선거관리규칙

[시행 2025. 5. 8.] [중앙선거관리위원회규칙 제628호, 2025. 5. 8., 일부개정]

중앙선거관리위원회(법제과 - 법령 제개정) 02-3294-8400
중앙선거관리위원회(의정지원선거안내센터 - 법령 해석) 02-3294-8444

제1장 총칙

제1조(목적) 이 규칙은「공직선거법」(이하 "법"이라 한다)에서 위임된 사항과 그 밖에 대통령·국회의원·지방의회의원 및 지방자치단체의 장의 선거의 관리에 필요한 세부사항을 규정함을 목적으로 한다. 〈개정 2005. 8. 4.〉

제2조(인구수등의 통보등) ①법 제4조(인구의 기준)의 규정에 의한 선거사무관리의 기준이 되는 인구의 기준일은 법 제60조의2(예비후보자등록)제1항의 규정에 의한 예비후보자등록신청개시일이 속하는 달의 전전달 말일로 한다. 〈개정 1995. 12. 30., 2000. 2. 16., 2004. 3. 12.〉

② 구청장(자치구가 아닌 구의 구청장을 포함한다)·시장(구가 설치되지 아니한 시의 시장을 말한다)·군수(이하 "구·시·군의 장"이라 한다)는 선거가 실시되는 때마다 제1항의 규정에 의한 인구의 기준일 현재의 인구수, 세대수, 18세 이상의 주민수 및 관할구역의 읍·면(「지방자치법」 제7조제3항에 따라 행정면을 둔 경우에는 행정면을 말한다. 이하 같다)·동(「지방자치법」 제7조제4항에 따라 행정동을 둔 경우에는 행정동을 말한다. 이하 같다) 현황을 별지 제1호서식에 의하여 인구의 기준일 후 15일{인구의 기준일 후 15일 후에 실시사유가 확정된 법 제35조(보궐선거등의 선거일)제4항의 규정에 따른 보궐선거등(이하 "보궐선거등"이라 한다)의 경우에는 그 선거의 실시사유가 확정된 때부터 5일}까지 당해 구·시·군선거관리위원회(이하 "구·시·군위원회"라 한다)에 통보하여야 한다. 이 경우 지방자치단체의 의회의원 및 장의 선거에 있어서는 법 제4조 후단에 따른 외국인(이하 "외국인선거권자"라 한다)의 수와 그 세대수를 포함하여야 한다. 〈개정 1997. 1. 13., 2000. 2. 16., 2002. 3. 21., 2004. 3. 12., 2005. 8. 4., 2009. 2. 19., 2020. 1. 17., 2022. 1. 26.〉

③ 구·시·군위원회는 인구의 기준일부터 선거인명부작성기준일까지의 사이에 신도시개발, 토목사업, 행정구역의 변경 기타 사유로 인구수의 현저한 변동이 있는 때에는

제1항 및 제2항의 규정에 불구하고 당해 구·시·군의 장과 협의하여 인구의 기준일 및 인구수등의 통보기한을 다시 정할 수 있다. 〈신설 1995. 12. 30.〉

④ 삭제 〈2014. 1. 17.〉

제2조의2 (여론조사 기관·단체의 등록 등) ① 법 제8조의9제1항에 따른 등록신청은 별지 제1호의2서식의(가)에 따라 해당 여론조사 기관·단체의 사무소의 소재지를 관할하는 시·도선거여론조사심의위원회에 한다.

② 제1항에도 불구하고 중앙선거여론조사심의위원회는 여론조사 기관·단체의 등록신청 건수 및 신청 시기 등을 종합적으로 고려하여 등록사무를 대행할 선거여론조사심의위원회를 정할 수 있다. 이 경우 그 대행하는 선거여론조사심의위원회에 등록신청을 하여야 한다.

③ 제1항 및 제2항에 따른 등록신청을 하려는 때에는 다음 각 호에서 정하는 요건을 모두 갖추어야 한다. 〈개정 2020. 1. 17., 2023. 7. 31.〉

1. 전화면접조사시스템 또는 전화자동응답조사시스템
2. 다음 각 목의 어느 하나에 해당하는 분석전문인력 3명 이상을 포함한 5명 이상의 상근 직원. 이 경우 같은 사람을 법 제8조의9제3항에 따른 2 이상의 선거여론조사 기관의 분석전문인력으로 등록할 수 없으며, 상근직원은 등록신청을 하는 때에 3개월 이상 계속 근무하고 있어야 한다.
   가. 여론조사 관련 분야의 학사 이상의 학위를 보유하고 여론조사 기관·단체에서 여론조사의 실시·결과분석 등 여론조사와 직접 관련된 업무를 2년 이상 수행한 사람
   나. 사회조사분석사 자격증을 보유하고 여론조사 기관·단체에서 여론조사의 실시·결과분석 등 여론조사와 직접 관련된 업무를 3년 이상 수행한 사람
   다. 여론조사 기관·단체에서 여론조사의 실시·결과분석 등 여론조사와 직접 관련된 업무를 5년 이상 수행한 사람
3. 연간(등록신청을 하는 때에는 최근 1년간을 말한다) 1억원 이상의 여론조사 실시 매출액. 다만, 설립된 지 1년 미만인 여론조사 기관·단체의 경우 5천만원 이상의 여론조사 실시 매출액으로 한다.
4. 제1호에 따른 조사시스템과 제2호에 따른 상근 직원을 수용할 수 있는 사무소

④ 법 제8조의9제1항에 따라 등록신청을 받은 관할 선거여론조사심의위원회는 여론조사 기관·단체가 제3항에 따른등록요건을 갖추었는지 확인한 후 등록을 수리하고, 별지 제1호의2서식의(나)에 따른 등록증을 교부하여야 한다.

⑤ 선거여론조사심의위원회가 법 제8조의9제3항에 따라 공개하여야 하는 선거여론조사

기관의 정보는 다음 각 호와 같다.
1. 명칭
2. 사무소의 소재지 및 전화번호
3. 대표자의 성명
4. 등록연월일

⑥ 법 제8조의9제4항에 따른 변경등록 신청은 별지 제1호의2서식의(다)에 따른다.

⑦ 제6항에 따른 변경등록 신청을 받은 관할 선거여론조사심의위원회는 그 신청을 접수한 날부터 7일 이내에 변경등록을 수리하고, 등록증의 기재사항에 변경이 있는 경우 등록증을 다시 교부하여야 한다.

⑧ 관할 선거여론조사심의위원회가 법 제8조의9제5항에 따라 선거여론조사기관의 등록을 취소한 때에는 중앙선거여론조사심의위원회 홈페이지에 그 사실을 알려야 한다.

⑨ 관할 선거여론조사심의위원회는 다음 각 호에 따라 제3항에 따른 등록요건의 충족 여부 등에 관한 실태 점검을 하여야 한다. 다만, 중앙선거여론조사심의위원회는 필요한 경우 직접 실태 점검을 실시하거나 이를 대행할 선거여론조사심의위원회를 정할 수 있다. 〈신설 2023. 7. 31.〉
1. 정기 점검 : 연 1회
2. 수시 점검 : 중앙선거여론조사심의위원회 또는 관할 선거여론조사심의위원회가 필요하다고 인정하는 때

[본조신설 2017. 2. 24.]

[종전 제2조의2는 제2조의3으로 이동 〈2017. 2. 24.〉]

제2조의3(공정선거지원단) ① 법 제10조의2제2항 본문에 따라 중앙선거관리위원회(이하 "중앙위원회"라 한다)와 시·도선거관리위원회(이하 "시·도위원회"라 한다)가 설치·운영하는 공정선거지원단은 10명 이내로 구성하고, 구·시·군위원회가 설치·운영하는 공정선거지원단의 수는 10명 이내에서 선거환경, 관할구역, 선거구수, 선거인수, 예상되는 선거의 종류와 실시시기, 지역특성과 그 밖의 사항을 고려하여 중앙위원회가 정하는 기준에 따라 해당 구·시·군위원회가 정한다. 〈개정 2018. 4. 6.〉

② 법 제10조의2제2항 단서에 따라 각급선거관리위원회(읍·면·동선거관리위원회는 제외하며, 이하 이 조에서 "각급위원회"라 한다)에 두는 공정선거지원단의 수는 다음 각 호에 따른다. 〈개정 2018. 4. 6.〉
1. 중앙위원회
   법 제34조제1항에 따른 임기만료에 의한 선거(법 제35조제1항에 따른 대통령의 궐위로 인한 선거 및 재선거를 포함하며, 이하 이 항에서 "임기만료에 의한 선거"라 한

다)가 실시되는 때에는 10명 이내, 그 밖의 선거가 실시되는 때에는 선거의 종류와 실시구역 등을 고려하여 중앙위원회가 정하는 인원

2. 시·도위원회

   임기만료에 의한 선거가 실시되는 때에는 10명 이내, 그 밖의 선거가 실시되는 때에는 선거의 종류와 실시구역 등을 고려하여 해당 시·도위원회가 정하는 인원

3. 구·시·군위원회

   임기만료에 의한 선거가 실시되거나 해당 구·시·군위원회의 관할구역 전역에서 선거가 실시되는 때에는 20명 이내, 그 밖의 선거가 실시되는 때에는 선거의 종류와 실시구역 등을 고려하여 해당 구·시·군위원회가 정하는 인원

③ 공정선거지원단원이 되려는 사람은 별지 제1호의2서식의(라)의 본인승낙 및 비당원확인서를 제출하여야 한다. 〈개정 2018. 4. 6.〉

④ 각급위원회는 공정선거지원단원에게 별지 제63호양식의 신분증명서를 발급하여야 한다. 〈개정 2018. 4. 6.〉

⑤ 공정선거지원단원은 임무를 수행함에 있어서 법규를 준수하고 성실하여야 하며 소속된 선거관리위원회의 명령에 따라야 한다. 〈개정 2018. 4. 6.〉

⑥ 공정선거지원단원이 이 법에 위반되는 행위에 대하여 증거자료를 수집하거나 조사활동을 하는 때에는 관계인에게 제4항의 신분증명서를 제시하고 소속과 신분을 밝혀야 하며, 그 목적과 이유를 알려야 한다. 〈개정 2018. 4. 6.〉

⑦ 각급위원회는 공정선거지원단원이 다음 각 호의 어느 하나에 해당하는 때에는 해촉할 수 있다. 〈개정 2018. 4. 6.〉

1. 법규를 위반하거나 그 임무를 수행함에 있어서 불공정한 행위를 하거나 할 우려가 있는 때
2. 정당한 사유 없이 소속된 선거관리위원회의 지휘명령에 따르지 아니하거나 그 임무를 게을리 한 때
3. 임무수행 중 입수한 자료를 유출하거나 알게 된 정보를 누설한 때
4. 공정선거지원단원이 그 품위를 손상하거나 선거관리위원회의 위신을 실추시킨 행위를 한 때
5. 건강 그 밖의 사유로 임무를 성실히 수행할 수 없다고 판단 된 때

⑧ 공정선거지원단원은 사직하거나 해촉된 때에는 지체 없이 그 신분증명서를 반환하여야 한다. 〈개정 2018. 4. 6.〉

⑨ 법 제10조의2제7항에 따라 공정선거지원단원에게 예산의 범위에서 수당을 지급할 때에는 「최저임금법」 제10조(최저임금의 고시와 효력발생)에 따라 고시된 최저임금액 이

상으로 지급하고, 실비는 「공무원여비규정」 별표 2의 제2호에 따라 산정된 금액을 지급한다. 이 경우 활동실적과 근무상황이 우수한 공정선거지원단원에게는 예산의 범위에서 추가로 성과수당을 지급할 수 있다. 〈개정 2014. 1. 17., 2018. 4. 6.〉

[전문개정 2008. 2. 29.]

[제목개정 2018. 4. 6.]

[제2조의2에서 이동, 종전 제2조의3은 제2조의4로 이동 〈2017. 2. 24.〉]

제2조의4(사이버공정선거지원단) ① 법 제10조의3제1항 본문에 따라 중앙위원회가 설치·운영하는 사이버공정선거지원단은 10명 이내로 구성하며, 법 같은 조 같은 항 단서에 따라 중앙위원회가 추가로 구성하는 인원과 법 같은 조 제2항에 따라 시·도위원회가 설치·운영하는 사이버공정선거지원단의 수는 선거의 종류, 선거의 수, 선거가 실시되는 구역과 그 밖의 사항을 고려하여 선거를 실시하는 때마다 해당 위원회가 정한다. 〈개정 2018. 4. 6.〉

② 법 제10조의3제4항(법 제10조의2제7항을 준용하는 경우를 말한다)에 따라 사이버공정선거지원단원에게 예산의 범위에서 수당을 지급할 때에는 「최저임금법」 제10조(최저임금의 고시와 효력발생)에 따라 고시된 최저임금액 이상으로 지급하고, 식비는 「국가재정법」 제44조(예산집행지침의 통보)에 따른 예산집행에 관한 지침의 특근매식비 지급단가에 따라 지급한다. 이 경우 활동실적과 근무상황이 우수한 사이버공정선거지원단원에게는 예산의 범위에서 추가로 성과수당을 지급할 수 있다. 〈신설 2014. 1. 17., 2018. 4. 6.〉

③ 제2항 전단에도 불구하고 사이버선거범죄의 증거자료 분석 및 시스템 연구 등을 수행하기 위하여 전문인력으로 채용된 사이버공정선거지원단원에게는 예산의 범위에서 유사 직종이나 업무에 근무하는 근로자의 임금 수준에 상응하는 금액을 수당으로 지급할 수 있다. 〈신설 2014. 1. 17., 2018. 4. 6.〉

④ 제2조의3제3항부터 제8항까지의 규정은 사이버공정선거지원단에 준용한다. 이 경우 "공정선거지원단원"은 "사이버공정선거지원단원"으로, "각급위원회"는 "중앙위원회" 또는 "시·도위원회"로 본다. 〈개정 2014. 1. 17., 2017. 2. 24., 2018. 4. 6.〉

[전문개정 2008. 2. 29.]

[제목개정 2018. 4. 6.]

[제2조의3에서 이동, 종전 제2조의4는 제2조의5로 이동 〈2017. 2. 24.〉]

제2조의5(선거관리) 이 규칙에 규정된 구·시·군위원회에는 그 성질에 반하지 아니하는 범위에서 세종특별자치시선거관리위원회가 포함된 것으로 본다.

[본조신설 2015. 8. 13.]

[제2조의4에서 이동 〈2017. 2. 24.〉]

제3조(선거사무의 조정·대행등) ① 선거구선거관리위원회(이하 "선거구위원회"라 한다) 또는 직근 상급선거관리위원회(이하 "상급위원회"라 한다)가 법 제13조(선거구선거관리) 제3항의 규정에 의하여 관할구역안의 선거관리위원회(이하 "위원회"라 한다)가 행할 선거사무의 범위를 조정하는 때에는 관할구역·업무량등 관리여건과 선거인 및 후보자의 편의를 감안하여야 하되, 선거구위원회가 조정하는 때에는 직근 상급위원회의 승인을 얻어야 한다.

② 삭제 〈2004. 3. 12.〉

③ 다음 각 호의 사무는 구·시·군위원회가 법 제13조제3항에 따라 그 관할구역의 읍·면·동위원회 또는 그 위원으로 하여금 행하게 할 수 있다. 〈개정 2008. 2. 29., 2010. 1. 25., 2011. 7. 28., 2014. 1. 17., 2015. 8. 13., 2021. 10. 22., 2022. 1. 26.〉

1. 선거벽보의 접수·확인·첩부 및 철거에 관한 사무
2. 매세대발송용 선거공보(법 제65조제9항에 따른 후보자정보공개자료를 포함한다)의 접수·확인 및 발송에 관한 사무
3. 투표안내문(점자형 투표안내문을 포함한다. 이하 같다)의 작성 및 발송에 관한 사무
4. 사전투표소의 설비, 사전투표참관인 신고접수·선정 및 사전투표사무원 위촉에 관한 사무
5. 그 밖에 위 각 호의 어느 하나에 준하는 사무로서 시·도위원회가 정하는 사무

④ 구·시·군위원회는 선거가 있을 때마다 선거일전 30일(선거일전 30일후에 선거의 실시사유가 확정된 보궐선거등에 있어서는 선거인명부작성기준일)까지 읍·면·동위원회가 대행할 직무의 범위·대행기간 그 밖에 필요한 사항을 정하여 이를 지체없이 공고하고 해당 읍·면·동위원회에 통지하여야 한다. 〈개정 1998. 4. 30., 2002. 3. 21., 2004. 3. 12., 2005.8.4〉

⑤ 삭제 〈2005. 8. 4.〉

⑥ 읍·면·동위원회가 제3항의 규정에 의한 사무를 행함에 있어서 구·시·군위원회의 청인 또는 그 위원장의 직인을 날인하게 되어 있는 것은 당해읍·면·동위원회의 청인 또는 그 위원장의 직인을 날인한다. 〈개정 2005. 8. 4.〉

⑦ 읍·면·동위원회는 관할구·시·군위원회가 정한 대행할 직무의 범위·대행방법등의 범위안에서 당해 구·시·군위원회의 지도·감독하에 업무를 행하되, 그 업무를 행한 때에는 당해읍·면·동위원회위원장은 그 업무에 관한 모든 서류를 선거일후 지체없이 관할구·시·군위원회에 송부하여야 한다. 〈개정 2005. 8. 4.〉

제2장 선거구역과 의원정수

제4조(자치구ㆍ시ㆍ군의회의 의원정수 산정기준) ①법 제23조(자치구ㆍ시ㆍ군의회의 의원정수)제1항의 규정에 따른 자치구ㆍ시ㆍ군의회의 의원정수의 산정은 다음 각 호에서 정하는 기준에 따른다. 〈개정 2015. 8. 13., 2019. 1. 25.〉

1. 자치구ㆍ시ㆍ군의회의 의원정수는 법 별표 3의 시ㆍ도별 자치구ㆍ시ㆍ군의회의원의 총정수의 범위 내에서 자치구ㆍ시ㆍ군별 인구 비율과 읍ㆍ면ㆍ동수 비율 등을 고려하여 정한다. 이 경우 자치구ㆍ시ㆍ군의회의 의원정수 산정의 기준이 되는 인구 및 읍ㆍ면ㆍ동수의 기준일은 최근의 통계에 따라 법 제24조의3제1항에 따른 해당 시ㆍ도의 자치구ㆍ시ㆍ군의원선거구획정위원회가 정하되, 읍ㆍ면ㆍ동 통합이 있는 때에 읍ㆍ면ㆍ동수의 기준일은 통합 전 통계에 따를 수 있다.
2. 비례대표선거구자치구ㆍ시ㆍ군의회의원(이하 "비례대표자치구ㆍ시ㆍ군의원"이라 한다)정수는 자치구ㆍ시ㆍ군의회의 의원정수에서 법 제23조제3항의 규정에 따라 먼저 정하고, 지역선거구자치구ㆍ시ㆍ군의회의원(이하 "지역구자치구ㆍ시ㆍ군의원"이라 한다)정수는 그 나머지 인원으로 한다.

② 지역구자치구ㆍ시ㆍ군의원정수를 정함에 있어서는 자치구ㆍ시ㆍ군 안에서 지역선거구별로 의원 1인당 인구수의 편차가 최소화되도록 노력하여야 한다.

[본조신설 2005. 8. 4.]

[종전 제4조는 제4조의2로 이동 〈2005. 8. 4.〉]

제4조의2(자치구ㆍ시ㆍ군의원선거구획정위원회의 구성 및 운영 등) ① 법 제24조의3제1항에 따른 자치구ㆍ시ㆍ군의원선거구획정위원회(이하 이 조에서 "획정위원회"라 한다)는 위원장 1명을 포함한 11명의 비상근 위원으로 구성하되, 위원은 시ㆍ도의회가 추천하는 2명, 시ㆍ도위원회가 추천하는 1명, 학계ㆍ법조계ㆍ언론계 및 시민단체가 추천하는 각 2명을 위촉하고, 위원장은 위원 중에서 호선한다.

② 위원의 임기는 위원으로 위촉된 날부터 획정위원회가 법 제24조의3제5항에 따라 선거구획정안 및 보고서를 특별시장ㆍ광역시장ㆍ특별자치시장ㆍ도지사(이하 "시ㆍ도지사"라 한다)에게 제출하는 날까지로 한다.

③ 위원장은 획정위원회를 대표하고 획정위원회의 직무를 총괄하며, 위원장이 부득이한 사유로 직무를 수행할 수 없는 때에는 미리 위원장이 지명한 위원이 그 직무를 대행한다.

④ 위원회의는 시ㆍ도지사 또는 위원장이 필요하다고 인정하는 때에 위원장이 소집하며,

재적위원 과반수의 찬성으로 의결한다.

⑤ 획정위원회는 위원장의 명의로 선거구획정 업무에 필요한 서류 등의 제출을 국가기관 및 지방자치단체에 요청할 수 있으며, 그 요청을 받은 국가기관 및 지방자치단체는 지체 없이 이에 따라야 한다.

⑥ 위원에게는 해당 시·도의 예산의 범위에서 일비·여비 그 밖에 필요한 경비를 지급할 수 있다.

⑦ 획정위원회에 그 사무를 처리하게 하기 위하여 간사 1명을 두되, 간사는 해당 시·도 소속공무원 중에서 해당 시·도지사가 지정하는 공무원이 된다.

⑧ 이 규칙에 규정된 사항 외에 획정위원회의 운영에 관하여 필요한 사항은 획정위원회의 의결로 정한다.

[본조신설 2015. 12. 24.]
[종전 제4조의2는 제4조의4로 이동〈2015. 12. 24.〉]

제4조의3(자치구·시·군의원지역선거구의 명칭) 법 제26조제2항에 따른 자치구·시·군의원지역선거구의 명칭은 자치구·시·군의 명칭 뒤에 가, 나, 다를 붙여 표시한다.

[본조신설 2015. 12. 24.]

제4조의4(지방의회의원의 증원선거구와 그 의원수의 통보) 지방자치단체의 장은 지방의회의원의 증원선거사유가 발생한 때에는 지체없이 법 제29조(지방의회의원의 증원선거)제1항의 규정에 의한 증원선거를 실시할 선거구명 및 증원선거에 의하여 선출할 의원수를 당해 선거구위원회에 통보하여야 한다. 〈개정 1995. 12. 30., 2000. 2. 16., 2004. 3. 12., 2005. 8. 4.〉

[제목개정 2005. 8. 4.]
[제4조의2에서 이동〈2015. 12. 24.〉]

제5조(지방의회의원 증원선거의 선거구선거관리) 법 제29조(지방의회의원의 증원선거)제3항의 규정에 의한 시·도위원회의 증원선거에 관한 사무를 행할 구·시·군위원회의 지정은 「선거관리위원회법」 제2조(설치)제6항의 규정에 준한다. 〈개정 2005. 8. 4.〉

제6조(투표구의 명칭표시등) ① 법 제31조(투표구)제2항의 규정에 의하여 하나의 읍·면·동에 2이상의 투표구를 두는 경우의 투표구의 명칭은 그 읍·면·동의 명칭 밑에 제1, 제2, 제3등을 붙여 표시한다.

② 구·시·군의 장은 관할구역안의 읍·면·동·통·리(「지방자치법」 제7조제4항에 따라 행정리를 둔 경우에는 행정리를 말한다. 이하 같다)의 명칭 또는 구역의 변경이 있

거나 폐치·분합이 있는 때에는 지체없이 이를 관할구·시·군위원회에 통보하여야 한다. 〈개정 2005. 8. 4., 2010. 1. 25., 2021. 10. 22.〉
③ 삭제 〈2005. 8. 4.〉

제7조(투표구의 공고와 통보) 구·시·군위원회는 법 제31조(투표구) 제3항의 규정에 의하여 투표구의 설치 또는 변경의 공고를 한 때에는 그 때마다 지체없이 관할 구·시·군의 장과 관계읍·면·동위원회에 이를 통보하여야 하며, 선거를 실시하는 때에는 그때마다 선거인명부작성기준일 전일까지 관할구역안의 투표구를 일괄하여 공고하여야 한다. 〈개정 2005. 8. 4.〉

제3장 선거기간과 선거일

제8조(민속절등의 범위) 법 제34조(선거일)제2항의 민속절 또는 공휴일은 「관공서의 공휴일에 관한 규정」 제2조(공휴일)제1호 내지 제10호에 규정된 날과 한식일로 한다. 〈개정 2005. 8. 4., 2006. 3. 2.〉

제9조(일부재선거등의 선거일등 공고) 법 제35조제3항에 따른 일부재선거일과 법 제36조에 따른 재투표일을 공고하는 때에는 일부재선거의 선거일 또는 재투표의 투표일 전 19일(대통령선거는 23일)까지 공고하여야 한다. 〈개정 2000. 2. 16., 2004. 3. 12., 2011. 7. 28.〉

제4장 선거인명부

제10조(명부작성) ① 구·시·군의 장이 법 제37조에 따라 선거인명부를 작성하는 때에는 주민등록표에 따라 엄정히 조사·작성하여야 한다. 다만, 천재·지변 기타 부득이한 사유로 주민등록표에 의하여 선거인명부를 작성할 수 없을 때에는 그 선거권자가 거주하는 통·리의 장과 그 통·리에 거주하는 선거권자 2인이상의 보증으로 작성할 수 있다. 〈개정 2009. 2. 19., 2015. 8. 13.〉
② 제1항에 따른 선거인명부는 별지 제2호서식의(가)·(나)·(라)에 의하여 투표구별로 1통을 작성하여야 한다. 〈개정 2005. 8. 4., 2014. 1. 17., 2018. 4. 6.〉
③ 구·시·군의 장이 제1항에 따라 선거인명부를 작성하는 때에는 투표구별로 지방의회의원선거 및 지방자치단체의 장 선거에서는 주민등록이 되어 있는 선거권자, 외국인

선거권자의 순으로 각각 구분하여 작성하고, 국회의원선거에서는 선거권자 중 비례대표국회의원의 선거권만 있는 사람은 선거인명부의 비고칸에 "비례대표 선거권자"라고 적어야 한다. 〈개정 2011. 11. 30., 2015. 8. 13.〉

④ 삭제 〈2021. 10. 22.〉

⑤ 제1항 단서의 규정에 따른 사유로 외국인선거권자에 대한 선거인명부를 작성할 수 없는 경우에는 「출입국관리법 시행령」 제43조(등록외국인기록표등의 작성 및 관리)의 규정에 따른 등록외국인기록표에 의하여 체류지를 관할하는 출입국관리사무소장 또는 출입국관리사무소출장소장의 확인으로 작성할 수 있다. 〈신설 2005. 8. 4.〉

⑥ 구·시·군의 장은 선거인명부작성 후 지체 없이 선거인명부의 작성상황을 별지 제9호서식의(가)에 의하여 관할구·시·군위원회에 통보하여야 한다. 〈신설 2005. 8. 4., 2009. 2. 19.〉

제10조의2 삭제 〈2022. 1. 26.〉

제10조의3(선상투표신고에 관한 안내 등) ① 구·시··군의 장은 법 제38조제2항에 따른 선상투표신고(이하 "선상투표신고"라 한다) 중 승선하고 있는 선원이 해당 선박에 설치된 팩시밀리(전자적 방식을 포함한다. 이하 같다)로 하는 신고를 받는 데 사용할 1대 이상의 팩시밀리 번호를 선거인명부작성기준일 전 3개월[대통령의 궐위로 인한 선거 또는 재선거(이하 이 조에서 "대통령 궐위선거등"이라 한다)의 경우에는 그 실시사유가 확정된 때부터 3일]까지 관할 구·시·군위원회에 통보하여야 하며, 선거인명부 작성기간 중에 선상투표신고를 받는 데 지장이 없도록 필요한 조치를 하여야 한다. 〈개정 2014. 1. 17., 2015. 8. 13., 2017. 1. 23., 2018. 4. 6.〉

② 해양수산부장관은 선거인명부작성기준일 전 120일이 속하는 달(대통령 궐위선거등의 경우에는 그 실시사유가 확정된 날이 속하는 달의 전달)의 말일을 기준으로 법 제38조제2항에 해당하는 선박에 대한 다음 각 호의 현황을 그 기준일 후 10일(대통령 궐위선거등의 경우에는 그 실시사유가 확정된 때부터 3일)까지 중앙위원회에 통보하여야 한다. 〈개정 2014. 1. 17., 2017. 1. 23.〉

1. 선박의 명칭과 위성통신번호(팩시밀리 번호를 포함한다)
2. 선박 소유자(법 제38조제2항제2호의 경우에는 선박관리업을 경영하는 자를 말하며, 이하 "선박회사"라 한다)의 명칭과 주소·전화번호
3. 선상투표신고를 할 수 있는 선원의 수
4. 출항 및 귀항 일자
5. 그 밖에 선상투표 관리에 필요한 사항

③ 중앙위원회는 제1항에 따라 통보받은 팩시밀리 번호, 선상투표관리기록부를 보낼 시·도위원회의 팩시밀리 번호, 선상투표신고서, 그 밖에 선상투표신고 및 선상투표에 관한 안내문 등을 작성·제작하여 선거일 전 3개월(대통령궐위선거등의 경우에는 그 실시사유가 확정된 때부터 5일)까지 선박회사에 제공하고, 선박회사는 선거일 전 30일까지 선상투표신고를 할 수 있는 선원이 승선하고 있는 선박의 선장에게 이를 송부하여야 한다. 〈개정 2014. 1. 17., 2017. 1. 23.〉

④ 선상투표신고를 할 수 있는 선원이 승선하고 있는 선박의 선장은 제3항에 따라 송부된 선상투표신고서와 안내문 등을 해당 선박에 비치하여야 한다. 〈개정 2014. 1. 17.〉

⑤ 중앙위원회는 행정안전부, 해양수산부, 그 밖에 선상투표신고를 할 수 있는 선원과 관련 있는 기관·단체 등에 선상투표신고 및 선상투표에 관한 사항을 해당 선원에게 안내하여 줄 것을 요청할 수 있다. 〈개정 2014. 1. 17., 2015. 8. 13., 2018. 1. 19.〉

[본조신설 2012. 6. 25.]
[제목개정 2014. 1. 17.]
[제10조의2에서 이동 〈2017. 1. 23.〉]

제11조(거소·선상투표신고) ① 법 제38조제1항에 따라 거소투표신고(이하 "거소투표신고"라 한다)를 할 수 있는 사람 중 같은 조 제4항제4호에 따른 거소투표신고를 할 수 있는 사람이 거주하는 섬은 별표 1과 같다. 〈개정 2014. 1. 17.〉

② 거소투표신고는 별지 제3호서식의(가)에, 선상투표신고는 별지 제3호서식의(다)에, 법 제38조제3항 후단에 해당하는 사람에게 보내는 거소투표신고서의 서식과 거소투표신고에 관한 안내문은 별지 제3호서식의(라)에 따른다. 〈개정 2014. 1. 17.〉

③ 법 제38조제1항부터 제3항까지에 따라 구·시·군의 장이 거소투표신고 또는 선상투표신고를 받은 때에는 별지 제3호서식의(나)의 거소·선상투표신고서 접수부에 적은 후 신고요건을 갖춘 사람은 거소투표신고인명부 또는 선상투표신고인명부에 올려야 하며, 신고요건을 갖추지 못한 사람은 그 사유를 거소·선상투표신고서 접수부의 비고란에 적고 본인에게 그 뜻을 지체 없이 알려야 한다. 다만, 팩시밀리로 선상투표신고를 한 선원 중에서 신고요건을 갖추지 못한 선원에게는 지체 없이 선상투표신고서에 기재된 해당 선박의 팩

시밀리로 별지 제4호서식에 따라 그 사실을 알려 선상투표신고서를 보완하여 다시 전송하게 하고, 보완이 없는 때에는 그 사실을 거소·선상투표신고서 접수부의 비고란에 적는다. 〈개정 2008. 2. 29., 2009. 2. 19., 2012. 6. 25., 2014. 1. 17., 2015. 8. 13.〉

④ 통·리 또는 반의 장은 법 제38조제4항제3호에 해당하는 사람(「장애인복지법」제32조에 따라 등록된 장애인은 제외한다. 이하 이 항에서 같다)이 이 법 같은 조 제3항 전단에 따른 확인을 요청하는 경우에는 확인에 필요한 조치를 취하여야 하며, 구·시·군의 장은 법 제38조제4항제3호에 해당하는 사람이 통·리 또는 반의 장의 확인을 받지 아니하고 거소투표신고를 한 경우라도 그 사람이 거소에서 투표할 수 있는 사람으로 확인된 때에는 제3항 본문에도 불구하고 거소투표신고인명부에 올릴 수 있다. 〈개정 2012. 6. 25., 2014. 1. 17.〉

⑤ 법 제38조제5항에 따른 거소투표신고인명부와 선상투표신고인명부(이하 "거소·선상투표신고인명부"라 한다)는 별지 제2호서식의(가)·(다)·(라)에 따라 읍·면·동별로 2통씩을 각각 작성하여야 한다. 〈개정 2014. 1. 17., 2015. 12. 24.〉

⑥ 중앙위원회는 법 제38조제4항제5호에 따라 사전투표소 및 투표소를 설치할 수 없는 지역에 장기기거하는 자로서 거소투표를 할 수 있는 자를 선거인명부작성기준일전 10일까지 지정·공고하여야 한다. 〈신설 1997. 11. 14., 2004. 3. 12., 2005. 8. 4., 2012. 6. 25., 2014. 1. 17.〉

⑦ 구·시·군의 장이 거소투표신고 또는 선상투표신고를 받은 때에는 해당 신고서에 기재된 거소투표사유 또는 선상투표사유와 법 제38조제3항에 따른 확인자를 확인하여 거소투표사유 또는 선상투표사유에 해당하지 아니하거나 거소투표사유 또는 선상투표사유와 확인자의 직명·성명의 표시 또는 그 날인이 맞지 아니하는 때에는 제3항에 준하여 신고요건을 갖추지 못한 사람으로 처리하여야 한다. 〈개정 2004. 3. 12., 2005. 8. 4., 2008. 2. 29., 2009. 2. 19., 2012. 6. 25., 2014. 1. 17.〉

⑧ 제3항에 따라 거소·선상투표신고인명부에 올릴 때에는 선거인명부의 비고란에 "거소투표자" 또는 "선상투표자"로 적고, 국회의원선거에서 거소투표신고인 또는 선상투표신고인이 비례대표국회의원의 선거권만 있는 사람인 때에는 선거인명부와 거소·선상투표신고인명부에 각각 "비례대표 선거권자"로 적어야 한다. 〈개정 2014. 1. 17., 2015. 8. 13.〉

⑨ 우체국 또는 구·시·군의 장은 다른 구·시·군의 장에게 송달되어야 할 거소투표신고서 또는 선상투표신고서(팩시밀리로 신고한 선상투표신고서를 제외하고, 이하 이 항에서 "거소·선상투표신고서"라 한다)를 배달받았으나 부득이한 사유로 선거인명부작성기간 만료일의 마감시각까지 해당 구·시·군의 장에게 도달시킬 수 없는 때에는 우선 팩시밀리로 송부하고, 그 원본을 지체없이 송부하여야 한다. 이 경우 당해 구·시·군의 장은 모사전송방법으로 도달된 거소·선상투표신고서를 접수하여 거소·선상투표신고서 접수부에 기재하고 거소·선상투표신고인명부에 등재할 수 있되, 거소·선상투표신고서의 원본을 받아 이를 확인하여야 하고, 모사전송된 거소·선상투표신고서와 그 원본을 함께 거소투표신고서철 또는 선상투표신고서철에 편철하여야 한다. 〈신설 2004. 3. 12., 2009. 2. 19., 2014. 1. 17., 2015. 8. 13.〉

⑩ 구·시·군의 장이 선거인명부작성기간 만료일의 마감시각이 지난 후에 선박에 설치된 팩시밀리로 보낸 선상투표신고를 받은 때에는 해당 선거권자는 선상투표신고인명부에 올리지 아니한다. 〈신설 2012. 6. 25., 2014. 1. 17., 2015. 8. 13.〉

[제목개정 2014. 1. 17.]

제12조(명부작성의 감독등) ①구·시·군의 장은 법 제39조(명부작성의 감독등) 제2항의 규정에 의하여 선거인명부작성에 종사하는 공무원을 임면한 때에는 소속·직위 또는 직급·성명 및 임면연월일등을 관할구·시·군위원회에 통보하여야 한다. 〈개정 1998. 4. 30., 2009. 2. 19.〉

② 삭제 〈2002. 3. 21.〉

③ 삭제 〈1998. 4. 30.〉

④ 삭제 〈1998. 4. 30.〉

제13조(명부열람) ①구·시·군의 장은 법 제40조제1항에 따라 선거권자가 선거인명부를 열람하는 때에는 관계공무원을 참여시켜야 하며, 열람기간 중 선거권자가 해당 구·시·군이 개설·운영하는 인터넷홈페이지에서 선거인명부를 열람(이하 "인터넷열람"이라 한다)하는 경우 본인임을 확인받은 후 열람할 수 있도록 하는 기술적 조치를 하여야 한다. 〈개정 2005. 8. 4., 2009. 2. 19.〉

② 선거인명부의 열람시간은 공휴일{「관공서의 공휴일에 관한 규정」제2조(공휴일)제1호 내지 제10호에 규정된 날을 말한다. 이하 같다}에 불구하고 매일 오전 9시부터 오후 6시까지로 한다. 다만, 인터넷열람은 그러하지 아니하다. 〈개정 1995. 12. 30., 2005. 8. 4., 2006. 3. 2., 2011. 7. 28.〉

③ 구·시·군의 장은 해당 구·시·군이 개설·운영하는 인터넷홈페이지의 초기화면에 선거인명부의 열람방법을 안내하여야 한다. 〈신설 2005. 8. 4.〉

④ 구·시·군의 장은 법 제41조(이의신청과 결정)제1항의 규정에 따른 이의신청을 해당 구·시·군이 개설·운영하는 인터넷홈페이지에서 할 수 있도록 하는 기술적 조치를 하여야 한다. 〈신설 2005. 8. 4.〉

⑤ 선거인명부의 열람장소와 기간, 인터넷홈페이지 주소 및 열람방법의 공고는 별지 제6호서식에 의한다. 〈개정 2005. 8. 4.〉

[제목개정 2005. 8. 4.]

제14조(명부의 수정) ① 법 제41조(이의신청과 결정)제2항·법 제42조(불복신청과 결정)제2항 또는 법 제43조(명부누락자의 구제)제2항의 규정에 의하여 선거인명부를 수정할 때에는 그 사유와 연월일을 비고란에 기재하고, 구·시·군의 장의 사인을 날인하여야 한다. 〈개정 2009. 2. 19.〉

② 선거인명부의 열람기간이 지난후 선거인명부확정전까지 선거인명부에 올라있는 자중 오기 또는 선거권이 없는 자나 사망자가 있는 것을 발견한 때에는 이를 수정 또는 삭제하되, 비고란에 그 사유와 연월일을 기재하고 구·시·군의 장의 사인을 날인하여야 한다. 〈개정 2009. 2. 19.〉

③ 구·시·군의 장은 제1항 및 제2항의 규정에 의하여 선거인명부를 수정한 때에는 그 상황을 제16조(명부확정상황의 통보 등)제1항의 규정에 따라 선거인명부의 확정상황을 통보하는 때에 함께 관할구·시·군위원회에 통보하여야 한다. 〈개정 2005. 8. 4., 2009. 2. 19.〉

④ 구·시·군의 장은 거소·선상투표신고인명부확정후 오기 또는 선거권이 없는 자나 사망자가 있는 것을 발견한 때에는 그때마다 지체 없이 관할 구·시·군위원회에 별지 제7호서식의(나)에 따라 그 사실을 통보하고, 이를 통보받은 당해 구·시·군위원회는 거소·선상투표신고인명부의 비고란에 기재하여야 한다. 〈개정 2005. 8. 4., 2009. 2. 19., 2014. 1. 17.〉

⑤ 구·시·군위원회는 법 제38조제6항에 따라 송부 받은 거소·선상투표신고인명부(전산자료 복사본을 포함한다. 이하 이 항에서 같다)의 기재사항에 오기가 있다고 인정되는 경우에는 구·시·군의 장에게 해당 신고서와 거소·선상투표신고인명부의 대조·확인을 요구할 수 있다. 〈신설 2005. 8. 4., 2009. 2. 19., 2012. 6. 25., 2014. 1. 17.〉

⑥ 삭제 〈2014. 1. 17.〉

⑦ 삭제 〈2014. 1. 17.〉

제15조(명부등재신청 서식) 법 제43조(명부누락자의 구제)제1항의 규정에 의한 선거인명부등재신청은 별지 제8호서식에 의한다.

제16조(명부확정상황의 통보 등) ①구·시·군의 장은 법 제44조제1항에 따라 선거인명부 및 거소·선상투표신고인명부가 확정된 후 지체 없이 그 확정상황을 별지 제9호서식의(나)·(다)에 따라 관할 구·시·군위원회에 통보하여야 한다. 이 경우 확정된 선거인명부 및 거소·선상투표신고인명부의 전산자료 복사본을 함께 송부하여야 한다. 〈개정 2005. 8. 4., 2009. 2. 19., 2010. 1. 25., 2011. 7. 28., 2014. 1. 17.〉

② 구·시·군의 장은 거소·선상투표신고인명부에 올라 있는 자의 신고서를 그 명부등재번호순으로 정리·편철하여 그 명부확정후 즉시 그 명부와 함께 관할 구·시·군위원회에 송부하여야 한다. 〈개정 2004. 3. 12., 2009. 2. 19., 2012. 6. 25., 2014. 1. 17.〉

③ 삭제 〈2014. 1. 17.〉

④ 삭제 〈2014. 1. 17.〉

⑤ 법 제44조제3항에 따른 공고는 별지 제6호서식에 따른다. 〈신설 2011. 7. 28.〉

[제목개정 2005. 8. 4.]

제16조의2(통합선거인명부의 작성 등) ① 중앙위원회는 제16조제1항 후단에 따라 송부 받은 선거인명부 전산자료 복사본을 이용하여 통합선거인명부를 작성한다.

② 중앙위원회는 읍·면·동위원회가 사전투표기간 종료 후 관할구역의 투표구별로 사전투표소에서 투표한 사람의 투표사실이 표시되어 있는 선거인명부를 출력할 수 있도록 기술적 조치를 하여야 한다.

③ 읍·면·동위원회는 제2항에 따라 출력한 선거인명부를 금고 등 안전한 곳에 보관하여야 하며, 투표관리관에게 법 제151조제1항에 따라 투표용지와 투표함을 인계하는 때에 그 선거인명부를 함께 인계하여야 한다.

④ 읍·면·동위원회는 제2항 및 제3항에 따른 선거인명부의 출력·보관 및 인계 과정에 해당 읍·면·동위원회의 정당추천위원이 각각 참여하여 입회할 수 있도록 하여야 한다. 이 경우 정당추천위원이 참여하지 아니한 때에는 입회를 포기한 것으로 본다.

⑤ 구·시·군의 장은 선거인명부 확정 후 오기 또는 선거권이 없는 자나 사망자가 있는 것을 발견한 때에는 그때마다 사전투표기간 종료 전에는 관할 구·

시·군위원회에, 사전투표기간 종료 후에는 관할 구·시·군위원회와 읍·면·동위원회에 별지 제7호서식의(나)에 따라 그 사실을 통보하고, 이를 통보받은 해당 구·시·군위원회는 통합선거인명부의 비고란에, 읍·면·동위원회는 제2항에 따라 출력한 선거인명부의 비고란에 그 사실을 기재하여야 한다. 이 경우 읍·면·동위원회가 선거인명부를 수정하는 때에는 정당추천위원의 참여 하에 봉함·봉인을 해제하고 통보 사실을 기재한 후 다시 봉함·봉인하여 보관하여야 하며, 정당추천위원이 참여하지 아니한 때에는 입회를 포기한 것으로 본다.

⑥ 구·시·군위원회는 법 제154조제2항·제3항 또는 제154조의2제1항에 따라 거소투표용지 또는 선상투표용지를 발송하지 아니하거나 거소투표용지가 반송된 거소투표신고인이 있는 때에는 통합선거인명부의 비고란에 그 사실을 기재하여야 하며, 읍·면·동위원회는 법 제154조제3항에 따라 거소투표용지가 반송된 거소투표신고인의 명단을 통지받은 때에는 제2항에 따라 출력한 선거인명부의 비고란에 그 사실을 기재하여야 한다. 이 경우 읍·면·동위원회의 선거인명부 수정 과정의 정당추천위원 참여에 관하여는 제5항 후단을 준용한다.

⑦ 읍·면·동위원회는 선거인명부를 투표관리관에게 인계한 후에 제5항 및 제6항에 따른 오기 등을 통보받은 때에는 지체 없이 이를 투표관리관에게 통보하여야 하며, 이를 통보받은 투표관리관은 선거인명부의 비고란에 그 사실을 기재하여야 한다.

[본조신설 2014. 1. 17.]

제17조(명부의 재작성) ①법 제45조제1항에 따른 선거인명부 재작성에 관하여는 법 제37조부터 제44조의2까지의 규정에 준하되, 부득이한 사유가 있는 경우에는 관할 구·시·군위원회의 의결로 선거인명부의 작성기준일·작성기간·열람기간·열람장소·이의신청 및 심사결정·유효기간과 확정 기타 선거인명부의 재작성에 관하여 필요한 사항을 따로 정할 수 있다. 〈개정 2014. 1. 17.〉

② 제1항의 규정에 의하여 선거인명부의 재작성에 관하여 필요한 사항을 따로 정한 때에는 구·시·군위원회는 이를 공고하고 당해 구·시·군의 장에게 통보하여야 하며, 직근 상급위원회에 보고하여야 한다. 〈개정 2009. 2. 19.〉

제18조(명부사본의 작성 및 교부신청등) ① 구·시·군의 장은 법 제46조(명부사본의 교부)제1항의 규정에 의하여 선거인명부(거소·선상투표신고인명부를 포

함한다. 이하 이 조에서 같다)의 사본 또는 전산자료복사본을 작성하는 경우 그 사본 또는 전산자료복사본의 앞표지는 별지 제10호서식의(가)에 의하고, 그 끝에는 별지 제10호서식의(나)에 의한 기재를 하여 원본과 틀림이 없음을 증명하여야 한다. 이 경우 선거인명부사본은 전산자료에 의하여 출력한 사본으로 갈음할 수 있다. 〈개정 2000. 2. 16., 2009. 2. 19., 2014. 1. 17.〉

②구·시·군의 장은 선거인명부의 동일성이 유지되도록 전산자료복사본에 변조방지장치를 할 수 있다. 〈개정 2009. 2. 19.〉

③ 법 제46조제2항의 규정에 의한 선거인명부사본 또는 전산자료복사본의 교부신청은 별지 제10호서식의(다)에 의하되, 1종에 한한다. 〈개정 2000. 2. 16.〉

④ 구·시·군의 장은 선거인명부사본과 전산자료복사본의 작성비용을 선거인명부작성마감일까지 별지 제10호서식의(라)에 의하여 공시하여야 한다. 〈개정 2000. 2. 16., 2009. 2. 19.〉

제5장 후보자

제19조(선거권자의 후보자추천) ① 법 제48조(선거권자의 후보자추천)제2항의 규정에 의한 선거권자의 추천장의 검인은 관할선거구위원회의 청인을 날인하는 것으로 하되, 관할선거구위원회가 선거권자의 추천장을 인쇄하여 교부하는 때의 검인의 청인날인은 인쇄날인으로 갈음할 수 있다. 〈개정 1998. 4. 30.〉

② 관할선거구위원회가 법 제48조제1항에 따른 무소속후보자(이하 "무소속후보자"라 한다)가 되고자 하는 자로부터 추천장의 검인을 신청받은 때에는 후보자가 되고자 하는 자의 해당 선거구명·주소·성명 및 생년월일이 기재된 추천장만을 검인하여야 하며, 제1항 후단의 규정에 따라 인쇄한 추천장을 교부하는 때에는 추천장에 그 기재사항을 기재하게 하여 교부하되, 검인 또는 교부매수는 법 제48조제2항 각 호의 규정에 따른 추천인수의 상한수의 추천이 가능한 매수 이내로 한다. 다만, 검인 또는 교부받은 추천장이 오손 또는 파손 등으로 사용할 수 없게 된 때에는 그 사용할 수 없게 된 추천장과의 교환으로 새로운 추천장을 검인 또는 교부할 수 있다. 〈개정 2005. 8. 4.〉

③ 선거권자의 추천장 및 추천장의 검인 또는 교부신청은 별지 제11호서식의(가)·(나)에 의한다.

제20조(후보자등록) ① 후보자등록을 신청하는 때에는 법 제49조제2항부터 제4항까지의 규정에 따른 등록신청관계서류외에 피선거권에 관한 증명서류로서 후보자가 되려는 사람의 주민등록표 초본, 「가족관계의 등록 등에 관한 법률」 제15조제1항제1호에 따른 가족관계증명서(이하 「가족관계증명서」라 하며, 손자 또는 외손자 중 병역사항 신고대상자가 있는 때에는 그 손자 또는 외손자가 기록된 가족관계증명서를 포함한다) 및 재직증명서(법 제16조제4항의 경우에 해당되는 지방자치단체의 장에 한한다)를 첨부하여야 한다. 이 경우 주민등록표 초본의 제출은 대통령선거, 지방의회의원선거 및 지방자치단체의 장선거에 한한다. 〈개정 2000. 2. 16., 2007. 11. 22., 2009. 2. 19., 2015. 8. 13.〉

② 법 제53조제1항부터 제3항까지 또는 제5항 본문에 따라 그 직을 그만두고 입후보하려는 사람은 사직원접수증 또는 해임된 것을 증명하는 서류를 첨부하여야 한다. 〈개정 2010. 1. 25.〉

③ 관할선거구위원회가 법 제49조제8항 단서에 따라 후보자의 피선거권에 관한 조사를 함에 있어서는 「가족관계의 등록 등에 관한 법률」 제10조제1항에 따른 후보자의 등록기준지를 관할하는 구청장·시장(구가 설치되지 아니한 시의 시장을 말한다)·읍장·면장과 해당 선거구를 관할하는 검찰청의 장에게 조회하되, 법 같은 조 제10항 후단에 따라 전과기록을 조회하는 때에 함께 할 수 있다. 〈개정 2000. 2. 16., 2002. 3. 21., 2004. 3. 12., 2007. 11. 22., 2009. 2. 19.〉

④ 법 제49조제11항과 제12항에 따른 전과기록의 열람 또는 공개는 후보자등록을 신청하는 자가 제출한 서류에 의하되, 법 같은 조 제10항 후단에 따라 조회한 전과기록을 검찰청의 장으로부터 회보받은 경우에는 그에 의하여 수정된 사항을 열람하게 하거나 공개한다. 〈신설 2002. 3. 21., 2007. 11. 22.〉

⑤ 법 제49조제11항의 규정에 의한 전과기록의 열람은 당해 선거구위원회가 위원회 사무소 등 장소를 지정하여 열람하게 할 수 있다. 〈신설 2004. 3. 12.〉

⑥ 법 제49조제12항에 따른 후보자등록서류의 공개는 선거관리위원회의 인터넷 홈페이지에 게시하는 등 선거구민이 쉽게 알 수 있는 방법으로 한다. 이 경우 법 제49조제4항제3호·제5호·제6호 및 제7호의 서류의 공개는 「공직선거후보자의병역사항신고및공개에관한규칙」 별지 제1호서식과 이 규칙 별지 제12호서식의(카)·(타)·(파)에 따른 신고서·제출서(첨부서류는 제외한다)를 공개하는 것으로 갈음할 수 있다. 〈신설 2002. 3. 21., 2011. 7.

28., 2014. 2. 13., 2018. 1. 19.〉

⑦ 법 제49조제1항부터 제3항까지의 규정에 따른 후보자등록신청서, 정당의 추천서, 비례대표전국선거구국회의원(이하 "비례대표국회의원"이라 한다)후보자 및 비례대표지방의회의원후보자의 명부, 대통령후보자·비례대표국회의원후보자 및 비례대표지방의회의원후보자의 본인승낙서는 별지 제12호서식의(나) 내지 (바)에 의하고, 법 같은 조 제10항 전단에 따른 전과기록의 조회신청은 별지 제12호서식의(사)에 의하며, 법 같은 조제8항 단서 및 제10항 후단에 따른 피선거권 조사 의뢰 및 조회는 별지 제12호서식의(아) 및 (자)에 따르고, 법 같은 조 제4항제4호부터 제7호까지의 규정에 따른 세금의 납부 및 체납에 관한 신고서, 전과기록에 관한 증명서류, 학력에 관한 증명서, 공직선거 후보자등록 경력 신고서의 제출은 별지 제12호서식의(차)부터 (파)에 따른다. 〈개정 2005. 8. 4., 2006. 5. 10., 2010. 1. 25., 2015. 12. 24.〉

⑧ 후보자등록신청서에 후보자의 성명을 한글로 기재함에 있어서는 해당후보자의 가족관계증명서에 기록된 성명을 그대로 기재하여야 하며, 관할선거구위원회가 후보자등록신청서에 한글로 기재된 후보자의 성명이 가족관계증명서에 기록된 성명과 일치하지 아니한 것을 발견한 때에는 이를 후보자등록을 신청한 자에게 보완하게 하거나 직권으로 정정할 수 있다. 〈신설 2006. 5. 10., 2007. 11. 22.〉

⑨ 법 제49조제4항제6호에서 "최종학력증명서"라 함은 재학증명서·재적증명서·졸업증명서(이를 발행할 수 없는 경우에는 졸업증 원본을 포함한다)·수료증명서(이를 발행할 수 없는 경우에는 수료증원본을 포함한다) 기타 학교의 장이 발행한 최종학력을 증명할 수 있는 서류를 말한다. 〈신설 2004. 3. 12., 2006. 5. 10.〉

제20조의2 삭제 〈2005. 8. 4.〉

제21조(후보자등의 인영) ① 선거에 후보자를 추천한 정당이 해당 선거에 사용할 정당의 당인과 대표자의 인장은 해당 정당이 「정당법」 제16조에 따라 관계선거관리위원회(이하 "관계위원회"라 한다)에 등록한 인영(법 제61조의2에 따라 관계위원회에 신고한 인영을 포함한다)의 인장으로 한다. 다만, 정당이 등록된 인영의 인장과 다른 인장을 사용한다는 뜻을 후보자등록신청개시일 전일까지 관할위원회에 신고한 때에는 해당 인장으로 한다.

② 후보자·예비후보자·선거사무장 및 선거연락소장의 인장의 인영은 별지 제

13호서식에 따라 그 등록신청서 또는 선임·교체신고서에 첨부하여 관할위원회에 제출하여야 한다.

③ 제2항에도 불구하고 다음 각 호의 어느 하나에 해당하는 때에는 해당 후보자 또는 후보자의 선거사무장의 인장의 인영은 제출하지 아니할 수 있다. 이 경우 이미 제출된 해당 예비후보자 또는 예비후보자의 선거사무장의 인장의 인영은 후보자 또는 후보자의 선거사무장의 인장의 인영으로 한다.

1. 예비후보자가 후보자로 등록한 경우
2. 제28조제5항에 따라 예비후보자의 선거사무장을 후보자의 선거사무장으로 보는 경우

[전문개정 2019. 5. 30.]

제22조(후보자 등의 당적이탈 등의 통보) ①정당은 소속 정당추천후보자가 당적을 이탈·변경하거나 2 이상의 당적을 가지고 있는 경우에는 지체 없이 그 사실을 별지 제14호서식에 의하여 관할선거구위원회에 통보하여야 한다.

② 정당이 법 제57조의2(당내경선의 실시)제2항의 규정에 따른 당내경선을 실시한 경우에는 지체 없이 경선후보자의 명단, 경선방법, 경선결과 순위, 경선후보자의 자격상실 여부 및 그 사유 등(이하 이 조에서 "당내경선 결과"라 한다)을 별지 제14호의2서식에 의하여 관할선거구위원회에 통보하여야 한다. 이 경우 중앙당이 당내경선을 실시한 때에는 중앙위원회에, 시·도당이 당내경선을 실시한 때에는 해당 시·도위원회에 통보하는 것으로 갈음할 수 있으며, 당내경선 결과를 통보받은 중앙위원회 또는 시·도위원회는 지체 없이 이를 관할선거구위원회에 통지하여야 한다. 〈개정 2006. 5. 10.〉

③ 정당이 제2항의 규정에 따라 당내경선 결과를 통보한 후 후보자로 선출된 자가 사퇴·사망·피선거권 상실 또는 당적의 이탈·변경 등으로 그 자격을 상실한 때에는 지체 없이 그 사실을 별지 제14호의3서식에 의하여 관할선거구위원회에 통보하여야 한다. 〈신설 2006. 5. 10.〉

④ 관할선거구위원회는 당내경선 결과나 후보자로 선출된 자의 자격상실 여부 등을 해당정당에 조회할 수 있으며, 정당은 그 결과나 자격상실 여부 등을 지체 없이 관할선거구위원회에 회보하여야 한다. 〈신설 2006. 5. 10.〉

[전문개정 2005. 8. 4.]

제22조의2(현직을 가지고 입후보할 수 없는 언론인의 범위) 법 제53조제1항제8호에서 "중앙선거관리위원회규칙으로 정하는 언론인"이란 다음 각 호의 어느 하나에 해당하는 언론인을 말한다.

1. 「신문 등의 진흥에 관한 법률」 제9조에 따라 등록한 신문 및 인터넷신문과 「잡지 등 정기간행물의 진흥에 관한 법률」 제15조에 따라 등록하거나 같은 법 제16조에 따라 신고한 정기간행물(분기별 1회 이상 발행하는 것으로 등록된 것만 해당한다) 중 다음 각 목의 어느 하나에 해당하는 것을 제외한 신문, 인터넷신문 및 정기간행물을 발행·경영하는 자와 이에 상시 고용되어 편집·취재 또는 집필의 업무에 종사하는 자
   가. 정당의 기관지와 「고등교육법」 제2조에 따른 대학, 산업대학, 교육대학, 전문대학, 원격대학, 기술대학 및 각종학교의 학보
   나. 산업·경제·사회·과학·종교·교육·문화·체육 등 전문분야에 관한 순수한 학술 및 정보의 제공·교환을 목적으로 발행하는 것
   다. 기업체가 소속원에게 그 동정 또는 공지사항을 알리거나 기업의 홍보 또는 제품의 소개를 위하여 발행하는 것
   라. 법인·단체 등이 소속원에게 그 동정이나 공지사항을 알릴 목적으로 발행하는 것
   마. 정치에 관한 보도·논평의 목적 없이 발행하는 것
   바. 그 밖에 여론형성의 목적 없이 발행하는 것
2. 「방송법」에 따른 방송사업(방송채널사용사업은 보도에 관한 전문편성을 행하는 방송채널사용사업에 한정한다)을 경영하는 자와 이에 상시고용되어 편집·제작·취재·집필 또는 보도의 업무에 종사하는 자

[본조신설 2015. 12. 24.]

제23조(후보자 사퇴의 신고) 법 제54조(후보자사퇴의 신고)의 규정에 의한 후보자사퇴의 신고와 정당의 사퇴승인은 별지 제14호의4서식에 의한다. 〈개정 2020. 3. 25.〉

제23조의2(후보자등록등에 관한 공고) ①법 제55조(후보자등록등에 관한 공고)의 규정에 의하여 후보자가 등록·사퇴 또는 사망하거나 등록이 무효로 된 때의 공고는 당해 선거구위원회의 게시판에 첨부하는 것으로 한다. 〈개정 2002. 3. 21.〉

② 삭제 〈2004. 3. 12.〉

[본조신설 2000. 2. 16.]

[제목개정 2004. 3. 12.]

제24조(기탁금의 납부) ①법 제56조제1항 또는 법 제60조의2제2항에 따른 기탁금의 납부는 선거구위원회가 기탁금의 예치를 위하여 개설한 금융기관(우체국을 포함한다)의 예금계좌에 후보자등록 또는 예비후보자등록을 신청하는 자

의 명의로 계좌입금하고 해당 금융기관이 발행한 입금표를 제출하는 것으로 한다. 다만, 부득이한 사유가 있는 경우에는 현금(금융기관이 발행한 자기앞수표를 포함한다. 이하 이 조에서 같다)으로 납부할 수 있다. 〈개정 2005. 8. 4., 2010. 1. 25.〉

② 관할선거구위원회가 제1항 단서의 규정에 의하여 기탁금을 현금으로 받은 때에는 영수증을 교부하고 금융기관에 즉시 예치하여야 한다.

③ 후보자등록 또는 예비후보자등록을 신청하려는 사람이「장애인복지법」제32조에 따라 등록된 장애인으로서 법 제56조제1항 및 법 제60조의2제2항에 따른 기탁금을 납부하려는 때에는「장애인복지법」및「장애인복지법 시행규칙」에 따른 장애인등록증의 사본이나 장애인증명서 그 밖에 관공서가 발행한 것으로 장애인임을 증명할 수 있는 서류(이하 "장애인증명서등"이라 한다)를 제출하여야 한다. 다만, 예비후보자가 같은 선거구에 후보자등록을 신청하는 때에는 그 제출을 생략할 수 있다. 〈신설 2022. 4. 20.〉

[전문개정 2004. 3. 12.]

제25조(기탁금의 반환ㆍ귀속등) ①관할선거구위원회는 법 제57조제1항에 따른 기탁금의 반환은 법 제56조제3항에 따라 기탁금에서 부담하는 비용을 공제한 금액을 기탁자의 금융기관 예금계좌에 무통장입금하고 공제명세서를 해당 기탁자에게 송부하는 것으로 한다. 다만, 부득이한 사유로 현금(금융기관이 발행한 자기앞수표를 포함한다)으로 반환하는 경우에는 영수증을 받아야 한다. 〈개정 2004. 3. 12., 2005. 8. 4., 2010. 1. 25.〉

② 관할선거구위원회위원장은 법 제57조제1항 각 호 외의 부분 후단에 따라 국가 또는 해당 지방자치단체에 귀속할 기탁금을 납입할 때에는 기탁자별로 정산하여 해당 기탁자에게 통지하고 선거일후 30일이내에 대통령 및 국회의원의 선거에 있어서는 중앙위원회의 수입징수관에게, 지방의회의원 및 지방자치단체의 장의 선거에 있어서는 해당 지방자치단체의 징수관에게 납입하여야 한다. 〈개정 2004. 3. 12., 2010. 1. 25.〉

③ 정당은 당헌ㆍ당규에 따라 소속 당원의 후보자(비례대표국회의원후보자 및 비례대표지방의회의원후보자를 제외한다. 이하 이 항에서 같다) 추천 신청을 받았으나 후보자로 추천하지 아니한 사람의 명단을 후보자등록마감일 후 지체 없이 별지 제15호서식에 따라 관할 선거구위원회에 통지하여야 한다. 이 경우 중앙당이 후보자 추천 신청을 받은 경우에는 중앙위원회에, 시ㆍ도당이 후보자 추천 신청을 받은 경우에는 해당 시ㆍ도위원회에 통지하는 것으로 갈

음할 수 있으며, 해당 명단을 통지받은 중앙위원회 또는 시·도위원회는 지체 없이 이를 관할 선거구위원회에 통지하여야 한다. 〈신설 2020. 3. 25.〉

④ 관할선거구위원회는 법 제57조제2항에 따라 납부하여야 할 부담비용을 선거일 후 15일까지 해당 기탁자에게 고지하여야 하며, 해당 기탁자가 이를 납부하지 아니하여 관할세무서장이 이를 징수하는 때의 국가 또는 지방자치단체에의 납입절차에 관하여는「국고금관리법 시행규칙」또는 지방자치단체의 지방세 부과징수에 관한 관계규정을 준용한다. 〈개정 2004. 3. 12., 2005. 8. 4., 2010. 1. 25., 2020. 3. 25.〉

제5장의2 정당의 후보자 추천을 위한 당내경선
〈신설 2005. 8. 4.〉

제25조의2(당내경선운동) ① 법 제57조의3제1항제1호에 따라 경선후보자가 자신의 명함을 직접 주거나 지지를 호소하는 방법의 경선운동은 당내 경선의 선거일 투표개시시각부터 투표마감시각까지는 이를 할 수 없다. 〈개정 2010. 1. 25.〉

② 법 제57조의3제1항제2호의 규정에 따른 경선홍보물의 작성 및 발송은 다음 각 호에서 정하는 바에 따른다.
  1. 경선홍보물은 해당 정당이 정한 경선선거인수에 그 100분의 3에 상당하는 수를 더한 수 이내의 수량으로 작성하여야 한다. 이 경우 작성할 수 있는 총수량의 단수가 100 미만인 때에는 100매로 한다.
  2. 경선홍보물은 길이 27센티미터 너비 19센티미터 이내에서 4면(대통령 및 시·도지사선거의 당내경선의 경우에는 8면) 이내의 규격으로 작성하여야 한다.
  3. 경선홍보물에는 작성근거, 인쇄소의 명칭·주소·전화번호를 표시하여야 하며, 앞면에는 "경선후보자 홍보물"이라 표시하여야 한다.
  4. 정당이 경선홍보물을 발송하고자 하는 경우에는 별지 제15호의2서식의(가)에 의한 발송용 봉투를 사용하여야 하며,「우편법 시행령」제25조(우편요금등의 별납)의 규정에 따라 우편요금 등을 따로 납부하는 방법으로 하여야 한다.
  5. 정당이 경선홍보물을 발송하고자 하는 때에는 발송일 전 2일까지 경선후보자별홍보물 4부씩을 첨부하여 별지 제15호의2서식의(나)에 의하여 관할선거구위원회에 신고하여야 한다.

③ 경선후보자는 법 제57조의3제1항제3호에 따라 합동연설회 또는 합동토론회가 개최

되는 시설의 입구나 담장 또는 그 구내(옥외를 말한다)에 다음 각 호에 따라 자신의 홍보에 필요한 현판과 현수막을 각 2개 이내에서 설치·게시할 수 있다. 다만, 애드벌룬이나 기구류를 이용한 방법으로는 설치·게시할 수 없다. 〈신설 2008. 2. 29.〉

  1. 규격

대통령선거는 20제곱미터 이내, 국회의원선거·지방의회의원선거 및 지방자치단체의 장 선거는 10제곱미터 이내

  2. 설치·게시 기간

합동연설회 또는 합동토론회 개최일 전일부터 개최일까지

④ 정당이 법 제57조의3제1항제3호의 규정에 따라 합동연설회 또는 합동토론회를 개최하는 때에는 개최일 전일까지 관할선거구위원회에 별지 제15호의2서식의(다)에 의하여 신고하여야 한다. 이 경우 신고사항에 변경이 있는 때에는 개최시각 전까지 그 변경사항을 신고하여야 한다. 〈개정 2008. 2. 29.〉

[본조신설 2005. 8. 4.]

제25조의3(당원 등 매수금지의 예외)

① 법 제57조의5(당원 등 매수금지)제1항 단서에서 "의례적인 행위"라 함은 다음 각 호의 어느 하나에 해당하는 행위를 말한다. 〈개정 2009. 2. 19.〉

  1. 경선후보자의 경선운동기구를 방문하는 자나 경선운동기구의 개소식에 참석한 자에게 통상적인 범위 안에서 다과류의 음식물(주류를 제외한다)을 제공하는 행위

  2. 경선후보자와 함께 다니는 자와 경선운동기구에서 경선사무에 종사하는 자를 합하여 다음 각 목에 해당하는 수{법 제10조(사회단체등의 공명선거추진활동)제1항제3호의 규정에 따른 가족은 그 수에 산입하지 아니한다} 이내에서 통상적인 범위 안의 식사류의 음식물을 제공하는 행위

    가. 대통령선거의 당내경선에 있어서는 30인

    나. 시·도지사선거의 당내경선에 있어서는 15인

    다. 국회의원선거, 자치구의 구청장 및 시장·군수(이하 "자치구·시·군의 장"이라 한다)선거의 당내경선에 있어서는 10인

    라. 지방의회의원선거의 당내경선에 있어서는 5인

  3. 그 밖에 위 각 호의 어느 하나에 준하는 것으로서 중앙위원회가 정하는 행위

② 제1항의 규정에 따라 통상적인 범위 안에서 1인에게 제공할 수 있는 음식물의 가액범위는 제50조(기부행위로 보지 아니하는 행위 등)제6항의 규정을 준용한다.

[본조신설 2005. 8. 4.]

제25조의4(당내경선 등을 위한 휴대전화 가상번호의 제공 요청)

① 법 제57조의8제1항에

따른 휴대전화 가상번호 제공 요청서는 별지 제15호의2서식의라)에 따른다. 〈개정 2017. 2. 24.〉

② 법 제57조의8에 따른 관할 위원회(이하 이 조부터 제25조의8까지 "관할 위원회"라 한다)는 다음 각 호와 같다.

1. 정당의 중앙당이 요청하는 경우: 중앙위원회
2. 정당의 시·도당이 요청하는 경우: 시·도위원회

③ 법 제57조의8제2항에 따라 정당이 휴대전화 가상번호 제공 요청서를 제출한 경우에는 관할 위원회가 기재사항, 정당의 경선선거인 수 또는 여론수렴 대상자 수의 30배수 초과 여부 등을 확인한 다음 제1항에 따라 정당이 제출한 휴대전화 가상번호 제공 요청서를 해당 이동통신사업자에게 보낸다. 〈개정 2017. 2. 24.〉

④ 관할 위원회는 법 제57조의8제5항 단서에 따라 정당에 제공하여야 할 휴대전화 가상번호 수의 조정이 필요한 경우 해당 정당에 통보기한을 정하여 그 조정을 요청하여야 한다. 〈개정 2017. 2. 24.〉

⑤ 관할 위원회는 제4항에 따라 해당 정당이 조정된 휴대전화 가상번호 제공 수를 통보한 경우 지체 없이 해당 이동통신사업자에게 알려야 한다. 다만, 관할 위원회가 지정한 통보기한까지 해당 정당이 조정된 휴대전화 가상번호 제공 수를 통보하지 아니한 경우 관할 위원회는 그 사실을 해당 이동통신사업자에게 알려야 한다. 〈개정 2017. 2. 24.〉

⑥ 제5항 단서에 따른 안내를 받은 이동통신사업자는 정당의 요청에 따라 제공하여야 하는 휴대전화 가상번호 수에도 불구하고 이동통신사업자가 제공할 수 있는 휴대전화 가상번호의 최대수를 제공하여야 한다. 〈개정 2017. 2. 24.〉

⑦ 제5항 또는 제6항에 따라 제공받은 휴대전화 가상번호의 수가 법 제57조의8제1항에 따라 요청한 휴대전화 가상번호의 수보다 적은 때에는 해당 정당은 통보 받은 날로부터 2일 이내에 관할 위원회에 다른 이동통신사업자의 휴대전화 가상번호 제공을 요청할 수 있다. 〈개정 2017. 2. 24.〉

⑧ 제2항에도 불구하고 중앙위원회는 휴대전화 가상번호의 요청건수 및 요청시기 등을 종합적으로 고려하여 관할 위원회를 조정할 수 있다. 〈개정 2017. 2. 24.〉

[본조신설 2016. 1. 15.]

[제목개정 2017. 2. 24.]

[종전 제25조의4는 제25조의10으로 이동 〈2016. 1. 15.〉]

제25조의5(이용자에 대한 고지와 제공거부)

① 이동통신사업자는 임기만료에 따른 선거가 있을 때마다 그 선거의 예비후보자등록신청개시일 전 1개월부터 예비후보자등록신청개시일 전일까지(이하 이 조에서 "휴대전

화 가상번호의 제공 고지기간"이라 한다) 선거일 현재 18세 이상의 이용자(이하 이 조부터 제25조의6까지 "이용자"라 한다)에게 법 제57조의8제6항에 따른 사실을 다음 각 호의 방법 중 둘 이상의 방법으로 알려야 한다. 〈개정 2017. 2. 24., 2020. 1. 17.〉

1. 이동통신사업자 홈페이지(이동통신단말장치 응용프로그램을 포함한다) 게시
2. 전자우편 전송
3. 우편물 발송

② 본인의 이동전화번호가 정당에 휴대전화 가상번호로 제공되는 것을 거부하려는 이용자는 제1항에 따른 휴대전화 가상번호의 제공 고지기간이 만료된 날의 다음 날부터 20일 이내에 해당 이동통신사업자에게 명시적으로 그 의사를 표시하여야 한다. 〈개정 2017. 2. 24.〉

③ 이동통신사업자는 법 제57조의8제5항 본문에 따라 휴대전화 가상번호를 제공한 후 선정된 이용자가 휴대전화 가상번호 활용에 대한 거부의 의사를 표시할 경우 그 후에 휴대전화 가상번호를 생성하는 때에는 해당 이용자가 포함되지 아니하도록 필요한 조치를 하여야 한다. 다만, 불가피한 사정이 있는 경우에는 그러하지 아니하다. 〈개정 2017. 2. 24.〉

④ 제2항 또는 제3항에 따른 거부의 의사표시 방법은 해당 이동통신사업자가 정하되, 그 의사표시에 소요되는 비용을 이용자가 부담하지 않도록 필요한 조치를 하여야 한다.
[본조신설 2016. 1. 15.]

6-4 공직자윤리법의 시행에 관한 중앙선거관리위원회 규칙

[시행 2024. 11. 29.] [중앙선거관리위원회규칙 제613호, 2024. 11. 29., 일부개정]

중앙선거관리위원회(감사2과)

제1조(목적) 이 규칙은 「공직자윤리법」에서 중앙선거관리위원회규칙에 위임된 사항과 그 밖에 그 법의 시행에 관하여 필요한 사항을 규정함을 목적으로 한다. 〈개정 2006. 1. 24., 2009. 2. 19.〉

제2조(재산등록) ① 「공직자윤리법」(이하 "법"이라 한다) 제5조제1항에 따른 재산등록을 하려는 각급선거관리위원회(소속기관을 포함한다) 소속공무원(이하 "등록의무자"라 한다)은 별지 제1호서식의(가)에 따라 등록대상재산을 중앙선거관리위원회사무총장(이하 "사무총장"이라 한다)에게 신고하여야 한다. 〈개정 1995. 2. 20., 2004. 3. 12., 2009. 2. 19., 2013. 2. 27., 2020. 6. 1.〉

② 제1항의 신고를 받은 사무총장은 그 등록서류(제35조의 규정에 의하여 제출받은 재산등록신고의 내용이 기록된 전자문서를 포함한다)를 접수하여 보관한다. 다만, 중앙선거관리위원회공직자윤리위원회(이하 "윤리위원회"라 한다)가 등록된 사항을 공개 또는 심사하기 위하여 사무총장에게 필요한 재산등록서류 등의 이송을 요구한 때에는 사무총장은 접수·보관 중인 재산등록서류 등을 지체 없이 이송하여야 하고, 이에 따라 재산등록서류를 이송한 경우에는 윤리위원회에서 보관할 수 있다. 〈개정 2001. 8. 24., 2007. 9. 3., 2019. 4. 22., 2022. 12. 30.〉

③ 제2항의 접수를 받은 사무총장은 별지 제4호서식에 따라 이를 기록하고 등록의무자에게 별지 제5호서식에 의한 접수증을 교부하여야 한다. 〈개정 2013. 2. 27.〉

④ 사무총장은 제3항의 접수대장을 전자적 방법으로 기록·관리할 수 있다. 〈신설 2007. 9. 3.〉

제2조의2(등록대상재산의 표시방법 등) ① 법 제4조제2항제3호차목에 따라 등록할 지식재산권은 종류, 내용, 존속기간, 그 밖에 권리의 명세와 지식재산권으로 인한 연간 소득금액 및 소득원인행위를 기재하여 표시한다.

② 법 제4조제1항 및 제6항에 따라 등록할 비영리법인에 출연한 재산은 출연재산의 명세, 비영리법인의 명칭, 주된 사무소의 소재지, 대표자, 목적사업, 그 밖에 비영리법인의

명세와 그 법인에서 등록의무자의 직위를 기재하여 표시한다.

③ 법 제4조제2항제6호에 따라 등록할 가상자산은 가상자산의 종류와 수량을 기재하여 표시한다. 〈신설 2023. 12. 27.〉

④ 법 제4조제3항제1호부터 제4호까지 및 제9호부터 제13호까지의 규정에서 "실거래가격"이란 매매 등에 의한 경우에는 실제 매입액 또는 매도액을 말하며, 수용 등의 원인에 의한 경우에는 보상액을 말한다. 〈개정 2023. 12. 27.〉

⑤ 법 제4조제3항제7호에서「자본시장과 금융투자업에 관한 법률」제166조에 따라 장외거래되는 주식 중 증권시장과 유사한 방법으로 거래되는 주식의 거래가격은 재산등록기준일의 기준가(거래량가중평균가를 말한다. 이하 같다)를 말한다. 다만, 거래가 재산등록기준일 전에 마감된 경우에는 그 마감일의 기준가로 한다. 〈개정 2023. 12. 27.〉

⑥ 법 제4조제5항 단서에 따라 소유자별로 재산의 취득일자·취득경위·소득원 등을 기재하여야 하는 그 밖의 재산은 다음 각 호와 같다. 〈개정 2023. 12. 27.〉

1. 사인(私人) 간의 채권 및 채무
2. 합명회사·합자회사 및 유한회사의 출자지분
3. 주식매수선택권
4. 가상자산

[본조신설 2020. 6. 1.]

제2조의3(재산등록 시 가액산정방법) ① 등록의무자는 법 제5조제1항 또는 제10조제2항에 따라 재산을 등록하려는 경우 법 제4조제2항제1호·제2호 및 제3호자목(골프회원권만 해당한다)의 재산 가액은 재산등록기준일의 평가액(법 제4조제3항제1호부터 제4호까지 및 제12호 단서의 가액산정방법 중 실거래가격을 제외한 가액산정방법을 말한다)과 실거래가격 중 높은 금액으로 산정한다. 다만, 평가액과 실거래가격 중 어느 하나를 알 수 없거나 사실상 확인이 불가능한 경우에는 다른 하나의 가격으로 산정한다.

② 법 제4조제2항제3호바목부터 아목까지 및 카목의 재산 가액은 재산등록기준일의 평가액(법 제4조제3항제9호부터 제11호까지 및 제13호의 가액산정방법 중 실거래가격을 제외한 가액산정방법을 말한다)에 따라 산정한다. 다만, 평가액이 없거나 사실상 확인이 불가능한 경우에는 실거래가격으로 산정한다.

③ 법 제4조제3항제15호에 따른 가상자산의 가액은 다음 각 호의 구분에 따라 평가한 가액으로 한다. 〈신설 2023. 12. 27.〉

1.「상속세 및 증여세법 시행령」제60조제2항제1호에 따라 국세청장이 고시하는 가상자

산사업자의 사업장에서 거래되는 가상자산: 해당 가상자산사업자가 공시하는 재산등록기준일의 일평균가액의 평균액

2. 그 밖의 가상자산: 제1호에 해당하는 가상자산사업자 외의 가상자산사업자 및 이에 준하는 사업자의 사업장에서 공시하는 재산등록 기준일의 최종 시세가액. 다만, 최종 시세가액을 알 수 없거나 사실상 확인이 불가능한 경우에는 실거래가액 등 합리적으로 인정되는 가액

[본조신설 2020. 6. 1.]

제2조의4(비상장주식 평가 및 신고방법 등) ① 법 제4조제3항제7호에 따른 그 외의 주식(이하 "비상장주식"이라 한다)은 등록의무자나 이해관계자(법 제4조제1항제2호 또는 제3호에 해당하는 사람을 말하되, 법 제4조제1항제3호의 사람 중 법 제12조제4항에 따라 재산신고사항의 고지거부를 허가받은 사람은 제외한다. 이하 같다)가 재산등록기준일 전 6개월 이내의 기간 중 매매(둘 이상의 매매가가 있는 경우 최근의 매매를 기준으로 한다. 이하 같다)를 한 경우로서 다음 각 호의 요건을 모두 갖춘 경우에는 매매가액(매매로 인해 발생한 국세 또는 지방세 신고 시의 매매가액으로 하되, 경정한 가액이 있는 경우에는 그 경정된 가액으로 한다. 이하 같다)을 실거래가격으로 별지 제1호의2서식 및 별지 제1호의3서식에 따라 신고한다. 다만, 해당 기간 중 매매가 없거나 실거래가격의 요건을 갖추지 못한 경우에는 제2항에 따른 평가액(이하 이 조에서 "평가액"이라 한다)으로 신고한다.

1. 해당 법인의 발행주식총수의 100분의 1 이상이 매매된 경우 또는 매매된 비상장주식의 액면가액의 합계액이 3억원 이상인 경우
2. 등록의무자나 이해관계자가 상호 간이 아닌 제3자와 매매를 한 경우
3. 매매로 인해 발생한 국세 또는 지방세 신고시의 매매가액을 입증할 수 있는 경우

② 비상장주식은 다음의 계산식에 따라 평가·산정한 금액으로 한다. 다만, 그 금액이 1주당 순자산가치에 100분의 80을 곱한 금액보다 낮은 경우에는 1주당 순자산가치에 100분의 80을 곱한 금액으로 한다.

③ 제2항의 계산식에서 1주당 최근 3개 사업연도의 당기순이익의 가중평균액은 재산등록기준일을 기준으로 최근 3개 사업연도 재무제표상의 1주당 당기순이익을 최근의 사업연도 순으로 각각 3과 2와 1의 비율로 가중평균한 가액으로 한다. 다만, 그 가액이 0원 이하인 경우에는 0원으로 한다.

④ 제2항의 계산식에서 사업연도별 1주당 당기순이익은 각 사업연도 재무제표상의 당기순이익을 해당 재무제표상 사업연도 종료일 현재의 발행주식총수로 나눈 가액으로 한다.

⑤ 제2항의 계산식에서 1주당 순자산가치는 재산등록기준일을 기준으로 최근 사업연도 재무제표상의 자산총액에서 부채총액을 뺀 순자산가액을 해당 재무제표상 사업연도 종료일 현재의 발행주식총수로 나눈 가액으로 한다. 다만, 그 금액이 0원 이하인 경우에는 0원으로 한다.

⑥ 제2항의 계산식에도 불구하고 다음 각 호의 어느 하나에 해당하는 경우에는 평가액은 순자산가치에 따른다.
　1. 재산등록 또는 변동사항 신고기간 이내에 주식 발행 법인의 청산절차가 진행 중이거나 사업자의 사망 등으로 인하여 사업의 계속이 곤란하다고 인정되는 법인의 주식
　2. 사업개시 전의 법인, 사업개시 후 4년 미만의 법인 또는 휴업·폐업 중인 법인의 주식

⑦ 제1항부터 제6항까지의 규정에도 불구하고 실거래가격 또는 평가액이 액면가보다 낮은 경우에는 액면가로 한다.

⑧ 법 제4조제7항에 따른 등록의무자의 비상장주식 가액산정을 위한 정보의 요청은 별지 제1호의4서식에 따른다.

⑨ 제8항에도 불구하고 해당 주식을 발행한 자가 회계 정보 제공을 거부하는 등의 사유로 등록의무자가 제2항 및 제6항의 규정을 적용함에 있어 필요한 정보를 알 수 없는 경우에는 액면가로 신고할 수 있다. 이 경우 그 사실을 구체적으로 기재하고 소명할 수 있는 자료를 첨부하여야 한다.

⑩ 등록의무자와 이해관계자가 동일 법인의 주식을 보유한 경우에는 동일한 가액으로 신고한다. 이 경우 제1항에 따른 실거래가격이 있으면 실거래가격을 평가액에 우선하여 적용한다.

⑪ 제2항의 계산식에 따라 1주당 최근 3개 사업연도의 당기순이익의 가중평균액을 계산할 때 사업연도가 1년 미만인 경우에는 그 사업연도의 당기순이익을 그 사업연도의 월수로 나눈 금액에 12를 곱하여 산출한 금액으로 한다. 이 경우 월수는 태양력에 따라 계산하되 1개월 미만의 일수는 1개월로 한다.

[본조신설 2020. 6. 1.]

제3조(변동사항 신고) ① 법 제5조제1항 각 호 외의 부분 단서 또는 법 제6조에 따른 재산변동사항의 신고는 별지 제2호서식 및 별지 제2호의2서식에 따른다. 〈개정 2006. 1. 24., 2006. 12. 28., 2013. 2. 27.〉

② 제1항의 재산변동사항의 신고의 경우에는 제2조제2항 및 제3항을 준용한다. 〈개정 2001. 8. 24.〉

제3조의2(금융거래정보·부동산정보 등의 제공동의서의 제출 등) ① 등록의무자

및 이해관계자는 법 제6조의5제1항 및 제2항에 따라 금융거래(가상자산거래를 포함한다. 이하 같다) 중 잔액에 관한 자료(신용정보 중 대출 잔액에 관한 자료를 포함한다)와 부동산 보유·등기, 과세정보(지적, 건축, 주택에 관한 자료를 포함한다), 자동차 등록, 회원권 보유에 관한 자료를 제공받고자 하는 경우에 재산등록 의무자는 다음 각 호에 따른 기간 이내에 해당 자료에 대한 제공동의서(이하 "동의서"라 한다)를 중앙선거관리위원회감사관(이하 "감사관"이라 한다)을 거쳐 윤리위원회에 제출하여야 한다. 〈개정 2009. 2. 19., 2013. 2. 27., 2017. 3. 27., 2020. 6. 1., 2022. 12. 30., 2023. 12. 27., 2024. 11. 29.〉

1. 법 제5조제1항, 제6조제2항, 제10조제2항 및 제11조제1항에 따른 등록 또는 신고: 등록의무 또는 신고의무가 발생한 날이 속하는 달의 다음 달 15일까지. 다만, 등록의무 또는 신고의무가 매월 1일에 발생한 경우 그 달의 15일까지로 한다.
2. 법 제6조제1항에 따른 신고 : 법 제6조제1항 본문에 따른 변동신고기간(이하 "정기변동신고기간"이라 한다) 개시일 1개월 전까지

② 등록의무자 또는 이해관계자는 제1항에 따른 동의를 철회하려면 동의철회서를 윤리위원회에 제출하여야 한다. 〈개정 2020. 6. 1.〉

③ 이해관계자가 미성년자·피한정후견인·피성년후견인이거나 심신장애, 그 밖의 불가피한 사유로 제1항의 동의서 또는 제2항의 동의철회서를 직접 작성하여 제출하기 어려운 경우에는 이해관계자의 대리인이 그 동의서 또는 동의철회서를 작성하여 제출할 수 있다. 〈개정 2013. 2. 27., 2017. 3. 27.〉

④ 윤리위원회는 금융기관이 회원사, 가맹사 등으로 되어 있는 중앙회·연합회·협회 등(이하 "협회등"이라 한다)이 재산 및 신용에 관한 정보통신망(「정보통신망 이용촉진 및 정보보호 등에 관한 법률」제2조제1항제1호에 따른 정보통신망을 말한다. 이하 같다)을 관리하고 있는 경우에는 그 협회등의 정보통신망을 이용하여 해당 금융기관의 장에게 금융조회를 요청할 수 있다. 〈개정 2013. 2. 27.〉

⑤ 제1항에 따른 금융거래정보·부동산정보 등의 제공동의는 별지 제3호서식에, 제2항에 따른 동의철회는 별지 제3호의2서식에, 윤리위원회의 금융거래 잔액에 관한 자료의 제출요구는 별지 제7호의2서식에 따르고, 이에 관한 금융기관의 잔액자료제출은 별지 제7호의3서식 또는 별지 제7호의7서식에 따른다. 〈개정 2009. 2. 19., 2013. 2. 27., 2020. 6. 1., 2023. 12. 27., 2024. 11. 29.〉

[본조신설 2007. 9. 3.]

[제목개정 2024. 11. 29.]

[종전 제3조의2는 제3조의4로 이동 〈2007. 9. 3.〉]

제3조의3(주식 및 가상자산 거래내역 신고의 범위 및 방법) ① 법 제6조의2제1항에 따라 거래내용을 신고하여야 할 주식 및 가상자산은 다음 각 호와 같다. 〈신설 2020. 6. 1., 2023. 12. 27.〉

1. 「자본시장과 금융투자업에 관한 법률」 제373조에 따른 한국거래소에 상장된 주식
2. 「자본시장과 금융투자업에 관한 법률」 제166조에 따라 장외거래되는 주식 중 유가증권시장과 유사한 방법으로 거래되는 주식
3. 「특정 금융거래정보의 보고 및 이용등에 관한 법률」 제2조제3호에 따른 가상자산

② 신고대상 거래의 범위는 제1항에 따른 주식 및 가상자산에 대한 신고대상기간 중의 모든 거래로 한다. 〈신설 2020. 6. 1., 2023. 12. 27.〉

③ 거래내역의 신고는 변동사항신고서에 금융기관이 발급하는 계좌번호, 거래일, 종목, 수량, 실거래액 등이 기재된 거래내역서를 첨부하는 방법으로 한다. 다만, 금융기관으로부터 거래내역서의 발급이 불가능한 경우 출처와 근거를 명시하여 거래내역을 신고하여야 한다. 〈신설 2023. 12. 27.〉

④ 제1항에 따른 주식변동사항신고서는 별지 제3호의4서식에, 가상자산변동사항신고서는 별지 제3호의5서식에 따른다. 〈개정 2013. 2. 27., 2020. 6. 1., 2023. 12. 27.〉

[본조신설 2007. 9. 3.]

[제목개정 2023. 12. 27.]

제3조의4(변동사항신고의 유예신청등) ① 법 제6조의3제1항제4호에 따라 변동사항신고를 유예할 수 있는 사유는 「국가공무원법」 제71조제2항제4호에 따른 휴직(이하 "육아휴직"이라 한다)과 출산휴가를 연속하여 사용하게 된 경우를 말한다. 〈신설 2020. 6. 1.〉

② 등록의무자가 제1항에 따라 육아휴직과 출산휴가를 연속하여 사용하는 경우 육아휴직에 따른 변동사항신고의 유예허가는 출산휴가 기간에도 유효한 것으로 본다. 다만, 출산휴가를 먼저 사용하는 경우에는 출산휴가일부터 변동사항신고의 유예를 신청할 수 있으며, 해당 변동사항신고의 유예허가는 육아휴직 기간에도 유효한 것으로 본다. 〈신설 2020. 6. 1.〉

③ 사무총장은 등록의무자가 법 제6조의3제1항 및 제2항에 따라 변동사항신고의 유예를 신청한 때에는 변동사항신고의 유예여부를 지체없이 당해 등록의무자에게 통보하여야 한다. 〈개정 2009. 2. 19., 2020. 6. 1.〉

④ 등록의무자는 법 제6조의3제1항 각 호의 유예사유가 3년을 초과할 경우에는 법 제6조의3제3항에 따른 변동사항신고를 한 후 다시 3년의 범위 내에서 해당 기간동안 변동사항신고의 유예를 신청할 수 있다. 〈개정 2006. 1. 24., 2009. 2. 19., 2020. 6. 1.〉

⑤ 법 제6조의3제1항 및 제2항에 따른 변동사항신고의 유예신청은 별지 제5호의4서식에 따른다. 〈개정 2009. 2. 19., 2020. 6. 1.〉

⑥ 사무총장은 별지 제5호의5서식의 재산변동사항신고유예허가대장을 비치하고, 이를 기록·관리하여야 한다. 〈개정 2020. 6. 1.〉

⑦ 사무총장은 제6항에 따른 재산변동사항신고유예허가대장을 전자적 방법으로 기록·관리할 수 있다. 〈신설 2007. 9. 3., 2020. 6. 1.〉

[본조신설 2001. 8. 24.]

[제3조의2에서 이동 〈2007. 9. 3.〉]

제3조의5(동산의 금액 등 변동신고 내용) 법 제6조의4제2호에 따라 신고하여야 할 법 제4조제2항제3호바목부터 아목까지 및 카목의 재산은 매매 등의 거래가 있는 경우에는 실거래가격을 신고하되, 증여 등으로 인하여 실거래가격을 알 수 없거나 그 해 거래가 없는 경우에는 전문가 등의 평가가액을 신고한다.

[본조신설 2020. 6. 1.]

[종전 제3조의5는 제3조의6으로 이동 〈2020. 6. 1.〉]

제3조의6(등록의무자 변동사항 통보) 등록의무자 변동사항의 통보는 별지 제5호의6서식에 따른다.

[본조신설 2013. 2. 27.]

[제3조의5에서 이동 〈2020. 6. 1.〉]

제3조의7(재산의 등록 및 변동사항 신고의 수정) 감사관은 법 제5조 및 제6조에 따른 재산의 등록 및 변동사항 신고 내용 중 가액의 잘못된 기재 등 윤리위원회가 경미하다고 인정하는 사항에 대하여 등록의무자로부터 요청이 있을 때에는 등록마감일 또는 신고마감일부터 10일 이내에 등록 및 변동사항 신고 내용을 수정하게 할 수 있다. 〈개정 2022. 12. 30.〉

[본조신설 2020. 6. 1.]

제4조(등록기간의 연장 신청) ①법 제7조에 따른 재산등록(신고를 포함한다)기간을 연장하고자 하는 사람은 그 등록기간의 만료일 10일전에 별지 제6호서식에 따른 연장신청서를 사무총장에게 제출하여야 한다. 이 경우 그 연장기간은 법 제10조제1항의 재산공개대상자에 대하여는 20일을, 그 밖의 등록의무자에 대하여는 30일(30일을 초과하여 병가·해외체류 또는 구속중인 사람은 해당 기간동안)을 넘지 못한다. 〈개정 2001. 8. 24., 2013. 2. 27.〉

② 제1항의 연장신청서를 접수한 사무총장은 그 등록기간의 연장여부를 지체없이 등록의무자에게 통보하여야 한다.

[제목개정 2013. 2. 27.]

제5조(재산등록현황보고) ①사무총장은 매분기별 재산등록현황을 다음달 10일까지 윤리위원회에 보고하여야 한다. 〈개정 2007. 9. 3.〉

② 제1항의 재산등록현황보고는 별지 제7호서식에 따른다. 〈개정 2013. 2. 27.〉

제6조(재산등록서류의 보완 및 자료의 제출 등) ①법 제8조제2항 또는 제8조의2제2항에 따라 재산등록서류의 보완조치를 받은 등록의무자는 특별한 사유가 없는 한 그 명령을 받은 날부터 20일 이내에 보완신고서를 제출하여야 한다. 〈신설 2001. 8. 24., 2013. 2. 27., 2020. 6. 1.〉

② 재산등록(변동사항 신고를 포함한다. 이하 같다) 보완신고는 별지 제5호의3 서식에 별지 제2호서식중 보완하여야 할 해당 등록사항의 서식을 작성하여 첨부하는 방법으로 한다. 〈신설 2001. 8. 24., 2006. 12. 28., 2009. 2. 19.〉

③ 법 제8조제3항의 규정에 의하여 윤리위원회로부터 자료의 제출요구 또는 서면질의를 받은 등록의무자는 특별한 사유가 없는 한 그 요구 또는 질의를 받은 날부터 20일이내에 자료 또는 답변서를 제출하여야 한다.

④ 법 제8조제4항 및 제5항의 규정에 의하여 윤리위원회로부터 보고 또는 자료제출등의 요구를 받은 국가기관·지방자치단체·공직유관단체 기타 공공기관 또는 금융기관의 장은 특별한 사유가 없는 한 그 요구를 받은 날부터 20일이내에 보고하거나 자료등을 제출하여야 한다.

[본조신설 1995. 2. 20.]

[제목개정 2001. 8. 24.]

[종전 제6조는 제6조의3으로 이동〈1995. 2. 20.〉]

제6조의2(금융거래의 조회) ①윤리위원회는 법 제8조제5항의 규정에 의하여 금융기관의 장에게 금융거래의 내용에 관한 자료의 제출을 요구하고자 하는 때에는 심사목적에 필요한 최소한의 범위안에서 다음 각 호의 어느 하나에 해당하는 경우에 한하여 이를 요구할 수 있다. 〈개정 2006. 1. 24.〉

1. 등록재산의 내용으로 보아 금융재산을 성실등록하지 아니한 것으로 인정되는 경우
2. 등록의무자가 재산상의 문제로 사회적 물의를 야기한 경우
3. 특별한 사유없이 재산의 과다한 증감이 있는 경우
4. 그 밖의 재산등록사항에 누락 의혹이 있는 경우

② 법 제8조제5항에 따른 금융거래의 내용 중 잔액에 관한 자료의 제출요구는 별지 제7호의2서식에, 이에 관한 금융거래자료의 제출은 별지 제7호의3서식 또는 별지 제7호의7서식에 따르고, 입출금 거래명세서에 관한 자료의 제출요구는 별지 제7호의5서식

에, 이에 관한 자료의 제출은 별지 제7호의6서식 또는 별지 제7호의8서식에 따른다. 〈신설 2001. 8. 24., 2013. 2. 27., 2020. 6. 1., 2023. 12. 27.〉

[본조신설 1995. 2. 20.]

[제목개정 2013. 2. 27.]

제6조의3(등록의무자 관계인등의 출석요구) ① 윤리위원회가 법 제8조제6항에 따라 출석요구를 할 때에는 별지 제8호서식에 따른다. 〈개정 1995. 2. 20., 2013. 2. 27., 2020. 6. 1.〉

② 제1항의 출석요구서를 받은 등록의무자, 그 배우자, 그 직계존속·직계비속, 그 밖의 재산등록사항의 관계인은 지정된 출석일시에 윤리위원회에 출석하여야 한다. 〈신설 2020. 6. 1.〉

③ 윤리위원회는 제1항에 따라 출석요구를 2회 이상 받은 사람이 출석요구서의 수령을 거부하거나 정당한 사유 없이 출석하지 아니하였을 때에는 관할 수사기관에 고발할 수 있다. 〈신설 2020. 6. 1., 2021. 6. 23.〉

[제6조에서 이동〈1995. 2. 20.〉]

제6조의4(진술청취 등) ① 윤리위원회는 법 제8조제6항에 따라 출석한 등록의무자 등에게 재산등록에 관한 사항을 질문할 수 있다. 이 경우 출석한 등록의무자 등에게 충분히 진술할 수 있는 기회를 주어야 한다.

② 제1항의 등록의무자 등은 참고인을 신청할 수 있다. 이 경우 윤리위원회는 그 채택 여부를 결정하여야 한다.

[본조신설 2020. 6. 1.]

제7조 삭제 〈2022. 12. 30.〉

제7조의2(재산형성과정의 소명 요구 등) ① 윤리위원회는 다음 각 호의 어느 하나에 해당하는 경우 등록의무자에게 법 제8조제13항에 따라 재산형성과정의 소명을 요구할 수 있다. 〈신설 2020. 6. 1.〉

1. 직무와 관련하여 부정하게 재산증식을 하였다고 의심할 만한 상당한 사유가 있는 경우
2. 법 제8조의2제6항에 따른 다른 법령을 위반하여 부정하게 재물이나 재산상 이익을 얻었다는 혐의를 입증하기 위한 경우
3. 재산상의 문제로 사회적 물의를 일으킨 경우
4. 보수 수준 등을 고려할 때 특별한 사유 없이 재산의 뚜렷한 증감이 있는 경우
5. 제1호부터 제4호까지의 규정에 상당하는 사유로 윤리위원회가 소명 요구를 의결한 경우

② 법 제8조제13항에 따라 재산형성과정 소명 요구를 받은 등록의무자는 특별한 사유가 없으면 요구받은 날부터 20일 이내에 별지 제9호의2서식에 따른 재산형성과정소명서를 작성하여 제출하여야 한다. 〈개정 2020. 6. 1.〉

③ 재산형성과정의 소명을 요구받은 사람은 분실·멸실 및 훼손 등의 사유로 증빙자료를 제출할 수 없는 경우에는 윤리위원회에 그 사실을 소명하고, 거래시기·거래상대방 및 거래목적 등을 주요내용으로 하는 증빙자료를 대체하는 소명서(이하 "증빙자료대체소명서"라 한다)를 윤리위원회에 제출하여야 한다. 〈개정 2013. 2. 27., 2020. 6. 1.〉

④ 제3항에 따른 증빙자료대체소명서는 별지 제9호의3서식에 따른다. 〈개정 2020. 6. 1.〉

⑤ 윤리위원회는 증빙자료대체소명서의 내용에 대한 사실관계를 검증하는 과정에서 추가 소명 또는 증빙자료 제출을 요구할 수 있다. 〈신설 2020. 6. 1.〉

[본조신설 2007. 9. 3.]
[제목개정 2020. 6. 1.]

제8조(윤리위원회의 구성) ① 윤리위원회는 위원장과 부위원장 각 1명을 포함하여 13명의 위원으로 구성한다. 〈개정 2013. 2. 27., 2021. 6. 23.〉

② 위원장을 포함한 9명의 위원은 판사·검사·변호사, 교육자 또는 학식과 덕망이 있는 사람 또는 시민단체(「비영리민간단체 지원법」제2조에 따른 비영리민간단체를 말한다. 이하 같다)에서 추천한 사람 중에서, 부위원장을 포함한 4명의 위원은 중앙선거관리위원회 위원 및 사무처 소속공무원중에서 중앙선거관리위원회위원장이 위촉 또는 임명한다. 〈개정 2013. 2. 27., 2020. 6. 1., 2021. 6. 23.〉

제9조(위원장 및 위원의 임기) ① 위원장 및 위원의 임기는 3년으로 하되, 연임할 수 있다.

② 중앙선거관리위원회 위원 및 사무처 소속공무원중에서 임명된 위원의 임기는 제1항의 규정에 불구하고 위촉 또는 임명당시의 직위에 재직중인 기간으로 한다. 〈개정 1995. 2. 20.〉

제9조의2(윤리위원회 위원의 결격사유) ① 「국가공무원법」제33조 각 호의 어느 하나에 해당하는 사람은 윤리위원회의 위원이 될 수 없다.

② 윤리위원회의 위원이 제1항에 해당하게 된 경우에는 위원직에서 당연히 해임 또는 해촉된다.

[본조신설 2023. 6. 26.]

제10조(위원장의 직무등) ① 위원장은 윤리위원회를 대표하고, 회무를 통할한다.

② 위원장이 사고가 있을 때에는 부위원장이 그 직무를 대행한다.

제11조(윤리위원회의 회의등) ①위원장은 윤리위원회의회의를 소집하고, 그 의장이 된다.

② 윤리위원회의 회의는 재적위원 과반수의 출석과 출석위원 과반수의 찬성으로 의결한다. 다만, 다음 각 호의 사항은 재적위원 3분의 2이상의 찬성으로 의결한다. 〈개정 1995. 2. 20., 2006. 1. 24., 2019. 4. 22., 2021. 6. 23.〉

    1. 법 제8조제7항의 조사의뢰 및 법 제8조제12항의 조사의뢰 승인

    2. 법 제8조의2의 규정에 의한 조치

    3. 법 제14조의5제11항에 따른 조치

    4. 법 제22조의 규정에 의한 해임 또는 징계의결의 요구

    5. 법 제24조 내지 법 제29조에 해당되는 자에 대한 고발

③ 위원은 다음 각 호의 어느 하나에 해당하는 경우에는 해당 안건의 심사·의결에서 제척된다. 〈개정 2017. 3. 27.〉

    1. 위원이나 그 배우자 또는 배우자였던 사람이 해당 안건의 당사자이거나 그 안건의 당사자와 공동권리자 또는 공동의무자인 경우

    2. 위원이 해당 안건의 당사자와 친족이거나 친족이었던 경우

    3. 위원이 해당 안건에 대하여 증언, 진술, 자문, 연구, 용역 또는 감정을 한 경우

    4. 위원이나 위원이 속한 법인이 해당 안건의 당사자의 대리인이거나 대리인이었던 경우

    5. 위원이 해당 안건의 당사자의 직근 상급자 또는 하급자이거나 직근 상급자 또는 하급자였던 경우

④ 위원은 제3항 각 호에 따른 제척 사유에 해당하거나 본인에게 심사의 공정성을 기대하기 어려운 사정이 있다고 판단되는 경우에는 스스로 해당 안건의 심사에서 회피하여야 한다. 〈신설 2017. 3. 27.〉

⑤ 제3항의 규정에 의하여 윤리위원회의 심사·의결에 제척되거나 회피하는 위원은 제2항의 재적위원수의 계산에 있어서 이를 제외한다. 〈개정 2017. 3. 27.〉

⑥ 윤리위원회의 회의는 공개하지 아니한다. 〈신설 2019. 4. 22.〉

제11조의2(위원의 해임 및 해촉) 중앙선거관리위원회위원장은 위원이 다음 각 호의 어느 하나에 해당하는 경우에는 해당 위원을 해임 또는 해촉할 수 있다.

    1. 심신장애로 인하여 직무를 수행할 수 없게 된 경우

    2. 직무와 관련된 비위사실이 있는 경우

    3. 직무를 소홀히 하거나, 그 품위를 손상하는 행위 또는 그 밖의 사유로 인하여 위원으로 적합하지 아니하다고 인정되는 경우

4. 제11조제3항 각 호의 어느 하나에 해당하는 데에도 불구하고 회피하지 아니한 경우
5. 위원 스스로 직무를 수행하는 것이 곤란하다고 의사를 밝히는 경우
　[본조신설 2017. 3. 27.]

제12조(윤리위원회의 간사등) ①윤리위원회의 사무를 처리하고 사실조사 등을 행하게 하기 위하여 간사 및 사무직원을 둔다.
② 간사는 중앙선거관리위원회 감사2과장이 되며, 사무직원은 제15조의 담당직원이 된다. 〈개정 2006. 1. 24., 2017. 3. 27., 2023. 11. 24.〉

제13조(수당등) 윤리위원회의 위원장, 부위원장 및 위원에 대하여는 예산의 범위 안에서 수당·여비 기타 필요한 경비를 지급할 수 있다.

제14조(윤리위원회의 운영규정) 이 규칙에 규정한 사항 외의 윤리위원회 운영에 필요한 사항은 윤리위원회의 규정으로 정한다. 〈개정 2013. 2. 27.〉

제15조(담당직원의 지정) ①감사관은 중앙선거관리위원회 감사부서 소속직원 중 재산등록사항등 관련업무를 담당할 직원을 지정하여 윤리위원회에 통보하여야 한다. 〈개정 2022. 12. 30.〉
② 법 제10조의2제1항의 규정에 의하여 공직선거후보자의 재산신고 사항 관련업무를 담당하는 관할선거관리위원회 소속공무원은 제1항의 규정에 의한 담당직원으로 지정된 것으로 본다. 이 경우 윤리위원회에의 통보는 생략할 수 있다.

제16조(재산의 공개목록제출) 법 제10조제1항 및 제2항에 따른 재산등록 사항 공개목록의 작성은 별지 제10호서식에 따르고, 재산변동사항 공개목록의 작성은 별지 제11호서식에 따라 작성하여 재산등록 또는 변동사항신고시에 사무총장에게 제출하여야 한다. 〈개정 1995. 2. 20., 2013. 2. 27.〉

제17조(열람신청 등) ①법 제10조제3항에 따른 열람·복사의 허가권자는 다음과 같다. 〈개정 1995. 2. 20., 2013. 2. 27.〉
1. 법 제10조제4항제1호 내지 제3호에 해당하는 열람·복사허가는 윤리위원회 [법 제8조제11항의 규정에 의하여 심사권이 등록기관의 장에게 위임된 경우에는 사무총장(법 제10조제4항제3호에 해당하는 경우에 한한다)]
2. 법 제10조제4항제4호에 해당하는 열람·복사허가는 사무총장
② 법 제10조제3항의규정에 의하여 재산에 관한 등록사항의 열람·복사를허가받으려는 사람은 제1항의 규정에 의한 윤리위원회 또는 사무총장에게 별지 제12호서식의 허가신청서를 제출하여야 한다. 〈개정 1995. 2. 20., 2013. 2. 27.〉
③ 제2항의 신청서를 받은 윤리위원회 또는 사무총장은 그 신청서를 받은 날로부터 15일 이내에 열람·복사의 허가여부를 결정하여 신청인에게 통지하여야 한다. 〈개정 2013.

2. 27.〉

④ 윤리위원회 또는 사무총장은 별지 제13호서식의 등록사항 열람·복사기록부를 비치하고 이를 기록·유지하여야 한다. 〈개정 2013. 2. 27.〉

[제목개정 2013. 2. 27.]

제18조(공직선거후보자의 재산공개) ① 법 제10조의2제1항에 따라 공직선거의 후보자가 되고자 하는 사람은 전년도 12월 31일 현재의 재산에 관하여 별지 제1호서식의(나)에 의한 공직선거후보자재산신고서를 후보자등록을 신청할 때 관할선거관리위원회에 제출하여야 한다. 〈개정 1995. 2. 20., 2004. 3. 12., 2013. 2. 27.〉

② 공직선거후보자의 재산신고사항의 공개는「공직선거관리규칙」제20조(후보자등록)제6항의 규정을 준용한다. 〈개정 2002. 3. 21., 2004. 3. 12., 2006. 1. 24.〉

[전문개정 1994. 5. 28.]

제19조(재산등록사항 고지거부 허가신청 등) ① 등록의무자는 법 제4조제1항제3호에 따른 본인의 직계존속·직계비속(이하 "직계존속·직계비속"이라 한다) 중 피부양자가 아닌 사람이 법 제12조제4항에 따라 고지거부 허가를 받으려는 경우에는 다음 각 호의 구분에 따라 해당 기간 내에 사무총장을 거쳐 윤리위원회에 고지거부 허가를 신청하여야 하며, 고지거부 허가신청 및 재심사신청은 별지 제14호서식에 따른다. 〈개정 2020. 6. 1.〉

1. 법 제5조제1항에 따라 재산을 등록하여야 하는 경우: 등록의무자가 된 날부터 1개월 이내
2. 법 제6조제1항에 따라 재산 변동사항을 신고하여야 하는 경우: 그 신고기간의 개시일부터 1개월 이내
3. 법 제6조제2항에 따라 재산 변동사항을 신고하여야 하는 경우: 퇴직일부터 1개월 이내
4. 법 제6조의3제3항에 따라 재산 변동사항을 신고하여야 하는 경우: 변동사항 신고 유예사유가 소멸된 날부터 1개월 이내
5. 법 제7조에 따라 재산등록기간이 연장된 경우: 그 연장기간의 기산일부터 15일(재산공개자의 경우는 10일) 이내
6. 법 제10조제2항에 따라 재산을 등록하여야 하는 경우: 공개대상자가 된 날부터 1개월 이내
7. 법 제11조제1항에 따라 재산 변동사항을 신고하여야 하는 경우: 전보 등이 된 날부터 1개월 이내

가. 삭제 〈2020. 6. 1.〉

나. 삭제 〈2020. 6. 1.〉

② 윤리위원회는 제1항의 신청을 받은 날부터 10일 이내에 허가 여부를 결정·통보하되, 필요한 경우에는 10일의 범위에서 결정·통보기간을 연장할 수 있다.

③ 윤리위원회는 고지거부에 관한 심사를 위하여 필요한 경우에는 등록의무자에게 관련 자료를 문서나 정보통신망 등의 전자매체를 이용하여 제출하도록 할 수 있다.

④ 법 제5조제1항 및 제10조제2항에 따른 등록의무자의 직계존속·직계비속이 윤리위원회로부터 제2항의 고지거부 불허가결정을 받은 경우에는 그 불허가결정을 받은 날 사무총장이 법 제7조에 따라 그 등록의무자의 재산등록기간을 연장한 것으로 본다. 이 경우 연장기간은 30일(공개대상자는 20일)로 하되, 윤리위원회의 통보를 받은 날부터 기산한다. 〈개정 2020. 6. 1.〉

⑤ 제2항에 따라 고지거부 허가를 받은 사람은 그 허가를 받은 날부터 3년마다 그 3년째 정기변동신고기간의 개시일부터 3개월 이내에 고지거부 허가에 대한 재심사신청서를 윤리위원회에 제출하여야 한다. 〈개정 2024. 11. 29.〉

⑥ 제5항의 재심사신청서를 받은 윤리위원회는 그 해 11월 30일까지 고지거부 허가 여부를 결정·통보하여야 한다.

⑦ 법 제12조제4항 전단에서 "피부양자"란 소득이 없거나 저소득으로 인하여 독립적인 생계를 유지하지 못하고 등록의무자의 부양을 받는 직계존속·직계비속을 말한다. 〈신설 2020. 6. 1.〉

⑧ 윤리위원회는 제7항에 따른 독립적인 생계유지 여부를 판단할 때 다음 각 호의 사항을 종합적으로 고려하여야 한다. 〈신설 2020. 6. 1.〉

1. 직계존속의 경우: 나이, 취업 등 직업 유무, 보유재산의 정도 및 취업·사업 또는 재산을 통하여 발생하는 정기적인 소득의 정도 등

2. 직계비속의 경우: 나이, 주민등록표상 별도의 세대 구성 여부, 취업 등 직업 유무, 취업 등의 기간 및 취업·사업을 통하여 발생하는 정기적인 소득의 정도 등

⑨ 윤리위원회는 제8항 각 호에 따른 정기적인 소득의 정도를 판단할 때 「국민기초생활보장법」 제2조제11호에 따른 기준 중위소득, 가족 수, 거주지역, 물가수준, 그 밖에 필요한 사항을 고려하여야 한다. 〈신설 2020. 6. 1.〉

[전문개정 2017. 3. 27.]

제19조의2(주식백지신탁대상 주식의 하한가액 및 신탁재산 운용방법 등) ① 법 제14조의4제1항 각 호 외의 부분 본문 및 제14조의5제6항에 따른 금액은 각각 3천만원을 말한다.

② 법 제14조의4제1항제2호다목 단서에 따른 범위는 「자본시장과 금융투자업에 관한 법률」에서 정하는 범위(위탁자가 주식의 종목을 특정하는 방식으로 운용하는 것은 제외한다)를 말한다.

③ 법 제14조의6제2항 본문에 따른 주식을 취득하게 된 그 밖의 사유는 다음 각 호의 사유를 말한다.

1. 증여(유증을 포함한다), 담보권 행사 또는 대물변제의 수령 등으로 주식을 취득하는 경우
2. 전환사채, 신주인수권부사채 또는 교환사채의 권리행사로 주식을 취득하는 경우
3. 우리사주 조합원이 우리사주 조합을 통하여 주식을 취득하는 경우
4. 주식매수선택권의 행사로 주식을 취득하는 경우
5. 법 제14조의4제1항에 따른 공개대상자등이 되기 전에 유가증권 옵션거래의 권리를 행사하여 주식을 취득하는 경우
6. 제1호부터 제4호까지의 규정에 따라 취득한 주식에 대한 신주인수권을 행사하여 주식을 취득하는 경우

[본조신설 2020. 6. 1.]

[종전 제19조의2는 제19조의3으로 이동 〈2020. 6. 1.〉]

제19조의3(주식의 매각 신고 등) ① 법 제14조의4제1항제2호가목에 따른 수탁기관의 주식 처분시한 연장신청은 별지 제14호의2서식에 따른다. 〈개정 2013. 2. 27.〉

② 법 제14조의4제1항 및 법 제14조의6제2항에 따른 주식매각 또는 백지신탁 사실의 신고는 별지 제14호의3서식에 따르고, 주식매각 또는 백지신탁 사실의 공개는 별지 제14호의4서식에 따른다. 〈개정 2013. 2. 27., 2020. 6. 1.〉

③ 법 제14조의5제6항에 따른 보유주식의 직무관련성 유무에 관한 심사청구, 심사청구 기간이 지나서 청구하는 경우의 지연사유서 제출(법 제14조의4제1항에 따른 주식의 매각 또는 백지신탁계약 의무 이행 지연 관련 지연사유서 제출 포함) 및 심사청구 요건에 부적합하여 철회하는 경우의 철회 요청을 각각 별지 제14호의5서식(백지신탁 관리·운용중인 주식의 직무관련성 유무에 관한 심사청구는 별지 제14호의16서식), 별지 제14호의11서식 및 별지 제14호의12서식에, 같은 조 제7항에 따른 직무관련성 유무에 관한 심사·결정은 별지 제14호의13서식에, 같은 조 제9항에 따른 자료제출 요구 또는 서면질의는 별지 제14호의14서식에, 같은 조 제10항에 따른 자료제출 요구는 별지 제14호의15서식에 따른다. 〈개정 2013. 2. 27., 2017. 3. 27.〉

④ 법 제14조의8제1항에 따른 수탁기관의 신탁재산 관리·운용·처분에 관한 내용의 보고는 별지 제14호의6서식에 따르고, 같은 조 제2항에 따른 수탁기관의 윤리위원회에

대한 통보는 별지 제14호의7서식에 따르며, 윤리위원회가 같은 조 제2항제2호의 사유로 신탁자에게 통지할 때에는 별지 제14호의7서식에 따른 수탁기관의 신탁재산관리상황 보고서를 첨부하여야 한다. 〈개정 2013. 2. 27., 2017. 3. 27.〉

⑤ 법 제14조의10제1항에 따른 신탁자의 윤리위원회에 대한 매각허가 신청은 별지 제14호의8서식에, 같은 조 제2항에 따른 수탁기관에 대한 신탁계약 해지신청은 별지 제14호의9서식에, 같은 조 제3항에 따른 수탁기관의 윤리위원회에 대한 해지사유 및 신탁재산의 관리ㆍ운용ㆍ처분에 관한 내용의 보고는 별지 제14호의10서식에 따른다. 다만, 주식백지신탁계약이 1월중에 해지되어 그 해지사유 및 신탁재산의 관리ㆍ운용ㆍ처분에 관한 내용의 보고를 법 제14조의8제1항에 따른 보고에 포함하여 할 경우에는 별지 제14호의6서식에 따라 보고할 수 있다. 〈개정 2013. 2. 27.〉

⑥ 법 제14조의8제1항ㆍ제2항 및 법 제14조의10제3항에 따른 보고를 받은 윤리위원회는 해당 공개대상자 등이 다른 기관으로 전보되거나 직위 또는 직급이 변동된 경우에는 수탁기관에 그 사실을 통보하여야 한다. 이 경우 해당 공개대상자 등이 전보된 기관을 관할하는 공직자윤리위원회가 다른 경우에는 수탁기관으로부터 제출받은 보고서를 그 공직자윤리위원회에 송부하여야 한다. 〈개정 2013. 2. 27.〉

⑦ 법 제14조의11제4항에 따른 이해충돌 직무에 관여한 내역의 신고는 별지 제14호의17서식에 따르고, 법 제14조의13제1항에 따른 직위변경 신청은 별지 제14호의18서식에 따른다. 〈신설 2017. 3. 27.〉

⑧ 법 제14조의4제1항 또는 제14조의6제2항에 따라 주식매각 또는 주식백지신탁계약 체결사실 신고를 받은 사무총장은 법 제14조의14제1항에 따라 신고를 받은 날부터 1개월 이내에 그 내용을 관보에 게재하여 공개하여야 한다. 〈신설 2020. 6. 1.〉

⑨ 법 제14조의14제2항에 따라 처음 신탁된 주식의 처분이 완료된 사실을 통보받은 윤리위원회는 통보를 받은 날부터 1개월 이내에 그 사실을 관보에 게재하여 공개하여야 한다. 〈신설 2017. 3. 27., 2020. 6. 1.〉

[본조신설 2006. 1. 24.]

[제19조의2에서 이동 〈2020. 6. 1.〉]

제20조(선물의 신고등) ①법 제15조제1항에 따른 선물수령신고는 별지 제15호서식에 따른다. 〈개정 1995. 2. 20., 2013. 2. 27.〉

② 법 제15조제1항에 따라 신고하여야 할 선물은 그 선물 수령 당시 증정한 국가 또는 외국인이 속한 국가의 시가로 미국화폐 100달러 이상이거나 국내 시가로 10만원 이상인 선물로 한다. 〈신설 2020. 6. 1.〉

③ 사무총장은 시장가액을 확인하기 어려운 선물의 가액을 산정하기 위하여 평가단을 구

성・운영할 수 있다. 〈신설 2020. 6. 1.〉

④ 제1항에 따라 선물신고를 받은 소속 기관의 장(사무총장, 시・도사무처장 및 선거연수원장을 말한다)은 분기별로 선물신고 관리상황을 감사관에게 별지 제16호서식에 따라 통보하여야 하며, 해당 선물은 다음 각 호의 구분에 따른 기간에 감사관에게 이관하여야 한다. 〈개정 2017. 3. 27., 2020. 6. 1., 2022. 12. 30.〉

1. 상반기에 신고된 선물의 경우: 해당 연도 7월 1일부터 7월 31일까지
2. 하반기에 신고된 선물의 경우: 다음 연도 1월 1일부터 1월 31일까지

⑤ 감사관은 별지 제16호의2서식의 선물관리대장을 비치하고 이를 기록・유지하여야 한다. 〈개정 1995. 2. 20., 2020. 6. 1., 2022. 12. 30.〉

제21조(취업심사대상자의 범위, 취업심사대상기관의 규모 및 범위 등) ① 법 제17조제1항에 따라 취업이 제한되는 공무원(이하 "취업심사대상자"라고 한다)은 등록의무자로 한다. 다만, 취업심사대상자가 법 제17조제1항 각 호의 어느 하나에 해당하는 기관(이하 "취업심사대상기관"이라 한다)에 「통계법」제22조에 따라 고시한 한국표준직업분류에 따른 다음 각 호의 어느 하나에 해당하는 종사자로 취업하는 경우에는 제외한다. 〈신설 2020. 6. 1.〉

1. 서비스 종사자
2. 농림어업 숙련 종사자
3. 기능원 및 관련기능 종사자
4. 장치・기계조작 및 조립 종사자
5. 단순노무 종사자

② 법 제17조제1항에 따른 취업심사대상기관의 규모는 다음 각 호와 같다. 〈개정 2020. 6. 1., 2023. 6. 26.〉

1. 자본금이 10억원 이상이고 연간 외형거래액(부가가치세가 면세되는 경우에는 그 면세수입금액을 포함한다. 이하 같다)이 100억원 이상인 영리를 목적으로 하는 사기업체

   1의2. 자본금이 1억 원 이상이고 연간 외형거래액이 1,000억 원 이상인 영리를 목적으로 하는 사기업체

2. 연간 외형거래액이 100억원 이상인 각 목의 취업심사대상기관

   가. 법 제17조제1항제3호에 따른 법무법인등
   나. 법 제17조제1항제4호에 따른 회계법인
   다. 법 제17조제1항제6호에 따른 외국법자문법률사무소 및 합작법무법인

3. 연간 외형거래액이 50억원 이상인 법 제17조제1항제5호에 따른 세무법인

4. 법 제17조제1항제11호 각 목의 어느 하나에 해당하는 법인으로서 기본재산이 100억원 이상인 법인

③ 법 제17조제1항제2호에 따른 법인·단체(이하 "협회"라 한다)의 범위는 같은 항 제1호에 따라 취업이 제한되는 사기업체가 가입하고 있는 협회(해당 협회가 가입한 협회를 포함한다)로 한다. 〈개정 2020. 6. 1.〉

④ 법 제17조제1항제8호에 따른 업무는 다음 각 호의 구분에 따른 업무를 말한다. 〈신설 2020. 6. 1.〉

   1. 안전 감독 업무: 국민의 생명 또는 신체와 관련된 위험을 예방·감소시키는 안전 관리·지도·단속 업무

   2. 인·허가 규제 업무: 법령에서 정한 인가·허가·면허·특허·승인 등의 업무(그와 관련한 조사·검사·평가 등의 업무 및 정부 또는 지방자치단체로부터 위탁받아 수행하거나 대행하는 업무를 포함한다)

   3. 조달 업무: 법령에서 정한 조달 업무(그와 관련한 품질검사·품질관리 등의 업무 및 정부 또는 지방자치단체로부터 위탁받아 수행하거나 대행하는 업무를 포함한다)

⑤ 법 제17조제1항제9호 단서에 따른 교원은 「고등교육법」 제14조제2항에 따른 교수·부교수·조교수·강사 및 같은 법 제17조에 따른 겸임교원·명예교수 등을 말한다. 다만, 총장·부총장·학장·교무처장·학생처장 등의 직위에 있는 교원은 제외한다. 〈신설 2020. 6. 1.〉

⑥ 법 제17조제1항제12호에 따른 사기업체 또는 법인·단체는 다음 각 호와 같다. 〈신설 2020. 6. 1.〉

   1. 「방위사업법」 제35조에 따른 방산업체 및 「방위사업법」 제57조의2에 따른 군수품 무역대리업체 중 최근 3년 이내에 「방위사업법」 제57조의4에 따라 중개수수료를 신고한 업체

   2. 「식품안전기본법」 제2조에 따른 식품등 및 「식품·의약품 등의 안전기술 진흥법」 제2조에 따른 식품·의약품 등에 대해 법령에 근거하여 인증·검사·시험·평가·지정 등의 업무를 수행하는 사기업체 또는 법인·단체

⑦ 법 제17조제1항 각 호 외의 부분 단서에 따른 소속하였던 부서 또는 기관의 업무는 다음 각 호의 구분에 따른 업무로 한다. 이 경우 파견근무자는 파견된 기관·단체에서 소속하였던 부서 또는 기관의 업무를 기준으로 정한다. 〈개정 2020. 6. 1.〉

   1. "소속하였던 부서의 업무"란 다음 각 목의 구분에 따른 업무를 말한다.

      가. 과(이에 상당하는 부서를 포함한다)의 장 및 소속 직원 : 해당 과의 업무

      나. 과의 장보다 상위 직위에 있는 사람 : 직제·규정 또는 직무상 지휘·감독하는

부서의 업무

2. "소속하였던 기관의 업무"란 법 제17조제1항에 따라 취업심사대상자가 소속하였던 「선거관리위원회법」 제2조에 따른 각급선거관리위원회(읍·면·동선거관리위원회를 제외한다) 및 「선거관리위원회법」 제15조의2에 따른 선거연수원, 「공직선거법」 제8조의5에 따른 인터넷선거보도심의위원회, 「공직선거법」 제8조의7에 따른 선거방송토론위원회, 「공직선거법」 제8조의8에 따른 선거여론조사심의위원회, 「공직선거법」 제24조에 따른 국회의원선거구획정위원회, 「세계선거기관협의회 지원에 관한 법률」에 따른 세계선거기관협의회의 각각의 업무를 말한다.

⑧ 법 제17조제2항제8호에서 "중앙선거관리위원회규칙으로 정하는 업무"란 헌법 및 법률에 따라 수행하는 업무로서 그 업무처리 방법에 따라 법 제17조제1항에 따른 취업심사대상기관의 재산상의 권리에 직접적으로 상당한 영향을 미칠 수 있다고 인정되는 업무를 말한다. 〈개정 2020. 6. 1.〉

[본조신설 2019. 4. 22.]

[제목개정 2020. 6. 1.]

[종전 제21조는 제33조로 이동 〈2019. 4. 22.〉]

제22조(취업제한 여부의 확인 요청) 취업심사대상자가 법 제18조제1항에 따라 취업제한 여부의 확인을 요청하려는 경우에는 사무총장에게 취업개시 30일 전까지 별지 제17호서식에 따른 취업제한여부확인요청서를 별지 제19호서식의 취업 지원·예정 확인서와 함께 제출하여야 한다. 〈개정 2020. 6. 1., 2024. 11. 29.〉

[전문개정 2019. 4. 22.]

제23조(취업제한 여부의 확인) ① 제22조에 따라 취업제한여부확인요청서를 받은 사무총장은 이를 지체 없이 감사관에게 송부하고, 감사관은 다음 각 호의 사항을 조사·확인한 후 의견서를 첨부하여 취업제한여부확인요청서를 받은 날부터 5일 이내에 윤리위원회에 이송하여야 한다. 〈개정 2020. 6. 1., 2022. 12. 30.〉

1. 취업하려는 곳이 법 제17조제1항 각 호의 어느 하나에 해당하는지 여부
2. 취업제한 여부의 확인을 요청한 사람이 퇴직 전 5년 이내에 소속하였던 부서 또는 기관의 업무와 취업심사대상기관 간에 법 제17조제2항 각 호에 따른 밀접한 관련성이 있는지 여부

② 제1항에 따른 취업제한 여부에 관한 의견서는 별지 제18호서식에 따른다.

③ 제2항에 따른 의견서에는 취업제한 대상자 본인의 인사기록카드 사본과 그 밖의 증빙자료를 첨부하여야 한다.

④ 윤리위원회는 제1항에 따라 이송받은 취업제한여부확인요청서(제24조제3항에 따른

취업제한여부확인요청서를 포함한다)를 검토하여 법 제17조제1항 단서에 따른 밀접한 관련성이 있는지 여부를 감사관을 거쳐 확인을 요청한 사람에게 통지하여야 한다. 이 경우 취업이 제한된다고 통지할 때에는 취업이 제한되는 사유를, 윤리위원회의 승인을 받은 경우에는 취업이 가능하다는 취지를 함께 통지하여야 한다. 〈개정 2020. 6. 1., 2022. 12. 30.〉

[본조신설 2019. 4. 22.]

[종전 제23조는 제34조로 이동 〈2019. 4. 22.〉]

제24조(우선 취업) ① 제22조에 따라 취업제한 여부의 확인을 요청한 사람은 다음 각 호의 어느 하나에 해당하는 경우에는 감사관을 거쳐 윤리위원회에 우선 취업을 별지 제20호서식에 따라 신청할 수 있다. 〈개정 2020. 6. 1., 2022. 12. 30.〉

  1. 감사관이 제23조제1항에도 불구하고 취업 개시 20일 전까지 윤리위원회에 취업제한여부확인요청서를 이송하지 않는 경우
  2. 취업개시 일정이 앞당겨진 경우
  3. 제1호 및 제2호 외의 사유로 우선 취업이 필요한 경우

② 제1항에 따라 우선 취업의 신청을 받은 윤리위원회는 취업개시 일자의 변경이 곤란한 경우 등 불가피한 사유가 있다고 판단되는 경우에는 취업제한 여부를 확인하기 전에 우선 취업하게 할 수 있다. 이 경우 우선 취업 여부를 결정한 윤리위원회는 지체 없이 우선 취업을 신청한 사람과 감사관에게 그 사실을 통지하여야 한다. 〈개정 2022. 12. 30.〉

③ 감사관은 제1항에 따라 취업심사대상자가 우선 취업을 신청한 경우에도 윤리위원회에 그 취업심사대상자의 취업제한여부확인요청서를 이송하여야 한다. 〈개정 2022. 12. 30.〉

[본조신설 2019. 4. 22.]

[종전 제24조는 제35조로 이동 〈2019. 4. 22.〉]

제25조(취업승인) ① 법 제18조제2항에 따라 취업승인을 신청하려는 퇴직공직자는 사무총장에게 취업개시 30일 전까지 별지 제21호서식에 따른 취업승인신청서를 별지 제19호서식의 취업 지원·예정 확인서와 함께 제출하여야 한다. 〈개정 2024. 11. 29.〉

② 제1항에 따라 취업승인신청서를 받은 사무총장은 이를 지체 없이 감사관에게 송부하고, 감사관은 제23조제1항 각 호의 사항에 대하여 검토한 후 별지 제22호서식에 따른 의견서(제3항 각 호의 어느 하나에 해당하는 경우 그 사유를 포함한다)를 제1항의 취

업승인신청서에 첨부하여 취업승인신청서를 받은 날로부터 5일 이내에 윤리위원회에 이송하여야 한다. 〈개정 2022. 12. 30.〉

③ 윤리위원회는 제1항에 따른 취업승인신청에 대하여 법 제17조제1항 단서에 따라 취업승인을 할 때에는 제2항에 따른 의견서, 취업승인신청인의 퇴직 전 근무현황, 취업 후 영향력 행사 가능성 등을 고려하여 다음 각 호의 어느 하나에 해당하는 특별한 사유가 인정되는 경우에는 취업을 승인할 수 있다. 〈개정 2020. 6. 1.〉

1. 국가안보상의 이유나 국가의 대외경쟁력 강화와 공공의 이익을 위하여 취업이 필요한 경우
2. 직제와 정원의 개정·폐지, 예산의 감소 등에 따라 직위가 없어지거나 정원이 초과되어 본인의 의사와 관계없이 면직된 경우
3. 국가나 지방자치단체가 출자하거나 재출자하는 취업심사대상기관의 경영개선을 위하여 필요한 경우
4. 「국가기술자격법」에 따른 기술 분야의 자격증소지자(「자격기본법」에 따라 국가가 공인한 민간자격증소지자를 포함한다)로서 해당 산업분야의 발전과 과학기술진흥에 특히 기여할 수 있다고 판단되는 경우
5. 법원의 결정 또는 법령의 규정에 따라 해당 취업심사대상기관의 관리인이나 임직원으로 선임되는 경우
6. 채용계약에 따라 일정기간 전문지식·기술이 요구되는 직위에 채용되었다가 퇴직 후 임용 전에 종사하였던 분야에 재취업하는 경우
7. 제21조제3항제1호에 따른 과(이에 상당하는 부서를 포함한다)의 소속직원의 경우 본인이 직접 담당하였던 업무와 취업하려는 취업심사대상기관 간에 밀접한 관련성이 없고, 취업 후 영향력 행사 가능성이 적은 경우
8. 법 제17조제3항 또는 제5항에 따라 업무 관련성이 있는 것으로 보는 취업승인신청인으로서 퇴직 전 5년 동안 소속하였던 기관에서 처리한 업무의 성격·비중 및 처리 빈도와 취업하려는 기관에서 담당할 업무의 성격을 고려할 때 취업 후 영향력 행사 가능성이 적은 경우
9. 취업승인신청인이 취업하려는 분야에 대한 전문지식·자격증·근무경력 또는 연구성과 등을 통하여 그 전문성이 증명되는 경우로서 취업 후 영향력 행사 가능성이 적은 경우

④ 제3항에도 불구하고 윤리위원회는 다음 각 호의 어느 하나에 해당하는 경우에는 특별한 사유가 없으면 승인을 하여야 한다. 〈개정 2024. 11. 29.〉

1. 제3항제2호에 해당하는 경우

2. 제3항제6호에 따른 채용계약 이전에 전문성·특수성을 갖춘 인력의 원활한 채용을 위하여 사무총장이 윤리위원회와 같은 호에 따른 직위에 대하여 해당 직위에 채용되는 사람이 퇴직 후 임용 전에 종사하였던 분야에 재취업하는 것으로 협의한 경우
　　3. 전문직공무원으로 7년 이상 근무한 취업심사대상자의 퇴직 전에 윤리위원회가 사무총장과 협의하여 제3항제9호에 따른 전문성이 있는 것으로 미리 인정한 경우로서 취업 후 영향력 행사 가능성이 적은 경우
　⑤ 제2항에 따른 의견서에는 취업승인신청인 본인의 인사기록카드 사본 및 취업승인을 위한 특별한 사유가 있는지 등에 대한 증빙자료 등을 첨부하여야 한다.
　⑥ 윤리위원회는 법 제17조제1항 단서에 따라 취업이 승인되었는지 여부를 감사관을 거쳐 신청인에게 통지하여야 한다. 〈개정 2022. 12. 30.〉
　[본조신설 2019. 4. 22.]

제26조(업무취급 제한 대상 기관의 범위) ① 법 제18조의2제2항의 "퇴직 전 2년부터 퇴직할 때까지 근무한 기관"이란 퇴직 전 2년부터 퇴직할 때까지 「국가공무원법」에 따른 국가공무원으로 근무한 모든 기관을 말한다.
　② 파견, 직무대리, 교육훈련, 휴직, 출산휴가 또는 징계 등으로 인하여 실제로 근무하지 아니한 기관은 법 제18조의2제2항을 적용할 때 업무취급 제한 대상 기관으로 보지 아니한다.
　③ 겸임발령 등으로 인하여 둘 이상의 기관에 소속된 경우에 실제로 근무하지 아니한 기관은 법 제18조의2제2항을 적용할 때 업무취급 제한 대상 기관으로 보지 아니한다.
　④ 퇴직 전 1년부터 퇴직한 때까지 일시적 직무대리, 겸임발령 등으로 인하여 소속된 기관에서의 근무기간이 1개월 이하인 기관은 법 제18조의2제2항을 적용할 때 업무취급 제한 대상 기관으로 보지 아니한다.
　[본조신설 2019. 4. 22.]

제27조(업무취급 승인 절차 등) ① 퇴직공직자는 법 제18조의2제3항에 따라 윤리위원회에 업무취급 승인을 받으려는 경우에는 감사관을 거쳐 별지 제23호서식에 따른 업무취급승인신청서를 윤리위원회에 제출하여야 한다. 〈개정 2022. 12. 30.〉
　② 제1항에 따라 업무취급승인신청서를 받은 감사관은 다음 각 호의 사항을 조사·확인한 후 그 의견서를 첨부하여 윤리위원회에 업무취급승인신청서를 이송하여야 한다. 〈개정 2022. 12. 30.〉
　　1. 업무취급 승인을 신청한 자가 법 제17조제3항에 따른 기관업무기준 취업심사대상자(이하 "기관업무기준 취업심사대상자"라 한다)인지 여부

2. 승인을 신청한 업무가 법 제18조의2제1항 또는 제2항에 따라 취급이 금지되는 법 제17조제2항 각 호의 업무에 해당하는지 여부

3. 국가안보상의 이유나 공공의 이익을 위한 목적 등 해당 업무를 취급하는 것이 필요하고 그 취급이 해당 업무의 공정한 처리에 영향을 미치지 아니한다고 인정되는지 여부

③ 윤리위원회는 제2항에 따라 이송받은 업무취급승인신청서를 검토하여 승인여부를 감사관을 거쳐 업무취급 승인을 신청한 사람에게 통지하여야 한다. 이 경우 윤리위원회는 업무취급을 승인하지 아니한다고 통지할 때에는 취급을 승인하지 아니하는 사유를 함께 통지하여야 한다. 〈개정 2022. 12. 30.〉

④ 제2항에 따른 업무취급승인신청에 관한 검토 의견서는 별지 제24호서식에 따르고 그 의견서에는 업무취급 승인신청자의 인사기록카드 사본과 그 밖의 증빙자료를 첨부하여야 한다.

[본조신설 2019. 4. 22.]

제28조(업무내역서 제출 등) ① 업무취급을 제한받는 퇴직공직자는 법 제18조의3제1항에 따라 퇴직 후 2년간 1년마다 별지 제25호서식의 업무내역서를 작성하여 취업한 취업심사대상기관의 장의 확인을 받은 후 퇴직한 날부터 매 1년이 경과된 후 1개월 이내에 감사관에게 제출하여야 한다. 〈개정 2020. 6. 1., 2022. 12. 30.〉

② 제1항에 따른 업무내역서에는 취업한 취업심사대상기관에서의 월별 활동내역과 퇴직 전 2년부터 퇴직할 때까지 근무한 기관과 관련하여 취급한 업무내역을 구체적으로 적어야 한다. 이 경우 제27조제3항에 따라 윤리위원회에서 업무취급승인을 받아 취급한 업무가 있는 경우에는 그 승인을 받아 취급한 업무내역을 포함하여야 한다. 〈개정 2020. 6. 1.〉

③ 제1항에 따라 업무내역서를 받은 감사관은 업무활동 내역에 법 제18조의2제2항에 따라 취급할 수 없는 업무가 포함되어 있는지 여부를 확인한 후 별지 제26호서식에 따른 의견서를 첨부하여 윤리위원회에 업무내역서를 이송하여야 한다. 〈개정 2022. 12. 30.〉

④ 윤리위원회는 제2항에 따른 업무내역서 심사를 위해 필요한 경우 퇴직공직자에게 보수액 및 기타 추가로 필요한 자료를 요청할 수 있다.

⑤ 제출된 업무내역서는 공개하지 아니한다.

[본조신설 2019. 4. 22.]

제29조(청탁 또는 알선에 대한 신고) ① 법 제18조의4제2항 및 제3항에 따른 신

고는 별지 제27호서식에 따라 신고자, 청탁 또는 알선을 한 퇴직공직자 및 청탁 또는 알선을 받은 재직자의 인적사항, 청탁 또는 알선을 한 일시 및 장소, 청탁 또는 알선 내용 등을 기재한 서면으로 하여야 한다. 이 경우 사무총장은 정보통신망 등을 통하여 신고하게 할 수 있다. 〈개정 2020. 6. 1.〉

② 제1항의 신고를 받은 사무총장은 신고내용을 특정하기 위하여 다음 각 호의 사항을 확인할 수 있다. 〈개정 2020. 6. 1.〉
  1. 신고자의 인적사항
  2. 신고의 경위, 취지 및 이유
  3. 신고내용이 법 제18조의4제1항에 따른 부정한 청탁 또는 알선에 해당하는지 여부
  4. 신고내용을 입증할 수 있는 참고인 또는 증거자료의 유무

③ 사무총장은 제2항에 따른 확인 후 다음 각 호의 어느 하나에 해당하는 경우에는 이를 수사기관에 통보하지 아니하고 종결할 수 있다.
  1. 신고내용이 명백히 거짓인 경우
  2. 신고서 기재사항과 신고자에 대한 확인결과 수사가 필요하지 아니하다고 인정되는 경우

④ 사무총장은 법 제18조의4제2항 및 제3항에 따른 신고내용이 다음 각 호의 어느 하나에 해당하는 경우에는 법 제18조의4제1항에 따른 부정한 청탁 또는 알선에 해당된다고 판단하여야 한다. 〈신설 2020. 6. 1.〉
  1. 법령(규칙을 포함한다)을 위반하여 업무를 처리하도록 하는 행위
  2. 지위·권한을 벗어나거나 권한에 속하지 아니한 사항을 행사하도록 하는 행위
  3. 직무상 비밀 및 외부에 공개되지 않은 정보를 요구하거나 위법한 사항을 묵인하게 하는 행위
  4. 공정한 경쟁을 저해하거나 정상적인 관행에서 벗어나 업무를 처리하도록 하는 행위
  5. 제1호부터 제4호까지의 행위를 알선하는 행위

⑤ 법 제18조의4제2항에 따른 신고자는 해당 청탁 또는 알선으로 직무수행의 적정성을 확보하기 곤란하다고 판단되는 경우 사무총장에게 다음 각 호의 조치를 요청할 수 있다. 〈신설 2020. 6. 1.〉
  1. 직무 참여 일시중지
  2. 직무대리자의 지정
  3. 직무 공동수행자의 지정
  4. 그 밖에 지위 변경 등 직무수행의 적정성을 확보하기 위한 조치

⑥ 법 제18조의4제2항 또는 제3항에 따른 청탁 또는 알선 신고 및 제5항에 따른 조치를

요청받은 사무총장은 공정한 직무수행을 저해할 우려가 있다고 판단되는 경우 청탁 또는 알선을 받은 재직자에게 제5항 각 호의 조치를 취할 수 있다. 〈신설 2020. 6. 1.〉

⑦ 법 제18조의4제6항에 따른 보호조치의 신청은 별지 제27호의2서식에 따라 신청인의 인적사항, 신청사유 및 신청내용 등을 기재한 서면으로 하여야 한다. 이 경우 사무총장은 정보통신망 등을 통하여 신청하게 할 수 있다. 〈신설 2020. 6. 1.〉

⑧ 제7항의 신청을 받은 사무총장은 필요하다고 인정하는 경우 다음 각 호의 어느 하나에 해당하는 자에게 출석을 요구하여 진술을 청취하거나 관련 자료의 제출을 요구할 수 있다. 〈신설 2020. 6. 1.〉

  1. 신청인
  2. 불이익조치를 한 자
  3. 참고인

⑨ 사무총장은 제7항의 신청을 받은 날로부터 10일 이내에 보호조치를 결정하여 신청인에게 통보하여야 한다. 〈신설 2020. 6. 1.〉

⑩ 사무총장은 다음 각 호의 어느 하나에 해당하는 경우에는 법 제18조의4제8항에 따라 신고자에게 포상을 추천·수여하거나 포상금을 지급할 수 있다. 〈신설 2020. 6. 1.〉

  1. 사무총장이 부정한 청탁 또는 알선으로 판단하여 수사기관에 통보한 경우
  2. 특정한 행위나 금지를 명하는 행정처분이 있는 경우

[본조신설 2019. 4. 22.]
[제목개정 2020. 6. 1.]

제30조(업무취급제한 위반 여부 확인을 위한 자료제출 요구) 윤리위원회가 법 제19조의2제4항 본문에 따라 업무취급제한 위반 여부의 확인을 위해 퇴직공직자가 취업한 기관·단체의 장에게 자료제출을 요구하는 경우에는 위반 여부의 확인에 필요한 최소한의 범위에서 문서로 요구하여야 한다.

[본조신설 2020. 6. 1.]
[종전 제30조는 제30조의2로 이동 〈2020. 6. 1.〉]

제30조의2(취업제한 여부의 확인, 취업승인, 업무취급승인 및 업무내역서 심사 기록의 작성·관리 및 결과의 공개 항목) ① 법 제19조의3제1항에 따라 윤리위원회가 공개해야 하는 항목은 다음 각 호와 같다. 〈개정 2020. 6. 1.〉

  1. 퇴직 당시 소속기관명 및 직위 또는 직급, 퇴직 시기
  2. 취업제한 여부의 확인 결과 또는 취업승인·업무취급승인·업무내역서 심사 결과와 각각의 심사사항에 대한 결정의 근거가 되는 사유
  3. 취업예정기관 또는 취업한 기관명 및 직위 또는 직급, 취업예정일 또는 취업일

4. 그 밖에 해당 심사와 관련하여 윤리위원회가 결정한 사항

② 심사에 관한 기록은 윤리위원회 회의록과 법 제19조의3제1항 각 호의 어느 하나에 해당하는 심사에 대한 의견서로 갈음하며, 이는 공개하지 아니한다. 〈신설 2020. 6. 1.〉

[본조신설 2019. 4. 22.]

[제목개정 2020. 6. 1.]

[제30조에서 이동 〈2020. 6. 1.〉]

제31조(취업이력공시 등) ① 윤리위원회는 법 제19조의4제1항에 따라 기관업무기준 취업심사대상자가 취업심사대상기관에 취업한 현황을 12월 31일을 기준으로 매년 조사하여야 한다. 이 경우 윤리위원회는 사무총장, 국세청장, 「국민건강보험법」 제13조에 따른 국민건강보험공단, 「국민연금법」 제24조에 따른 국민연금공단 또는 「산업재해보상보험법」 제10조에 따른 근로복지공단에 필요한 자료의 제출 등을 요청할 수 있다. 〈개정 2020. 6. 1.〉

② 법 제19조의4제1항에 따른 취업이력공시에는 다음 각 호의 사항이 포함되어야 한다. 〈개정 2020. 6. 1.〉

1. 기관업무기준 취업심사대상자의 성명, 퇴직일, 퇴직 당시 소속기관명 및 직위 또는 직급

2. 기관업무기준 취업심사대상자가 취업한 취업심사대상기관명, 취업일 및 직위 또는 직급

③ 법 제19조의4제2항에 따른 기관업무기준 취업심사대상자의 취업 사실 신고는 제2항 각 호의 사항을 포함하여 별지 제28호서식에 따른 서면으로 한다. 이 경우 윤리위원회는 기관업무기준 취업심사대상자가 전자우편, 팩스 또는 정보통신망 등을 이용하여 신고하게 할 수 있다.

[본조신설 2019. 4. 22.]

제32조(취업현황 보고) 사무총장은 법 제19조의2제1항에 따라 취업심사대상자가 취업심사대상기관에 취업했는지를 확인하고, 그 점검 결과를 별지 제29호서식에 따라 윤리위원회에 보고하여야 한다. 〈개정 2020. 6. 1.〉

[본조신설 2019. 4. 22.]

제33조(연차보고서 작성 등) ① 법 제20조의2에 따른 연차보고서에는 다음 각 호의 사항이 포함되어야 한다. 〈신설 2020. 6. 1., 2021. 6. 23.〉

1. 전년도의 재산등록·선물신고와 퇴직공직자의 취업제한, 업무취급 제한 및 행위제한, 주식의 매각 또는 신탁의 관리 등에 관한 현황과 운영실태

2. 전년도의 재산등록사항 심사와 그 결과의 처리 내용 및 감독

3. 전년도의 재산등록사항 공개에 관한 사항

4. 그 밖에 윤리위원회의 활동에 관한 사항

② 사무총장과 감사관은 법 제20조의2의 규정에 의한 연차보고서 작성에 필요한 자료를 별지 제30호서식에 따라 윤리위원회에 제출하여야 한다. 〈개정 1995. 2. 20., 2013. 2. 27., 2019. 4. 22., 2020. 6. 1., 2022. 12. 30.〉

[제목개정 2020. 6. 1.]

[제21조에서 이동 〈2019. 4. 22.〉]

제34조(징계의결요구 및 처리결과통보) ① 법 제8조의2제2항제4호, 제14조의5제11항제3호 및 제22조에 따른 해임 또는 징계 의결의 요구는 별지 제31호서식에 따른다. 〈개정 1995. 2. 20., 2013. 2. 27., 2019. 4. 22., 2020. 6. 1., 2021. 6. 23.〉

② 제1항의 규정에 의하여 징계의결의 요구를 받은 중앙선거관리위원회 위원장은 그 처리결과를 윤리위원회에 통보하여야 한다. 〈개정 2020. 6. 1.〉

③ 제2항의 규정에 의한 처리결과통보에는 처분일자, 처분기관 및 처분내용을 포함하고, 처분설명사유서 사본이 첨부되어야 한다. 〈개정 2013. 2. 27.〉

[제23조에서 이동 〈2019. 4. 22.〉]

제35조(공직윤리업무의 전산화) ① 윤리위원회 또는 사무총장은 다음 각 호의 어느 하나에 해당하는 경우에는 그 자료 등을 정보통신망 등을 통하여 제출하게 하거나 전자기록 매체에 수록하여 제출하게 할 수 있다. 〈개정 2013. 2. 27., 2017. 3. 27., 2020. 6. 1., 2023. 6. 26.〉

1. 등록의무자가 재산등록 또는 변동사항신고를 하거나 자료 등을 제출하는 경우

2. 등록의무자와 이해관계자가 법 제6조의5제1항 및 제2항에 따른 동의서를 제출하는 경우

3. 법 제8조제4항·제5항 및 제12항의 규정에 의하여 국가기관·지방자치단체·공직유관단체 기타 공공기관 또는 금융기관의 장이 보고하거나 자료 등을 제출하는 경우

4. 법 제14조의4제1항에 따라 공개대상자 등이 주식의 매각 또는 주식백지신탁에 관한 계약을 체결한 사실을 신고하는 경우

5. 법 제14조의5제6항에 따라 보유 주식의 직무관련성 유무에 관한 심사를 청구하는 경우

② 윤리위원회는 법 제6조의5제1항 및 제2항에 따른 등록의무자 또는 이해관계자의 동의서를 금융기관의 장에게 제출하는 경우에는 정보통신망 등을 통하여 제출하게 하거나 전자기록 매체에 수록하여 제출할 수 있다. 〈개정 2017. 3. 27., 2020. 6. 1., 2023. 6. 26.〉

③ 소속기관의 장(사무총장, 시·도사무처장 및 선거연수원장을 말한다)은 공직자가 법 제15조제1항에 따라 선물 신고에 관한 자료를 제출하는 경우에는 정보통신망 등을 통하여 제출하게 하거나 전자기록 매체에 수록하여 제출하게 할 수 있다. 〈신설 2023. 6. 26.〉

④ 사무총장은 퇴직공직자가 다음 각 호의 자료를 제출하려는 경우 정보통신망 등을 통하여 제출하게 하거나 전자기록 매체에 수록하여 제출하게 할 수 있다. 〈신설 2019. 4. 22., 2023. 6. 26.〉

1. 제22조에 따른 취업제한여부확인요청서, 제24조제1항에 따른 우선취업신청서, 제25조제1항에 따른 취업승인신청서
2. 제27조제1항에 따른 업무취급승인신청서
3. 제28조제1항에 따른 업무내역서

[전문개정 2007. 9. 3.]

[제24조에서 이동 〈2019. 4. 22.〉]

제35조의2(재산등록 및 심사 관련 자료의 보존) 윤리위원회, 사무총장은 법 제5조, 제6조, 제8조, 제10조 및 제11조에 따른 공직자 재산등록, 변동사항 신고 또는 등록사항의 심사와 관련하여 법 제3조제1항에 따른 등록의무자가 제출한 자료는 그 등록의무자가 퇴직한 날부터 10년까지 보존한다.

[본조신설 2020. 6. 1.]

제36조(고유식별정보의 처리) 윤리위원회 및 사무총장은 다음 각 호의 어느 하나에 해당하는 사무를 수행하기 위하여 불가피한 경우 「개인정보 보호법 시행령」제19조제1호 또는 제4호에 따른 주민등록번호 또는 외국인등록번호가 포함된 자료를 처리할 수 있다. 〈개정 2023. 6. 26.〉

1. 법 제5조, 제6조, 제10조 및 제11조에 따른 재산등록 및 변동사항신고 등
2. 법 제8조에 따른 재산등록사항의 심사 등
3. 법 제19조의2에 따른 취업여부 확인 등
4. 법 제19조의4제1항에 따른 취업 현황 조사에 관한 사무

[본조신설 2019. 4. 22.]

제37조(비밀사항의 기재방법) 제5조·제7조·제16조 및 제33조에 따른 보고 내용 또는 작성내용 중 관계 법령에 따라 비밀로 분류되는 사항은 상세한 내용이 드러나지 아니하는 방법으로 기재할 수 있다.

[본조신설 2020. 6. 1.]

부칙〈제613호, 2024. 11. 29.〉

제1조(시행일) 이 규칙은 공포한 날부터 시행한다.
제2조(공직자윤리위원회의 취업승인에 관한 적용례) 제25조제4항제2호의 개정규정은 이 규칙 시행 당시 채용계약 절차가 진행 중인 경우에도 적용한다.

6-5 [시행 2025.2.21] [중앙선거관리위원회 규칙 [제624호, 2025. 2. 21., 일부개정]

중앙선거관리위원회(기획재정과)

제1조(목적) 이 규칙은 「국가공무원법」 제47조에 따른 특수 수당과 성과상여금에 관한 사항을 규정함을 목적으로 한다. 〈개정 2016. 2. 22.〉

제2조(적용범위) 선거관리위원회 소속 공무원에게 지급하는 특수 수당과 성과상여금에 관한 사항은 다른 법령에 특별한 규정이 있는 경우를 제외하고는 이 규칙이 정하는 바에 따른다. 〈개정 2016. 2. 22.〉

제3조(특수 수당) ① 선거관리위원회 공무원으로서 선거관리업무 등에 종사하는 사람에게는 예산의 범위에서 별표 1의 지급기준에 따라 특수 수당을 지급한다.
② 제1항에 따른 수당의 지급일은 봉급의 지급일과 같이 한다.
[전문개정 2016. 2. 22.]

제4조(성과상여금) ① 근무성적이나 그 밖의 업무실적 등이 우수한 선거관리위원회 공무원에게는 예산의 범위에서 성과상여금을 지급한다.
② 성과상여금은 성과급심사위원회의 심사를 거쳐 별표 2의 성과상여금 지급기준액표에 따라 개인별로 차등하여 지급한다.
③ 성과상여금의 지급대상·지급등급 및 지급률은 별표 3에 따른다. 다만, 중앙선거관리위원회사무총장(이하 "사무총장"이라 한다)이 필요하다고 인정하는 때에는 계급을 통합하거나 세분할 수 있으며, 대상비율을 10퍼센트포인트 범위에서 각각 조정할 수 있다.
④ 제2항에 따른 성과급심사위원회는 성과상여금 지급단위 기관별로 두되, 성과상여금 지급대상자의 상급 공무원 중에서 소속 기관의 장이 지정하는 7명 이내의 위원으로 구성한다. 다만, 「선거관리위원회 공무원 평정 규칙」 제6조에 따른 근무성적확인자와 성과급심사위원회 위원장이 동일한 경우에는 성과급심사위원회를 구성하지 아니할 수 있다.

⑤ 그 밖에 성과상여금에 관한 사항은 사무총장이 정하여 지급한다.
[전문개정 2016. 2. 22.]

부칙〈중앙선거관리위원회규칙 제399호, 2013. 12. 30.〉 조문목록 없음

부칙 〈중앙선거관리위원회규칙 제399호, 2013. 12. 30.〉

이 규칙은 공포한 날부터 시행한다.

부칙〈중앙선거관리위원회규칙 제446호, 2016. 2. 22.〉 조문목록 없음

부칙 〈중앙선거관리위원회규칙 제446호, 2016. 2. 22.〉

이 규칙은 공포한 날부터 시행한다.

부칙〈중앙선거관리위원회규칙 제457호, 2017. 2. 9.〉 조문목록 접기

부칙 〈중앙선거관리위원회규칙 제457호, 2017. 2. 9.〉 부칙〈중앙선거관리위원회규칙 제457호, 2017. 2. 9.〉조문목록 접기

제1조(시행일) 이 규칙은 공포한 날부터 시행한다.

제2조(성과상여금 적용대상 변경에 관한 경과조치) 대통령령 제27769호 공무원보수규정 일부개정령 별표 31의 개정규정에 따라 성과급적 연봉제를 적용받게 되는 공무원은 별표 3의 개정규정에도 불구하고 2017년도 성과상여금의 적용대상으로 한다.

부칙〈선거관리위원회규칙 제590호,2023. 12. 15.〉 조문목록 없음

부칙 〈선거관리위원회규칙 제590호, 2023. 12. 15.이 규칙은 2024년 1월 1일부터 시행한다.

부칙〈중앙선거관리위원회규칙 제624호,2025. 2. 21.〉조문목록 없음 부칙 〈중앙선거관리위원회규칙 제624호, 2025. 2. 21.〉

이 규칙은 공포한 날부터 시행하되, 2025년 1월 1일 이후 지급하는 수당부터 적용한다.

6-6 당내경선 위탁사무 관리규칙

[시행 2025. 2. 20.] [중앙선거관리위원회규칙 제620호, 2025. 2. 20., 일부개정]

중앙선거관리위원회(법제과)

제1조(목적) 이 규칙은 「공직선거법」(이하 "법"이라 한다) 제57조의4(당내경선사무의 위탁)제3항의 규정에서 위임된 사항과 그 시행에 필요한 사항을 규정함을 목적으로 한다.

제2조(정의) 이 규칙에서 사용하는 용어의 정의는 다음과 같다. 〈개정 2010. 1. 25., 2020. 12. 21.〉

1. "경선"이라 함은 정당이 공직선거에 추천할 후보자를 선출하기 위하여 실시하는 선거로서 법 제57조의4(당내경선사무의 위탁)제1항의 규정에 따라 경선사무를 관할 선거구위원회에 위탁하여 실시하는 선거를 말한다.
2. "경선선거인"이라 함은 경선의 투표권이 있는 자로서 경선선거인명부에 올라 있는 자를 말한다.
3. "경선일"이라 함은 경선의 선거일을 말한다.
4. "경선기간"이라 함은 경선후보자등록마감일 다음 날(경선기간개시일을 당헌·당규에서 정하고 있거나 이를 정당이 따로 정하여 위탁한 경우에는 해당 경선기간개시일)부터 경선일까지를 말한다.
5. "본선거"라 함은 경선에서 선출된 자가 입후보할 공직선거를 말한다.
6. "선거일"이라 함은 본선거의 선거일을 말한다.
7. "관할선거구위원회"라 함은 본선거의 선거구를 관할하는 선거관리위원회를 말한다.
8. "경선투·개표관리위원회"란 경선투표소 설치단위별 투표 및 개표관리를 주관하는 선거관리위원회를 말한다.
9. "온라인투표시스템"이란 인터넷에 연결된 컴퓨터와 이동통신단말기를 이용하여 투표·개표를 실시할 수 있도록 하는 시스템으로서 선거관리위원회가 운영하는 것을 말한다.

제3조(경선사무의 관리) ① 법 제57조의4제1항에 따라 관할선거구위원회가 당내경선사무 중 경선운동, 투표 및 개표에 관한 사무(이하 "경선사무"라 한다)를 수탁관리하는 경우 그 경선사무의 관리는 법 및 이 규칙에 특별한 규정이 있는 경우를 제외하고는 관할선거구위원회가 해당 정당과 협의하여 정하는 바에 따르되, 협의가 이루어지지 아니하는 사항

에 관하여는 그 성질에 반하지 아니하는 범위 안에서 법 및 「공직선거관리규칙」의 본선거의 관련규정을 준용한다. 〈개정 2010. 1. 25., 2020. 12. 21.〉

② 경선투·개표관리위원회는 경선사무 관리를 위하여 소속 직원을 경선관리관으로 위촉할 수 있다. 〈신설 2020. 12. 21.〉

제4조(경선의 실시) ① 정당이 관할선거구위원회에 경선사무의 관리를 위탁하는 때에는 본선거의 후보자등록신청개시일 전 20일까지 경선을 실시하여야 한다. 〈개정 2010. 1. 25., 2012. 1. 18.〉

② 제1항에 따른 본선거별 경선기간은 다음 각 호의 기간의 범위 안에서 당헌 또는 당규로 정한다. 〈개정 2010. 1. 25., 2020. 12. 21.〉

1. 대통령선거는 30일
2. 특별시장·광역시장·특별자치시장·도지사·특별자치도지사(이하 "시·도지사"라 한다)선거와 비례대표국회의원선거는 15일
3. 지역구국회의원선거, 특별시·광역시·특별자치시·도·특별자치도(이하 "시·도"라 한다) 의회의원선거, 자치구·시·군의회의원 및 장의 선거는 10일

③ 정당이 관할선거구위원회에 경선사무의 관리를 위탁하는 경우 그 경선사무일정은 제2항에서 정한 기간의 범위 안에서 관할선거구위원회가 해당 정당과 협의하여 정한다.

제5조(경선사무의 위탁) ① 정당은 다음 각 호에서 정한 기한까지 관할선거구위원회에 경선사무의 위탁관리를 신청하여야 한다. 〈신설 2025. 2. 20.〉

1. 제4조제2항제1호 및 제2호의 선거: 경선기간개시일 전 20일까지. 다만, 대통령의 궐위로 인하여 선거를 실시하는 경우에는 그 선거의 실시사유가 확정된 날부터 2일 이내
2. 제4조제2항제3호의 선거: 경선기간개시일 전 10일까지

② 정당이 제1항에 따라 경선사무의 위탁관리를 신청하는 때에는 다음 각 호의 사항을 명시한 별지 제1호서식에 따라 신청하여야 한다. 〈개정 2012. 1. 18., 2020. 12. 21., 2025. 2. 20.〉

1. 후보자로 추천할 본선거명
2. 경선기간 및 경선일
3. 경선운동에 관한 사항
4. 투표방법
5. 투표 및 개표단위
6. 당헌·당규상의 경선관련규정
7. 그 밖에 경선관리에 필요한 사항

③ 관할선거구위원회가 제1항 및 제2항의 규정에 따른 위탁관리신청을 받은 때에는 공직선거(교육의원선거 및 교육감선거를 포함한다), 국민투표, 「주민투표법」에 따른 주민투표, 「주민소환에 관한 법률」에 따른 주민소환투표, 「공공단체등 위탁선거에 관한 법률」제4조에 따른 위탁선거 또는 다른 정당이 신청한 경선사무일정 등을 고려하여 위탁관리 여부를 결정하고 그 결과를 위탁관리신청서 접수일 후 5일 이내에 해당 정당에 통보하여야 한다. 〈개정 2010. 1. 25., 2012. 1. 18., 2020. 12. 21., 2025. 2. 20.〉

④ 관할선거구위원회는 2 이상의 정당이 신청한 경선사무일정이 중첩되는 때에는 해당 정당과 협의하여 이를 조정할 수 있다. 〈개정 2025. 2. 20.〉

제6조(경선선거인수 등) 경선선거인수, 당원과 당원이 아닌 자의 비율, 경선선거인 명부의 작성·확정 등 경선선거인 확정에 필요한 사항은 당헌 또는 당규로 정한다.

제7조(경선선거인명부의 제출) ①정당이 경선사무의 관리를 관할선거구위원회에 위탁한 경우에는 경선기간개시일 전일(경선기간이 10일 미만인 때에는 경선일 전 10일)까지 별지 제2호서식에 의한 경선선거인명부 1통과 그 전산자료복사본을 관할선거구위원회와 제10조제2항에 따른 경선투·개표관리위원회에 각각 제출하여야 한다. 〈개정 2010. 1. 25.〉

② 정당이 관할선거구위원회에 경선선거인명부를 제출한 후에는 본인의 의사에 불구하고 당헌·당규에 따라 경선의 투표권이 부여된 사람이 누락된 경우와 경선선거인명부에 등재된 사람으로서 오기 또는 경선의 투표권이 없는 자나 사망자가 있는 경우에는 이를 소명하는 자료를 첨부하여 정정·삭제를 요청할 수 있다. 다만, 경선일 전 3일부터 경선일까지는 그러하지 아니하다. 〈신설 2010. 1. 25.〉

③ 경선투·개표관리위원회는 투표소 설치단위·투표소당 경선선거인수 등을 고려하여 경선선거인명부를 분철하거나 사본을 작성하여 사용할 수 있다. 〈개정 2010. 1. 25.〉

제8조(경선후보자명부의 제출) 정당이 경선사무의 관리를 관할선거구위원회에 위탁한 경우에는 경선후보자등록마감일의 다음 날까지 경선후보자명부 1통을 관할선거구위원회에 별지 제3호서식에 의하여 제출하여야 하며, 관할선거구위원회가 이를 접수한 때에는 경선투·개표관리위원회에 통지하여야 한다.

제9조(투표방법) ①투표는 기표방법에 따른 1인 1표로 하며, 그 외의 방법으로 하는 때에는 관할선거구위원회가 정당과 협의하여 정한다.

② 투표는 경선선거인이 직접 한다.

③ 경선선거인은 투표를 함에 있어서 그 성명 그 밖에 경선선거인을 추정할 수 있는 표시를 하여서는 아니된다.

제10조(경선투표소의 설치) ①경선투표소는 특별한 사유가 없는 한 전국단위로 설치하는

경우에는 수도에, 시·도 및 구·시·군단위로 설치하는 경우에는 해당 행정청의 사무소 소재지에 설치하여야 한다.

② 경선투·개표관리위원회는 다음 각 호에 따르되, 관할구역 안의 구·시·군선거관리위원회(구·시·군선거관리위원회가 경선투·개표관리위원회인 경우는 제외한다)를 지정하여 투표 및 개표에 관한 사무를 하게 할 수 있다. 〈개정 2010. 1. 25., 2020. 12. 21.〉

1. 전국단위로 설치하는 때에는 중앙선거관리위원회(이하 "중앙위원회"라 한다) 또는 중앙위원회가 지정하는 시·도선거관리위원회
2. 시·도단위로 설치하는 때에는 관할시·도선거관리위원회
3. 구·시·군단위로 설치하는 때에는 관할구·시·군선거관리위원회

③ 경선투표소 설치단위는 제1항 및 제2항의 규정에 따라 관할선거구위원회가 정당과 협의하여 정한다.

④ 경선투·개표관리위원회는 경선투표소를 설치할 장소를 결정하여 경선일 전 7일까지 별지 제4호서식에 의하여 투표소의 명칭과 소재지를 공고하되, 경선기간의 단축 등 특별한 사정이 있는 때에는 해당 정당과 협의하여 공고시기를 달리 정할 수 있다. 이 경우 천재·지변 그 밖의 부득이한 사유가 있는 때에는 투표소를 변경할 수 있으며, 그 사실을 즉시 공고하고 경선투·개표관리위원회와 해당 정당의 인터넷홈페이지(인터넷홈페이지를 개설·운영하는 경우에 한한다)에 게시하거나 투표안내문에 게재하는 방법 등으로 경선선거인에게 알려야 한다. 〈개정 2010. 1. 25., 2020. 12. 21.〉

⑤ 경선사무의 관리를 위탁한 정당은 투표소의 설비에 대하여 그 시정을 요구할 수 있다.

⑥ 경선투·개표관리위원회는 투표사무를 보조하게 하기 위하여 투표사무원을 위촉할 수 있다. 이 경우 해당 정당에 경선일 전 3일까지 별지 제5호서식에 의하여 제3조에 따른 경선관리관과 함께 그 명단을 통지하여야 한다. 〈개정 2020. 12. 21.〉

제11조(투표용지) ① 투표용지에는 경선후보자의 기호 및 성명을 표시하여야 한다.

② 투표용지에 게재하는 기호는 정당이 정하는 바에 따른다. 〈개정 2010. 1. 25.〉

제12조(투표안내문의 발송) ① 경선투·개표관리위원회는 경선선거인의 성명·경선선거인명부등재번호·경선투표소의 위치·투표할 수 있는 시간·투표할 때 가지고 가야 할 지참물·투표절차(전자투표를 실시하는 경우에는 그 절차를 포함한다) 및 투표참여를 권유하는 내용 그 밖에 경선사무절차 등이 기재된 별지 제6호서식의 투표안내문을 작성하여 경선선거인에게 경선일 전 5일까지 우편으로 발송하거나, 해당 정당과 협의하여 다른 방법으로 경선선거인에게 알릴 수 있다. 〈개정 2010. 1. 25., 2024. 11. 29.〉

② 투표안내문은 경선사무의 관리를 위탁한 정당과 협의하여 그 정당이 발송하는 경선홍

보물과 동봉하여 발송할 수 있다.

제13조(투표시간 등) ①투표시간은 관할선거구위원회가 경선사무의 관리를 위탁한 정당과 협의하여 정한다.

② 투표를 개시하는 때에는 경선관리관은 투표함 및 기표소내외의 이상 유무에 관하여 검사를 하여야 하며, 투표참관인으로 하여금 참관하게 하여야 한다. 다만, 투표개시시각까지 투표참관인이 참석하지 아니한 때에는 최초로 투표하러 온 경선선거인으로 하여금 참관하게 하여야 한다. 〈개정 2020. 12. 21.〉

제14조(투표의 제한) ①경선일에 경선선거인의 자격이 없는 자는 경선선거인명부에 등재되어 있더라도 투표할 수 없다.

② 경선사무의 관리를 위탁한 정당은 경선일 전일까지 제1항의 경선선거인의 자격이 없는 자의 명단을 별지 제2호서식의 〈내지〉에 준하는 서식에 의하여 관할선거구위원회에 통지하여야 한다.

제15조(투표참관인) ①투표참관인은 투표용지의 교부상황과 투표상황을 참관할 수 있다.

② 경선사무의 관리를 위탁한 정당과 경선후보자는 경선일 전 2일까지 경선투표소마다 각 2인 이내의 투표참관인을 별지 제7호서식에 의하여 경선투·개표관리위원회에 신고하여야 한다.

③ 대한민국국민이 아닌 사람, 18세 미만의 사람, 법 제18조제1항 각 호의 어느 하나에 해당하는 사람, 법 제53조제1항 각 호의 어느 하나에 해당하는 사람, 경선후보자 및 그 배우자는 투표참관인이 될 수 없다. 〈개정 2010. 1. 25., 2020. 1. 17.〉

제16조(개표관리) ①개표사무는 경선투·개표관리위원회가 이를 행한다.

② 개표소는 투표소와 동일한 장소에 설치할 수 있으며, 경선일 전 7일까지 별지 제4호서식에 의하여 개표소를 설치할 장소를 공고하여야 하되, 경선기간의 단축 등 특별한 사정이 있는 때에는 해당 정당과 협의하여 공고시기를 달리 정할 수 있다. 〈개정 2010. 1. 25.〉

제17조(개표사무원) 경선투·개표관리위원회는 개표사무를 보조하게 하기 위하여 개표사무원을 두되, 제10조제6항에 따른 투표사무원을 개표사무원으로 겸하게 할 수 있다. 〈개정 2010. 1. 25.〉

제18조(개표소의 설비) 법 제57조의3(당내경선운동)제1항제3호에 따른 합동연설회 또는 합동토론회와 투표 및 개표를 같은 날 같은 장소에서 행하는 때에는 해당 정당과 협의하여 투·개표관리에 지장이 없도록 장소를 설비하여 진행할 수 있다.

제19조(개표참관인) 경선사무의 관리를 위탁한 정당과 경선후보자는 경선일 전일까지 각 2명 이내의 개표참관인을 별지 제7호서식에 의하여 경선투·개표관리위원회에 신고하여

야 하되, 제15조에 따른 투표참관인을 개표참관인으로 겸하게 할 수 있다.

[전문개정 2010. 1. 25.]

제20조(개표관람) 투·개표를 같은 날 같은 장소에서 하거나 합동연설회·합동토론회와 함께 하는 때에는 관람증을 발급하지 아니하되, 관람인석과 투·개표장소를 구획하여 관람인이 투·개표장소에 출입할 수 없도록 하여야 한다.

제21조(투표록·개표록 및 집계록의 작성 등) ① 투표와 개표가 같은 날 같은 장소에서 실시될 경우에는 투표 및 개표록으로 통합 작성하고 투표와 개표장소가 다를 경우에는 투표록, 개표록을 따로 작성한다.

② 경선투·개표관리위원회는 개표결과를 즉시 공표하고 개표록을 작성하여 관할선거구위원회에 송부하여야 한다.

③ 제1항의 개표록을 송부받은 관할선거구위원회는 지체 없이 경선후보자별 득표수를 계산·공표하고 경선집계록을 작성하여야 한다.

④ 투표록·개표록 및 집계록은 전산조직을 이용하여 작성·보고 또는 송부할 수 있다.

제22조(전산조직에 의한 투·개표) ① 중앙위원회는 수탁관리하는 경선투표 및 개표사무의 신속한 관리를 위하여 전산화를 추진하여야 한다.

② 관할선거구위원회가 수탁관리 하는 경선사무 중 투표 및 개표에 관한 사무는 해당 정당과 협의하여 온라인투표시스템을 이용하여 처리할 수 있다. 다만, 경선사무의 효율적인 관리를 위하여 필요하다고 인정되는 경우 중앙위원회는 직접 또는 중앙위원회가 지정한 시·도선거관리위원회로 하여금 해당 정당과 협의하는 바에 따라 온라인투표시스템을 이용하여 투표 및 개표사무에 관한 사무를 처리하거나 처리하게 할 수 있다. 〈신설 2020. 12. 21.〉

③ 제2항에 따라 당내경선의 투표 및 개표사무를 온라인투표시스템을 이용하여 처리하려는 경우에는「전자투표 및 개표에 관한 규칙」에 따른다. 〈신설 2021. 12. 20., 2024. 11. 29.〉

④ 삭제 〈2024. 11. 29.〉

제23조(경선관리비용) ①법 제57조의4제2항에 따라 관할 선거구선거관리위원회가 당내경선의 투표와 개표에 관한 사무를 수탁하여 관리하는 경우에 국가가 부담할 경선관리비용은 다음 각 호와 같다. 〈개정 2008. 2. 29., 2020. 12. 21.〉

  1. 관할선거구위원회 및 경선투·개표관리위원회위원의 수당과 실비

  2. 경선관리관, 투표 및 개표사무원의 수당과 실비

  3. 경선선거인명부 분철·사본작성비용, 투표안내문 작성·발송비용

  4. 투표용지 작성·관리비용

    5. 투표 및 개표장소 임차비와 설비 및 유지비
    6. 그 밖에 투표 및 개표사무관련 부대비용
② 제1항에 규정된 이외의 경선관리비용은 정당이 부담한다. 〈개정 2008. 2. 29.〉
③ 중앙위원회는 국가가 부담하는 경선관리비용이 예산에 계상되지 아니한 경우에는 우선 본선거의 예산에서 지출하고 예비비로 신청할 수 있다.
④ 제2항의 규정에 따른 경선관리비용은 중앙위원회가 정하는 기준에 따라 관할선거구위원회가 산정하여 해당 정당에 별지 제8호서식에 의하여 요구하여야 하며, 해당 정당은 경선기간개시일 전 5일까지 관할선거구위원회위원장에게 이를 납부하여야 한다. 〈개정 2012. 1. 18.〉
⑤ 제4항의 규정에 따라 경선관리비용을 납부받은 관할선거구위원회는 국고금 회계처리절차에 준하여 지출하고 경선일 후 20일까지 이를 정산하여 해당 정당에 잔액을 반환하고 별지 제9호서식에 의하여 통보하여야 한다.
⑥ 관할선거구위원회는 정당의 경선관리비용의 공개를 권고할 수 있다.

제24조(동시경선관리) ①관할선거구위원회는 정당이 법 제203조(동시선거의 범위와 선거일)의 규정에 따라 동시실시하는 본선거의 경선사무의 관리를 위탁신청하여 온 때에는 해당 정당과 협의하여 경선사무의 관리를 동시에 할 수 있다.
② 관할선거구위원회가 제1항의 규정에 따라 경선사무의 관리를 동시에 하는 경우에는 법 제57조의3(당내경선운동)제1항의 규정에 따른 경선운동의 공동실시·공동경선운동시 비용부담 및 투·개표참관인 선정 그 밖에 필요한 사항을 정하여 해당 정당과 경선후보자에게 통지하여야 한다.

부칙〈제620호, 2025. 2. 20.〉

    이 규칙은 공포한 날부터 시행한다.

6-7 법률안의 입안과정

입법절차 또는 입법과정(Legislation process)
국회가 법률을 제정할 때에는 일련의 절차를 거치게 된다. 이것을 입법절차 또는 입법과정(Legislation process)이라고 한다.

입법 과정은 일정한 입법정책적 목적하에 작성된 법률안이 국회에 제출된 후 소정의 절차에 따라 심의를 거친 다음 정부에 이송되어 대통령의 공포에 의하여 법률로서 효력이 발생되기까지의 모든 과정을 포함한다. 입법과정을 단계적으로 살펴보면 법률안의 입안 과정, 국회에서의 심의 의결과정, 법률안의 정부이송 및 대통령의 공포 등으로 크게 구별할 수 있다.

1. 법률안의 입안과정

가. 법률안의 제안권자

우리 헌법은 제40조에서 "입법권은 국회에 속한다"라고 하여 국회입법의 원칙을 명문으로 선언하고 있다. 그러나 헌법은 제52조에서 "국회의원과 정부는 법률안을 제출할 수 있다."라고 하여 정부에게도 법률안 제출권을 부여하고 있기 때문에 정부도 입법에 참여할 수 있음 제도적으로 보장하고 있다. 국회의 위원회도 그 소관에 속하는 사항에 관하여 법률안을 입안하여 위원장 명의로 제출할 수 있으며(국51), 이를 의원발의법률안의 범주에 포함시키고 있다. 의원발의법률안은 발의자를 포함하여 10인 이상의 찬성으로 발의하며(국79), 예산상의 조치를 수반하는 법률안의 경우에는 예산명세서를 아울러 제출하여야 한다(국79②).

정부제출법률안은 국무회의의 심의를 거쳐 대통령 명의로 제출하되 국무총리와 관계 국무위원이 부서하여야 한다(헌82·89).

최근에는 헌법상 법률안 제안권이 없는 대법원, 중앙선거관리위원회 및 감사원에서 각각 법원조직법, 공직선거및선거부정방지법 및 감사원법 등 관련법안에 대한 개정의견을 국회에 제출하는 경우가 있는데, 이 경우 이를 소관(상임)위원회에 송부하여 법안심사에 참고토록 하며, 소관(상임)위원회에서는 그 의견을 참고하여 국회법 제51조에 의한 위원회안을 제안하는 사례도 있다.

나. 의원발의법률안의 입안과정

의원발의법률안은 ① 의원이 직접 기초하는 경우② 정부 또는 제3자가 기초하여 제공하는 안을 근간으로 의원이 입안하여 제출하는 경우③ 정부가 마련한 안을 의원을 통하여 제출하는 경우④ 연구원 및 관련단체 등이 마련한 법률초안을 의원을 통하여 제출하는 경우 등 그 입안과정이 다양하다. 뿐만 아니라 정당에 소속된 의원은 소속정당의 정책실무부서에서 입안한 법률안을 당무회의 등 소정의 당내 절차를 거쳐 발의하게 되는데 이러한 의원발의법률안의 입안과정을 개략적으로 살펴보면 다음과 같다.

(1) 입법준비단계

특정분야에 높은 관심을 갖고 있는 의원개인의 입법동기에 의하여 입법이 추진되는 경우도 있지만 정당안의 정책기구의 결정에 따라 또는 정당지도부의 지시에 따라 입법이 추진되기도 한다. 정당별로 다소의 차이는 있으나 정책위원회 등 정책을 심의·결정하는 기구를 두고 있으며 분야별로 당전문위원을 두어 정책개발에 힘쓰고 있다. 20인 이상의 소속의원으로 교섭단체를 구성한 정당의 경우에는 국회 소속으로 정책연구위원을 두어 입법정책의 심의·결정과정에 당과 국회와의 통로를 마련하고 있다. 또한 대국민관계에 있어 전문가 및 일반국민의 의사를 수렴하기 위하여 당차원에서 정책세미나 및 공청회 등을 개최하기도 한다.

(2) 법률안 기초단계

입법"을 추진하고자 하는 의원은 법제실무자에게 법률안의 기초를 의뢰하는 것이 일반적이다. 직접 개인참모에게 지시할 수도 있고 외부의 전문가에게 의뢰할 수도 있으나 국회에는 의원발의 법률안의 기초 및 성안 등의 법제지원을 위하여 법제실이 설치되어 있다. 법제실에는 법제업무를 전문으로 하는 법제관(계약직 변호사·박사 포함) 등이 배치되어 의원발의법률안에 대한 법제지원과 각종 법제자료의 제공역할을 담당하고 있으며, 법제실에서 의원의 법률안기초 요청에 따라 법률안이 입안되는 과정을 설명하면 다음과 같다.

(가) 법률안 기초 요청법제실의 입법지원을 받아 법률안을 발의하고자 하는 국회의원은 입법하고자 하는 내용이 포함된 입법요강이나 법률안 초안(관련참고자료 첨부)을 작성하여 이를 법률안입안(검토)의뢰서와 함께 법제실에 제출하면 된다.

(나) 기초팀의 구성법제실에서는 법률안의 입안을 요청받게 되면 아무리 간단하고 단순한 법률안을 기초하는 경우에도 그 법률이 미칠 수 있는 영향 등을 고려하여 법제관 수인이 공동으로 팀을 구성하여 법률안을 기초하며, 입법내용면에서 전문적 지식을 갖춘 자와 입법기술면에서 경험과 지식을 갖춘 자들이 의견을 교환하여 좋은 대안을 선택하면서 입안에 참여한다.

(다) 법률안 문제점과 동기파악법제관에게 법률안의 기초가 의뢰되어지면 법제관은 우선 법률안기초 요청자가 의도하는 입법목적 및 그 내용을 정확히 파악하여야 한다. 내

용을 파악하고 난 다음에는 의뢰된 법률안의 문제점을 도출하여 이의 해결을 위한 최적의 대안을 모색하게 된다. 이 과정에서 법제실무자인 법제관 등은 법률안의 기초를 의뢰한 의원 또는 의원보좌관과 수시로 협의한다.
- (라) 입법자료 수집훌륭한 입법이 되기 위해서는 입법자료의 충분한 확보가 필요하다. 법제관 등은 관련법률을 전반적으로 검토할 뿐만 아니라 외국의 입법례, 전문가의 의견 등을 수집하여 법률안에 반영하게 된다.
- (마) 법률안의 요강과 분석서 작성새로 제정·개정하고자 하는 법률안에 수록하여야 할 조문 전체에 대하여 요강과 분석서를 작성함으로써 입안과정에 있어 효율성을 높이고 있다. 우선 제정하는 법률안의 장·절·조문만을 순서별로 별지에 배치하여 법률안의 요강을 만들고 개개의 내용은 조문별로 별지로 분석한 후 이를 모두 합하여 법률안의 요강 및 분석서를 작성한다.
- (바) 초안의 작성개개조문의 작성이 끝난 다음에는 하나의 법률체제로서 법률안을 성안한다. 법률이란 결국 특정한 의미를 가진 문자와 문장을 매개로 하여 표현되어지는 것이므로 법문은 입법자의 의도가 정확하게 표시되어야 할 뿐만 아니라 법률안의 형식이나 내용이 제기준에 적합하여야 하며 일반국민이 이해하기 쉽고 알기 쉽도록 작성하여야 한다.
- (사) 초안의 검토 및 수정법률안의 초안이 작성되면 전 조문을 검토한다. 검토방법은 조문 또는 항별로 표현내용의 통일여부를 확인하고 오자·탈자를 점검하는 한편, 다른 조문을 인용하는 경우에는 그 내용이 정확한지의 여부 등을 검토하여야 하는 바, 이를 수평검토라 할 수 있다. 또한 전조문에 대하여 수직적 검토를 행한다. 이 과정에서는 여러 목표중 하나만을 세워 수직적으로 전 조문을 검토해 나가게 되는데 이는 여러 목표를 동시에 세워 점검한다면 시간은 절약되지만 누락되는 부분이 있기 때문이다. 이미 작성된 초안은 관계기관, 전문가 또는 이해관계인 등에게 회람시켜 그 의견을 듣고 수정이 필요한 부분은 이를 보완한다.
- (아) 요청의원에게 제공위와 같은 절차를 거쳐 성안된 법률안은 법제실 내부의 결재를 거쳐 법률안 내용이 포함된 컴퓨터디스켓과 함께 요청한 의원에게 제공하게 되는데, 이 경우 그 법률안의 성안을 담당했던 법제관이 요청의원에게 법률안의 내용을 설명하기도 한다.

(3) 국회제출단계

법률안을 발의하는 의원은 그 안을 갖추고 이유를 붙여서 소정의 찬성자(발의자 포함 10인 이상)와 연서하여 이를 의장에게 제출하여야 한다. 이 경우 그 안에는 발의의원과 찬성의원을 구분하여 표시하고 안 제명의 부제로 발의의원의 성명을 기재하되, 발의의원이 2인 이상인 경우에는 대표발의의원 1인을 명시하여야 한다. 발의자는 당초에 법률안을 기초하거나 입법을 주도해 온 의원이 되는 것이 보통이지만 당의 정책부서 등에서 기초하여 입법이 추진된 경우에는 그 법률안의 소관상임위원회의 소속의원이나 그 법률안의 내용과 직·간접으로 관련있는 의원중에서 맡는 경우가 많다.

법률안의 제안이유 및 주요골자는 정확하고 간결하게 정리하여 성안하여야 하며, 제안이유는 그 법률안을 발의하게 된 취지를 밝히는 것이므로 위원회에서 낭독하는 제안설명과 같은 연설문 형태는 바람직하지 못하다.

개정법률안의 경우는 신·구조문대비표를 첨부하며, 예산상의 조치를 수반하는 법률안의 경우에는 예산명세서를 아울러 첨부한다(국79②).

법률안에 대한 찬성자의 서명을 모두 받으면 법률안 제출공문(발의용지)에 필요한 사항을 기재한 후 서명용지와 법률안 3부를 첨부하여 의장(의사국 의안과)에게 제출한다.

이상에서 살펴본 의원발의법률안의 입안과정을 개략적으로 요약·정리하면 〈그림 1〉과 같다.

다. 위원회제안법률안의 입안과정

(1) 제안자

위원회는 그 소관에 속하는 사항에 관하여 법률안 기타 의안을 제출할 수 있다. 이 경우에는 위원장이 제출자가 된다(국51).

(2) 소관사항

상임위원회는 안건이 회부됨으로서 심사권이 부여되는 것이 아니라 소관사항에 대하여 자주적인 심사권을 가지고 있으므로 그 소관에 관하여 의안을 스스로 입안하여 제출할 수 있다(국36·37). 각 상임위원회의 소관사항은 국회법 제37조에서 구체적으로 명시하고 있다. 그리고 특정사항에 대한 법률안의 입안·심사를 위하여 본회의 의결로 특별위원회를 구성한 경우에는 그 범위안에서 특별위원회도 법률안을 입안하여 제출할 수 있다.

(3) 위원회제안 법률안의 유형

위원회에서 제안하는 의안은 입법실무상 [위원회안]과 [위원회제출대안]으로 구분하고 있다. [위원회안]은 위원회가 그 소관에 속하는 사항에 관하여 독자적으로 의안을 입안하여 제출하는 것이며, [위원회제출대안]은 원안의 취지를 변경하지 아니하는 범위안에서 그 내용의 대폭적인 수정이나 체계를 다르게 하여 원안을 대신할 만한 안으로 제출하는 것이다. 즉 [대안]은 원안의 존재를 전제로 하여 그 심사과정에서 원안을 폐기하고 그 대신으로 제출하는 것인데 대하여 [위원회안]은 원안의 존재 여부와는 관련이 없다는 점에서 그 차이가 있다.

(4) 제안절차

위원회에서 법률안을 제안하고자 할 때에는 이를 입안하기 위한 소위원회를 구성하고, 그 소위원회에서 마련한 내용을 위원회에서 질의·토론·축조심사를 거쳐 위원회안으로 채택(의결)하거나, 위원의 동의(動議)로 제안된 내용을 위원회에서 직접 심사·의결 또는 소위원회로 하여금 심사·보고케 한 다음 의결함으로써 위원회안을 마련하게 된다.

위원회에서 제출한 의안은 이미 그 위원회에서 충분한 심사를 거쳐 제출된 것이므로 그 위원회에 회부하지 아니한다(국88). 그러나 그 의안의 내용이 불충분하다는 등의 이유로 다시 심사할 필요가 있다고 인정할 때에는 의장은 국회운영위원회의 의결에 따라 다른 위원회에 회부할 수 있다(국88).

본회의 심의도중에 위원회로 하여금 다시 심사하게 할 필요를 인정할 때에는 그 의결로 다른 위원회에 회부하거나 같은 위원회에 재회부 할 수 있다(국94).

(5) 제안서식

위원회에서 제출하는 법률안은 이미 그 위원회의 심사를 거쳤으므로 제안서식은 당해 법률안에 대한 위원회의 심사보고서로서의 역할을 겸하고 있으며 그 서식은 일정하게 정하여져 있다. 이상에서 살펴본 위원회제안법률안의 입안과정을 요약·정리하면 〈그림 2〉과 같다.

라. 정부제출법률안의 입안과정

(1) 법률안의 기초

정부제출법률안은 각 중앙행정기관이 자기소관사항에 대하여 입법을 추진하는 것이 일반적이며 이 경우 법률안의 초안은 당해 법률의 집행을 담당할 소관부처의 주무부서가 주관하게 된다. 주무부서는 평소에 입법정보와 자료를 축적하고 있기 때문에 가장 훌륭한 법률안 기초자가 될 수 있다. 그러나 고도의 전문성·기술성을 요하는 분야인 경우에는 관련 연구기관, 단체에 용역을 주거나 위촉을 하는 수도 있으며 전문가들로 [법률안기초위원회]를 구성하여 입안하기도 한다.

(2) 관계기관과의 협의(합의)

제정·개정 또는 폐지하고자 하는 법률안이 소관부처에서 기초·성안된 경우 다른 행정기관과 합의를 필요로 하는 사항이 있는 때에는 입법예고를 하기 전에 먼저 협의를 거쳐야 한다. 관계부처의 협의(합의)가 필요한 사항을 예시하면 다음과 같다.

① 공공요금, 수수료 기타 예산이 수반되거나 물가와 관련있는 사항은 기획재정부 ② 정부의 인사·조직에 관한 사항은 행정안전부 ③ 지방자치단체의 소관사항인 경우에는 행정안전부 ④ 서식(書式), 정기보고에 관한 사항은 행정안전부 ⑤ 감사원법 제49조의 회계관계법령안은 감사원 ⑥ 기타 정부조직법상 다른 부처의 고유업무와 관련된 사항이 있을 때에는 관련부처 ⑦ 예산에 관한 법률은 기획예산처, 회계에 관한 법률은 재정경제부, 법령에서 어느 부처의 전속적 소관업무로 정한 사항은 그 해당 부처

(3) 입법예고

정부입법의 경우 국민의 권리·의무 또는 일상생활과 밀접한 관련이 있는 법령 등을 제정·개정 또는 폐지하고자 할 때에는 입법에 앞서 법령안의 입법취지, 주요내용 또는 전문을 관보·공보나 신문·방송·컴퓨터통신 등의 방법으로 널리 공고하여야 하며, 그 예고기간은 예고할 때 정하되, 특별한 사정이 없는 한 20일 이상으로 한다(행절41~43). 중앙행정기관은 입법이 긴급을 요하는 경우, 입법내용의 성질 또는 기타 사유로 예고의 필요가 없거나 곤란하다고 판단되는 경우, 상위법령 등의 단순한 집행을 위한 경우와 예고함이 공익에 현저히 불리한 영향을 미치는 경우에는 입법예고를 아니할 수 있다. 법제처장은 입법예고를 하지 아니한 법률안의 심사요청을 받은 경우에 입법예고를 함이 적당하다고 판단될 때에는 당해 중앙행정기관에 대하여 입법예고를 권고하거나 직접 예고할 수 있다(행절41).

예고된 법령안에 대하여 의견이 있으면 누구든지 소관 중앙행정기관에 서면으로 의견을 제출할 수 있으며, 소관 중앙행정기관의 장은 입법예고결과 제출된 의견중 중요한 사항에 대하여는 그 처리결과를 국무회의 상정안에 첨부하여야 한다(행절44, 법제업무운영규정18).

(4) 경제장·차관회의

경제관계부처에서 제안하는 법률안은 경제관계부처의 장관 또는 차관 등으로 각각 구성되는 경제장관회의 및 경제차관회의를 차례로 거침으로써 경제정책에 관한 관련부처간의 충분한 협의가 이루어지도록 하고 있다.

(5) 당·정협의

정부는 국민과 이해관계가 있는 주요정책·법률을 입안하는 때에는 여당과 당·정협의를 한다.

(6) 소관 중앙행정기관 원안확정

앞서 기술한 제단계를 거치면서 법률안의 초안을 보완하여 비로소 소관 중앙행정기관의 원안이 확정된다.

(7) 법제처심사

소관 중앙행정기관으로부터 법률안 심사가 의뢰되면 법제처는 법률의 자구·형식·체계 뿐만 아니라 내용의 타당성 등 실질적인 사항에 대하여도 심사를 하여 원안을 수정·보완한다. 법제처의 법률안 심사는 부처별로 분장하고 있는 법제관이 담당하고 있다.

(8) 차관회의·국무회의 심의

법제처의 심사가 끝난 법률안은 차관회의와 국무회의의 심의를 거친다. 다만, 긴급한 경우에는 차관회의를 생략하고 바로 국무회의에 상정하여 심의할 수 있다.

(9) 대통령의 재가와 국무총리 및 관계국무위원의 부서

국무회의의 심의를 마친 법률안은 대통령이 서명하고 국무총리 및 관계국무위원이 부서한다.

(10) 국회제출

법률안에 대한 대통령의 서명이 있으면 법제처는 법률안(700부)을 지체없이 국회에 제출한다.

이상에서 살펴본 정부제출 법률안의 입안과정을 개략적으로 요약·정리하면 〈그림 3〉과 같다.

2. 법률안의 심의·의결

법률안의 심의·의결과정의 세부사항은 다음에 설명하는 법률안 실무에서 후술하기로 하고 대략적인 심의·의결과정만을 요약하면 다음과 같다.

① 위원회 회부(국81·82) : 소관 상임위원회 또는 특별위원회 회부② 관련위원회 회부(국83)③ 위원회 심사(국58) : 의사일정 작성·상정 제안설명(발의자 또는 제출자) 검토보고(전문위원) 대체토론 상설소위원회 심사(필요시 따로 안건심사소위원회를 구성·심사케 함) 축조심사 찬반토론 표결(의결)④ 체계·자구심사(국86) : 법제사법위원회⑤ 심사보고서 작성·제출(국66) : 소관위원회에서 의장에게 제출⑥ 전원위원회

심사(국63의2) : 정부조직에 관한 법률안, 조세 또는 국민에게 부담을 주는 법률안 등 주요의안의 본회의 상정전이나 본회의 상정후 재적의원 4분의 1 이상의 요구가 있는 때 개회하며 전원위원장 명의의 수정안을 제출할 수 있음.⑦ 본회의 심의(국93) : 본회의 상정 위원장의 심사보고 전원위원회 위원장 심사보고(전원위원회 회부 법률안의 경우) 질의·토론 의결※ 본회의 토론종결전에 전원위원회 개회요구가 있는 경우 해당 안건을 전원위원회에 회부함.⑧ 법률안의 정리(국97) : 본회의는 법률안의 의결이 있은 후 서로 저촉되는 조항·자구·숫자 기타의 정리를 필요로 할 때에는 이를 의장 또는 위원회에 위임

3. 법률의 공포

가. 법률안의 정부이송 및 공포

국회에서 의결된 법률안은 의장이 이를 정부에 이송하며(국98①), 정부에 이송되어 15일 이내에 대통령이 공포한다(헌53①). 법률안이 정부에 이송되어 오면 법제처는 국무회의부의안건의 작성요령에 따라 법률공포안을 작성하여 국무회의부의안건으로 행정자치부에 송부하고, 행정자치부는 법률공포안을 국무회의에 상정하며, 국무회의 심의를 마치면 대통령이 서명하고 국무총리 및 관계국무위원이 부서한다. 법제처는 법률안에 대한 대통령의 재가가 끝나면 법률공포대장에 공포번호를 일련번호로 부여한다. 법률공포는 관보에 게재함으로써 이루어지고 있으며 법률공포일은 관보가 발행된 날로 한다(법령등공포12).

나. 대통령의 법률안 환부와 재의
(1) 대통령의 법률안 환부

대통령은 국회에서 이송되어온 법률안에 이의가 있을 때에는 이송되어 온 지 15일 이내에 이의서를 붙여 국회로 환부하고, 그 재의를 요구할 수 있다. 국회의 폐회중에도 또한 같다(헌53②). 대통령은 법률안의 일부에 대하여 또는 법률안을 수정하여 재의를 요구할 수 없다(헌53③).

(2) 국회의 재의

대통령으로부터 재의요구된 법률안은 다른 법률안과는 달리 위원회심사를 거치지 아니하고 본회의에 바로 상정되며 본회의는 동 안건을 의결하고자 할 경우 정부로부터 재의요구이유설명을 들은 후 질의·토론을 거쳐 무기명투표로 표결한다(국112⑤). 재의요구된 법률안은 국회에서 재의에 붙인 결과 재적의원 과반수의 출석과 출석의원 3분의 2 이상의 찬성으로 전과 같은 의결을 하면 법률로서 확정되고(헌53④), 대통령은 확정된 법률이 정부

로 이송된 후 5일 이내에 이를 공포하여야 한다. 재의요구된 법률안은 수정의결할 수 없다.

(3) 국회의장의 법률공포

국회를 통과한 법률안은 정부로 이송된 후 15일 이내에 대통령이 공포나 재의요구를 하지 아니하거나, 국회의 재의에 붙인 결과 재적의원 〉 과반수의 출석과 출석의원 3분의 2 이상의 찬성으로 전과 같이 의결된 때에는 법률로 확정된다. 대통령은 이와 같이 확정된 법률을 지체없이 공포하여야 하며, 국회의장은 대통령이 다음의 기간내에 공포하지 아니할 때에는 그 공포기일이 경과한 날부터 5일 이내에 이를 공포하고 대통령에게 통지하여야 한다. 이 경우 공포방식은 서울특별시에서 발행되는 일간신문 2 이상에 게재함으로써 한다.

의장이 법률을 공포한 경우에는 대통령에게 통지하여야 한다(국98②, 법령등공포11②). ① 법률안이 정부로 이송된 후 15일 이내에 공포나 재의요구를 하지 않아 법률로 확정된 때에는 확정된 후 5일 ② 국회의 재의에 붙인 결과 전과 같이 의결하여 법률로 확정된 때에는 확정법률이 정부에 이송된 후 5일

4. 법률의 효력발생

법률은 그 법률 부칙에서 정하고 있는 시행일에 효력을 발생한다. 그러나 법률에 특별한 규정이 없는 한 공포한 날부터 20일을 경과함으로써 효력을 발생한다(헌53⑦).

5. 입법과정

이상에서 살펴본 법률의 입법과정을 간단히 요약·정리하면 〈그림 4〉과 같다.

6-8 산업안전보건법

[시행 2025. 7. 22.] [법률 제20677호, 2025. 1. 21., 타법개정]

고용노동부(산업안전보건정책과-과태료, 적용범위, 공표, 지자체·이사회보고)
고용노동부(산업안전기준과-도급·안전조치, 인증·검사, 안전관리자-제조업)
고용노동부(산업보건기준과-감염병·석면, 건강진단, 작업환경측정·유해물질, 보건관리자·보건조치)
고용노동부(직업건강증진팀-휴게시설·고객응대, 미세먼지·고열, 직무스트레스·과로)
고용노동부(안전보건감독기획과-산재발생보고)
고용노동부(건설산재예방과-안전관리비·재해예방지도기관, 환산재해율, 안전관리자-건설업)
고용노동부(안전문화협력팀-안전보건교육)
고용노동부(산업안전보건정책과-산보위·관리책임자·관리감독자)
고용노동부(화학사고예방과-MSDS, PSM)

제1장 총칙

제1조(목적) 이 법은 산업 안전 및 보건에 관한 기준을 확립하고 그 책임의 소재를 명확하게 하여 산업재해를 예방하고 쾌적한 작업환경을 조성함으로써 노무를 제공하는 사람의 안전 및 보건을 유지·증진함을 목적으로 한다. <개정 2020. 5. 26.>

제2조(정의) 이 법에서 사용하는 용어의 뜻은 다음과 같다. <개정 2020. 5. 26., 2023. 8. 8.>

1. "산업재해"란 노무를 제공하는 사람이 업무에 관계되는 건설물·설비·원재료·가스·증기·분진 등에 의하거나 작업 또는 그 밖의 업무로 인하여 사망 또는 부상하거나 질병에 걸리는 것을 말한다.
2. "중대재해"란 산업재해 중 사망 등 재해 정도가 심하거나 다수의 재해자가 발생한 경우로서 고용노동부령으로 정하는 재해를 말한다.
3. "근로자"란 「근로기준법」 제2조제1항제1호에 따른 근로자를 말한다.
4. "사업주"란 근로자를 사용하여 사업을 하는 자를 말한다.
5. "근로자대표"란 근로자의 과반수로 조직된 노동조합이 있는 경우에는 그 노동조합을, 근로자의 과반수로 조직된 노동조합이 없는 경우에는 근로자의 과반수를 대표하는 자

를 말한다.
6. "도급"이란 명칭에 관계없이 물건의 제조·건설·수리 또는 서비스의 제공, 그 밖의 업무를 타인에게 맡기는 계약을 말한다.
7. "도급인"이란 물건의 제조·건설·수리 또는 서비스의 제공, 그 밖의 업무를 도급하는 사업주를 말한다. 다만, 건설공사발주자는 제외한다.
8. "수급인"이란 도급인으로부터 물건의 제조·건설·수리 또는 서비스의 제공, 그 밖의 업무를 도급받은 사업주를 말한다.
9. "관계수급인"이란 도급이 여러 단계에 걸쳐 체결된 경우에 각 단계별로 도급받은 사업주 전부를 말한다.
10. "건설공사발주자"란 건설공사를 도급하는 자로서 건설공사의 시공을 주도하여 총괄·관리하지 아니하는 자를 말한다. 다만, 도급받은 건설공사를 다시 도급하는 자는 제외한다.
11. "건설공사"란 다음 각 목의 어느 하나에 해당하는 공사를 말한다.
    가. 「건설산업기본법」 제2조제4호에 따른 건설공사
    나. 「전기공사업법」 제2조제1호에 따른 전기공사
    다. 「정보통신공사업법」 제2조제2호에 따른 정보통신공사
    라. 「소방시설공사업법」에 따른 소방시설공사
    마. 「국가유산수리 등에 관한 법률」에 따른 국가유산 수리공사
12. "안전보건진단"이란 산업재해를 예방하기 위하여 잠재적 위험성을 발견하고 그 개선대책을 수립할 목적으로 조사·평가하는 것을 말한다.
13. "작업환경측정"이란 작업환경 실태를 파악하기 위하여 해당 근로자 또는 작업장에 대하여 사업주가 유해인자에 대한 측정계획을 수립한 후 시료(試料)를 채취하고 분석·평가하는 것을 말한다.

제3조(적용 범위) 이 법은 모든 사업에 적용한다. 다만, 유해·위험의 정도, 사업의 종류, 사업장의 상시근로자 수(건설공사의 경우에는 건설공사 금액을 말한다. 이하 같다) 등을 고려하여 대통령령으로 정하는 종류의 사업 또는 사업장에는 이 법의 전부 또는 일부를 적용하지 아니할 수 있다.

제4조(정부의 책무) ① 정부는 이 법의 목적을 달성하기 위하여 다음 각 호의 사항을 성실히 이행할 책무를 진다. <개정 2020. 5. 26.>
1. 산업 안전 및 보건 정책의 수립 및 집행
2. 산업재해 예방 지원 및 지도
3. 「근로기준법」 제76조의2에 따른 직장 내 괴롭힘 예방을 위한 조치기준 마련, 지도 및

지원
4. 사업주의 자율적인 산업 안전 및 보건 경영체제 확립을 위한 지원
5. 산업 안전 및 보건에 관한 의식을 북돋우기 위한 홍보·교육 등 안전문화 확산 추진
6. 산업 안전 및 보건에 관한 기술의 연구·개발 및 시설의 설치·운영
7. 산업재해에 관한 조사 및 통계의 유지·관리
8. 산업 안전 및 보건 관련 단체 등에 대한 지원 및 지도·감독
9. 그 밖에 노무를 제공하는 사람의 안전 및 건강의 보호·증진

② 정부는 제1항 각 호의 사항을 효율적으로 수행하기 위하여 「한국산업안전보건공단법」에 따른 한국산업안전보건공단(이하 "공단"이라 한다), 그 밖의 관련 단체 및 연구기관에 행정적·재정적 지원을 할 수 있다.

제4조의2(지방자치단체의 책무) 지방자치단체는 제4조제1항에 따른 정부의 정책에 적극 협조하고, 관할 지역의 산업재해를 예방하기 위한 대책을 수립·시행하여야 한다.

[본조신설 2021. 5. 18.]

제4조의3(지방자치단체의 산업재해 예방 활동 등) ① 지방자치단체의 장은 관할 지역 내에서의 산업재해 예방을 위하여 자체 계획의 수립, 교육, 홍보 및 안전한 작업환경 조성을 지원하기 위한 사업장 지도 등 필요한 조치를 할 수 있다.

② 정부는 제1항에 따른 지방자치단체의 산업재해 예방 활동에 필요한 행정적·재정적 지원을 할 수 있다.

③ 제1항에 따른 산업재해 예방 활동에 필요한 사항은 지방자치단체가 조례로 정할 수 있다.

[본조신설 2021. 5. 18.]

제5조(사업주 등의 의무) ① 사업주(제77조에 따른 특수형태근로종사자로부터 노무를 제공받는 자와 제78조에 따른 물건의 수거·배달 등을 중개하는 자를 포함한다. 이하 이 조 및 제6조에서 같다)는 다음 각 호의 사항을 이행함으로써 근로자(제77조에 따른 특수형태근로종사자와 제78조에 따른 물건의 수거·배달 등을 하는 사람을 포함한다. 이하 이 조 및 제6조에서 같다)의 안전 및 건강을 유지·증진시키고 국가의 산업재해 예방정책을 따라야 한다. <개정 2020. 5. 26.>

1. 이 법과 이 법에 따른 명령으로 정하는 산업재해 예방을 위한 기준
2. 근로자의 신체적 피로와 정신적 스트레스 등을 줄일 수 있는 쾌적한 작업환경의 조성 및 근로조건 개선
3. 해당 사업장의 안전 및 보건에 관한 정보를 근로자에게 제공

② 다음 각 호의 어느 하나에 해당하는 자는 발주·설계·제조·수입 또는 건설을 할 때

이 법과 이 법에 따른 명령으로 정하는 기준을 지켜야 하고, 발주·설계·제조·수입 또는 건설에 사용되는 물건으로 인하여 발생하는 산업재해를 방지하기 위하여 필요한 조치를 하여야 한다.
1. 기계·기구와 그 밖의 설비를 설계·제조 또는 수입하는 자
2. 원재료 등을 제조·수입하는 자
3. 건설물을 발주·설계·건설하는 자

제6조(근로자의 의무) 근로자는 이 법과 이 법에 따른 명령으로 정하는 산업재해 예방을 위한 기준을 지켜야 하며, 사업주 또는 「근로기준법」 제101조에 따른 근로감독관, 공단 등 관계인이 실시하는 산업재해 예방에 관한 조치에 따라야 한다.

제7조(산업재해 예방에 관한 기본계획의 수립·공표) ① 고용노동부장관은 산업재해 예방에 관한 기본계획을 수립하여야 한다.

② 고용노동부장관은 제1항에 따라 수립한 기본계획을 「산업재해보상보험법」 제8조제1항에 따른 산업재해보상보험및예방심의위원회의 심의를 거쳐 공표하여야 한다. 이를 변경하려는 경우에도 또한 같다.

제8조(협조 요청 등) ① 고용노동부장관은 제7조제1항에 따른 기본계획을 효율적으로 시행하기 위하여 필요하다고 인정할 때에는 관계 행정기관의 장 또는 「공공기관의 운영에 관한 법률」 제4조에 따른 공공기관의 장에게 필요한 협조를 요청할 수 있다.

② 행정기관(고용노동부는 제외한다. 이하 이 조에서 같다)의 장은 사업장의 안전 및 보건에 관하여 규제를 하려면 미리 고용노동부장관과 협의하여야 한다.

③ 행정기관의 장은 고용노동부장관이 제2항에 따른 협의과정에서 해당 규제에 대한 변경을 요구하면 이에 따라야 하며, 고용노동부장관은 필요한 경우 국무총리에게 협의·조정 사항을 보고하여 확정할 수 있다.

④ 고용노동부장관은 산업재해 예방을 위하여 필요하다고 인정할 때에는 사업주, 사업주단체, 그 밖의 관계인에게 필요한 사항을 권고하거나 협조를 요청할 수 있다.

⑤ 고용노동부장관은 산업재해 예방을 위하여 중앙행정기관의 장과 지방자치단체의 장 또는 공단 등 관련 기관·단체의 장에게 다음 각 호의 정보 또는 자료의 제공 및 관계 전산망의 이용을 요청할 수 있다. 이 경우 요청을 받은 중앙행정기관의 장과 지방자치단체의 장 또는 관련 기관·단체의 장은 정당한 사유가 없으면 그 요청에 따라야 한다.
1. 「부가가치세법」 제8조 및 「법인세법」 제111조에 따른 사업자등록에 관한 정보
2. 「고용보험법」 제15조에 따른 근로자의 피보험자격의 취득 및 상실 등에 관한 정보
3. 그 밖에 산업재해 예방사업을 수행하기 위하여 필요한 정보 또는 자료로서 대통령령으로 정하는 정보 또는 자료

제9조(산업재해 예방 통합정보시스템 구축·운영 등) ① 고용노동부장관은 산업재해를 체계적이고 효율적으로 예방하기 위하여 산업재해 예방 통합정보시스템을 구축·운영할 수 있다.

② 고용노동부장관은 제1항에 따른 산업재해 예방 통합정보시스템으로 처리한 산업 안전 및 보건 등에 관한 정보를 고용노동부령으로 정하는 바에 따라 관련 행정기관과 공단에 제공할 수 있다.

③ 제1항에 따른 산업재해 예방 통합정보시스템의 구축·운영, 그 밖에 필요한 사항은 대통령령으로 정한다.

제10조(산업재해 발생건수 등의 공표) ① 고용노동부장관은 산업재해를 예방하기 위하여 대통령령으로 정하는 사업장의 근로자 산업재해 발생건수, 재해율 또는 그 순위 등(이하 "산업재해발생건수등"이라 한다)을 공표하여야 한다.

② 고용노동부장관은 도급인의 사업장(도급인이 제공하거나 지정한 경우로서 도급인이 지배·관리하는 대통령령으로 정하는 장소를 포함한다. 이하 같다) 중 대통령령으로 정하는 사업장에서 관계수급인 근로자가 작업을 하는 경우에 도급인의 산업재해발생건수등에 관계수급인의 산업재해발생건수등을 포함하여 제1항에 따라 공표하여야 한다.

③ 고용노동부장관은 제2항에 따라 산업재해발생건수등을 공표하기 위하여 도급인에게 관계수급인에 관한 자료의 제출을 요청할 수 있다. 이 경우 요청을 받은 자는 정당한 사유가 없으면 이에 따라야 한다.

④ 제1항 및 제2항에 따른 공표의 절차 및 방법, 그 밖에 필요한 사항은 고용노동부령으로 정한다.

제11조(산업재해 예방시설의 설치·운영) 고용노동부장관은 산업재해 예방을 위하여 다음 각 호의 시설을 설치·운영할 수 있다. <개정 2020. 5. 26.>

1. 산업 안전 및 보건에 관한 지도시설, 연구시설 및 교육시설
2. 안전보건진단 및 작업환경측정을 위한 시설
3. 노무를 제공하는 사람의 건강을 유지·증진하기 위한 시설
4. 그 밖에 고용노동부령으로 정하는 산업재해 예방을 위한 시설

제12조(산업재해 예방의 재원) 다음 각 호의 어느 하나에 해당하는 용도에 사용하기 위한 재원(財源)은 「산업재해보상보험법」 제95조제1항에 따른 산업재해보상보험및예방기금에서 지원한다.

1. 제11조 각 호에 따른 시설의 설치와 그 운영에 필요한 비용
2. 산업재해 예방 관련 사업 및 비영리법인에 위탁하는 업무 수행에 필요한 비용
3. 그 밖에 산업재해 예방에 필요한 사업으로서 고용노동부장관이 인정하는 사업의 사업비

제13조(기술 또는 작업환경에 관한 표준) ① 고용노동부장관은 산업재해 예방을 위하여 다음 각 호의 조치와 관련된 기술 또는 작업환경에 관한 표준을 정하여 사업주에게 지도·권고할 수 있다.
1. 제5조제2항 각 호의 어느 하나에 해당하는 자가 같은 항에 따라 산업재해를 방지하기 위하여 하여야 할 조치
2. 제38조 및 제39조에 따라 사업주가 하여야 할 조치

② 고용노동부장관은 제1항에 따른 표준을 정할 때 필요하다고 인정하면 해당 분야별로 표준제정위원회를 구성·운영할 수 있다.
③ 제2항에 따른 표준제정위원회의 구성·운영, 그 밖에 필요한 사항은 고용노동부장관이 정한다.

제2장 안전보건관리체제 등

제1절 안전보건관리체제

제14조(이사회 보고 및 승인 등) ① 「상법」 제170조에 따른 주식회사 중 대통령령으로 정하는 회사의 대표이사는 대통령령으로 정하는 바에 따라 매년 회사의 안전 및 보건에 관한 계획을 수립하여 이사회에 보고하고 승인을 받아야 한다.
② 제1항에 따른 대표이사는 제1항에 따른 안전 및 보건에 관한 계획을 성실하게 이행하여야 한다.
③ 제1항에 따른 안전 및 보건에 관한 계획에는 안전 및 보건에 관한 비용, 시설, 인원 등의 사항을 포함하여야 한다.

제15조(안전보건관리책임자) ① 사업주는 사업장을 실질적으로 총괄하여 관리하는 사람에게 해당 사업장의 다음 각 호의 업무를 총괄하여 관리하도록 하여야 한다.
1. 사업장의 산업재해 예방계획의 수립에 관한 사항
2. 제25조 및 제26조에 따른 안전보건관리규정의 작성 및 변경에 관한 사항
3. 제29조에 따른 안전보건교육에 관한 사항
4. 작업환경측정 등 작업환경의 점검 및 개선에 관한 사항
5. 제129조부터 제132조까지에 따른 근로자의 건강진단 등 건강관리에 관한 사항
6. 산업재해의 원인 조사 및 재발 방지대책 수립에 관한 사항
7. 산업재해에 관한 통계의 기록 및 유지에 관한 사항

8. 안전장치 및 보호구 구입 시 적격품 여부 확인에 관한 사항
9. 그 밖에 근로자의 유해·위험 방지조치에 관한 사항으로서 고용노동부령으로 정하는 사항

② 제1항 각 호의 업무를 총괄하여 관리하는 사람(이하 "안전보건관리책임자"라 한다)은 제17조에 따른 안전관리자와 제18조에 따른 보건관리자를 지휘·감독한다.

③ 안전보건관리책임자를 두어야 하는 사업의 종류와 사업장의 상시근로자 수, 그 밖에 필요한 사항은 대통령령으로 정한다.

제16조(관리감독자) ① 사업주는 사업장의 생산과 관련되는 업무와 그 소속 직원을 직접 지휘·감독하는 직위에 있는 사람(이하 "관리감독자"라 한다)에게 산업 안전 및 보건에 관한 업무로서 대통령령으로 정하는 업무를 수행하도록 하여야 한다.

② 관리감독자가 있는 경우에는 「건설기술 진흥법」 제64조제1항제2호에 따른 안전관리책임자 및 같은 항 제3호에 따른 안전관리담당자를 각각 둔 것으로 본다.

제17조(안전관리자) ① 사업주는 사업장에 제15조제1항 각 호의 사항 중 안전에 관한 기술적인 사항에 관하여 사업주 또는 안전보건관리책임자를 보좌하고 관리감독자에게 지도·조언하는 업무를 수행하는 사람(이하 "안전관리자"라 한다)을 두어야 한다.

② 안전관리자를 두어야 하는 사업의 종류와 사업장의 상시근로자 수, 안전관리자의 수·자격·업무·권한·선임방법, 그 밖에 필요한 사항은 대통령령으로 정한다.

③ 대통령령으로 정하는 사업의 종류 및 사업장의 상시근로자 수에 해당하는 사업장의 사업주는 안전관리자에게 그 업무만을 전담하도록 하여야 한다. 〈신설 2021. 5. 18.〉

④ 고용노동부장관은 산업재해 예방을 위하여 필요한 경우로서 고용노동부령으로 정하는 사유에 해당하는 경우에는 사업주에게 안전관리자를 제2항에 따라 대통령령으로 정하는 수 이상으로 늘리거나 교체할 것을 명할 수 있다. 〈개정 2021. 5. 18.〉

⑤ 대통령령으로 정하는 사업의 종류 및 사업장의 상시근로자 수에 해당하는 사업장의 사업주는 제21조에 따라 지정받은 안전관리 업무를 전문적으로 수행하는 기관(이하 "안전관리전문기관"이라 한다)에 안전관리자의 업무를 위탁할 수 있다. 〈개정 2021. 5. 18.〉

제18조(보건관리자) ① 사업주는 사업장에 제15조제1항 각 호의 사항 중 보건에 관한 기술적인 사항에 관하여 사업주 또는 안전보건관리책임자를 보좌하고 관리감독자에게 지도·조언하는 업무를 수행하는 사람(이하 "보건관리자"라 한다)을 두어야 한다.

② 보건관리자를 두어야 하는 사업의 종류와 사업장의 상시근로자 수, 보건관리자의 수·자격·업무·권한·선임방법, 그 밖에 필요한 사항은 대통령령으로 정한다.

③ 대통령령으로 정하는 사업의 종류 및 사업장의 상시근로자 수에 해당하는 사업장의

사업주는 보건관리자에게 그 업무만을 전담하도록 하여야 한다. 〈신설 2021. 5. 18.〉
④ 고용노동부장관은 산업재해 예방을 위하여 필요한 경우로서 고용노동부령으로 정하는 사유에 해당하는 경우에는 사업주에게 보건관리자를 제2항에 따라 대통령령으로 정하는 수 이상으로 늘리거나 교체할 것을 명할 수 있다. 〈개정 2021. 5. 18.〉
⑤ 대통령령으로 정하는 사업의 종류 및 사업장의 상시근로자 수에 해당하는 사업장의 사업주는 제21조에 따라 지정받은 보건관리 업무를 전문적으로 수행하는 기관(이하 "보건관리전문기관"이라 한다)에 보건관리자의 업무를 위탁할 수 있다. 〈개정 2021. 5. 18.〉

제19조(안전보건관리담당자) ① 사업주는 사업장에 안전 및 보건에 관하여 사업주를 보좌하고 관리감독자에게 지도·조언하는 업무를 수행하는 사람(이하 "안전보건관리담당자"라 한다)을 두어야 한다. 다만, 안전관리자 또는 보건관리자가 있거나 이를 두어야 하는 경우에는 그러하지 아니하다.
② 안전보건관리담당자를 두어야 하는 사업의 종류와 사업장의 상시근로자 수, 안전보건관리담당자의 수·자격·업무·권한·선임방법, 그 밖에 필요한 사항은 대통령령으로 정한다.
③ 고용노동부장관은 산업재해 예방을 위하여 필요한 경우로서 고용노동부령으로 정하는 사유에 해당하는 경우에는 사업주에게 안전보건관리담당자를 제2항에 따라 대통령령으로 정하는 수 이상으로 늘리거나 교체할 것을 명할 수 있다.
④ 대통령령으로 정하는 사업의 종류 및 사업장의 상시근로자 수에 해당하는 사업장의 사업주는 안전관리전문기관 또는 보건관리전문기관에 안전보건관리담당자의 업무를 위탁할 수 있다.

제20조(안전관리자 등의 지도·조언) 사업주, 안전보건관리책임자 및 관리감독자는 다음 각 호의 어느 하나에 해당하는 자가 제15조제1항 각 호의 사항 중 안전 또는 보건에 관한 기술적인 사항에 관하여 지도·조언하는 경우에는 이에 상응하는 적절한 조치를 하여야 한다.
  1. 안전관리자
  2. 보건관리자
  3. 안전보건관리담당자
  4. 안전관리전문기관 또는 보건관리전문기관(해당 업무를 위탁받은 경우에 한정한다)

제21조(안전관리전문기관 등) ① 안전관리전문기관 또는 보건관리전문기관이 되려는 자는 대통령령으로 정하는 인력·시설 및 장비 등의 요건을 갖추어 고용노동부장관의 지정을 받아야 한다.
② 고용노동부장관은 안전관리전문기관 또는 보건관리전문기관에 대하여 평가하고 그 결

과를 공개할 수 있다. 이 경우 평가의 기준·방법 및 결과의 공개에 필요한 사항은 고용노동부령으로 정한다.

③ 안전관리전문기관 또는 보건관리전문기관의 지정 절차, 업무 수행에 관한 사항, 위탁받은 업무를 수행할 수 있는 지역, 그 밖에 필요한 사항은 고용노동부령으로 정한다.

④ 고용노동부장관은 안전관리전문기관 또는 보건관리전문기관이 다음 각 호의 어느 하나에 해당할 때에는 그 지정을 취소하거나 6개월 이내의 기간을 정하여 그 업무의 정지를 명할 수 있다. 다만, 제1호 또는 제2호에 해당할 때에는 그 지정을 취소하여야 한다.

1. 거짓이나 그 밖의 부정한 방법으로 지정을 받은 경우
2. 업무정지 기간 중에 업무를 수행한 경우
3. 제1항에 따른 지정 요건을 충족하지 못한 경우
4. 지정받은 사항을 위반하여 업무를 수행한 경우
5. 그 밖에 대통령령으로 정하는 사유에 해당하는 경우

⑤ 제4항에 따라 지정이 취소된 자는 지정이 취소된 날부터 2년 이내에는 각각 해당 안전관리전문기관 또는 보건관리전문기관으로 지정받을 수 없다.

제22조(산업보건의) ① 사업주는 근로자의 건강관리나 그 밖에 보건관리자의 업무를 지도하기 위하여 사업장에 산업보건의를 두어야 한다. 다만, 「의료법」 제2조에 따른 의사를 보건관리자로 둔 경우에는 그러하지 아니하다.

② 제1항에 따른 산업보건의(이하 "산업보건의"라 한다)를 두어야 하는 사업의 종류와 사업장의 상시근로자 수 및 산업보건의의 자격·직무·권한·선임방법, 그 밖에 필요한 사항은 대통령령으로 정한다.

제23조(명예산업안전감독관) ① 고용노동부장관은 산업재해 예방활동에 대한 참여와 지원을 촉진하기 위하여 근로자, 근로자단체, 사업주단체 및 산업재해 예방 관련 전문단체에 소속된 사람 중에서 명예산업안전감독관을 위촉할 수 있다.

② 사업주는 제1항에 따른 명예산업안전감독관(이하 "명예산업안전감독관"이라 한다)에 대하여 직무 수행과 관련한 사유로 불리한 처우를 해서는 아니 된다.

③ 명예산업안전감독관의 위촉 방법, 업무, 그 밖에 필요한 사항은 대통령령으로 정한다.

제24조(산업안전보건위원회) ① 사업주는 사업장의 안전 및 보건에 관한 중요 사항을 심의·의결하기 위하여 사업장에 근로자위원과 사용자위원이 같은 수로 구성되는 산업안전보건위원회를 구성·운영하여야 한다.

② 사업주는 다음 각 호의 사항에 대해서는 제1항에 따른 산업안전보건위원회(이하 "산업안전보건위원회"라 한다)의 심의·의결을 거쳐야 한다.

1. 제15조제1항제1호부터 제5호까지 및 제7호에 관한 사항
  2. 제15조제1항제6호에 따른 사항 중 중대재해에 관한 사항
  3. 유해하거나 위험한 기계·기구·설비를 도입한 경우 안전 및 보건 관련 조치에 관한 사항
  4. 그 밖에 해당 사업장 근로자의 안전 및 보건을 유지·증진시키기 위하여 필요한 사항
③ 산업안전보건위원회는 대통령령으로 정하는 바에 따라 회의를 개최하고 그 결과를 회의록으로 작성하여 보존하여야 한다.
④ 사업주와 근로자는 제2항에 따라 산업안전보건위원회가 심의·의결한 사항을 성실하게 이행하여야 한다.
⑤ 산업안전보건위원회는 이 법, 이 법에 따른 명령, 단체협약, 취업규칙 및 제25조에 따른 안전보건관리규정에 반하는 내용으로 심의·의결해서는 아니 된다.
⑥ 사업주는 산업안전보건위원회의 위원에게 직무 수행과 관련한 사유로 불리한 처우를 해서는 아니 된다.
⑦ 산업안전보건위원회를 구성하여야 할 사업의 종류 및 사업장의 상시근로자 수, 산업안전보건위원회의 구성·운영 및 의결되지 아니한 경우의 처리방법, 그 밖에 필요한 사항은 대통령령으로 정한다.

제2절 안전보건관리규정

제25조(안전보건관리규정의 작성) ① 사업주는 사업장의 안전 및 보건을 유지하기 위하여 다음 각 호의 사항이 포함된 안전보건관리규정을 작성하여야 한다.
  1. 안전 및 보건에 관한 관리조직과 그 직무에 관한 사항
  2. 안전보건교육에 관한 사항
  3. 작업장의 안전 및 보건 관리에 관한 사항
  4. 사고 조사 및 대책 수립에 관한 사항
  5. 그 밖에 안전 및 보건에 관한 사항
② 제1항에 따른 안전보건관리규정(이하 "안전보건관리규정"이라 한다)은 단체협약 또는 취업규칙에 반할 수 없다. 이 경우 안전보건관리규정 중 단체협약 또는 취업규칙에 반하는 부분에 관하여는 그 단체협약 또는 취업규칙으로 정한 기준에 따른다.
③ 안전보건관리규정을 작성하여야 할 사업의 종류, 사업장의 상시근로자 수 및 안전보건관리규정에 포함되어야 할 세부적인 내용, 그 밖에 필요한 사항은 고용노동부령으로 정한다.

제26조(안전보건관리규정의 작성·변경 절차) 사업주는 안전보건관리규정을 작성하거나 변경할 때에는 산업안전보건위원회의 심의·의결을 거쳐야 한다. 다만, 산업안전보건위원회가 설치되어 있지 아니한 사업장의 경우에는 근로자대표의 동의를 받아야 한다.

제27조(안전보건관리규정의 준수) 사업주와 근로자는 안전보건관리규정을 지켜야 한다.

제28조(다른 법률의 준용) 안전보건관리규정에 관하여 이 법에서 규정한 것을 제외하고는 그 성질에 반하지 아니하는 범위에서 「근로기준법」 중 취업규칙에 관한 규정을 준용한다.

제3장 안전보건교육

제29조(근로자에 대한 안전보건교육) ① 사업주는 소속 근로자에게 고용노동부령으로 정하는 바에 따라 정기적으로 안전보건교육을 하여야 한다.

② 사업주는 근로자를 채용할 때와 작업내용을 변경할 때에는 그 근로자에게 고용노동부령으로 정하는 바에 따라 해당 작업에 필요한 안전보건교육을 하여야 한다. 다만, 제31조제1항에 따른 안전보건교육을 이수한 건설 일용근로자를 채용하는 경우에는 그러하지 아니하다. 〈개정 2020. 6. 9.〉

③ 사업주는 근로자를 유해하거나 위험한 작업에 채용하거나 그 작업으로 작업내용을 변경할 때에는 제2항에 따른 안전보건교육 외에 고용노동부령으로 정하는 바에 따라 유해하거나 위험한 작업에 필요한 안전보건교육을 추가로 하여야 한다.

④ 사업주는 제1항부터 제3항까지의 규정에 따른 안전보건교육을 제33조에 따라 고용노동부장관에게 등록한 안전보건교육기관에 위탁할 수 있다.

제30조(근로자에 대한 안전보건교육의 면제 등) ① 사업주는 제29조제1항에도 불구하고 다음 각 호의 어느 하나에 해당하는 경우에는 같은 항에 따른 안전보건교육의 전부 또는 일부를 하지 아니할 수 있다.

1. 사업장의 산업재해 발생 정도가 고용노동부령으로 정하는 기준에 해당하는 경우
2. 근로자가 제11조제3호에 따른 시설에서 건강관리에 관한 교육 등 고용노동부령으로 정하는 교육을 이수한 경우
3. 관리감독자가 산업 안전 및 보건 업무의 전문성 제고를 위한 교육 등 고용노동부령으로 정하는 교육을 이수한 경우

② 사업주는 제29조제2항 또는 제3항에도 불구하고 해당 근로자가 채용 또는 변경된 작업에 경험이 있는 등 고용노동부령으로 정하는 경우에는 같은 조 제2항 또는 제3항에 따른 안전보건교육의 전부 또는 일부를 하지 아니할 수 있다.

제31조(건설업 기초안전보건교육) ① 건설업의 사업주는 건설 일용근로자를 채용할 때에는 그 근로자로 하여금 제33조에 따른 안전보건교육기관이 실시하는 안전보건교육을 이수하도록 하여야 한다. 다만, 건설 일용근로자가 그 사업주에게 채용되기 전에 안전보건교육을 이수한 경우에는 그러하지 아니하다.

② 제1항 본문에 따른 안전보건교육의 시간·내용 및 방법, 그 밖에 필요한 사항은 고용노동부령으로 정한다.

제32조(안전보건관리책임자 등에 대한 직무교육) ① 사업주(제5호의 경우는 같은 호 각 목에 따른 기관의 장을 말한다)는 다음 각 호에 해당하는 사람에게 제33조에 따른 안전보건교육기관에서 직무와 관련한 안전보건교육을 이수하도록 하여야 한다. 다만, 다음 각 호에 해당하는 사람이 다른 법령에 따라 안전 및 보건에 관한 교육을 받는 등 고용노동부령으로 정하는 경우에는 안전보건교육의 전부 또는 일부를 하지 아니할 수 있다.

1. 안전보건관리책임자
2. 안전관리자
3. 보건관리자
4. 안전보건관리담당자
5. 다음 각 목의 기관에서 안전과 보건에 관련된 업무에 종사하는 사람
   가. 안전관리전문기관
   나. 보건관리전문기관
   다. 제74조에 따라 지정받은 건설재해예방전문지도기관
   라. 제96조에 따라 지정받은 안전검사기관
   마. 제100조에 따라 지정받은 자율안전검사기관
   바. 제120조에 따라 지정받은 석면조사기관

② 제1항 각 호 외의 부분 본문에 따른 안전보건교육의 시간·내용 및 방법, 그 밖에 필요한 사항은 고용노동부령으로 정한다.

제33조(안전보건교육기관) ① 제29조제1항부터 제3항까지의 규정에 따른 안전보건교육, 제31조제1항 본문에 따른 안전보건교육 또는 제32조제1항 각 호 외의 부분 본문에 따른 안전보건교육을 하려는 자는 대통령령으로 정하는 인력·시설 및 장비 등의 요건을 갖추어 고용노동부장관에게 등록하여야 한다. 등록한 사항 중 대통령령으로 정하는 중요한 사항을 변경할 때에도 또한 같다.

② 고용노동부장관은 제1항에 따라 등록한 자(이하 "안전보건교육기관"이라 한다)에 대하여 평가하고 그 결과를 공개할 수 있다. 이 경우 평가의 기준·방법 및 결과의 공개에 필요한 사항은 고용노동부령으로 정한다.

③ 제1항에 따른 등록 절차 및 업무 수행에 관한 사항, 그 밖에 필요한 사항은 고용노동부령으로 정한다.

④ 안전보건교육기관에 대해서는 제21조제4항 및 제5항을 준용한다. 이 경우 "안전관리전문기관 또는 보건관리전문기관"은 "안전보건교육기관"으로, "지정"은 "등록"으로 본다.

제4장 유해·위험 방지 조치

제34조(법령 요지 등의 게시 등) 사업주는 이 법과 이 법에 따른 명령의 요지 및 안전보건관리규정을 각 사업장의 근로자가 쉽게 볼 수 있는 장소에 게시하거나 갖추어 두어 근로자에게 널리 알려야 한다.

제35조(근로자대표의 통지 요청) 근로자대표는 사업주에게 다음 각 호의 사항을 통지하여 줄 것을 요청할 수 있고, 사업주는 이에 성실히 따라야 한다.

1. 산업안전보건위원회(제75조에 따라 노사협의체를 구성·운영하는 경우에는 노사협의체를 말한다)가 의결한 사항
2. 제47조에 따른 안전보건진단 결과에 관한 사항
3. 제49조에 따른 안전보건개선계획의 수립·시행에 관한 사항
4. 제64조제1항 각 호에 따른 도급인의 이행 사항
5. 제110조제1항에 따른 물질안전보건자료에 관한 사항
6. 제125조제1항에 따른 작업환경측정에 관한 사항
7. 그 밖에 고용노동부령으로 정하는 안전 및 보건에 관한 사항

제36조(위험성평가의 실시) ① 사업주는 건설물, 기계·기구·설비, 원재료, 가스, 증기, 분진, 근로자의 작업행동 또는 그 밖의 업무로 인한 유해·위험 요인을 찾아내어 부상 및 질병으로 이어질 수 있는 위험성의 크기가 허용 가능한 범위인지를 평가하여야 하고, 그 결과에 따라 이 법과 이 법에 따른 명령에 따른 조치를 하여야 하며, 근로자에 대한 위험 또는 건강장해를 방지하기 위하여 필요한 경우에는 추가적인 조치를 하여야 한다.

② 사업주는 제1항에 따른 평가 시 고용노동부장관이 정하여 고시하는 바에 따라 해당 작업장의 근로자를 참여시켜야 한다.

③ 사업주는 제1항에 따른 평가의 결과와 조치사항을 고용노동부령으로 정하는 바에 따라 기록하여 보존하여야 한다.

④ 제1항에 따른 평가의 방법, 절차 및 시기, 그 밖에 필요한 사항은 고용노동부장관이 정하여 고시한다.

제37조(안전보건표지의 설치·부착) ① 사업주는 유해하거나 위험한 장소·시설·물질에 대한 경고, 비상시에 대처하기 위한 지시·안내 또는 그 밖에 근로자의 안전 및 보건 의식을 고취하기 위한 사항 등을 그림, 기호 및 글자 등으로 나타낸 표지(이하 이 조에서 "안전보건표지"라 한다)를 근로자가 쉽게 알아 볼 수 있도록 설치하거나 붙여야 한다. 이 경우 「외국인근로자의 고용 등에 관한 법률」 제2조에 따른 외국인근로자(같은 조 단서에 따른 사람을 포함한다)를 사용하는 사업주는 안전보건표지를 고용노동부장관이 정하는 바에 따라 해당 외국인근로자의 모국어로 작성하여야 한다. <개정 2020. 5. 26.>

② 안전보건표지의 종류, 형태, 색채, 용도 및 설치·부착 장소, 그 밖에 필요한 사항은 고용노동부령으로 정한다.

제38조(안전조치) ① 사업주는 다음 각 호의 어느 하나에 해당하는 위험으로 인한 산업재해를 예방하기 위하여 필요한 조치를 하여야 한다.

1. 기계·기구, 그 밖의 설비에 의한 위험
2. 폭발성, 발화성 및 인화성 물질 등에 의한 위험
3. 전기, 열, 그 밖의 에너지에 의한 위험

② 사업주는 굴착, 채석, 하역, 벌목, 운송, 조작, 운반, 해체, 중량물 취급, 그 밖의 작업을 할 때 불량한 작업방법 등에 의한 위험으로 인한 산업재해를 예방하기 위하여 필요한 조치를 하여야 한다.

③ 사업주는 근로자가 다음 각 호의 어느 하나에 해당하는 장소에서 작업을 할 때 발생할 수 있는 산업재해를 예방하기 위하여 필요한 조치를 하여야 한다.

1. 근로자가 추락할 위험이 있는 장소
2. 토사·구축물 등이 붕괴할 우려가 있는 장소
3. 물체가 떨어지거나 날아올 위험이 있는 장소
4. 천재지변으로 인한 위험이 발생할 우려가 있는 장소

④ 사업주가 제1항부터 제3항까지의 규정에 따라 하여야 하는 조치(이하 "안전조치"라 한다)에 관한 구체적인 사항은 고용노동부령으로 정한다.

제39조(보건조치) ① 사업주는 다음 각 호의 어느 하나에 해당하는 건강장해를 예방하기 위하여 필요한 조치(이하 "보건조치"라 한다)를 하여야 한다. <개정 2024. 10. 22.>

1. 원재료·가스·증기·분진·흄(fume, 열이나 화학반응에 의하여 형성된 고체증기가 응축되어 생긴 미세입자를 말한다)·미스트(mist, 공기 중에 떠다니는 작은 액체방울을 말한다)·산소결핍·병원체 등에 의한 건강장해
2. 방사선·유해광선·고열·한랭·초음파·소음·진동·이상기압 등에 의한 건강장해

3. 사업장에서 배출되는 기체·액체 또는 찌꺼기 등에 의한 건강장해
4. 계측감시(計測監視), 컴퓨터 단말기 조작, 정밀공작(精密工作) 등의 작업에 의한 건강장해
5. 단순반복작업 또는 인체에 과도한 부담을 주는 작업에 의한 건강장해
6. 환기·채광·조명·보온·방습·청결 등의 적정기준을 유지하지 아니하여 발생하는 건강장해
7. 폭염·한파에 장시간 작업함에 따라 발생하는 건강장해

② 제1항에 따라 사업주가 하여야 하는 보건조치에 관한 구체적인 사항은 고용노동부령으로 정한다.

제40조(근로자의 안전조치 및 보건조치 준수) 근로자는 제38조 및 제39조에 따라 사업주가 한 조치로서 고용노동부령으로 정하는 조치 사항을 지켜야 한다.

제41조(고객의 폭언 등으로 인한 건강장해 예방조치 등) ① 사업주는 주로 고객을 직접 대면하거나 「정보통신망 이용촉진 및 정보보호 등에 관한 법률」 제2조제1항제1호에 따른 정보통신망을 통하여 상대하면서 상품을 판매하거나 서비스를 제공하는 업무에 종사하는 고객응대근로자에 대하여 고객의 폭언, 폭행, 그 밖에 적정 범위를 벗어난 신체적·정신적 고통을 유발하는 행위(이하 이 조에서 "폭언등"이라 한다)로 인한 건강장해를 예방하기 위하여 고용노동부령으로 정하는 바에 따라 필요한 조치를 하여야 한다. <개정 2021. 4. 13.>

② 사업주는 업무와 관련하여 고객 등 제3자의 폭언등으로 근로자에게 건강장해가 발생하거나 발생할 현저한 우려가 있는 경우에는 업무의 일시적 중단 또는 전환 등 대통령령으로 정하는 필요한 조치를 하여야 한다. 〈개정 2021. 4. 13.〉

③ 근로자는 사업주에게 제2항에 따른 조치를 요구할 수 있고, 사업주는 근로자의 요구를 이유로 해고 또는 그 밖의 불리한 처우를 해서는 아니 된다. 〈개정 2021. 4. 13.〉
[제목개정 2021. 4. 13.]

제42조(유해위험방지계획서의 작성·제출 등) ① 사업주는 다음 각 호의 어느 하나에 해당하는 경우에는 이 법 또는 이 법에 따른 명령에서 정하는 유해·위험 방지에 관한 사항을 적은 계획서(이하 "유해위험방지계획서"라 한다)를 작성하여 고용노동부령으로 정하는 바에 따라 고용노동부장관에게 제출하고 심사를 받아야 한다. 다만, 제3호에 해당하는 사업주 중 산업재해발생률 등을 고려하여 고용노동부령으로 정하는 기준에 해당하는 사업주는 유해위험방지계획서를 스스로 심사하고, 그 심사결과서를 작성하여 고용노동부장관에게 제출하여야 한다. <개정 2020. 5. 26.>

1. 대통령령으로 정하는 사업의 종류 및 규모에 해당하는 사업으로서 해당 제품의 생산 공정과 직접적으로 관련된 건설물·기계·기구 및 설비 등 전부를 설치·이전하

거나 그 주요 구조부분을 변경하려는 경우
2. 유해하거나 위험한 작업 또는 장소에서 사용하거나 건강장해를 방지하기 위하여 사용하는 기계·기구 및 설비로서 대통령령으로 정하는 기계·기구 및 설비를 설치·이전하거나 그 주요 구조부분을 변경하려는 경우
3. 대통령령으로 정하는 크기, 높이 등에 해당하는 건설공사를 착공하려는 경우

② 제1항제3호에 따른 건설공사를 착공하려는 사업주(제1항 각 호 외의 부분 단서에 따른 사업주는 제외한다)는 유해위험방지계획서를 작성할 때 건설안전 분야의 자격 등 고용노동부령으로 정하는 자격을 갖춘 자의 의견을 들어야 한다.

③ 제1항에도 불구하고 사업주가 제44조제1항에 따라 공정안전보고서를 고용노동부장관에게 제출한 경우에는 해당 유해·위험설비에 대해서는 유해위험방지계획서를 제출한 것으로 본다.

④ 고용노동부장관은 제1항 각 호 외의 부분 본문에 따라 제출된 유해위험방지계획서를 고용노동부령으로 정하는 바에 따라 심사하여 그 결과를 사업주에게 서면으로 알려주어야 한다. 이 경우 근로자의 안전 및 보건의 유지·증진을 위하여 필요하다고 인정하는 경우에는 해당 작업 또는 건설공사를 중지하거나 유해위험방지계획서를 변경할 것을 명할 수 있다.

⑤ 제1항에 따른 사업주는 같은 항 각 호 외의 부분 단서에 따라 스스로 심사하거나 제4항에 따라 고용노동부장관이 심사한 유해위험방지계획서와 그 심사결과서를 사업장에 갖추어 두어야 한다.

⑥ 제1항제3호에 따른 건설공사를 착공하려는 사업주로서 제5항에 따라 유해위험방지계획서 및 그 심사결과서를 사업장에 갖추어 둔 사업주는 해당 건설공사의 공법의 변경 등으로 인하여 그 유해위험방지계획서를 변경할 필요가 있는 경우에는 이를 변경하여 갖추어 두어야 한다.

제43조(유해위험방지계획서 이행의 확인 등) ① 제42조제4항에 따라 유해위험방지계획서에 대한 심사를 받은 사업주는 고용노동부령으로 정하는 바에 따라 유해위험방지계획서의 이행에 관하여 고용노동부장관의 확인을 받아야 한다.

② 제42조제1항 각 호 외의 부분 단서에 따른 사업주는 고용노동부령으로 정하는 바에 따라 유해위험방지계획서의 이행에 관하여 스스로 확인하여야 한다. 다만, 해당 건설공사 중에 근로자가 사망(교통사고 등 고용노동부령으로 정하는 경우는 제외한다)한 경우에는 고용노동부령으로 정하는 바에 따라 유해위험방지계획서의 이행에 관하여 고용노동부장관의 확인을 받아야 한다.

③ 고용노동부장관은 제1항 및 제2항 단서에 따른 확인 결과 유해위험방지계획서대로 유

해·위험방지를 위한 조치가 되지 아니하는 경우에는 고용노동부령으로 정하는 바에 따라 시설 등의 개선, 사용중지 또는 작업중지 등 필요한 조치를 명할 수 있다.

④ 제3항에 따른 시설 등의 개선, 사용중지 또는 작업중지 등의 절차 및 방법, 그 밖에 필요한 사항은 고용노동부령으로 정한다.

제44조(공정안전보고서의 작성·제출) ① 사업주는 사업장에 대통령령으로 정하는 유해하거나 위험한 설비가 있는 경우 그 설비로부터의 위험물질 누출, 화재 및 폭발 등으로 인하여 사업장 내의 근로자에게 즉시 피해를 주거나 사업장 인근 지역에 피해를 줄 수 있는 사고로서 대통령령으로 정하는 사고(이하 "중대산업사고"라 한다)를 예방하기 위하여 대통령령으로 정하는 바에 따라 공정안전보고서를 작성하고 고용노동부장관에게 제출하여 심사를 받아야 한다. 이 경우 공정안전보고서의 내용이 중대산업사고를 예방하기 위하여 적합하다고 통보받기 전에는 관련된 유해하거나 위험한 설비를 가동해서는 아니 된다.

② 사업주는 제1항에 따라 공정안전보고서를 작성할 때 산업안전보건위원회의 심의를 거쳐야 한다. 다만, 산업안전보건위원회가 설치되어 있지 아니한 사업장의 경우에는 근로자대표의 의견을 들어야 한다.

제45조(공정안전보고서의 심사 등) ① 고용노동부장관은 공정안전보고서를 고용노동부령으로 정하는 바에 따라 심사하여 그 결과를 사업주에게 서면으로 알려 주어야 한다. 이 경우 근로자의 안전 및 보건의 유지·증진을 위하여 필요하다고 인정하는 경우에는 그 공정안전보고서의 변경을 명할 수 있다.

② 사업주는 제1항에 따라 심사를 받은 공정안전보고서를 사업장에 갖추어 두어야 한다.

제46조(공정안전보고서의 이행 등) ① 사업주와 근로자는 제45조제1항에 따라 심사를 받은 공정안전보고서(이 조 제3항에 따라 보완한 공정안전보고서를 포함한다)의 내용을 지켜야 한다.

② 사업주는 제45조제1항에 따라 심사를 받은 공정안전보고서의 내용을 실제로 이행하고 있는지 여부에 대하여 고용노동부령으로 정하는 바에 따라 고용노동부장관의 확인을 받아야 한다.

③ 사업주는 제45조제1항에 따라 심사를 받은 공정안전보고서의 내용을 변경하여야 할 사유가 발생한 경우에는 지체 없이 그 내용을 보완하여야 한다.

④ 고용노동부장관은 고용노동부령으로 정하는 바에 따라 공정안전보고서의 이행 상태를 정기적으로 평가할 수 있다.

⑤ 고용노동부장관은 제4항에 따른 평가 결과 제3항에 따른 보완 상태가 불량한 사업장의 사업주에게는 공정안전보고서의 변경을 명할 수 있으며, 이에 따르지 아니하는 경우 공정안전보고서를 다시 제출하도록 명할 수 있다.

제47조(안전보건진단) ① 고용노동부장관은 추락·붕괴, 화재·폭발, 유해하거나 위험한 물질의 누출 등 산업재해 발생의 위험이 현저히 높은 사업장의 사업주에게 제48조에 따라 지정받은 기관(이하 "안전보건진단기관"이라 한다)이 실시하는 안전보건진단을 받을 것을 명할 수 있다.

② 사업주는 제1항에 따라 안전보건진단 명령을 받은 경우 고용노동부령으로 정하는 바에 따라 안전보건진단기관에 안전보건진단을 의뢰하여야 한다.

③ 사업주는 안전보건진단기관이 제2항에 따라 실시하는 안전보건진단에 적극 협조하여야 하며, 정당한 사유 없이 이를 거부하거나 방해 또는 기피해서는 아니 된다. 이 경우 근로자대표가 요구할 때에는 해당 안전보건진단에 근로자대표를 참여시켜야 한다.

④ 안전보건진단기관은 제2항에 따라 안전보건진단을 실시한 경우에는 안전보건진단 결과보고서를 고용노동부령으로 정하는 바에 따라 해당 사업장의 사업주 및 고용노동부장관에게 제출하여야 한다.

⑤ 안전보건진단의 종류 및 내용, 안전보건진단 결과보고서에 포함될 사항, 그 밖에 필요한 사항은 대통령령으로 정한다.

제48조(안전보건진단기관) ① 안전보건진단기관이 되려는 자는 대통령령으로 정하는 인력·시설 및 장비 등의 요건을 갖추어 고용노동부장관의 지정을 받아야 한다.

② 고용노동부장관은 안전보건진단기관에 대하여 평가하고 그 결과를 공개할 수 있다. 이 경우 평가의 기준·방법 및 결과의 공개에 필요한 사항은 고용노동부령으로 정한다.

③ 안전보건진단기관의 지정 절차, 그 밖에 필요한 사항은 고용노동부령으로 정한다.

④ 안전보건진단기관에 관하여는 제21조제4항 및 제5항을 준용한다. 이 경우 "안전관리전문기관 또는 보건관리전문기관"은 "안전보건진단기관"으로 본다.

제49조(안전보건개선계획의 수립·시행 명령) ① 고용노동부장관은 다음 각 호의 어느 하나에 해당하는 사업장으로서 산업재해 예방을 위하여 종합적인 개선조치를 할 필요가 있다고 인정되는 사업장의 사업주에게 고용노동부령으로 정하는 바에 따라 그 사업장, 시설, 그 밖의 사항에 관한 안전 및 보건에 관한 개선계획(이하 "안전보건개선계획"이라 한다)을 수립하여 시행할 것을 명할 수 있다. 이 경우 대통령령으로 정하는 사업장의 사업주에게는 제47조에 따라 안전보건진단을 받아 안전보건개선계획을 수립하여 시행할 것을 명할 수 있다.

1. 산업재해율이 같은 업종의 규모별 평균 산업재해율보다 높은 사업장
2. 사업주가 필요한 안전조치 또는 보건조치를 이행하지 아니하여 중대재해가 발생한 사업장
3. 대통령령으로 정하는 수 이상의 직업성 질병자가 발생한 사업장
4. 제106조에 따른 유해인자의 노출기준을 초과한 사업장

② 사업주는 안전보건개선계획을 수립할 때에는 산업안전보건위원회의 심의를 거쳐야 한다. 다만, 산업안전보건위원회가 설치되어 있지 아니한 사업장의 경우에는 근로자대표의 의견을 들어야 한다.

제50조(안전보건개선계획서의 제출 등) ① 제49조제1항에 따라 안전보건개선계획의 수립·시행 명령을 받은 사업주는 고용노동부령으로 정하는 바에 따라 안전보건개선계획서를 작성하여 고용노동부장관에게 제출하여야 한다.

② 고용노동부장관은 제1항에 따라 제출받은 안전보건개선계획서를 고용노동부령으로 정하는 바에 따라 심사하여 그 결과를 사업주에게 서면으로 알려 주어야 한다. 이 경우 고용노동부장관은 근로자의 안전 및 보건의 유지·증진을 위하여 필요하다고 인정하는 경우 해당 안전보건개선계획서의 보완을 명할 수 있다.

③ 사업주와 근로자는 제2항 전단에 따라 심사를 받은 안전보건개선계획서(같은 항 후단에 따라 보완한 안전보건개선계획서를 포함한다)를 준수하여야 한다.

제51조(사업주의 작업중지) 사업주는 산업재해가 발생할 급박한 위험이 있을 때에는 즉시 작업을 중지시키고 근로자를 작업장소에서 대피시키는 등 안전 및 보건에 관하여 필요한 조치를 하여야 한다.

제52조(근로자의 작업중지) ① 근로자는 산업재해가 발생할 급박한 위험이 있는 경우에는 작업을 중지하고 대피할 수 있다.

② 제1항에 따라 작업을 중지하고 대피한 근로자는 지체 없이 그 사실을 관리감독자 또는 그 밖에 부서의 장(이하 "관리감독자등"이라 한다)에게 보고하여야 한다.

③ 관리감독자등은 제2항에 따른 보고를 받으면 안전 및 보건에 관하여 필요한 조치를 하여야 한다.

④ 사업주는 산업재해가 발생할 급박한 위험이 있다고 근로자가 믿을 만한 합리적인 이유가 있을 때에는 제1항에 따라 작업을 중지하고 대피한 근로자에 대하여 해고나 그 밖의 불리한 처우를 해서는 아니 된다.

제53조(고용노동부장관의 시정조치 등) ① 고용노동부장관은 사업주가 사업장의 건설물 또는 그 부속건설물 및 기계·기구·설비·원재료(이하 "기계·설비등"이라 한다)에 대하여 안전 및 보건에 관하여 고용노동부령으로 정하는 필요한 조치를 하지 아니하여 근로자에게 현저한 유해·위험이 초래될 우려가 있다고 판단될 때에는 해당 기계·설비등에 대하여 사용중지·대체·제거 또는 시설의 개선, 그 밖에 안전 및 보건에 관하여 고용노동부령으로 정하는 필요한 조치(이하 "시정조치"라 한다)를 명할 수 있다.

② 제1항에 따라 시정조치 명령을 받은 사업주는 해당 기계·설비등에 대하여 시정조치를 완료할 때까지 시정조치 명령 사항을 사업장 내에 근로자가 쉽게 볼 수 있는 장소

에 게시하여야 한다.

③ 고용노동부장관은 사업주가 해당 기계·설비등에 대한 시정조치 명령을 이행하지 아니하여 유해·위험 상태가 해소 또는 개선되지 아니하거나 근로자에 대한 유해·위험이 현저히 높아질 우려가 있는 경우에는 해당 기계·설비등과 관련된 작업의 전부 또는 일부의 중지를 명할 수 있다.

④ 제1항에 따른 사용중지 명령 또는 제3항에 따른 작업중지 명령을 받은 사업주는 그 시정조치를 완료한 경우에는 고용노동부장관에게 제1항에 따른 사용중지 또는 제3항에 따른 작업중지의 해제를 요청할 수 있다.

⑤ 고용노동부장관은 제4항에 따른 해제 요청에 대하여 시정조치가 완료되었다고 판단될 때에는 제1항에 따른 사용중지 또는 제3항에 따른 작업중지를 해제하여야 한다.

제54조(중대재해 발생 시 사업주의 조치) ① 사업주는 중대재해가 발생하였을 때에는 즉시 해당 작업을 중지시키고 근로자를 작업장소에서 대피시키는 등 안전 및 보건에 관하여 필요한 조치를 하여야 한다.

② 사업주는 중대재해가 발생한 사실을 알게 된 경우에는 고용노동부령으로 정하는 바에 따라 지체 없이 고용노동부장관에게 보고하여야 한다. 다만, 천재지변 등 부득이한 사유가 발생한 경우에는 그 사유가 소멸되면 지체 없이 보고하여야 한다.

제55조(중대재해 발생 시 고용노동부장관의 작업중지 조치) ① 고용노동부장관은 중대재해가 발생하였을 때 다음 각 호의 어느 하나에 해당하는 작업으로 인하여 해당 사업장에 산업재해가 다시 발생할 급박한 위험이 있다고 판단되는 경우에는 그 작업의 중지를 명할 수 있다.

1. 중대재해가 발생한 해당 작업
2. 중대재해가 발생한 작업과 동일한 작업

② 고용노동부장관은 토사·구축물의 붕괴, 화재·폭발, 유해하거나 위험한 물질의 누출 등으로 인하여 중대재해가 발생하여 그 재해가 발생한 장소 주변으로 산업재해가 확산될 수 있다고 판단되는 등 불가피한 경우에는 해당 사업장의 작업을 중지할 수 있다.

③ 고용노동부장관은 사업주가 제1항 또는 제2항에 따른 작업중지의 해제를 요청한 경우에는 작업중지 해제에 관한 전문가 등으로 구성된 심의위원회의 심의를 거쳐 고용노동부령으로 정하는 바에 따라 제1항 또는 제2항에 따른 작업중지를 해제하여야 한다.

④ 제3항에 따른 작업중지 해제의 요청 절차 및 방법, 심의위원회의 구성·운영, 그 밖에 필요한 사항은 고용노동부령으로 정한다.

제56조(중대재해 원인조사 등) ① 고용노동부장관은 중대재해가 발생하였을 때에는 그 원인 규명 또는 산업재해 예방대책 수립을 위하여 그 발생 원인을 조사할 수 있다.

② 고용노동부장관은 중대재해가 발생한 사업장의 사업주에게 안전보건개선계획의 수립·시행, 그 밖에 필요한 조치를 명할 수 있다.

③ 누구든지 중대재해 발생 현장을 훼손하거나 제1항에 따른 고용노동부장관의 원인조사를 방해해서는 아니 된다.

④ 중대재해가 발생한 사업장에 대한 원인조사의 내용 및 절차, 그 밖에 필요한 사항은 고용노동부령으로 정한다.

제57조(산업재해 발생 은폐 금지 및 보고 등) ① 사업주는 산업재해가 발생하였을 때에는 그 발생 사실을 은폐해서는 아니 된다.

② 사업주는 고용노동부령으로 정하는 바에 따라 산업재해의 발생 원인 등을 기록하여 보존하여야 한다.

③ 사업주는 고용노동부령으로 정하는 산업재해에 대해서는 그 발생 개요·원인 및 보고 시기, 재발방지 계획 등을 고용노동부령으로 정하는 바에 따라 고용노동부장관에게 보고하여야 한다.

제5장 도급 시 산업재해 예방

제1절 도급의 제한

제58조(유해한 작업의 도급금지) ① 사업주는 근로자의 안전 및 보건에 유해하거나 위험한 작업으로서 다음 각 호의 어느 하나에 해당하는 작업을 도급하여 자신의 사업장에서 수급인의 근로자가 그 작업을 하도록 해서는 아니 된다.

  1. 도금작업
  2. 수은, 납 또는 카드뮴을 제련, 주입, 가공 및 가열하는 작업
  3. 제118조제1항에 따른 허가대상물질을 제조하거나 사용하는 작업

② 사업주는 제1항에도 불구하고 다음 각 호의 어느 하나에 해당하는 경우에는 제1항 각 호에 따른 작업을 도급하여 자신의 사업장에서 수급인의 근로자가 그 작업을 하도록 할 수 있다.

  1. 일시·간헐적으로 하는 작업을 도급하는 경우
  2. 수급인이 보유한 기술이 전문적이고 사업주(수급인에게 도급을 한 도급인으로서의 사업주를 말한다)의 사업 운영에 필수 불가결한 경우로서 고용노동부장관의 승인을 받은 경우

③ 사업주는 제2항제2호에 따라 고용노동부장관의 승인을 받으려는 경우에는 고용노동부령으로 정하는 바에 따라 고용노동부장관이 실시하는 안전 및 보건에 관한 평가를 받아야 한다.

④ 제2항제2호에 따른 승인의 유효기간은 3년의 범위에서 정한다.

⑤ 고용노동부장관은 제4항에 따른 유효기간이 만료되는 경우에 사업주가 유효기간의 연장을 신청하면 승인의 유효기간이 만료되는 날의 다음 날부터 3년의 범위에서 고용노동부령으로 정하는 바에 따라 그 기간의 연장을 승인할 수 있다. 이 경우 사업주는 제3항에 따른 안전 및 보건에 관한 평가를 받아야 한다.

⑥ 사업주는 제2항제2호 또는 제5항에 따라 승인을 받은 사항 중 고용노동부령으로 정하는 사항을 변경하려는 경우에는 고용노동부령으로 정하는 바에 따라 변경에 대한 승인을 받아야 한다.

⑦ 고용노동부장관은 제2항제2호, 제5항 또는 제6항에 따라 승인, 연장승인 또는 변경승인을 받은 자가 제8항에 따른 기준에 미달하게 된 경우에는 승인, 연장승인 또는 변경승인을 취소하여야 한다.

⑧ 제2항제2호, 제5항 또는 제6항에 따른 승인, 연장승인 또는 변경승인의 기준·절차 및 방법, 그 밖에 필요한 사항은 고용노동부령으로 정한다.

제59조(도급의 승인) ① 사업주는 자신의 사업장에서 안전 및 보건에 유해하거나 위험한 작업 중 급성 독성, 피부 부식성 등이 있는 물질의 취급 등 대통령령으로 정하는 작업을 도급하려는 경우에는 고용노동부장관의 승인을 받아야 한다. 이 경우 사업주는 고용노동부령으로 정하는 바에 따라 안전 및 보건에 관한 평가를 받아야 한다.

② 제1항에 따른 승인에 관하여는 제58조제4항부터 제8항까지의 규정을 준용한다.

제60조(도급의 승인 시 하도급 금지) 제58조제2항제2호에 따른 승인, 같은 조 제5항 또는 제6항(제59조제2항에 따라 준용되는 경우를 포함한다)에 따른 연장승인 또는 변경승인 및 제59조제1항에 따른 승인을 받은 작업을 도급받은 수급인은 그 작업을 하도급할 수 없다.

제61조(적격 수급인 선정 의무) 사업주는 산업재해 예방을 위한 조치를 할 수 있는 능력을 갖춘 사업주에게 도급하여야 한다.

제2절 도급인의 안전조치 및 보건조치

제62조(안전보건총괄책임자) ① 도급인은 관계수급인 근로자가 도급인의 사업장에서 작업을 하는 경우에는 그 사업장의 안전보건관리책임자를 도급인의 근로자와 관계수급인 근로자의 산업재해를 예방하기 위한 업무를 총괄하여 관리하는 안전보건총괄책임자로 지정하여야 한

다. 이 경우 안전보건관리책임자를 두지 아니하여도 되는 사업장에서는 그 사업장에서 사업을 총괄하여 관리하는 사람을 안전보건총괄책임자로 지정하여야 한다.
② 제1항에 따라 안전보건총괄책임자를 지정한 경우에는 「건설기술 진흥법」 제64조제1항제1호에 따른 안전총괄책임자를 둔 것으로 본다.
③ 제1항에 따라 안전보건총괄책임자를 지정하여야 하는 사업의 종류와 사업장의 상시근로자 수, 안전보건총괄책임자의 직무·권한, 그 밖에 필요한 사항은 대통령령으로 정한다.

제63조(도급인의 안전조치 및 보건조치) 도급인은 관계수급인 근로자가 도급인의 사업장에서 작업을 하는 경우에 자신의 근로자와 관계수급인 근로자의 산업재해를 예방하기 위하여 안전 및 보건 시설의 설치 등 필요한 안전조치 및 보건조치를 하여야 한다. 다만, 보호구 착용의 지시 등 관계수급인 근로자의 작업행동에 관한 직접적인 조치는 제외한다.

제64조(도급에 따른 산업재해 예방조치) ① 도급인은 관계수급인 근로자가 도급인의 사업장에서 작업을 하는 경우 다음 각 호의 사항을 이행하여야 한다. <개정 2021. 5. 18.>
  1. 도급인과 수급인을 구성원으로 하는 안전 및 보건에 관한 협의체의 구성 및 운영
  2. 작업장 순회점검
  3. 관계수급인이 근로자에게 하는 제29조제1항부터 제3항까지의 규정에 따른 안전보건교육을 위한 장소 및 자료의 제공 등 지원
  4. 관계수급인이 근로자에게 하는 제29조제3항에 따른 안전보건교육의 실시 확인
  5. 다음 각 목의 어느 하나의 경우에 대비한 경보체계 운영과 대피방법 등 훈련
     가. 작업 장소에서 발파작업을 하는 경우
     나. 작업 장소에서 화재·폭발, 토사·구축물 등의 붕괴 또는 지진 등이 발생한 경우
  6. 위생시설 등 고용노동부령으로 정하는 시설의 설치 등을 위하여 필요한 장소의 제공 또는 도급인이 설치한 위생시설 이용의 협조
  7. 같은 장소에서 이루어지는 도급인과 관계수급인 등의 작업에 있어서 관계수급인 등의 작업시기·내용, 안전조치 및 보건조치 등의 확인
  8. 제7호에 따른 확인 결과 관계수급인 등의 작업 혼재로 인하여 화재·폭발 등 대통령령으로 정하는 위험이 발생할 우려가 있는 경우 관계수급인 등의 작업시기·내용 등의 조정
② 제1항에 따른 도급인은 고용노동부령으로 정하는 바에 따라 자신의 근로자 및 관계수급인 근로자와 함께 정기적으로 또는 수시로 작업장의 안전 및 보건에 관한 점검을 하여야 한다.
③ 제1항에 따른 안전 및 보건에 관한 협의체 구성 및 운영, 작업장 순회점검, 안전보건

교육 지원, 그 밖에 필요한 사항은 고용노동부령으로 정한다.

제65조(도급인의 안전 및 보건에 관한 정보 제공 등) ① 다음 각 호의 작업을 도급하는 자는 그 작업을 수행하는 수급인 근로자의 산업재해를 예방하기 위하여 고용노동부령으로 정하는 바에 따라 해당 작업 시작 전에 수급인에게 안전 및 보건에 관한 정보를 문서로 제공하여야 한다. <개정 2020. 5. 26.>

  1. 폭발성·발화성·인화성·독성 등의 유해성·위험성이 있는 화학물질 중 고용노동부령으로 정하는 화학물질 또는 그 화학물질을 포함한 혼합물을 제조·사용·운반 또는 저장하는 반응기·증류탑·배관 또는 저장탱크로서 고용노동부령으로 정하는 설비를 개조·분해·해체 또는 철거하는 작업
  2. 제1호에 따른 설비의 내부에서 이루어지는 작업
  3. 질식 또는 붕괴의 위험이 있는 작업으로서 대통령령으로 정하는 작업

② 도급인이 제1항에 따라 안전 및 보건에 관한 정보를 해당 작업 시작 전까지 제공하지 아니한 경우에는 수급인이 정보 제공을 요청할 수 있다.

③ 도급인은 수급인이 제1항에 따라 제공받은 안전 및 보건에 관한 정보에 따라 필요한 안전조치 및 보건조치를 하였는지를 확인하여야 한다.

④ 수급인은 제2항에 따른 요청에도 불구하고 도급인이 정보를 제공하지 아니하는 경우에는 해당 도급 작업을 하지 아니할 수 있다. 이 경우 수급인은 계약의 이행 지체에 따른 책임을 지지 아니한다.

제66조(도급인의 관계수급인에 대한 시정조치) ① 도급인은 관계수급인 근로자가 도급인의 사업장에서 작업을 하는 경우에 관계수급인 또는 관계수급인 근로자가 도급받은 작업과 관련하여 이 법 또는 이 법에 따른 명령을 위반하면 관계수급인에게 그 위반행위를 시정하도록 필요한 조치를 할 수 있다. 이 경우 관계수급인은 정당한 사유가 없으면 그 조치에 따라야 한다.

② 도급인은 제65조제1항 각 호의 작업을 도급하는 경우에 수급인 또는 수급인 근로자가 도급받은 작업과 관련하여 이 법 또는 이 법에 따른 명령을 위반하면 수급인에게 그 위반행위를 시정하도록 필요한 조치를 할 수 있다. 이 경우 수급인은 정당한 사유가 없으면 그 조치에 따라야 한다.

제3절 건설업 등의 산업재해 예방

제67조(건설공사발주자의 산업재해 예방 조치) ① 대통령령으로 정하는 건설공사의 건설공사발주자는 산업재해 예방을 위하여 건설공사의 계획, 설계 및 시공 단계에서 다음 각 호의 구분에 따른 조치를 하여야 한다.

1. 건설공사 계획단계: 해당 건설공사에서 중점적으로 관리하여야 할 유해·위험요인과 이의 감소방안을 포함한 기본안전보건대장을 작성할 것
2. 건설공사 설계단계: 제1호에 따른 기본안전보건대장을 설계자에게 제공하고, 설계자로 하여금 유해·위험요인의 감소방안을 포함한 설계안전보건대장을 작성하게 하고 이를 확인할 것
3. 건설공사 시공단계: 건설공사발주자로부터 건설공사를 최초로 도급받은 수급인에게 제2호에 따른 설계안전보건대장을 제공하고, 그 수급인에게 이를 반영하여 안전한 작업을 위한 공사안전보건대장을 작성하게 하고 그 이행 여부를 확인할 것

② 제1항에 따른 건설공사발주자는 대통령령으로 정하는 안전보건 분야의 전문가에게 같은 항 각 호에 따른 대장에 기재된 내용의 적정성 등을 확인받아야 한다. 〈신설 2021. 5. 18.〉

③ 제1항에 따른 건설공사발주자는 설계자 및 건설공사를 최초로 도급받은 수급인이 건설현장의 안전을 우선적으로 고려하여 설계·시공 업무를 수행할 수 있도록 적정한 비용과 기간을 계상·설정하여야 한다. 〈신설 2021. 5. 18.〉

④ 제1항 각 호에 따른 대장에 포함되어야 할 구체적인 내용은 고용노동부령으로 정한다. 〈개정 2021. 5. 18.〉

제68조(안전보건조정자) ① 2개 이상의 건설공사를 도급한 건설공사발주자는 그 2개 이상의 건설공사가 같은 장소에서 행해지는 경우에 작업의 혼재로 인하여 발생할 수 있는 산업재해를 예방하기 위하여 건설공사 현장에 안전보건조정자를 두어야 한다.

② 제1항에 따라 안전보건조정자를 두어야 하는 건설공사의 금액, 안전보건조정자의 자격·업무, 선임방법, 그 밖에 필요한 사항은 대통령령으로 정한다.

제69조(공사기간 단축 및 공법변경 금지) ① 건설공사발주자 또는 건설공사도급인(건설공사발주자로부터 해당 건설공사를 최초로 도급받은 수급인 또는 건설공사의 시공을 주도하여 총괄·관리하는 자를 말한다. 이하 이 절에서 같다)은 설계도서 등에 따라 산정된 공사기간을 단축해서는 아니 된다.

② 건설공사발주자 또는 건설공사도급인은 공사비를 줄이기 위하여 위험성이 있는 공법을 사용하거나 정당한 사유 없이 정해진 공법을 변경해서는 아니 된다.

제70조(건설공사 기간의 연장) ① 건설공사발주자는 다음 각 호의 어느 하나에 해당하는 사유로 건설공사가 지연되어 해당 건설공사도급인이 산업재해 예방을 위하여 공사기간의 연장을 요청하는 경우에는 특별한 사유가 없으면 공사기간을 연장하여야 한다.

1. 태풍·홍수 등 악천후, 전쟁·사변, 지진, 화재, 전염병, 폭동, 그 밖에 계약 당사자가 통제할 수 없는 사태의 발생 등 불가항력의 사유가 있는 경우

2. 건설공사발주자에게 책임이 있는 사유로 착공이 지연되거나 시공이 중단된 경우

② 건설공사의 관계수급인은 제1항제1호에 해당하는 사유 또는 건설공사도급인에게 책임이 있는 사유로 착공이 지연되거나 시공이 중단되어 해당 건설공사가 지연된 경우에 산업재해 예방을 위하여 건설공사도급인에게 공사기간의 연장을 요청할 수 있다. 이 경우 건설공사도급인은 특별한 사유가 없으면 공사기간을 연장하거나 건설공사발주자에게 그 기간의 연장을 요청하여야 한다.

③ 제1항 및 제2항에 따른 건설공사 기간의 연장 요청 절차, 그 밖에 필요한 사항은 고용노동부령으로 정한다.

제71조(설계변경의 요청) ① 건설공사도급인은 해당 건설공사 중에 대통령령으로 정하는 가설구조물의 붕괴 등으로 산업재해가 발생할 위험이 있다고 판단되면 건축·토목 분야의 전문가 등 대통령령으로 정하는 전문가의 의견을 들어 건설공사발주자에게 해당 건설공사의 설계변경을 요청할 수 있다. 다만, 건설공사발주자가 설계를 포함하여 발주한 경우는 그러하지 아니하다.

② 제42조제4항 후단에 따라 고용노동부장관으로부터 공사중지 또는 유해위험방지계획서의 변경 명령을 받은 건설공사도급인은 설계변경이 필요한 경우 건설공사발주자에게 설계변경을 요청할 수 있다.

③ 건설공사의 관계수급인은 건설공사 중에 제1항에 따른 가설구조물의 붕괴 등으로 산업재해가 발생할 위험이 있다고 판단되면 제1항에 따른 전문가의 의견을 들어 건설공사도급인에게 해당 건설공사의 설계변경을 요청할 수 있다. 이 경우 건설공사도급인은 그 요청받은 내용이 기술적으로 적용이 불가능한 명백한 경우가 아니면 이를 반영하여 해당 건설공사의 설계를 변경하거나 건설공사발주자에게 설계변경을 요청하여야 한다.

④ 제1항부터 제3항까지의 규정에 따라 설계변경 요청을 받은 건설공사발주자는 그 요청받은 내용이 기술적으로 적용이 불가능한 명백한 경우가 아니면 이를 반영하여 설계를 변경하여야 한다.

⑤ 제1항부터 제3항까지의 규정에 따른 설계변경의 요청 절차·방법, 그 밖에 필요한 사항은 고용노동부령으로 정한다. 이 경우 미리 국토교통부장관과 협의하여야 한다.

제72조(건설공사 등의 산업안전보건관리비 계상 등) ① 건설공사발주자가 도급계약을 체결하거나 건설공사의 시공을 주도하여 총괄·관리하는 자(건설공사발주자로부터 건설공사를 최초로 도급받은 수급인은 제외한다)가 건설공사 사업 계획을 수립할 때에는 고용노동부장관이 정하여 고시하는 바에 따라 산업재해 예방을 위하여 사용하는 비용(이하 "산업안전보건관리비"라 한다)을 도급금액 또는 사업비에 계상(計上)하여야 한다. <개정 2020. 6. 9.>

② 고용노동부장관은 산업안전보건관리비의 효율적인 사용을 위하여 다음 각 호의 사항을 정할 수 있다.
  1. 사업의 규모별·종류별 계상 기준
  2. 건설공사의 진척 정도에 따른 사용비율 등 기준
  3. 그 밖에 산업안전보건관리비의 사용에 필요한 사항
③ 건설공사도급인은 산업안전보건관리비를 제2항에서 정하는 바에 따라 사용하고 고용노동부령으로 정하는 바에 따라 그 사용명세서를 작성하여 보존하여야 한다. 〈개정 2020. 6. 9.〉
④ 선박의 건조 또는 수리를 최초로 도급받은 수급인은 사업 계획을 수립할 때에는 고용노동부장관이 정하여 고시하는 바에 따라 산업안전보건관리비를 사업비에 계상하여야 한다.
⑤ 건설공사도급인 또는 제4항에 따른 선박의 건조 또는 수리를 최초로 도급받은 수급인은 산업안전보건관리비를 산업재해 예방 외의 목적으로 사용해서는 아니 된다. 〈개정 2020. 6. 9.〉

제73조(건설공사의 산업재해 예방 지도) ① 대통령령으로 정하는 건설공사의 건설공사발주자 또는 건설공사도급인(건설공사발주자로부터 건설공사를 최초로 도급받은 수급인은 제외한다)은 해당 건설공사를 착공하려는 경우 제74조에 따라 지정받은 전문기관(이하 "건설재해예방전문지도기관"이라 한다)과 건설 산업재해 예방을 위한 지도계약을 체결하여야 한다. 〈개정 2021. 8. 17.〉
② 건설재해예방전문지도기관은 건설공사도급인에게 산업재해 예방을 위한 지도를 실시하여야 하고, 건설공사도급인은 지도에 따라 적절한 조치를 하여야 한다. 〈신설 2021. 8. 17.〉
③ 건설재해예방전문지도기관의 지도업무의 내용, 지도대상 분야, 지도의 수행방법, 그 밖에 필요한 사항은 대통령령으로 정한다. 〈개정 2021. 8. 17.〉

제74조(건설재해예방전문지도기관) ① 건설재해예방전문지도기관이 되려는 자는 대통령령으로 정하는 인력·시설 및 장비 등의 요건을 갖추어 고용노동부장관의 지정을 받아야 한다.
② 제1항에 따른 건설재해예방전문지도기관의 지정 절차, 그 밖에 필요한 사항은 대통령령으로 정한다.
③ 고용노동부장관은 건설재해예방전문지도기관에 대하여 평가하고 그 결과를 공개할 수 있다. 이 경우 평가의 기준·방법, 결과의 공개에 필요한 사항은 고용노동부령으로 정한다.

④ 건설재해예방전문지도기관에 관하여는 제21조제4항 및 제5항을 준용한다. 이 경우 "안전관리전문기관 또는 보건관리전문기관"은 "건설재해예방전문지도기관"으로 본다.

제75조(안전 및 보건에 관한 협의체 등의 구성·운영에 관한 특례) ① 대통령령으로 정하는 규모의 건설공사의 건설공사도급인은 해당 건설공사 현장에 근로자위원과 사용자위원이 같은 수로 구성되는 안전 및 보건에 관한 협의체(이하 "노사협의체"라 한다)를 대통령령으로 정하는 바에 따라 구성·운영할 수 있다.

② 건설공사도급인이 제1항에 따라 노사협의체를 구성·운영하는 경우에는 산업안전보건위원회 및 제64조제1항제1호에 따른 안전 및 보건에 관한 협의체를 각각 구성·운영하는 것으로 본다.

③ 제1항에 따라 노사협의체를 구성·운영하는 건설공사도급인은 제24조제2항 각 호의 사항에 대하여 노사협의체의 심의·의결을 거쳐야 한다. 이 경우 노사협의체에서 의결되지 아니한 사항의 처리방법은 대통령령으로 정한다.

④ 노사협의체는 대통령령으로 정하는 바에 따라 회의를 개최하고 그 결과를 회의록으로 작성하여 보존하여야 한다.

⑤ 노사협의체는 산업재해 예방 및 산업재해가 발생한 경우의 대피방법 등 고용노동부령으로 정하는 사항에 대하여 협의하여야 한다.

⑥ 노사협의체를 구성·운영하는 건설공사도급인·근로자 및 관계수급인·근로자는 제3항에 따라 노사협의체가 심의·의결한 사항을 성실하게 이행하여야 한다.

⑦ 노사협의체에 관하여는 제24조제5항 및 제6항을 준용한다. 이 경우 "산업안전보건위원회"는 "노사협의체"로 본다.

제76조(기계·기구 등에 대한 건설공사도급인의 안전조치) 건설공사도급인은 자신의 사업장에서 타워크레인 등 대통령령으로 정하는 기계·기구 또는 설비 등이 설치되어 있거나 작동하고 있는 경우 또는 이를 설치·해체·조립하는 등의 작업이 이루어지고 있는 경우에는 필요한 안전조치 및 보건조치를 하여야 한다.

제4절 그 밖의 고용형태에서의 산업재해 예방

제77조(특수형태근로종사자에 대한 안전조치 및 보건조치 등) ① 계약의 형식에 관계없이 근로자와 유사하게 노무를 제공하여 업무상의 재해로부터 보호할 필요가 있음에도 「근로기준법」 등이 적용되지 아니하는 사람으로서 다음 각 호의 요건을 모두 충족하는 사람(이하 "특수형태근로종사자"라 한다)의 노무를 제공받는 자는 특수형태근로종사자의 산업재해 예방을 위하여 필요한 안전조치 및 보건조치를 하여야 한다. <개정 2020. 5. 26.>

1. 대통령령으로 정하는 직종에 종사할 것

2. 주로 하나의 사업에 노무를 상시적으로 제공하고 보수를 받아 생활할 것
3. 노무를 제공할 때 타인을 사용하지 아니할 것

② 대통령령으로 정하는 특수형태근로종사자로부터 노무를 제공받는 자는 고용노동부령으로 정하는 바에 따라 안전 및 보건에 관한 교육을 실시하여야 한다.

③ 정부는 특수형태근로종사자의 안전 및 보건의 유지·증진에 사용하는 비용의 일부 또는 전부를 지원할 수 있다.

제78조(배달종사자에 대한 안전조치) 「전기통신사업법」 제2조제20호에 따른 이동통신단말장치로 물건의 수거·배달 등을 중개하는 자는 그 중개를 통하여 「자동차관리법」 제3조제1항제5호에 따른 이륜자동차로 물건을 수거·배달 등을 하는 사람의 산업재해 예방을 위하여 필요한 안전조치 및 보건조치를 하여야 한다. <개정 2020. 5. 26., 2025. 1. 21.>

제79조(가맹본부의 산업재해 예방 조치) ① 「가맹사업거래의 공정화에 관한 법률」 제2조제2호에 따른 가맹본부 중 대통령령으로 정하는 가맹본부는 같은 조 제3호에 따른 가맹점사업자에게 가맹점의 설비나 기계, 원자재 또는 상품 등을 공급하는 경우에 가맹점사업자와 그 소속 근로자의 산업재해 예방을 위하여 다음 각 호의 조치를 하여야 한다.

1. 가맹점의 안전 및 보건에 관한 프로그램의 마련·시행
2. 가맹본부가 가맹점에 설치하거나 공급하는 설비·기계 및 원자재 또는 상품 등에 대하여 가맹점사업자에게 안전 및 보건에 관한 정보의 제공

② 제1항제1호에 따른 안전 및 보건에 관한 프로그램의 내용·시행방법, 같은 항 제2호에 따른 안전 및 보건에 관한 정보의 제공방법, 그 밖에 필요한 사항은 고용노동부령으로 정한다.

제6장 유해·위험 기계 등에 대한 조치

제1절 유해하거나 위험한 기계 등에 대한 방호조치 등

제80조(유해하거나 위험한 기계·기구에 대한 방호조치) ① 누구든지 동력(動力)으로 작동하는 기계·기구로서 대통령령으로 정하는 것은 고용노동부령으로 정하는 유해·위험 방지를 위한 방호조치를 하지 아니하고는 양도, 대여, 설치 또는 사용에 제공하거나 양도·대여의 목적으로 진열해서는 아니 된다.

② 누구든지 동력으로 작동하는 기계·기구로서 다음 각 호의 어느 하나에 해당하는 것은 고용노동부령으로 정하는 방호조치를 하지 아니하고는 양도, 대여, 설치 또는 사용에 제공하거나 양도·대여의 목적으로 진열해서는 아니 된다.

1. 작동 부분에 돌기 부분이 있는 것
  2. 동력전달 부분 또는 속도조절 부분이 있는 것
  3. 회전기계에 물체 등이 말려 들어갈 부분이 있는 것
③ 사업주는 제1항 및 제2항에 따른 방호조치가 정상적인 기능을 발휘할 수 있도록 방호조치와 관련되는 장치를 상시적으로 점검하고 정비하여야 한다.
④ 사업주와 근로자는 제1항 및 제2항에 따른 방호조치를 해체하려는 경우 등 고용노동부령으로 정하는 경우에는 필요한 안전조치 및 보건조치를 하여야 한다.

제81조(기계·기구 등의 대여자 등의 조치) 대통령령으로 정하는 기계·기구·설비 또는 건축물 등을 타인에게 대여하거나 대여받는 자는 필요한 안전조치 및 보건조치를 하여야 한다.

제82조(타워크레인 설치·해체업의 등록 등) ① 타워크레인을 설치하거나 해체를 하려는 자는 대통령령으로 정하는 바에 따라 인력·시설 및 장비 등의 요건을 갖추어 고용노동부장관에게 등록하여야 한다. 등록한 사항 중 대통령령으로 정하는 중요한 사항을 변경할 때에도 또한 같다.
② 사업주는 제1항에 따라 등록한 자로 하여금 타워크레인을 설치하거나 해체하는 작업을 하도록 하여야 한다.
③ 제1항에 따른 등록 절차, 그 밖에 필요한 사항은 고용노동부령으로 정한다.
④ 제1항에 따라 등록한 자에 대해서는 제21조제4항 및 제5항을 준용한다. 이 경우 "안전관리전문기관 또는 보건관리전문기관"은 "제1항에 따라 등록한 자"로, "지정"은 "등록"으로 본다.

제2절 안전인증

제83조(안전인증기준) ① 고용노동부장관은 유해하거나 위험한 기계·기구·설비 및 방호장치·보호구(이하 "유해·위험기계등"이라 한다)의 안전성을 평가하기 위하여 그 안전에 관한 성능과 제조자의 기술 능력 및 생산 체계 등에 관한 기준(이하 "안전인증기준"이라 한다)을 정하여 고시하여야 한다.
② 안전인증기준은 유해·위험기계등의 종류별, 규격 및 형식별로 정할 수 있다.

제84조(안전인증) ① 유해·위험기계등 중 근로자의 안전 및 보건에 위해(危害)를 미칠 수 있다고 인정되어 대통령령으로 정하는 것(이하 "안전인증대상기계등"이라 한다)을 제조하거나 수입하는 자(고용노동부령으로 정하는 안전인증대상기계등을 설치·이전하거나 주요 구조 부분을 변경하는 자를 포함한다. 이하 이 조 및 제85조부터 제87조까지의 규정에서 같다)는 안전인증대상기계등이 안전인증기준에 맞는지에 대하여 고용노동부장관이 실시하는 안전인증을 받아야 한다.

② 고용노동부장관은 다음 각 호의 어느 하나에 해당하는 경우에는 고용노동부령으로 정하는 바에 따라 제1항에 따른 안전인증의 전부 또는 일부를 면제할 수 있다.
  1. 연구·개발을 목적으로 제조·수입하거나 수출을 목적으로 제조하는 경우
  2. 고용노동부장관이 정하여 고시하는 외국의 안전인증기관에서 인증을 받은 경우
  3. 다른 법령에 따라 안전성에 관한 검사나 인증을 받은 경우로서 고용노동부령으로 정하는 경우
③ 안전인증대상기계등이 아닌 유해·위험기계등을 제조하거나 수입하는 자가 그 유해·위험기계등의 안전에 관한 성능 등을 평가받으려면 고용노동부장관에게 안전인증을 신청할 수 있다. 이 경우 고용노동부장관은 안전인증기준에 따라 안전인증을 할 수 있다.
④ 고용노동부장관은 제1항 및 제3항에 따른 안전인증(이하 "안전인증"이라 한다)을 받은 자가 안전인증기준을 지키고 있는지를 3년 이하의 범위에서 고용노동부령으로 정하는 주기마다 확인하여야 한다. 다만, 제2항에 따라 안전인증의 일부를 면제받은 경우에는 고용노동부령으로 정하는 바에 따라 확인의 전부 또는 일부를 생략할 수 있다.
⑤ 제1항에 따라 안전인증을 받은 자는 안전인증을 받은 안전인증대상기계등에 대하여 고용노동부령으로 정하는 바에 따라 제품명·모델명·제조수량·판매수량 및 판매처 현황 등의 사항을 기록하여 보존하여야 한다.
⑥ 고용노동부장관은 근로자의 안전 및 보건에 필요하다고 인정하는 경우 안전인증대상기계등을 제조·수입 또는 판매하는 자에게 고용노동부령으로 정하는 바에 따라 해당 안전인증대상기계등의 제조·수입 또는 판매에 관한 자료를 공단에 제출하게 할 수 있다.
⑦ 안전인증의 신청 방법·절차, 제4항에 따른 확인의 방법·절차, 그 밖에 필요한 사항은 고용노동부령으로 정한다.

제85조(안전인증의 표시 등) ① 안전인증을 받은 자는 안전인증을 받은 유해·위험기계등이나 이를 담은 용기 또는 포장에 고용노동부령으로 정하는 바에 따라 안전인증의 표시(이하 "안전인증표시"라 한다)를 하여야 한다.
② 안전인증을 받은 유해·위험기계등이 아닌 것은 안전인증표시 또는 이와 유사한 표시를 하거나 안전인증에 관한 광고를 해서는 아니 된다.
③ 안전인증을 받은 유해·위험기계등을 제조·수입·양도·대여하는 자는 안전인증표시를 임의로 변경하거나 제거해서는 아니 된다.
④ 고용노동부장관은 다음 각 호의 어느 하나에 해당하는 경우에는 안전인증표시나 이와 유사한 표시를 제거할 것을 명하여야 한다.

1. 제2항을 위반하여 안전인증표시나 이와 유사한 표시를 한 경우
2. 제86조제1항에 따라 안전인증이 취소되거나 안전인증표시의 사용 금지 명령을 받은 경우

제86조(안전인증의 취소 등) ① 고용노동부장관은 안전인증을 받은 자가 다음 각 호의 어느 하나에 해당하면 안전인증을 취소하거나 6개월 이내의 기간을 정하여 안전인증표시의 사용을 금지하거나 안전인증기준에 맞게 시정하도록 명할 수 있다. 다만, 제1호의 경우에는 안전인증을 취소하여야 한다.
1. 거짓이나 그 밖의 부정한 방법으로 안전인증을 받은 경우
2. 안전인증을 받은 유해·위험기계등의 안전에 관한 성능 등이 안전인증기준에 맞지 아니하게 된 경우
3. 정당한 사유 없이 제84조제4항에 따른 확인을 거부, 방해 또는 기피하는 경우

② 고용노동부장관은 제1항에 따라 안전인증을 취소한 경우에는 고용노동부령으로 정하는 바에 따라 그 사실을 관보 등에 공고하여야 한다.
③ 제1항에 따라 안전인증이 취소된 자는 안전인증이 취소된 날부터 1년 이내에는 취소된 유해·위험기계등에 대하여 안전인증을 신청할 수 없다.

제87조(안전인증대상기계등의 제조 등의 금지 등) ① 누구든지 다음 각 호의 어느 하나에 해당하는 안전인증대상기계등을 제조·수입·양도·대여·사용하거나 양도·대여의 목적으로 진열할 수 없다.
1. 제84조제1항에 따른 안전인증을 받지 아니한 경우(같은 조 제2항에 따라 안전인증이 전부 면제되는 경우는 제외한다)
2. 안전인증기준에 맞지 아니하게 된 경우
3. 제86조제1항에 따라 안전인증이 취소되거나 안전인증표시의 사용 금지 명령을 받은 경우

② 고용노동부장관은 제1항을 위반하여 안전인증대상기계등을 제조·수입·양도·대여하는 자에게 고용노동부령으로 정하는 바에 따라 그 안전인증대상기계등을 수거하거나 파기할 것을 명할 수 있다.

제88조(안전인증기관) ① 고용노동부장관은 제84조에 따른 안전인증 업무 및 확인 업무를 위탁받아 수행할 기관을 안전인증기관으로 지정할 수 있다.
② 제1항에 따라 안전인증기관으로 지정받으려는 자는 대통령령으로 정하는 인력·시설 및 장비 등의 요건을 갖추어 고용노동부장관에게 신청하여야 한다.
③ 고용노동부장관은 제1항에 따라 지정받은 안전인증기관(이하 "안전인증기관"이라 한다)에 대하여 평가하고 그 결과를 공개할 수 있다. 이 경우 평가의 기준·방법 및 결

과의 공개에 필요한 사항은 고용노동부령으로 정한다.

④ 안전인증기관의 지정 신청 절차, 그 밖에 필요한 사항은 고용노동부령으로 정한다.

⑤ 안전인증기관에 관하여는 제21조제4항 및 제5항을 준용한다. 이 경우 "안전관리전문기관 또는 보건관리전문기관"은 "안전인증기관"으로 본다.

제3절 자율안전확인의 신고

제89조(자율안전확인의 신고) ① 안전인증대상기계등이 아닌 유해·위험기계등으로서 대통령령으로 정하는 것(이하 "자율안전확인대상기계등"이라 한다)을 제조하거나 수입하는 자는 자율안전확인대상기계등의 안전에 관한 성능이 고용노동부장관이 정하여 고시하는 안전기준(이하 "자율안전기준"이라 한다)에 맞는지 확인(이하 "자율안전확인"이라 한다)하여 고용노동부장관에게 신고(신고한 사항을 변경하는 경우를 포함한다)하여야 한다. 다만, 다음 각 호의 어느 하나에 해당하는 경우에는 신고를 면제할 수 있다.

1. 연구·개발을 목적으로 제조·수입하거나 수출을 목적으로 제조하는 경우
2. 제84조제3항에 따른 안전인증을 받은 경우(제86조제1항에 따라 안전인증이 취소되거나 안전인증표시의 사용 금지 명령을 받은 경우는 제외한다)
3. 다른 법령에 따라 안전성에 관한 검사나 인증을 받은 경우로서 고용노동부령으로 정하는 경우

② 고용노동부장관은 제1항 각 호 외의 부분 본문에 따른 신고를 받은 경우 그 내용을 검토하여 이 법에 적합하면 신고를 수리하여야 한다.

③ 제1항 각 호 외의 부분 본문에 따라 신고를 한 자는 자율안전확인대상기계등이 자율안전기준에 맞는 것임을 증명하는 서류를 보존하여야 한다.

④ 제1항 각 호 외의 부분 본문에 따른 신고의 방법 및 절차, 그 밖에 필요한 사항은 고용노동부령으로 정한다.

제90조(자율안전확인의 표시 등) ① 제89조제1항 각 호 외의 부분 본문에 따라 신고를 한 자는 자율안전확인대상기계등이나 이를 담은 용기 또는 포장에 고용노동부령으로 정하는 바에 따라 자율안전확인의 표시(이하 "자율안전확인표시"라 한다)를 하여야 한다.

② 제89조제1항 각 호 외의 부분 본문에 따라 신고된 자율안전확인대상기계등이 아닌 것은 자율안전확인표시 또는 이와 유사한 표시를 하거나 자율안전확인에 관한 광고를 해서는 아니 된다.

③ 제89조제1항 각 호 외의 부분 본문에 따라 신고된 자율안전확인대상기계등을 제조·수입·양도·대여하는 자는 자율안전확인표시를 임의로 변경하거나 제거해서는 아니 된다.

④ 고용노동부장관은 다음 각 호의 어느 하나에 해당하는 경우에는 자율안전확인표시나 이와 유사한 표시를 제거할 것을 명하여야 한다.
1. 제2항을 위반하여 자율안전확인표시나 이와 유사한 표시를 한 경우
2. 거짓이나 그 밖의 부정한 방법으로 제89조제1항 각 호 외의 부분 본문에 따른 신고를 한 경우
3. 제91조제1항에 따라 자율안전확인표시의 사용 금지 명령을 받은 경우

제91조(자율안전확인표시의 사용 금지 등) ① 고용노동부장관은 제89조제1항 각 호 외의 부분 본문에 따라 신고된 자율안전확인대상기계등의 안전에 관한 성능이 자율안전기준에 맞지 아니하게 된 경우에는 같은 항 각 호 외의 부분 본문에 따라 신고한 자에게 6개월 이내의 기간을 정하여 자율안전확인표시의 사용을 금지하거나 자율안전기준에 맞게 시정하도록 명할 수 있다.
② 고용노동부장관은 제1항에 따라 자율안전확인표시의 사용을 금지하였을 때에는 그 사실을 관보 등에 공고하여야 한다.
③ 제2항에 따른 공고의 내용, 방법 및 절차, 그 밖에 필요한 사항은 고용노동부령으로 정한다.

제92조(자율안전확인대상기계등의 제조 등의 금지 등) ① 누구든지 다음 각 호의 어느 하나에 해당하는 자율안전확인대상기계등을 제조·수입·양도·대여·사용하거나 양도·대여의 목적으로 진열할 수 없다.
1. 제89조제1항 각 호 외의 부분 본문에 따른 신고를 하지 아니한 경우(같은 항 각 호 외의 부분 단서에 따라 신고가 면제되는 경우는 제외한다)
2. 거짓이나 그 밖의 부정한 방법으로 제89조제1항 각 호 외의 부분 본문에 따른 신고를 한 경우
3. 자율안전확인대상기계등의 안전에 관한 성능이 자율안전기준에 맞지 아니하게 된 경우
4. 제91조제1항에 따라 자율안전확인표시의 사용 금지 명령을 받은 경우
② 고용노동부장관은 제1항을 위반하여 자율안전확인대상기계등을 제조·수입·양도·대여하는 자에게 고용노동부령으로 정하는 바에 따라 그 자율안전확인대상기계등을 수거하거나 파기할 것을 명할 수 있다.

제4절 안전검사

제93조(안전검사) ① 유해하거나 위험한 기계·기구·설비로서 대통령령으로 정하는 것(이하 "안전검사대상기계등"이라 한다)을 사용하는 사업주(근로자를 사용하지 아니하고 사

업을 하는 자를 포함한다. 이하 이 조, 제94조, 제95조 및 제98조에서 같다)는 안전검사대상 기계등의 안전에 관한 성능이 고용노동부장관이 정하여 고시하는 검사기준에 맞는지에 대하여 고용노동부장관이 실시하는 검사(이하 "안전검사"라 한다)를 받아야 한다. 이 경우 안전검사대상기계등을 사용하는 사업주와 소유자가 다른 경우에는 안전검사대상기계등의 소유자가 안전검사를 받아야 한다.

② 제1항에도 불구하고 안전검사대상기계등이 다른 법령에 따라 안전성에 관한 검사나 인증을 받은 경우로서 고용노동부령으로 정하는 경우에는 안전검사를 면제할 수 있다.

③ 안전검사의 신청, 검사 주기 및 검사합격 표시방법, 그 밖에 필요한 사항은 고용노동부령으로 정한다. 이 경우 검사 주기는 안전검사대상기계등의 종류, 사용연한(使用年限) 및 위험성을 고려하여 정한다.

제94조(안전검사합격증명서 발급 등) ① 고용노동부장관은 제93조제1항에 따라 안전검사에 합격한 사업주에게 고용노동부령으로 정하는 바에 따라 안전검사합격증명서를 발급하여야 한다.

② 제1항에 따라 안전검사합격증명서를 발급받은 사업주는 그 증명서를 안전검사대상기계등에 붙여야 한다. 〈개정 2020. 5. 26.〉

제95조(안전검사대상기계등의 사용 금지) 사업주는 다음 각 호의 어느 하나에 해당하는 안전검사대상기계등을 사용해서는 아니 된다.

1. 안전검사를 받지 아니한 안전검사대상기계등(제93조제2항에 따라 안전검사가 면제되는 경우는 제외한다)
2. 안전검사에 불합격한 안전검사대상기계등

제96조(안전검사기관) ① 고용노동부장관은 안전검사 업무를 위탁받아 수행하는 기관을 안전검사기관으로 지정할 수 있다.

② 제1항에 따라 안전검사기관으로 지정받으려는 자는 대통령령으로 정하는 인력·시설 및 장비 등의 요건을 갖추어 고용노동부장관에게 신청하여야 한다.

③ 고용노동부장관은 제1항에 따라 지정받은 안전검사기관(이하 "안전검사기관"이라 한다)에 대하여 평가하고 그 결과를 공개할 수 있다. 이 경우 평가의 기준·방법 및 결과의 공개에 필요한 사항은 고용노동부령으로 정한다.

④ 안전검사기관의 지정 신청 절차, 그 밖에 필요한 사항은 고용노동부령으로 정한다.

⑤ 안전검사기관에 관하여는 제21조제4항 및 제5항을 준용한다. 이 경우 "안전관리전문기관 또는 보건관리전문기관"은 "안전검사기관"으로 본다.

제97조(안전검사기관의 보고의무) 안전검사기관은 제95조 각 호의 어느 하나에 해당하는 안전검사대상기계등을 발견하였을 때에는 이를 고용노동부장관에게 지체 없이 보고하여야 한다.

제98조(자율검사프로그램에 따른 안전검사) ① 제93조제1항에도 불구하고 같은 항에 따라 안전검사를 받아야 하는 사업주가 근로자대표와 협의(근로자를 사용하지 아니하는 경우는 제외한다)하여 같은 항 전단에 따른 검사기준, 같은 조 제3항에 따른 검사 주기 등을 충족하는 검사프로그램(이하 "자율검사프로그램"이라 한다)을 정하고 고용노동부장관의 인정을 받아 다음 각 호의 어느 하나에 해당하는 사람으로부터 자율검사프로그램에 따라 안전검사대상기계등에 대하여 안전에 관한 성능검사(이하 "자율안전검사"라 한다)를 받으면 안전검사를 받은 것으로 본다.
1. 고용노동부령으로 정하는 안전에 관한 성능검사와 관련된 자격 및 경험을 가진 사람
2. 고용노동부령으로 정하는 바에 따라 안전에 관한 성능검사 교육을 이수하고 해당 분야의 실무 경험이 있는 사람

② 자율검사프로그램의 유효기간은 2년으로 한다.
③ 사업주는 자율안전검사를 받은 경우에는 그 결과를 기록하여 보존하여야 한다.
④ 자율안전검사를 받으려는 사업주는 제100조에 따라 지정받은 검사기관(이하 "자율안전검사기관"이라 한다)에 자율안전검사를 위탁할 수 있다.
⑤ 자율검사프로그램에 포함되어야 할 내용, 자율검사프로그램의 인정 요건, 인정 방법 및 절차, 그 밖에 필요한 사항은 고용노동부령으로 정한다.

제99조(자율검사프로그램 인정의 취소 등) ① 고용노동부장관은 자율검사프로그램의 인정을 받은 자가 다음 각 호의 어느 하나에 해당하는 경우에는 자율검사프로그램의 인정을 취소하거나 인정받은 자율검사프로그램의 내용에 따라 검사를 하도록 하는 등 시정을 명할 수 있다. 다만, 제1호의 경우에는 인정을 취소하여야 한다.
1. 거짓이나 그 밖의 부정한 방법으로 자율검사프로그램을 인정받은 경우
2. 자율검사프로그램을 인정받고도 검사를 하지 아니한 경우
3. 인정받은 자율검사프로그램의 내용에 따라 검사를 하지 아니한 경우
4. 제98조제1항 각 호의 어느 하나에 해당하는 사람 또는 자율안전검사기관이 검사를 하지 아니한 경우

② 사업주는 제1항에 따라 자율검사프로그램의 인정이 취소된 안전검사대상기계등을 사용해서는 아니 된다.

제100조(자율안전검사기관) ① 자율안전검사기관이 되려는 자는 대통령령으로 정하는 인력·시설 및 장비 등의 요건을 갖추어 고용노동부장관의 지정을 받아야 한다.
② 고용노동부장관은 자율안전검사기관에 대하여 평가하고 그 결과를 공개할 수 있다. 이 경우 평가의 기준·방법 및 결과의 공개에 필요한 사항은 고용노동부령으로 정한다.
③ 자율안전검사기관의 지정 절차, 그 밖에 필요한 사항은 고용노동부령으로 정한다.

④ 자율안전검사기관에 관하여는 제21조제4항 및 제5항을 준용한다. 이 경우 "안전관리전문기관 또는 보건관리전문기관"은 "자율안전검사기관"으로 본다.

제5절 유해·위험기계등의 조사 및 지원 등

제101조(성능시험 등) 고용노동부장관은 안전인증대상기계등 또는 자율안전확인대상기계등의 안전성능의 저하 등으로 근로자에게 피해를 주거나 줄 우려가 크다고 인정하는 경우에는 대통령령으로 정하는 바에 따라 유해·위험기계등을 제조하는 사업장에서 제품 제조 과정을 조사할 수 있으며, 제조·수입·양도·대여하거나 양도·대여의 목적으로 진열된 유해·위험기계등을 수거하여 안전인증기준 또는 자율안전기준에 적합한지에 대한 성능시험을 할 수 있다.

제102조(유해·위험기계등 제조사업 등의 지원) ① 고용노동부장관은 다음 각 호의 어느 하나에 해당하는 자에게 유해·위험기계등의 품질·안전성 또는 설계·시공 능력 등의 향상을 위하여 예산의 범위에서 필요한 지원을 할 수 있다.

  1. 다음 각 목의 어느 하나에 해당하는 것의 안전성 향상을 위하여 지원이 필요하다고 인정되는 것을 제조하는 자
    가. 안전인증대상기계등
    나. 자율안전확인대상기계등
    다. 그 밖에 산업재해가 많이 발생하는 유해·위험기계등
  2. 작업환경 개선시설을 설계·시공하는 자

② 제1항에 따른 지원을 받으려는 자는 고용노동부령으로 정하는 인력·시설 및 장비 등의 요건을 갖추어 고용노동부장관에게 등록하여야 한다.

③ 고용노동부장관은 제2항에 따라 등록한 자가 다음 각 호의 어느 하나에 해당하는 경우에는 그 등록을 취소하거나 1년의 범위에서 제1항에 따른 지원을 제한할 수 있다. 다만, 제1호의 경우에는 등록을 취소하여야 한다.

  1. 거짓이나 그 밖의 부정한 방법으로 등록한 경우
  2. 제2항에 따른 등록 요건에 적합하지 아니하게 된 경우
  3. 제86조제1항제1호에 따라 안전인증이 취소된 경우

④ 고용노동부장관은 제1항에 따라 지원받은 자가 다음 각 호의 어느 하나에 해당하는 경우에는 지원한 금액 또는 지원에 상응하는 금액을 환수하여야 한다. 이 경우 제1호에 해당하면 지원한 금액에 상당하는 액수 이하의 금액을 추가로 환수할 수 있다.

  1. 거짓이나 그 밖의 부정한 방법으로 지원받은 경우
  2. 제1항에 따른 지원 목적과 다른 용도로 지원금을 사용한 경우

        3. 제3항제1호에 해당하여 등록이 취소된 경우
    ⑤ 고용노동부장관은 제3항에 따라 등록을 취소한 자에 대하여 등록을 취소한 날부터 2년 이내의 기간을 정하여 제2항에 따른 등록을 제한할 수 있다.
    ⑥ 제1항부터 제5항까지의 규정에 따른 지원내용, 등록 및 등록 취소, 환수 절차, 등록 제한 기준, 그 밖에 필요한 사항은 고용노동부령으로 정한다.

제103조(유해·위험기계등의 안전 관련 정보의 종합관리) ① 고용노동부장관은 사업장의 유해·위험기계등의 보유현황 및 안전검사 이력 등 안전에 관한 정보를 종합관리하고, 해당 정보를 안전인증기관 또는 안전검사기관에 제공할 수 있다.
    ② 고용노동부장관은 제1항에 따른 정보의 종합관리를 위하여 안전인증기관 또는 안전검사기관에 사업장의 유해·위험기계등의 보유현황 및 안전검사 이력 등의 필요한 자료를 제출하도록 요청할 수 있다. 이 경우 요청을 받은 기관은 특별한 사유가 없으면 그 요청에 따라야 한다.
    ③ 고용노동부장관은 제1항에 따른 정보의 종합관리를 위하여 유해·위험기계등의 보유현황 및 안전검사 이력 등 안전에 관한 종합정보망을 구축·운영하여야 한다.

제7장 유해·위험물질에 대한 조치

제1절 유해·위험물질의 분류 및 관리

제104조(유해인자의 분류기준) 고용노동부장관은 고용노동부령으로 정하는 바에 따라 근로자에게 건강장해를 일으키는 화학물질 및 물리적 인자 등(이하 "유해인자"라 한다)의 유해성·위험성 분류기준을 마련하여야 한다.

제105조(유해인자의 유해성·위험성 평가 및 관리) ① 고용노동부장관은 유해인자가 근로자의 건강에 미치는 유해성·위험성을 평가하고 그 결과를 관보 등에 공표할 수 있다.
    ② 고용노동부장관은 제1항에 따른 평가 결과 등을 고려하여 고용노동부령으로 정하는 바에 따라 유해성·위험성 수준별로 유해인자를 구분하여 관리하여야 한다.
    ③ 제1항에 따른 유해성·위험성 평가대상 유해인자의 선정기준, 유해성·위험성 평가의 방법, 그 밖에 필요한 사항은 고용노동부령으로 정한다.

제106조(유해인자의 노출기준 설정) 고용노동부장관은 제105조제1항에 따른 유해성·위험성 평가 결과 등 고용노동부령으로 정하는 사항을 고려하여 유해인자의 노출기준을 정하여 고시하여야 한다.

제107조(유해인자 허용기준의 준수) ① 사업주는 발암성 물질 등 근로자에게 중대한 건강장

해를 유발할 우려가 있는 유해인자로서 대통령령으로 정하는 유해인자는 작업장 내의 그 노출 농도를 고용노동부령으로 정하는 허용기준 이하로 유지하여야 한다. 다만, 다음 각 호의 어느 하나에 해당하는 경우에는 그러하지 아니하다.

1. 유해인자를 취급하거나 정화・배출하는 시설 및 설비의 설치나 개선이 현존하는 기술로 가능하지 아니한 경우
2. 천재지변 등으로 시설과 설비에 중대한 결함이 발생한 경우
3. 고용노동부령으로 정하는 임시 작업과 단시간 작업의 경우
4. 그 밖에 대통령령으로 정하는 경우

② 사업주는 제1항 각 호 외의 부분 단서에도 불구하고 유해인자의 노출 농도를 제1항에 따른 허용기준 이하로 유지하도록 노력하여야 한다.

제108조(신규화학물질의 유해성・위험성 조사) ① 대통령령으로 정하는 화학물질 외의 화학물질(이하 "신규화학물질"이라 한다)을 제조하거나 수입하려는 자(이하 "신규화학물질제조자등"이라 한다)는 신규화학물질에 의한 근로자의 건강장해를 예방하기 위하여 고용노동부령으로 정하는 바에 따라 그 신규화학물질의 유해성・위험성을 조사하고 그 조사보고서를 고용노동부장관에게 제출하여야 한다. 다만, 다음 각 호의 어느 하나에 해당하는 경우에는 그러하지 아니하다.

1. 일반 소비자의 생활용으로 제공하기 위하여 신규화학물질을 수입하는 경우로서 고용노동부령으로 정하는 경우
2. 신규화학물질의 수입량이 소량이거나 그 밖에 위해의 정도가 적다고 인정되는 경우로서 고용노동부령으로 정하는 경우

② 신규화학물질제조자등은 제1항 각 호 외의 부분 본문에 따라 유해성・위험성을 조사한 결과 해당 신규화학물질에 의한 근로자의 건강장해를 예방하기 위하여 필요한 조치를 하여야 하는 경우 이를 즉시 시행하여야 한다.

③ 고용노동부장관은 제1항에 따라 신규화학물질의 유해성・위험성 조사보고서가 제출되면 고용노동부령으로 정하는 바에 따라 그 신규화학물질의 명칭, 유해성・위험성, 근로자의 건강장해 예방을 위한 조치 사항 등을 공표하고 관계 부처에 통보하여야 한다.

④ 고용노동부장관은 제1항에 따라 제출된 신규화학물질의 유해성・위험성 조사보고서를 검토한 결과 근로자의 건강장해 예방을 위하여 필요하다고 인정할 때에는 신규화학물질제조자등에게 시설・설비를 설치・정비하고 보호구를 갖추어 두는 등의 조치를 하도록 명할 수 있다.

⑤ 신규화학물질제조자등이 신규화학물질을 양도하거나 제공하는 경우에는 제4항에 따른 근로자의 건강장해 예방을 위하여 조치하여야 할 사항을 기록한 서류를 함께 제공

하여야 한다.

제109조(중대한 건강장해 우려 화학물질의 유해성·위험성 조사) ① 고용노동부장관은 근로자의 건강장해를 예방하기 위하여 필요하다고 인정할 때에는 고용노동부령으로 정하는 바에 따라 암 또는 그 밖에 중대한 건강장해를 일으킬 우려가 있는 화학물질을 제조·수입하는 자 또는 사용하는 사업주에게 해당 화학물질의 유해성·위험성 조사와 그 결과의 제출 또는 제105조제1항에 따른 유해성·위험성 평가에 필요한 자료의 제출을 명할 수 있다.

② 제1항에 따라 화학물질의 유해성·위험성 조사 명령을 받은 자는 유해성·위험성 조사 결과 해당 화학물질로 인한 근로자의 건강장해가 우려되는 경우 근로자의 건강장해를 예방하기 위하여 시설·설비의 설치 또는 개선 등 필요한 조치를 하여야 한다.

③ 고용노동부장관은 제1항에 따라 제출된 조사 결과 및 자료를 검토하여 근로자의 건강장해를 예방하기 위하여 필요하다고 인정하는 경우에는 해당 화학물질을 제105조제2항에 따라 구분하여 관리하거나 해당 화학물질을 제조·수입한 자 또는 사용하는 사업주에게 근로자의 건강장해 예방을 위한 시설·설비의 설치 또는 개선 등 필요한 조치를 하도록 명할 수 있다.

제110조(물질안전보건자료의 작성 및 제출) ① 화학물질 또는 이를 포함한 혼합물로서 제104조에 따른 분류기준에 해당하는 것(대통령령으로 정하는 것은 제외한다. 이하 "물질안전보건자료대상물질"이라 한다)을 제조하거나 수입하려는 자는 다음 각 호의 사항을 적은 자료(이하 "물질안전보건자료"라 한다)를 고용노동부령으로 정하는 바에 따라 작성하여 고용노동부장관에게 제출하여야 한다. 이 경우 고용노동부장관은 고용노동부령으로 물질안전보건자료의 기재 사항이나 작성 방법을 정할 때 「화학물질관리법」 및 「화학물질의 등록 및 평가 등에 관한 법률」과 관련된 사항에 대해서는 환경부장관과 협의하여야 한다. <개정 2020. 5. 26.>

1. 제품명
2. 물질안전보건자료대상물질을 구성하는 화학물질 중 제104조에 따른 분류기준에 해당하는 화학물질의 명칭 및 함유량
3. 안전 및 보건상의 취급 주의 사항
4. 건강 및 환경에 대한 유해성, 물리적 위험성
5. 물리·화학적 특성 등 고용노동부령으로 정하는 사항

② 물질안전보건자료대상물질을 제조하거나 수입하려는 자는 물질안전보건자료대상물질을 구성하는 화학물질 중 제104조에 따른 분류기준에 해당하지 아니하는 화학물질의 명칭 및 함유량을 고용노동부장관에게 별도로 제출하여야 한다. 다만, 다음 각 호의 어느 하나에 해당하는 경우는 그러하지 아니하다.

1. 제1항에 따라 제출된 물질안전보건자료에 이 항 각 호 외의 부분 본문에 따른 화학물질의 명칭 및 함유량이 전부 포함된 경우
2. 물질안전보건자료대상물질을 수입하려는 자가 물질안전보건자료대상물질을 국외에서 제조하여 우리나라로 수출하려는 자(이하 "국외제조자"라 한다)로부터 물질안전보건자료에 적힌 화학물질 외에는 제104조에 따른 분류기준에 해당하는 화학물질이 없음을 확인하는 내용의 서류를 받아 제출한 경우

③ 물질안전보건자료대상물질을 제조하거나 수입한 자는 제1항 각 호에 따른 사항 중 고용노동부령으로 정하는 사항이 변경된 경우 그 변경 사항을 반영한 물질안전보건자료를 고용노동부장관에게 제출하여야 한다.

④ 제1항부터 제3항까지의 규정에 따른 물질안전보건자료 등의 제출 방법·시기, 그 밖에 필요한 사항은 고용노동부령으로 정한다.

제111조(물질안전보건자료의 제공) ① 물질안전보건자료대상물질을 양도하거나 제공하는 자는 이를 양도받거나 제공받는 자에게 물질안전보건자료를 제공하여야 한다.

② 물질안전보건자료대상물질을 제조하거나 수입한 자는 이를 양도받거나 제공받은 자에게 제110조제3항에 따라 변경된 물질안전보건자료를 제공하여야 한다.

③ 물질안전보건자료대상물질을 양도하거나 제공한 자(물질안전보건자료대상물질을 제조하거나 수입한 자는 제외한다)는 제110조제3항에 따른 물질안전보건자료를 제공받은 경우 이를 물질안전보건자료대상물질을 양도받거나 제공받은 자에게 제공하여야 한다.

④ 제1항부터 제3항까지의 규정에 따른 물질안전보건자료 또는 변경된 물질안전보건자료의 제공방법 및 내용, 그 밖에 필요한 사항은 고용노동부령으로 정한다.

제112조(물질안전보건자료의 일부 비공개 승인 등) ① 제110조제1항에도 불구하고 영업비밀과 관련되어 같은 항 제2호에 따른 화학물질의 명칭 및 함유량을 물질안전보건자료에 적지 아니하려는 자는 고용노동부령으로 정하는 바에 따라 고용노동부장관에게 신청하여 승인을 받아 해당 화학물질의 명칭 및 함유량을 대체할 수 있는 명칭 및 함유량(이하 "대체자료"라 한다)으로 적을 수 있다. 다만, 근로자에게 중대한 건강장해를 초래할 우려가 있는 화학물질로서 「산업재해보상보험법」 제8조제1항에 따른 산업재해보상보험및예방심의위원회의 심의를 거쳐 고용노동부장관이 고시하는 것은 그러하지 아니하다.

② 고용노동부장관은 제1항 본문에 따른 승인 신청을 받은 경우 고용노동부령으로 정하는 바에 따라 화학물질의 명칭 및 함유량의 대체 필요성, 대체자료의 적합성 및 물질안전보건자료의 적정성 등을 검토하여 승인 여부를 결정하고 신청인에게 그 결과를 통보하여야 한다.

③ 고용노동부장관은 제2항에 따른 승인에 관한 기준을 「산업재해보상보험법」 제8조제1항에 따른 산업재해보상보험및예방심의위원회의 심의를 거쳐 정한다.

④ 제1항에 따른 승인의 유효기간은 승인을 받은 날부터 5년으로 한다.

⑤ 고용노동부장관은 제4항에 따른 유효기간이 만료되는 경우에도 계속하여 대체자료로 적으려는 자가 그 유효기간의 연장승인을 신청하면 유효기간이 만료되는 다음 날부터 5년 단위로 그 기간을 계속하여 연장승인할 수 있다.

⑥ 삭제 〈2023. 8. 8.〉

⑦ 삭제 〈2023. 8. 8.〉

⑧ 고용노동부장관은 다음 각 호의 어느 하나에 해당하는 경우에는 제1항, 제5항 또는 제112조의2제2항에 따른 승인 또는 연장승인을 취소할 수 있다. 다만, 제1호의 경우에는 그 승인 또는 연장승인을 취소하여야 한다. 〈개정 2023. 8. 8.〉

1. 거짓이나 그 밖의 부정한 방법으로 제1항, 제5항 또는 제112조의2제2항에 따른 승인 또는 연장승인을 받은 경우
2. 제1항, 제5항 또는 제112조의2제2항에 따른 승인 또는 연장승인을 받은 화학물질이 제1항 단서에 따른 화학물질에 해당하게 된 경우

⑨ 제5항에 따른 연장승인과 제8항에 따른 승인 또는 연장승인의 취소 절차 및 방법, 그 밖에 필요한 사항은 고용노동부령으로 정한다.

⑩ 다음 각 호의 어느 하나에 해당하는 자는 근로자의 안전 및 보건을 유지하거나 직업성 질환 발생 원인을 규명하기 위하여 근로자에게 중대한 건강장해가 발생하는 등 고용노동부령으로 정하는 경우에는 물질안전보건자료대상물질을 제조하거나 수입한 자에게 제1항에 따라 대체자료로 적힌 화학물질의 명칭 및 함유량 정보를 제공할 것을 요구할 수 있다. 이 경우 정보 제공을 요구받은 자는 고용노동부장관이 정하여 고시하는 바에 따라 정보를 제공하여야 한다.

1. 근로자를 진료하는 「의료법」 제2조에 따른 의사
2. 보건관리자 및 보건관리전문기관
3. 산업보건의
4. 근로자대표
5. 제165조제2항제38호에 따라 제141조제1항에 따른 역학조사(疫學調査) 실시 업무를 위탁받은 기관
6. 「산업재해보상보험법」 제38조에 따른 업무상질병판정위원회

제112조의2(물질안전보건자료 일부 비공개 승인 등에 대한 이의신청 특례) ① 제112조제1항 또는 제5항에 따른 승인 또는 연장승인 결과에 이의가 있는 신청인은 그 결과 통보를 받

은 날부터 30일 이내에 고용노동부령으로 정하는 바에 따라 고용노동부장관에게 이의신청을 할 수 있다.

② 고용노동부장관은 제1항에 따른 이의신청을 받은 날부터 14일(「행정기본법」 제36조제2항 단서에 따라 결과 통지기간을 연장한 경우에는 그 연장한 기간을 말한다) 이내에 고용노동부령으로 정하는 바에 따라 승인 또는 연장승인 여부를 결정하고 그 결과를 신청인에게 통지하여야 한다.

③ 고용노동부장관은 제2항에 따른 승인 또는 연장승인 여부를 결정하기 위하여 필요한 경우 외부 전문가의 의견을 들을 수 있다. 이 경우 외부 전문가의 의견을 듣는 데 걸리는 기간은 제2항에 따른 결과 통지기간에 산입(算入)하지 아니한다.

[본조신설 2023. 8. 8.]

제113조(국외제조자가 선임한 자에 의한 정보 제출 등) ① 국외제조자는 고용노동부령으로 정하는 요건을 갖춘 자를 선임하여 물질안전보건자료대상물질을 수입하는 자를 갈음하여 다음 각 호에 해당하는 업무를 수행하도록 할 수 있다. <개정 2023. 8. 8.>

1. 제110조제1항 또는 제3항에 따른 물질안전보건자료의 작성·제출
2. 제110조제2항 각 호 외의 부분 본문에 따른 화학물질의 명칭 및 함유량 또는 같은 항 제2호에 따른 확인서류의 제출
3. 제112조제1항에 따른 대체자료 기재 승인, 같은 조 제5항에 따른 유효기간 연장승인 또는 제112조의2에 따른 이의신청

② 제1항에 따라 선임된 자는 고용노동부장관에게 제110조제1항 또는 제3항에 따른 물질안전보건자료를 제출하는 경우 그 물질안전보건자료를 해당 물질안전보건자료대상물질을 수입하는 자에게 제공하여야 한다.

③ 제1항에 따라 선임된 자는 고용노동부령으로 정하는 바에 따라 국외제조자에 의하여 선임되거나 해임된 사실을 고용노동부장관에게 신고하여야 한다.

④ 제2항에 따른 물질안전보건자료의 제출 및 제공 방법·내용, 제3항에 따른 신고 절차·방법, 그 밖에 필요한 사항은 고용노동부령으로 정한다.

제114조(물질안전보건자료의 게시 및 교육) ① 물질안전보건자료대상물질을 취급하려는 사업주는 제110조제1항 또는 제3항에 따라 작성하였거나 제111조제1항부터 제3항까지의 규정에 따라 제공받은 물질안전보건자료를 고용노동부령으로 정하는 방법에 따라 물질안전보건자료대상물질을 취급하는 작업장 내에 이를 취급하는 근로자가 쉽게 볼 수 있는 장소에 게시하거나 갖추어 두어야 한다.

② 제1항에 따른 사업주는 물질안전보건자료대상물질을 취급하는 작업공정별로 고용노동부령으로 정하는 바에 따라 물질안전보건자료대상물질의 관리 요령을 게시하여야

한다.

③ 제1항에 따른 사업주는 물질안전보건자료대상물질을 취급하는 근로자의 안전 및 보건을 위하여 고용노동부령으로 정하는 바에 따라 해당 근로자를 교육하는 등 적절한 조치를 하여야 한다.

제115조(물질안전보건자료대상물질 용기 등의 경고표시) ① 물질안전보건자료대상물질을 양도하거나 제공하는 자는 고용노동부령으로 정하는 방법에 따라 이를 담은 용기 및 포장에 경고표시를 하여야 한다. 다만, 용기 및 포장에 담는 방법 외의 방법으로 물질안전보건자료대상물질을 양도하거나 제공하는 경우에는 고용노동부장관이 정하여 고시한 바에 따라 경고표시 기재 항목을 적은 자료를 제공하여야 한다.

② 사업주는 사업장에서 사용하는 물질안전보건자료대상물질을 담은 용기에 고용노동부령으로 정하는 방법에 따라 경고표시를 하여야 한다. 다만, 용기에 이미 경고표시가 되어 있는 등 고용노동부령으로 정하는 경우에는 그러하지 아니하다.

제116조(물질안전보건자료와 관련된 자료의 제공) 고용노동부장관은 근로자의 안전 및 보건 유지를 위하여 필요하면 물질안전보건자료와 관련된 자료를 근로자 및 사업주에게 제공할 수 있다.

제117조(유해·위험물질의 제조 등 금지) ① 누구든지 다음 각 호의 어느 하나에 해당하는 물질로서 대통령령으로 정하는 물질(이하 "제조등금지물질"이라 한다)을 제조·수입·양도·제공 또는 사용해서는 아니 된다.

1. 직업성 암을 유발하는 것으로 확인되어 근로자의 건강에 특히 해롭다고 인정되는 물질
2. 제105조제1항에 따라 유해성·위험성이 평가된 유해인자나 제109조에 따라 유해성·위험성이 조사된 화학물질 중 근로자에게 중대한 건강장해를 일으킬 우려가 있는 물질

② 제1항에도 불구하고 시험·연구 또는 검사 목적의 경우로서 다음 각 호의 어느 하나에 해당하는 경우에는 제조등금지물질을 제조·수입·양도·제공 또는 사용할 수 있다.

1. 제조·수입 또는 사용을 위하여 고용노동부령으로 정하는 요건을 갖추어 고용노동부장관의 승인을 받은 경우
2. 「화학물질관리법」 제18조제1항 단서에 따른 금지물질의 판매 허가를 받은 자가 같은 항 단서에 따라 판매 허가를 받은 자나 제1호에 따라 사용 승인을 받은 자에게 제조등금지물질을 양도 또는 제공하는 경우

③ 고용노동부장관은 제2항제1호에 따른 승인을 받은 자가 같은 호에 따른 승인요건에 적합하지 아니하게 된 경우에는 승인을 취소하여야 한다.

④ 제2항제1호에 따른 승인 절차, 승인 취소 절차, 그 밖에 필요한 사항은 고용노동부령으로 정한다.

제118조(유해·위험물질의 제조 등 허가) ① 제117조제1항 각 호의 어느 하나에 해당하는 물질로서 대체물질이 개발되지 아니한 물질 등 대통령령으로 정하는 물질(이하 "허가대상물질"이라 한다)을 제조하거나 사용하려는 자는 고용노동부장관의 허가를 받아야 한다. 허가받은 사항을 변경할 때에도 또한 같다.
② 허가대상물질의 제조·사용설비, 작업방법, 그 밖의 허가기준은 고용노동부령으로 정한다.
③ 제1항에 따라 허가를 받은 자(이하 "허가대상물질제조·사용자"라 한다)는 그 제조·사용설비를 제2항에 따른 허가기준에 적합하도록 유지하여야 하며, 그 기준에 적합한 작업방법으로 허가대상물질을 제조·사용하여야 한다.
④ 고용노동부장관은 허가대상물질제조·사용자의 제조·사용설비 또는 작업방법이 제2항에 따른 허가기준에 적합하지 아니하다고 인정될 때에는 그 기준에 적합하도록 제조·사용설비를 수리·개조 또는 이전하도록 하거나 그 기준에 적합한 작업방법으로 그 물질을 제조·사용하도록 명할 수 있다.
⑤ 고용노동부장관은 허가대상물질제조·사용자가 다음 각 호의 어느 하나에 해당하면 그 허가를 취소하거나 6개월 이내의 기간을 정하여 영업을 정지하게 할 수 있다. 다만, 제1호에 해당할 때에는 그 허가를 취소하여야 한다.
  1. 거짓이나 그 밖의 부정한 방법으로 허가를 받은 경우
  2. 제2항에 따른 허가기준에 맞지 아니하게 된 경우
  3. 제3항을 위반한 경우
  4. 제4항에 따른 명령을 위반한 경우
  5. 자체검사 결과 이상을 발견하고도 즉시 보수 및 필요한 조치를 하지 아니한 경우
⑥ 제1항에 따른 허가의 신청절차, 그 밖에 필요한 사항은 고용노동부령으로 정한다.

제2절 석면에 대한 조치

제119조(석면조사) ① 건축물이나 설비를 철거하거나 해체하려는 경우에 해당 건축물이나 설비의 소유주 또는 임차인 등(이하 "건축물·설비소유주등"이라 한다)은 다음 각 호의 사항을 고용노동부령으로 정하는 바에 따라 조사(이하 "일반석면조사"라 한다)한 후 그 결과를 기록하여 보존하여야 한다. 〈개정 2020. 5. 26.〉
  1. 해당 건축물이나 설비에 석면이 포함되어 있는지 여부

    2. 해당 건축물이나 설비 중 석면이 포함된 자재의 종류, 위치 및 면적
② 제1항에 따른 건축물이나 설비 중 대통령령으로 정하는 규모 이상의 건축물·설비소유주등은 제120조에 따라 지정받은 기관(이하 "석면조사기관"이라 한다)에 다음 각 호의 사항을 조사(이하 "기관석면조사"라 한다)하도록 한 후 그 결과를 기록하여 보존하여야 한다. 다만, 석면함유 여부가 명백한 경우 등 대통령령으로 정하는 사유에 해당하여 고용노동부령으로 정하는 절차에 따라 확인을 받은 경우에는 기관석면조사를 생략할 수 있다. 〈개정 2020. 5. 26.〉
    1. 제1항 각 호의 사항
    2. 해당 건축물이나 설비에 포함된 석면의 종류 및 함유량
③ 건축물·설비소유주등이 「석면안전관리법」 등 다른 법률에 따라 건축물이나 설비에 대하여 석면조사를 실시한 경우에는 고용노동부령으로 정하는 바에 따라 일반석면조사 또는 기관석면조사를 실시한 것으로 본다.
④ 고용노동부장관은 건축물·설비소유주등이 일반석면조사 또는 기관석면조사를 하지 아니하고 건축물이나 설비를 철거하거나 해체하는 경우에는 다음 각 호의 조치를 명할 수 있다.
1. 해당 건축물·설비소유주등에 대한 일반석면조사 또는 기관석면조사의 이행 명령
2. 해당 건축물이나 설비를 철거하거나 해체하는 자에 대하여 제1호에 따른 이행 명령의 결과를 보고받을 때까지의 작업중지 명령
⑤ 기관석면조사의 방법, 그 밖에 필요한 사항은 고용노동부령으로 정한다.

제120조(석면조사기관) ① 석면조사기관이 되려는 자는 대통령령으로 정하는 인력·시설 및 장비 등의 요건을 갖추어 고용노동부장관의 지정을 받아야 한다.
② 고용노동부장관은 기관석면조사의 결과에 대한 정확성과 정밀도를 확보하기 위하여 석면조사기관의 석면조사 능력을 확인하고, 석면조사기관을 지도하거나 교육할 수 있다. 이 경우 석면조사 능력의 확인, 석면조사기관에 대한 지도 및 교육의 방법, 절차, 그 밖에 필요한 사항은 고용노동부장관이 정하여 고시한다.
③ 고용노동부장관은 석면조사기관에 대하여 평가하고 그 결과를 공개(제2항에 따른 석면조사 능력의 확인 결과를 포함한다)할 수 있다. 이 경우 평가의 기준·방법 및 결과의 공개에 필요한 사항은 고용노동부령으로 정한다.
④ 석면조사기관의 지정 절차, 그 밖에 필요한 사항은 고용노동부령으로 정한다.
⑤ 석면조사기관에 관하여는 제21조제4항 및 제5항을 준용한다. 이 경우 "안전관리전문기관 또는 보건관리전문기관"은 "석면조사기관"으로 본다.

제121조(석면해체·제거업의 등록 등) ① 석면해체·제거를 업으로 하려는 자는 대통령령으로

정하는 인력·시설 및 장비를 갖추어 고용노동부장관에게 등록하여야 한다.
② 고용노동부장관은 제1항에 따라 등록한 자(이하 "석면해체·제거업자"라 한다)의 석면해체·제거작업의 안전성을 고용노동부령으로 정하는 바에 따라 평가하고 그 결과를 공개할 수 있다. 이 경우 평가의 기준·방법 및 결과의 공개에 필요한 사항은 고용노동부령으로 정한다.
③ 제1항에 따른 등록 절차, 그 밖에 필요한 사항은 고용노동부령으로 정한다.
④ 석면해체·제거업자에 관하여는 제21조제4항 및 제5항을 준용한다. 이 경우 "안전관리전문기관 또는 보건관리전문기관"은 "석면해체·제거업자"로, "지정"은 "등록"으로 본다.

제122조(석면의 해체·제거) ① 기관석면조사 대상인 건축물이나 설비에 대통령령으로 정하는 함유량과 면적 이상의 석면이 포함되어 있는 경우 해당 건축물·설비소유주등은 석면해체·제거업자로 하여금 그 석면을 해체·제거하도록 하여야 한다. 다만, 건축물·설비소유주등이 인력·장비 등에서 석면해체·제거업자와 동등한 능력을 갖추고 있는 경우 등 대통령령으로 정하는 사유에 해당할 경우에는 스스로 석면을 해체·제거할 수 있다. 〈개정 2020. 5. 26.〉
② 제1항에 따른 석면해체·제거는 해당 건축물이나 설비에 대하여 기관석면조사를 실시한 기관이 해서는 아니 된다.
③ 석면해체·제거업자(제1항 단서의 경우에는 건축물·설비소유주등을 말한다. 이하 제124조에서 같다)는 제1항에 따른 석면해체·제거작업을 하기 전에 고용노동부령으로 정하는 바에 따라 고용노동부장관에게 신고하고, 제1항에 따른 석면해체·제거작업에 관한 서류를 보존하여야 한다.
④ 고용노동부장관은 제3항에 따른 신고를 받은 경우 그 내용을 검토하여 이 법에 적합하면 신고를 수리하여야 한다.
⑤ 제3항에 따른 신고 절차, 그 밖에 필요한 사항은 고용노동부령으로 정한다.

제123조(석면해체·제거 작업기준의 준수) ① 석면이 포함된 건축물이나 설비를 철거하거나 해체하는 자는 고용노동부령으로 정하는 석면해체·제거의 작업기준을 준수하여야 한다. 〈개정 2020. 5. 26.〉
② 근로자는 석면이 포함된 건축물이나 설비를 철거하거나 해체하는 자가 제1항의 작업기준에 따라 근로자에게 한 조치로서 고용노동부령으로 정하는 조치 사항을 준수하여야 한다. 〈개정 2020. 5. 26.〉

제124조(석면농도기준의 준수) ① 석면해체·제거업자는 제122조제1항에 따른 석면해체·제거작업이 완료된 후 해당 작업장의 공기 중 석면농도가 고용노동부령으로 정하는

기준 이하가 되도록 하고, 그 증명자료를 고용노동부장관에게 제출하여야 한다.
② 제1항에 따른 공기 중 석면농도를 측정할 수 있는 자의 자격 및 측정방법에 관한 사항은 고용노동부령으로 정한다.
③ 건축물·설비소유주등은 석면해체·제거작업 완료 후에도 작업장의 공기 중 석면농도가 제1항의 기준을 초과한 경우 해당 건축물이나 설비를 철거하거나 해체해서는 아니 된다.

제8장 근로자 보건관리

제1절 근로환경의 개선

제125조(작업환경측정) ① 사업주는 유해인자로부터 근로자의 건강을 보호하고 쾌적한 작업환경을 조성하기 위하여 인체에 해로운 작업을 하는 작업장으로서 고용노동부령으로 정하는 작업장에 대하여 고용노동부령으로 정하는 자격을 가진 자로 하여금 작업환경측정을 하도록 하여야 한다.
② 제1항에도 불구하고 도급인의 사업장에서 관계수급인 또는 관계수급인의 근로자가 작업을 하는 경우에는 도급인이 제1항에 따른 자격을 가진 자로 하여금 작업환경측정을 하도록 하여야 한다.
③ 사업주(제2항에 따른 도급인을 포함한다. 이하 이 조 및 제127조에서 같다)는 제1항에 따른 작업환경측정을 제126조에 따라 지정받은 기관(이하 "작업환경측정기관"이라 한다)에 위탁할 수 있다. 이 경우 필요한 때에는 작업환경측정 중 시료의 분석만을 위탁할 수 있다.
④ 사업주는 근로자대표(관계수급인의 근로자대표를 포함한다. 이하 이 조에서 같다)가 요구하면 작업환경측정 시 근로자대표를 참석시켜야 한다.
⑤ 사업주는 작업환경측정 결과를 기록하여 보존하고 고용노동부령으로 정하는 바에 따라 고용노동부장관에게 보고하여야 한다. 다만, 제3항에 따라 사업주로부터 작업환경측정을 위탁받은 작업환경측정기관이 작업환경측정을 한 후 그 결과를 고용노동부령으로 정하는 바에 따라 고용노동부장관에게 제출한 경우에는 작업환경측정 결과를 보고한 것으로 본다.
⑥ 사업주는 작업환경측정 결과를 해당 작업장의 근로자(관계수급인 및 관계수급인 근로자를 포함한다. 이하 이 항, 제127조 및 제175조제5항제15호에서 같다)에게 알려야

하며, 그 결과에 따라 근로자의 건강을 보호하기 위하여 해당 시설·설비의 설치·개선 또는 건강진단의 실시 등의 조치를 하여야 한다.

⑦ 사업주는 산업안전보건위원회 또는 근로자대표가 요구하면 작업환경측정 결과에 대한 설명회 등을 개최하여야 한다. 이 경우 제3항에 따라 작업환경측정을 위탁하여 실시한 경우에는 작업환경측정기관에 작업환경측정 결과에 대하여 설명하도록 할 수 있다.

⑧ 제1항 및 제2항에 따른 작업환경측정의 방법·횟수, 그 밖에 필요한 사항은 고용노동부령으로 정한다.

제126조(작업환경측정기관) ① 작업환경측정기관이 되려는 자는 대통령령으로 정하는 인력·시설 및 장비 등의 요건을 갖추어 고용노동부장관의 지정을 받아야 한다.

② 고용노동부장관은 작업환경측정기관의 측정·분석 결과에 대한 정확성과 정밀도를 확보하기 위하여 작업환경측정기관의 측정·분석능력을 확인하고, 작업환경측정기관을 지도하거나 교육할 수 있다. 이 경우 측정·분석능력의 확인, 작업환경측정기관에 대한 교육의 방법·절차, 그 밖에 필요한 사항은 고용노동부장관이 정하여 고시한다.

③ 고용노동부장관은 작업환경측정의 수준을 향상시키기 위하여 필요한 경우 작업환경측정기관을 평가하고 그 결과(제2항에 따른 측정·분석능력의 확인 결과를 포함한다)를 공개할 수 있다. 이 경우 평가기준·방법 및 결과의 공개, 그 밖에 필요한 사항은 고용노동부령으로 정한다.

④ 작업환경측정기관의 유형, 업무 범위 및 지정 절차, 그 밖에 필요한 사항은 고용노동부령으로 정한다.

⑤ 작업환경측정기관에 관하여는 제21조제4항 및 제5항을 준용한다. 이 경우 "안전관리전문기관 또는 보건관리전문기관"은 "작업환경측정기관"으로 본다.

제127조(작업환경측정 신뢰성 평가) ① 고용노동부장관은 제125조제1항 및 제2항에 따른 작업환경측정 결과에 대하여 그 신뢰성을 평가할 수 있다.

② 사업주와 근로자는 고용노동부장관이 제1항에 따른 신뢰성을 평가할 때에는 적극적으로 협조하여야 한다.

③ 제1항에 따른 신뢰성 평가의 방법·대상 및 절차, 그 밖에 필요한 사항은 고용노동부령으로 정한다.

제128조(작업환경전문연구기관의 지정) ① 고용노동부장관은 작업장의 유해인자로부터 근로자의 건강을 보호하고 작업환경관리방법 등에 관한 전문연구를 촉진하기 위하여 유해인자별·업종별 작업환경전문연구기관을 지정하여 예산의 범위에서 필요한 지원을 할 수 있다.

② 제1항에 따른 유해인자별·업종별 작업환경전문연구기관의 지정기준, 그 밖에 필요한 사항은 고용노동부장관이 정하여 고시한다.

제128조의2(휴게시설의 설치) ① 사업주는 근로자(관계수급인의 근로자를 포함한다. 이하 이 조에서 같다)가 신체적 피로와 정신적 스트레스를 해소할 수 있도록 휴식시간에 이용할 수 있는 휴게시설을 갖추어야 한다.

② 사업주 중 사업의 종류 및 사업장의 상시 근로자 수 등 대통령령으로 정하는 기준에 해당하는 사업장의 사업주는 제1항에 따라 휴게시설을 갖추는 경우 크기, 위치, 온도, 조명 등 고용노동부령으로 정하는 설치·관리기준을 준수하여야 한다.

[본조신설 2021. 8. 17.]

제2절 건강진단 및 건강관리

제129조(일반건강진단) ① 사업주는 상시 사용하는 근로자의 건강관리를 위하여 건강진단(이하 "일반건강진단"이라 한다)을 실시하여야 한다. 다만, 사업주가 고용노동부령으로 정하는 건강진단을 실시한 경우에는 그 건강진단을 받은 근로자에 대하여 일반건강진단을 실시한 것으로 본다.

② 사업주는 제135조제1항에 따른 특수건강진단기관 또는 「건강검진기본법」 제3조제2호에 따른 건강검진기관(이하 "건강진단기관"이라 한다)에서 일반건강진단을 실시하여야 한다.

③ 일반건강진단의 주기·항목·방법 및 비용, 그 밖에 필요한 사항은 고용노동부령으로 정한다.

제130조(특수건강진단 등) ① 사업주는 다음 각 호의 어느 하나에 해당하는 근로자의 건강관리를 위하여 건강진단(이하 "특수건강진단"이라 한다)을 실시하여야 한다. 다만, 사업주가 고용노동부령으로 정하는 건강진단을 실시한 경우에는 그 건강진단을 받은 근로자에 대하여 해당 유해인자에 대한 특수건강진단을 실시한 것으로 본다.

　1. 고용노동부령으로 정하는 유해인자에 노출되는 업무(이하 "특수건강진단대상업무"라 한다)에 종사하는 근로자

　2. 제1호, 제3항 및 제131조에 따른 건강진단 실시 결과 직업병 소견이 있는 근로자로 판정받아 작업 전환을 하거나 작업 장소를 변경하여 해당 판정의 원인이 된 특수건강진단대상업무에 종사하지 아니하는 사람으로서 해당 유해인자에 대한 건강진단이 필요하다는 「의료법」 제2조에 따른 의사의 소견이 있는 근로자

② 사업주는 특수건강진단대상업무에 종사할 근로자의 배치 예정 업무에 대한 적합성 평가를 위하여 건강진단(이하 "배치전건강진단"이라 한다)을 실시하여야 한다. 다만, 고용노동부령으로 정하는 근로자에 대해서는 배치전건강진단을 실시하지 아니할 수 있다.

③ 사업주는 특수건강진단대상업무에 따른 유해인자로 인한 것이라고 의심되는 건강장해 증상을 보이거나 의학적 소견이 있는 근로자 중 보건관리자 등이 사업주에게 건강진단 실시를 건의하는 등 고용노동부령으로 정하는 근로자에 대하여 건강진단(이하 "수시건강진단"이라 한다)을 실시하여야 한다.

④ 사업주는 제135조제1항에 따른 특수건강진단기관에서 제1항부터 제3항까지의 규정에 따른 건강진단을 실시하여야 한다.

⑤ 제1항부터 제3항까지의 규정에 따른 건강진단의 시기・주기・항목・방법 및 비용, 그 밖에 필요한 사항은 고용노동부령으로 정한다.

제131조(임시건강진단 명령 등) ① 고용노동부장관은 같은 유해인자에 노출되는 근로자들에게 유사한 질병의 증상이 발생한 경우 등 고용노동부령으로 정하는 경우에는 근로자의 건강을 보호하기 위하여 사업주에게 특정 근로자에 대한 건강진단(이하 "임시건강진단"이라 한다)의 실시나 작업전환, 그 밖에 필요한 조치를 명할 수 있다.

② 임시건강진단의 항목, 그 밖에 필요한 사항은 고용노동부령으로 정한다.

제132조(건강진단에 관한 사업주의 의무) ① 사업주는 제129조부터 제131조까지의 규정에 따른 건강진단을 실시하는 경우 근로자대표가 요구하면 근로자대표를 참석시켜야 한다.

② 사업주는 산업안전보건위원회 또는 근로자대표가 요구할 때에는 직접 또는 제129조부터 제131조까지의 규정에 따른 건강진단을 한 건강진단기관에 건강진단 결과에 대하여 설명하도록 하여야 한다. 다만, 개별 근로자의 건강진단 결과는 본인의 동의 없이 공개해서는 아니 된다.

③ 사업주는 제129조부터 제131조까지의 규정에 따른 건강진단의 결과를 근로자의 건강 보호 및 유지 외의 목적으로 사용해서는 아니 된다.

④ 사업주는 제129조부터 제131조까지의 규정 또는 다른 법령에 따른 건강진단의 결과 근로자의 건강을 유지하기 위하여 필요하다고 인정할 때에는 작업장소 변경, 작업 전환, 근로시간 단축, 야간근로(오후 10시부터 다음 날 오전 6시까지 사이의 근로를 말한다)의 제한, 작업환경측정 또는 시설・설비의 설치・개선 등 고용노동부령으로 정하는 바에 따라 적절한 조치를 하여야 한다.

⑤ 제4항에 따라 적절한 조치를 하여야 하는 사업주로서 고용노동부령으로 정하는 사업주는 그 조치결과를 고용노동부령으로 정하는 바에 따라 고용노동부장관에게 제출하여야 한다.

제133조(건강진단에 관한 근로자의 의무) 근로자는 제129조부터 제131조까지의 규정에 따라 사업주가 실시하는 건강진단을 받아야 한다. 다만, 사업주가 지정한 건강진단기관이 아닌 건강진단기관으로부터 이에 상응하는 건강진단을 받아 그 결과를 증명하는 서류를 사업주에게 제출하는 경우에는 사업주가 실시하는 건강진단을 받은 것으로 본다.

제134조(건강진단기관 등의 결과보고 의무) ① 건강진단기관은 제129조부터 제131조까지의 규정에 따른 건강진단을 실시한 때에는 고용노동부령으로 정하는 바에 따라 그 결과를 근로자 및 사업주에게 통보하고 고용노동부장관에게 보고하여야 한다.

② 제129조제1항 단서에 따라 건강진단을 실시한 기관은 사업주가 근로자의 건강보호를 위하여 그 결과를 요청하는 경우 고용노동부령으로 정하는 바에 따라 그 결과를 사업주에게 통보하여야 한다.

제135조(특수건강진단기관) ①「의료법」제3조에 따른 의료기관이 특수건강진단, 배치전건강진단 또는 수시건강진단을 수행하려는 경우에는 고용노동부장관으로부터 건강진단을 할 수 있는 기관(이하 "특수건강진단기관"이라 한다)으로 지정받아야 한다.

② 특수건강진단기관으로 지정받으려는 자는 대통령령으로 정하는 요건을 갖추어 고용노동부장관에게 신청하여야 한다.

③ 고용노동부장관은 제1항에 따른 특수건강진단기관의 진단·분석 결과에 대한 정확성과 정밀도를 확보하기 위하여 특수건강진단기관의 진단·분석능력을 확인하고, 특수건강진단기관을 지도하거나 교육할 수 있다. 이 경우 진단·분석능력의 확인, 특수건강진단기관에 대한 지도 및 교육의 방법, 절차, 그 밖에 필요한 사항은 고용노동부장관이 정하여 고시한다.

④ 고용노동부장관은 특수건강진단기관을 평가하고 그 결과(제3항에 따른 진단·분석능력의 확인 결과를 포함한다)를 공개할 수 있다. 이 경우 평가 기준·방법 및 결과의 공개, 그 밖에 필요한 사항은 고용노동부령으로 정한다.

⑤ 특수건강진단기관의 지정 신청 절차, 업무 수행에 관한 사항, 업무를 수행할 수 있는 지역, 그 밖에 필요한 사항은 고용노동부령으로 정한다.

⑥ 특수건강진단기관에 관하여는 제21조제4항 및 제5항을 준용한다. 이 경우 "안전관리전문기관 또는 보건관리전문기관"은 "특수건강진단기관"으로 본다.

제136조(유해인자별 특수건강진단 전문연구기관의 지정) ① 고용노동부장관은 작업장의 유해인자에 관한 전문연구를 촉진하기 위하여 유해인자별 특수건강진단 전문연구기관을 지정하여 예산의 범위에서 필요한 지원을 할 수 있다.

② 제1항에 따른 유해인자별 특수건강진단 전문연구기관의 지정 기준 및 절차, 그 밖에 필요한 사항은 고용노동부장관이 정하여 고시한다.

제137조(건강관리카드) ① 고용노동부장관은 고용노동부령으로 정하는 건강장해가 발생할 우려가 있는 업무에 종사하였거나 종사하고 있는 사람 중 고용노동부령으로 정하는 요건을 갖춘 사람의 직업병 조기발견 및 지속적인 건강관리를 위하여 건강관리카드를 발급하여야 한다.

② 건강관리카드를 발급받은 사람이「산업재해보상보험법」제41조에 따라 요양급여를 신

청하는 경우에는 건강관리카드를 제출함으로써 해당 재해에 관한 의학적 소견을 적은 서류의 제출을 대신할 수 있다.

③ 건강관리카드를 발급받은 사람은 그 건강관리카드를 타인에게 양도하거나 대여해서는 아니 된다.

④ 건강관리카드를 발급받은 사람 중 제1항에 따라 건강관리카드를 발급받은 업무에 종사하지 아니하는 사람은 고용노동부령으로 정하는 바에 따라 특수건강진단에 준하는 건강진단을 받을 수 있다.

⑤ 건강관리카드의 서식, 발급 절차, 그 밖에 필요한 사항은 고용노동부령으로 정한다.

제138조(질병자의 근로 금지·제한) ① 사업주는 감염병, 정신질환 또는 근로로 인하여 병세가 크게 악화될 우려가 있는 질병으로서 고용노동부령으로 정하는 질병에 걸린 사람에게는 「의료법」 제2조에 따른 의사의 진단에 따라 근로를 금지하거나 제한하여야 한다.

② 사업주는 제1항에 따라 근로가 금지되거나 제한된 근로자가 건강을 회복하였을 때에는 지체 없이 근로를 할 수 있도록 하여야 한다.

제139조(유해·위험작업에 대한 근로시간 제한 등) ① 사업주는 유해하거나 위험한 작업으로서 높은 기압에서 하는 작업 등 대통령령으로 정하는 작업에 종사하는 근로자에게는 1일 6시간, 1주 34시간을 초과하여 근로하게 해서는 아니 된다.

② 사업주는 대통령령으로 정하는 유해하거나 위험한 작업에 종사하는 근로자에게 필요한 안전조치 및 보건조치 외에 작업과 휴식의 적정한 배분 및 근로시간과 관련된 근로조건의 개선을 통하여 근로자의 건강 보호를 위한 조치를 하여야 한다.

제140조(자격 등에 의한 취업 제한 등) ① 사업주는 유해하거나 위험한 작업으로서 상당한 지식이나 숙련도가 요구되는 고용노동부령으로 정하는 작업의 경우 그 작업에 필요한 자격·면허·경험 또는 기능을 가진 근로자가 아닌 사람에게 그 작업을 하게 해서는 아니 된다.

② 고용노동부장관은 제1항에 따른 자격·면허의 취득 또는 근로자의 기능 습득을 위하여 교육기관을 지정할 수 있다.

③ 제1항에 따른 자격·면허·경험·기능, 제2항에 따른 교육기관의 지정 요건 및 지정 절차, 그 밖에 필요한 사항은 고용노동부령으로 정한다.

④ 제2항에 따른 교육기관에 관하여는 제21조제4항 및 제5항을 준용한다. 이 경우 "안전관리전문기관 또는 보건관리전문기관"은 "제2항에 따른 교육기관"으로 본다.

제141조(역학조사) ① 고용노동부장관은 직업성 질환의 진단 및 예방, 발생 원인의 규명을 위하여 필요하다고 인정할 때에는 근로자의 질환과 작업장의 유해요인의 상관관계에 관한 역학조사(이하 "역학조사"라 한다)를 할 수 있다. 이 경우 사업주 또는 근로자대표, 그 밖에 고용노동부령으로 정하는 사람이 요구할 때 고용노동부령으로 정하는 바에 따라 역학조사에 참석하게 할 수 있다.

② 사업주 및 근로자는 고용노동부장관이 역학조사를 실시하는 경우 적극 협조하여야 하며, 정당한 사유 없이 역학조사를 거부·방해하거나 기피해서는 아니 된다.
③ 누구든지 제1항 후단에 따라 역학조사 참석이 허용된 사람의 역학조사 참석을 거부하거나 방해해서는 아니 된다.
④ 제1항 후단에 따라 역학조사에 참석하는 사람은 역학조사 참석과정에서 알게 된 비밀을 누설하거나 도용해서는 아니 된다.
⑤ 고용노동부장관은 역학조사를 위하여 필요하면 제129조부터 제131조까지의 규정에 따른 근로자의 건강진단 결과, 「국민건강보험법」에 따른 요양급여기록 및 건강검진 결과, 「고용보험법」에 따른 고용정보, 「암관리법」에 따른 질병정보 및 사망원인 정보 등을 관련 기관에 요청할 수 있다. 이 경우 자료의 제출을 요청받은 기관은 특별한 사유가 없으면 이에 따라야 한다.
⑥ 역학조사의 방법·대··절차, 그 밖에 필요한 사항은 고용노동부령으로 정한다.

제9장 산업안전지도사 및 산업보건지도사

제142조(산업안전지도사 등의 직무) ① 산업안전지도사는 다음 각 호의 직무를 수행한다.
1. 공정상의 안전에 관한 평가·지도
2. 유해·위험의 방지대책에 관한 평가·지도
3. 제1호 및 제2호의 사항과 관련된 계획서 및 보고서의 작성
4. 그 밖에 산업안전에 관한 사항으로서 대통령령으로 정하는 사항

② 산업보건지도사는 다음 각 호의 직무를 수행한다.
1. 작업환경의 평가 및 개선 지도
2. 작업환경 개선과 관련된 계획서 및 보고서의 작성
3. 근로자 건강진단에 따른 사후관리 지도
4. 직업성 질병 진단(「의료법」 제2조에 따른 의사인 산업보건지도사만 해당한다) 및 예방 지도
5. 산업보건에 관한 조사·연구
6. 그 밖에 산업보건에 관한 사항으로서 대통령령으로 정하는 사항

③ 산업안전지도사 또는 산업보건지도사(이하 "지도사"라 한다)의 업무 영역별 종류 및 업무 범위, 그 밖에 필요한 사항은 대통령령으로 정한다.

제143조(지도사의 자격 및 시험) ① 고용노동부장관이 시행하는 지도사 자격시험에 합격한 사람

은 지도사의 자격을 가진다.

② 대통령령으로 정하는 산업 안전 및 보건과 관련된 자격의 보유자에 대해서는 제1항에 따른 지도사 자격시험의 일부를 면제할 수 있다.

③ 고용노동부장관은 제1항에 따른 지도사 자격시험 실시를 대통령령으로 정하는 전문기관에 대행하게 할 수 있다. 이 경우 시험 실시에 드는 비용을 예산의 범위에서 보조할 수 있다. 〈개정 2020. 5. 26.〉

④ 제3항에 따라 지도사 자격시험 실시를 대행하는 전문기관의 임직원은 「형법」 제129조부터 제132조까지의 규정을 적용할 때에는 공무원으로 본다.

⑤ 지도사 자격시험의 시험과목, 시험방법, 다른 자격 보유자에 대한 시험 면제의 범위, 그 밖에 필요한 사항은 대통령령으로 정한다.

제144조(부정행위자에 대한 제재) 고용노동부장관은 지도사 자격시험에서 부정한 행위를 한 응시자에 대해서는 그 시험을 무효로 하고, 그 처분을 한 날부터 5년간 시험응시자격을 정지한다.

제145조(지도사의 등록) ① 지도사가 그 직무를 수행하려는 경우에는 고용노동부령으로 정하는 바에 따라 고용노동부장관에게 등록하여야 한다.

② 제1항에 따라 등록한 지도사는 그 직무를 조직적·전문적으로 수행하기 위하여 법인을 설립할 수 있다.

③ 다음 각 호의 어느 하나에 해당하는 사람은 제1항에 따른 등록을 할 수 없다.

1. 피성년후견인 또는 피한정후견인
2. 파산선고를 받고 복권되지 아니한 사람
3. 금고 이상의 실형을 선고받고 그 집행이 끝나거나(집행이 끝난 것으로 보는 경우를 포함한다) 집행이 면제된 날부터 2년이 지나지 아니한 사람
4. 금고 이상의 형의 집행유예를 선고받고 그 유예기간 중에 있는 사람
5. 이 법을 위반하여 벌금형을 선고받고 1년이 지나지 아니한 사람
6. 제154조에 따라 등록이 취소(이 항 제1호 또는 제2호에 해당하여 등록이 취소된 경우는 제외한다)된 후 2년이 지나지 아니한 사람

④ 제1항에 따라 등록을 한 지도사는 고용노동부령으로 정하는 바에 따라 5년마다 등록을 갱신하여야 한다.

⑤ 고용노동부령으로 정하는 지도실적이 있는 지도사만이 제4항에 따른 갱신등록을 할 수 있다. 다만, 지도실적이 기준에 못 미치는 지도사는 고용노동부령으로 정하는 보수교육을 받은 경우 갱신등록을 할 수 있다.

⑥ 제2항에 따른 법인에 관하여는 「상법」 중 합명회사에 관한 규정을 적용한다.

제146조(지도사의 교육) 지도사 자격이 있는 사람(제143조제2항에 해당하는 사람 중 대통령령으

로 정하는 실무경력이 있는 사람은 제외한다)이 직무를 수행하려면 제145조에 따른 등록을 하기 전 1년의 범위에서 고용노동부령으로 정하는 연수교육을 받아야 한다.

제147조(지도사에 대한 지도 등) 고용노동부장관은 공단에 다음 각 호의 업무를 하게 할 수 있다.
1. 지도사에 대한 지도·연락 및 정보의 공동이용체제의 구축·유지
2. 제142조제1항 및 제2항에 따른 지도사의 직무 수행과 관련된 사업주의 불만·고충의 처리 및 피해에 관한 분쟁의 조정
3. 그 밖에 지도사 직무의 발전을 위하여 필요한 사항으로서 고용노동부령으로 정하는 사항

제148조(손해배상의 책임) ① 지도사는 직무 수행과 관련하여 고의 또는 과실로 의뢰인에게 손해를 입힌 경우에는 그 손해를 배상할 책임이 있다.
② 제145조제1항에 따라 등록한 지도사는 제1항에 따른 손해배상책임을 보장하기 위하여 대통령령으로 정하는 바에 따라 보증보험에 가입하거나 그 밖에 필요한 조치를 하여야 한다.

제149조(유사명칭의 사용 금지) 제145조제1항에 따라 등록한 지도사가 아닌 사람은 산업안전지도사, 산업보건지도사 또는 이와 유사한 명칭을 사용해서는 아니 된다.

제150조(품위유지와 성실의무 등) ① 지도사는 항상 품위를 유지하고 신의와 성실로써 공정하게 직무를 수행하여야 한다.
② 지도사는 제142조제1항 또는 제2항에 따른 직무와 관련하여 작성하거나 확인한 서류에 기명·날인하거나 서명하여야 한다.

제151조(금지 행위) 지도사는 다음 각 호의 행위를 해서는 아니 된다.
1. 거짓이나 그 밖의 부정한 방법으로 의뢰인에게 법령에 따른 의무를 이행하지 아니하게 하는 행위
2. 의뢰인에게 법령에 따른 신고·보고, 그 밖의 의무를 이행하지 아니하게 하는 행위
3. 법령에 위반되는 행위에 관한 지도·상담

제152조(관계 장부 등의 열람 신청) 지도사는 제142조제1항 및 제2항에 따른 직무를 수행하는 데 필요하면 사업주에게 관계 장부 및 서류의 열람을 신청할 수 있다. 이 경우 그 신청이 제142조제1항 또는 제2항에 따른 직무의 수행을 위한 것이면 열람을 신청받은 사업주는 정당한 사유 없이 이를 거부해서는 아니 된다.

제153조(자격대여행위 및 대여알선행위 등의 금지) ① 지도사는 다른 사람에게 자기의 성명이나 사무소의 명칭을 사용하여 지도사의 직무를 수행하게 하거나 그 자격증이나 등록증을 대여해서는 아니 된다. 〈개정 2020. 3. 31.〉
② 누구든지 지도사의 자격을 취득하지 아니하고 그 지도사의 성명이나 사무소의 명칭을

사용하여 지도사의 직무를 수행하거나 자격증·등록증을 대여받아서는 아니 되며, 이를 알선하여서도 아니 된다. 〈신설 2020. 3. 31.〉

[제목개정 2020. 3. 31.]

제154조(등록의 취소 등) 고용노동부장관은 지도사가 다음 각 호의 어느 하나에 해당하는 경우에는 그 등록을 취소하거나 2년 이내의 기간을 정하여 그 업무의 정지를 명할 수 있다. 다만, 제1호부터 제3호까지의 규정에 해당할 때에는 그 등록을 취소하여야 한다. 〈개정 2020. 3. 31.〉

1. 거짓이나 그 밖의 부정한 방법으로 등록 또는 갱신등록을 한 경우
2. 업무정지 기간 중에 업무를 수행한 경우
3. 업무 관련 서류를 거짓으로 작성한 경우
4. 제142조에 따른 직무의 수행과정에서 고의 또는 과실로 인하여 중대재해가 발생한 경우
5. 제145조제3항제1호부터 제5호까지의 규정 중 어느 하나에 해당하게 된 경우
6. 제148조제2항에 따른 보증보험에 가입하지 아니하거나 그 밖에 필요한 조치를 하지 아니한 경우
7. 제150조제1항을 위반하거나 같은 조 제2항에 따른 기명·날인 또는 서명을 하지 아니한 경우
8. 제151조, 제153조제1항 또는 제162조를 위반한 경우

제10장 근로감독관 등

제155조(근로감독관의 권한) ① 「근로기준법」 제101조에 따른 근로감독관(이하 "근로감독관"이라 한다)은 이 법 또는 이 법에 따른 명령을 시행하기 위하여 필요한 경우 다음 각 호의 장소에 출입하여 사업주, 근로자 또는 안전보건관리책임자 등(이하 "관계인"이라 한다)에게 질문을 하고, 장부, 서류, 그 밖의 물건의 검사 및 안전보건 점검을 하며, 관계 서류의 제출을 요구할 수 있다.

1. 사업장
2. 제21조제1항, 제33조제1항, 제48조제1항, 제74조제1항, 제88조제1항, 제96조제1항, 제100조제1항, 제120조제1항, 제126조제1항 및 제129조제2항에 따른 기관의 사무소
3. 석면해체·제거업자의 사무소
4. 제145조제1항에 따라 등록한 지도사의 사무소

② 근로감독관은 기계·설비등에 대한 검사를 할 수 있으며, 검사에 필요한 한도에서 무상으로 제품·원재료 또는 기구를 수거할 수 있다. 이 경우 근로감독관은 해당 사업주 등에게 그 결과를 서면으로 알려야 한다.

③ 근로감독관은 이 법 또는 이 법에 따른 명령의 시행을 위하여 관계인에게 보고 또는 출석을 명할 수 있다.

④ 근로감독관은 이 법 또는 이 법에 따른 명령을 시행하기 위하여 제1항 각 호의 어느 하나에 해당하는 장소에 출입하는 경우에 그 신분을 나타내는 증표를 지니고 관계인에게 보여 주어야 하며, 출입 시 성명, 출입시간, 출입 목적 등이 표시된 문서를 관계인에게 내주어야 한다.

제156조(공단 소속 직원의 검사 및 지도 등) ① 고용노동부장관은 제165조제2항에 따라 공단이 위탁받은 업무를 수행하기 위하여 필요하다고 인정할 때에는 공단 소속 직원에게 사업장에 출입하여 산업재해 예방에 필요한 검사 및 지도 등을 하게 하거나, 역학조사를 위하여 필요한 경우 관계자에게 질문하거나 필요한 서류의 제출을 요구하게 할 수 있다.

② 제1항에 따라 공단 소속 직원이 검사 또는 지도업무 등을 하였을 때에는 그 결과를 고용노동부장관에게 보고하여야 한다.

③ 공단 소속 직원이 제1항에 따라 사업장에 출입하는 경우에는 제155조제4항을 준용한다. 이 경우 "근로감독관"은 "공단 소속 직원"으로 본다.

제157조(감독기관에 대한 신고) ① 사업장에서 이 법 또는 이 법에 따른 명령을 위반한 사실이 있으면 근로자는 그 사실을 고용노동부장관 또는 근로감독관에게 신고할 수 있다.

② 「의료법」 제2조에 따른 의사·치과의사 또는 한의사는 3일 이상의 입원치료가 필요한 부상 또는 질병이 환자의 업무와 관련성이 있다고 판단할 경우에는 「의료법」 제19조제1항에도 불구하고 치료과정에서 알게 된 정보를 고용노동부장관에게 신고할 수 있다.

③ 사업주는 제1항에 따른 신고를 이유로 해당 근로자에 대하여 해고나 그 밖의 불리한 처우를 해서는 아니 된다.

제11장 보칙

제158조(산업재해 예방활동의 보조·지원) ① 정부는 사업주, 사업주단체, 근로자단체, 산업재해 예방 관련 전문단체, 연구기관 등이 하는 산업재해 예방사업 중 대통령령으로 정하는 사업에 드는 경비의 전부 또는 일부를 예산의 범위에서 보조하거나 그 밖에 필요한 지원(이하 "보조·지원"이라 한다)을 할 수 있다. 이 경우 고용노동부장관은 보조·지원이 산업재해 예방사업의 목적

에 맞게 효율적으로 사용되도록 관리·감독하여야 한다.

② 고용노동부장관은 보조·지원을 받은 자가 다음 각 호의 어느 하나에 해당하는 경우 보조·지원의 전부 또는 일부를 취소하여야 한다. 다만, 제1호 및 제2호의 경우에는 보조·지원의 전부를 취소하여야 한다.

1. 거짓이나 그 밖의 부정한 방법으로 보조·지원을 받은 경우
2. 보조·지원 대상자가 폐업하거나 파산한 경우
3. 보조·지원 대상을 임의매각·훼손·분실하는 등 지원 목적에 적합하게 유지·관리·사용하지 아니한 경우
4. 제1항에 따른 산업재해 예방사업의 목적에 맞게 사용되지 아니한 경우
5. 보조·지원 대상 기간이 끝나기 전에 보조·지원 대상 시설 및 장비를 국외로 이전한 경우
6. 보조·지원을 받은 사업주가 필요한 안전조치 및 보건조치 의무를 위반하여 산업재해를 발생시킨 경우로서 고용노동부령으로 정하는 경우

③ 고용노동부장관은 제2항에 따라 보조·지원의 전부 또는 일부를 취소한 경우, 같은 항 제1호 또는 제3호부터 제5호까지의 어느 하나에 해당하는 경우에는 해당 금액 또는 지원에 상응하는 금액을 환수하되 대통령령으로 정하는 바에 따라 지급받은 금액의 5배 이하의 금액을 추가로 환수할 수 있고, 같은 항 제2호(파산한 경우에는 환수하지 아니한다) 또는 제6호에 해당하는 경우에는 해당 금액 또는 지원에 상응하는 금액을 환수한다. 〈개정 2021. 5. 18.〉

④ 제2항에 따라 보조·지원의 전부 또는 일부가 취소된 자에 대해서는 고용노동부령으로 정하는 바에 따라 취소된 날부터 5년 이내의 기간을 정하여 보조·지원을 하지 아니할 수 있다. 〈개정 2021. 5. 18.〉

⑤ 보조·지원의 대상·방법·절차, 관리 및 감독, 제2항 및 제3항에 따른 취소 및 환수 방법, 그 밖에 필요한 사항은 고용노동부장관이 정하여 고시한다.

제159조(영업정지의 요청 등) ① 고용노동부장관은 사업주가 다음 각 호의 어느 하나에 해당하는 산업재해를 발생시킨 경우에는 관계 행정기관의 장에게 관계 법령에 따라 해당 사업의 영업정지나 그 밖의 제재를 할 것을 요청하거나 「공공기관의 운영에 관한 법률」 제4조에 따른 공공기관의 장에게 그 기관이 시행하는 사업의 발주 시 필요한 제한을 해당 사업자에게 할 것을 요청할 수 있다.

1. 제38조, 제39조 또는 제63조를 위반하여 많은 근로자가 사망하거나 사업장 인근지역에 중대한 피해를 주는 등 대통령령으로 정하는 사고가 발생한 경우
2. 제53조제1항 또는 제3항에 따른 명령을 위반하여 근로자가 업무로 인하여 사망한 경우

② 제1항에 따라 요청을 받은 관계 행정기관의 장 또는 공공기관의 장은 정당한 사유가 없으면 이에 따라야 하며, 그 조치 결과를 고용노동부장관에게 통보하여야 한다.

③ 제1항에 따른 영업정지 등의 요청 절차나 그 밖에 필요한 사항은 고용노동부령으로 정한다.

제160조(업무정지 처분을 대신하여 부과하는 과징금 처분) ① 고용노동부장관은 제21조제4항(제74조제4항, 제88조제5항, 제96조제5항, 제126조제5항 및 제135조제6항에 따라 준용되는 경우를 포함한다)에 따라 업무정지를 명하여야 하는 경우에 그 업무정지가 이용자에게 심한 불편을 주거나 공익을 해칠 우려가 있다고 인정되면 업무정지 처분을 대신하여 10억원 이하의 과징금을 부과할 수 있다.

② 고용노동부장관은 제1항에 따른 과징금을 징수하기 위하여 필요한 경우에는 다음 각 호의 사항을 적은 문서로 관할 세무관서의 장에게 과세 정보 제공을 요청할 수 있다.

1. 납세자의 인적사항
2. 사용 목적
3. 과징금 부과기준이 되는 매출 금액
4. 과징금 부과사유 및 부과기준

③ 고용노동부장관은 제1항에 따른 과징금 부과처분을 받은 자가 납부기한까지 과징금을 내지 아니하면 국세 체납처분의 예에 따라 이를 징수한다.

④ 제1항에 따라 과징금을 부과하는 위반행위의 종류 및 위반 정도 등에 따른 과징금의 금액, 그 밖에 필요한 사항은 대통령령으로 정한다.

제161조(도급금지 등 의무위반에 따른 과징금 부과) ① 고용노동부장관은 사업주가 다음 각 호의 어느 하나에 해당하는 경우에는 10억원 이하의 과징금을 부과·징수할 수 있다.

1. 제58조제1항을 위반하여 도급한 경우
2. 제58조제2항제2호 또는 제59조제1항을 위반하여 승인을 받지 아니하고 도급한 경우
3. 제60조를 위반하여 승인을 받아 도급받은 작업을 재하도급한 경우

② 고용노동부장관은 제1항에 따른 과징금을 부과하는 경우에는 다음 각 호의 사항을 고려하여야 한다.

1. 도급 금액, 기간 및 횟수 등
2. 관계수급인 근로자의 산업재해 예방에 필요한 조치 이행을 위한 노력의 정도
3. 산업재해 발생 여부

③ 고용노동부장관은 제1항에 따른 과징금을 내야 할 자가 납부기한까지 내지 아니하면 납부기한의 다음 날부터 과징금을 납부한 날의 전날까지의 기간에 대하여 내지 아니한 과징금의 연 100분의 6의 범위에서 대통령령으로 정하는 가산금을 징수한다. 이

경우 가산금을 징수하는 기간은 60개월을 초과할 수 없다.

④ 고용노동부장관은 제1항에 따른 과징금을 내야 할 자가 납부기한까지 내지 아니하면 기간을 정하여 독촉을 하고, 그 기간 내에 제1항에 따른 과징금 및 제3항에 따른 가산금을 내지 아니하면 국세 체납처분의 예에 따라 징수한다.

⑤ 제1항 및 제3항에 따른 과징금 및 가산금의 징수와 제4항에 따른 체납처분 절차, 그 밖에 필요한 사항은 대통령령으로 정한다.

제162조(비밀 유지) 다음 각 호의 어느 하나에 해당하는 자는 업무상 알게 된 비밀을 누설하거나 도용해서는 아니 된다. 다만, 근로자의 건강장해를 예방하기 위하여 고용노동부장관이 필요하다고 인정하는 경우에는 그러하지 아니하다. 〈개정 2023. 8. 8.〉

1. 제42조에 따라 제출된 유해위험방지계획서를 검토하는 자
2. 제44조에 따라 제출된 공정안전보고서를 검토하는 자
3. 제47조에 따른 안전보건진단을 하는 자
4. 제84조에 따른 안전인증을 하는 자
5. 제89조에 따른 신고 수리에 관한 업무를 하는 자
6. 제93조에 따른 안전검사를 하는 자
7. 제98조에 따른 자율검사프로그램의 인정업무를 하는 자
8. 제108조제1항 및 제109조제1항에 따라 제출된 유해성·위험성 조사보고서 또는 조사 결과를 검토하는 자
9. 제110조제1항부터 제3항까지의 규정에 따라 물질안전보건자료 등을 제출받는 자
10. 제112조제2항·제5항 및 제112조의2제2항에 따라 대체자료의 승인, 연장승인 여부를 검토하는 자 및 제112조제10항에 따라 물질안전보건자료의 대체자료를 제공받은 자
11. 제129조부터 제131조까지의 규정에 따라 건강진단을 하는 자
12. 제141조에 따른 역학조사를 하는 자
13. 제145조에 따라 등록한 지도사

제163조(청문 및 처분기준) ① 고용노동부장관은 다음 각 호의 어느 하나에 해당하는 처분을 하려면 청문을 하여야 한다.

1. 제21조제4항(제48조제4항, 제74조제4항, 제88조제5항, 제96조제5항, 제100조제4항, 제120조제5항, 제126조제5항, 제135조제6항 및 제140조제4항에 따라 준용되는 경우를 포함한다)에 따른 지정의 취소
2. 제33조제4항, 제82조제4항, 제102조제3항, 제121조제4항 및 제154조에 따른 등록의 취소

3. 제58조제7항(제59조제2항에 따라 준용되는 경우를 포함한다. 이하 제2항에서 같다), 제112조제8항 및 제117조제3항에 따른 승인의 취소
4. 제86조제1항에 따른 안전인증의 취소
5. 제99조제1항에 따른 자율검사프로그램 인정의 취소
6. 제118조제5항에 따른 허가의 취소
7. 제158조제2항에 따른 보조·지원의 취소

② 제21조제4항(제33조제4항, 제48조제4항, 제74조제4항, 제82조제4항, 제88조제5항, 제96조제5항, 제100조제4항, 제120조제5항, 제121조제4항, 제126조제5항, 제135조제6항 및 제140조제4항에 따라 준용되는 경우를 포함한다), 제58조제7항, 제86조제1항, 제91조제1항, 제99조제1항, 제102조제3항, 제112조제8항, 제117조제3항, 제118조제5항 및 제154조에 따른 취소, 정지, 사용 금지 또는 시정명령의 기준은 고용노동부령으로 정한다.

제164조(서류의 보존) ① 사업주는 다음 각 호의 서류를 3년(제2호의 경우 2년을 말한다) 동안 보존하여야 한다. 다만, 고용노동부령으로 정하는 바에 따라 보존기간을 연장할 수 있다.

1. 안전보건관리책임자·안전관리자·보건관리자·안전보건관리담당자 및 산업보건의의 선임에 관한 서류
2. 제24조제3항 및 제75조제4항에 따른 회의록
3. 안전조치 및 보건조치에 관한 사항으로서 고용노동부령으로 정하는 사항을 적은 서류
4. 제57조제2항에 따른 산업재해의 발생 원인 등 기록
5. 제108조제1항 본문 및 제109조제1항에 따른 화학물질의 유해성·위험성 조사에 관한 서류
6. 제125조에 따른 작업환경측정에 관한 서류
7. 제129조부터 제131조까지의 규정에 따른 건강진단에 관한 서류

② 안전인증 또는 안전검사의 업무를 위탁받은 안전인증기관 또는 안전검사기관은 안전인증·안전검사에 관한 사항으로서 고용노동부령으로 정하는 서류를 3년 동안 보존하여야 하고, 안전인증을 받은 자는 제84조제5항에 따라 안전인증대상기계등에 대하여 기록한 서류를 3년 동안 보존하여야 하며, 자율안전확인대상기계등을 제조하거나 수입하는 자는 자율안전기준에 맞는 것임을 증명하는 서류를 2년 동안 보존하여야 하고, 제98조제1항에 따라 자율안전검사를 받은 자는 자율검사프로그램에 따라 실시한 검사 결과에 대한 서류를 2년 동안 보존하여야 한다.

③ 일반석면조사를 한 건축물·설비소유주등은 그 결과에 관한 서류를 그 건축물이나 설비에 대한 해체·제거작업이 종료될 때까지 보존하여야 하고, 기관석면조사를 한 건

축물・설비소유주등과 석면조사기관은 그 결과에 관한 서류를 3년 동안 보존하여야 한다.

④ 작업환경측정기관은 작업환경측정에 관한 사항으로서 고용노동부령으로 정하는 사항을 적은 서류를 3년 동안 보존하여야 한다.

⑤ 지도사는 그 업무에 관한 사항으로서 고용노동부령으로 정하는 사항을 적은 서류를 5년 동안 보존하여야 한다.

⑥ 석면해체・제거업자는 제122조제3항에 따른 석면해체・제거작업에 관한 서류 중 고용노동부령으로 정하는 서류를 30년 동안 보존하여야 한다.

⑦ 제1항부터 제6항까지의 경우 전산입력자료가 있을 때에는 그 서류를 대신하여 전산입력자료를 보존할 수 있다.

제165조(권한 등의 위임・위탁) ① 이 법에 따른 고용노동부장관의 권한은 대통령령으로 정하는 바에 따라 그 일부를 지방고용노동관서의 장에게 위임할 수 있다.

② 고용노동부장관은 이 법에 따른 업무 중 다음 각 호의 업무를 대통령령으로 정하는 바에 따라 공단 또는 대통령령으로 정하는 비영리법인 또는 관계 전문기관에 위탁할 수 있다. 〈개정 2023. 8. 8.〉

1. 제4조제1항제2호부터 제7호까지 및 제9호의 사항에 관한 업무
2. 제11조제3호에 따른 시설의 설치・운영 업무
3. 제13조제2항에 따른 표준제정위원회의 구성・운영
4. 제21조제2항에 따른 기관에 대한 평가 업무
5. 제32조제1항 각 호 외의 부분 본문에 따른 직무와 관련한 안전보건교육
6. 제33조제1항에 따라 제31조제1항 본문에 따른 안전보건교육을 실시하는 기관의 등록 업무
7. 제33조제2항에 따른 평가에 관한 업무
8. 제42조에 따른 유해위험방지계획서의 접수・심사, 제43조제1항 및 같은 조 제2항 본문에 따른 확인
9. 제44조제1항 전단에 따른 공정안전보고서의 접수, 제45조제1항에 따른 공정안전보고서의 심사 및 제46조제2항에 따른 확인
10. 제48조제2항에 따른 안전보건진단기관에 대한 평가 업무
11. 제58조제3항 또는 제5항 후단(제59조제2항에 따라 준용되는 경우를 포함한다)에 따른 안전 및 보건에 관한 평가
12. 제74조제3항에 따른 건설재해예방전문지도기관에 대한 평가 업무
13. 제84조제1항 및 제3항에 따른 안전인증

14. 제84조제4항 본문에 따른 안전인증의 확인
15. 제88조제3항에 따른 안전인증기관에 대한 평가 업무
16. 제89조제1항 각 호 외의 부분 본문에 따른 자율안전확인의 신고에 관한 업무
17. 제93조제1항에 따른 안전검사
18. 제96조제3항에 따른 안전검사기관에 대한 평가 업무
19. 제98조제1항에 따른 자율검사프로그램의 인정
20. 제98조제1항제2호에 따른 안전에 관한 성능검사 교육 및 제100조제2항에 따른 자율안전검사기관에 대한 평가 업무
21. 제101조에 따른 조사, 수거 및 성능시험
22. 제102조제1항에 따른 지원과 같은 조 제2항에 따른 등록
23. 제103조제1항에 따른 유해·위험기계등의 안전에 관한 정보의 종합관리
24. 제105조제1항에 따른 유해성·위험성 평가에 관한 업무
25. 제110조제1항부터 제3항까지의 규정에 따른 물질안전보건자료 등의 접수 업무
26. 제112조제1항·제2항·제5항 및 제112조의2에 따른 물질안전보건자료의 일부 비공개 승인 등에 관한 업무
27. 제116조에 따른 물질안전보건자료와 관련된 자료의 제공
28. 제120조제2항에 따른 석면조사 능력의 확인 및 석면조사기관에 대한 지도·교육 업무
29. 제120조제3항에 따른 석면조사기관에 대한 평가 업무
30. 제121조제2항에 따른 석면해체·제거작업의 안전성 평가 업무
31. 제126조제2항에 따른 작업환경측정·분석능력의 확인 및 작업환경측정기관에 대한 지도·교육 업무
32. 제126조제3항에 따른 작업환경측정기관에 대한 평가 업무
33. 제127조제1항에 따른 작업환경측정 결과의 신뢰성 평가 업무
34. 제135조제3항에 따른 특수건강진단기관의 진단·분석능력의 확인 및 지도·교육 업무
35. 제135조제4항에 따른 특수건강진단기관에 대한 평가 업무
36. 제136조제1항에 따른 유해인자별 특수건강진단 전문연구기관 지정에 관한 업무
37. 제137조에 따른 건강관리카드에 관한 업무
38. 제141조제1항에 따른 역학조사
39. 제145조제5항 단서에 따른 지도사 보수교육
40. 제146조에 따른 지도사 연수교육

41. 제158조제1항부터 제3항까지의 규정에 따른 보조·지원 및 보조·지원의 취소·환수 업무

③ 제2항에 따라 업무를 위탁받은 비영리법인 또는 관계 전문기관의 임직원은 「형법」 제129조부터 제132조까지의 규정을 적용할 때에는 공무원으로 본다.

제166조(수수료 등) ① 다음 각 호의 어느 하나에 해당하는 자는 고용노동부령으로 정하는 바에 따라 수수료를 내야 한다.

1. 제32조제1항 각 호의 사람에게 안전보건교육을 이수하게 하려는 사업주
2. 제42조제1항 본문에 따라 유해위험방지계획서를 심사받으려는 자
3. 제44조제1항 본문에 따라 공정안전보고서를 심사받으려는 자
4. 제58조제3항 또는 같은 조 제5항 후단(제59조제2항에 따라 준용되는 경우를 포함한다)에 따라 안전 및 보건에 관한 평가를 받으려는 자
5. 제84조제1항 및 제3항에 따라 안전인증을 받으려는 자
6. 제84조제4항에 따라 확인을 받으려는 자
7. 제93조제1항에 따라 안전검사를 받으려는 자
8. 제98조제1항에 따라 자율검사프로그램의 인정을 받으려는 자
9. 제112조제1항 또는 제5항에 따라 물질안전보건자료의 일부 비공개 승인 또는 연장 승인을 받으려는 자
10. 제118조제1항에 따라 허가를 받으려는 자
11. 제140조에 따른 자격·면허의 취득을 위한 교육을 받으려는 사람
12. 제143조에 따른 지도사 자격시험에 응시하려는 사람
13. 제145조에 따라 지도사의 등록을 하려는 자
14. 그 밖에 산업 안전 및 보건과 관련된 자로서 대통령령으로 정하는 자

② 공단은 고용노동부장관의 승인을 받아 공단의 업무 수행으로 인한 수익자로 하여금 그 업무 수행에 필요한 비용의 전부 또는 일부를 부담하게 할 수 있다.

제166조의2(현장실습생에 대한 특례) 제2조제3호에도 불구하고 「직업교육훈련 촉진법」 제2조제7호에 따른 현장실습을 받기 위하여 현장실습산업체의 장과 현장실습계약을 체결한 직업교육훈련생(이하 "현장실습생"이라 한다)에게는 제5조, 제29조, 제38조부터 제41조까지, 제51조부터 제57조까지, 제63조, 제114조제3항, 제131조, 제138조제1항, 제140조, 제155조부터 제157조까지를 준용한다. 이 경우 "사업주"는 "현장실습산업체의 장"으로, "근로"는 "현장실습"으로, "근로자"는 "현장실습생"으로 본다.

[본조신설 2020. 3. 31.]

제12장 벌칙

제167조(벌칙) ① 제38조제1항부터 제3항까지(제166조의2에서 준용하는 경우를 포함한다), 제39조제1항(제166조의2에서 준용하는 경우를 포함한다) 또는 제63조(제166조의2에서 준용하는 경우를 포함한다)를 위반하여 근로자를 사망에 이르게 한 자는 7년 이하의 징역 또는 1억원 이하의 벌금에 처한다. 〈개정 2020. 3. 31.〉

② 제1항의 죄로 형을 선고받고 그 형이 확정된 후 5년 이내에 다시 제1항의 죄를 저지른 자는 그 형의 2분의 1까지 가중한다. 〈개정 2020. 5. 26.〉

제168조(벌칙) 다음 각 호의 어느 하나에 해당하는 자는 5년 이하의 징역 또는 5천만원 이하의 벌금에 처한다. 〈개정 2020. 3. 31., 2020. 6. 9.〉

1. 제38조제1항부터 제3항까지(제166조의2에서 준용하는 경우를 포함한다), 제39조제1항(제166조의2에서 준용하는 경우를 포함한다), 제51조(제166조의2에서 준용하는 경우를 포함한다), 제54조제1항(제166조의2에서 준용하는 경우를 포함한다), 제117조제1항, 제118조제1항, 제122조제1항 또는 제157조제3항(제166조의2에서 준용하는 경우를 포함한다)을 위반한 자

2. 제42조제4항 후단, 제53조제3항(제166조의2에서 준용하는 경우를 포함한다), 제55조제1항(제166조의2에서 준용하는 경우를 포함한다)·제2항(제166조의2에서 준용하는 경우를 포함한다) 또는 제118조제5항에 따른 명령을 위반한 자

제169조(벌칙) 다음 각 호의 어느 하나에 해당하는 자는 3년 이하의 징역 또는 3천만원 이하의 벌금에 처한다. 〈개정 2020. 3. 31.〉

1. 제44조제1항 후단, 제63조(제166조의2에서 준용하는 경우를 포함한다), 제76조, 제81조, 제82조제2항, 제84조제1항, 제87조제1항, 제118조제3항, 제123조제1항, 제139조제1항 또는 제140조제1항(제166조의2에서 준용하는 경우를 포함한다)을 위반한 자

2. 제45조제1항 후단, 제46조제5항, 제53조제1항(제166조의2에서 준용하는 경우를 포함한다), 제87조제2항, 제118조제4항, 제119조제4항 또는 제131조제1항(제166조의2에서 준용하는 경우를 포함한다)에 따른 명령을 위반한 자

3. 제58조제3항 또는 같은 조 제5항 후단(제59조제2항에 따라 준용되는 경우를 포함한다)에 따른 안전 및 보건에 관한 평가 업무를 제165조제2항에 따라 위탁받은 자로서 그 업무를 거짓이나 그 밖의 부정한 방법으로 수행한 자

4. 제84조제1항 및 제3항에 따른 안전인증 업무를 제165조제2항에 따라 위탁받은 자로서 그 업무를 거짓이나 그 밖의 부정한 방법으로 수행한 자

5. 제93조제1항에 따른 안전검사 업무를 제165조제2항에 따라 위탁받은 자로서 그 업무를 거짓이나 그 밖의 부정한 방법으로 수행한 자
6. 제98조에 따른 자율검사프로그램에 따른 안전검사 업무를 거짓이나 그 밖의 부정한 방법으로 수행한 자

제170조(벌칙) 다음 각 호의 어느 하나에 해당하는 자는 1년 이하의 징역 또는 1천만원 이하의 벌금에 처한다. <개정 2020. 3. 31.>
1. 제41조제3항(제166조의2에서 준용하는 경우를 포함한다)을 위반하여 해고나 그 밖의 불리한 처우를 한 자
2. 제56조제3항(제166조의2에서 준용하는 경우를 포함한다)을 위반하여 중대재해 발생 현장을 훼손하거나 고용노동부장관의 원인조사를 방해한 자
3. 제57조제1항(제166조의2에서 준용하는 경우를 포함한다)을 위반하여 산업재해 발생 사실을 은폐한 자 또는 그 발생 사실을 은폐하도록 교사(敎唆)하거나 공모(共謀)한 자
4. 제65조제1항, 제80조제1항·제2항·제4항, 제85조제2항·제3항, 제92조제1항, 제141조제4항 또는 제162조를 위반한 자
5. 제85조제4항 또는 제92조제2항에 따른 명령을 위반한 자
6. 제101조에 따른 조사, 수거 또는 성능시험을 방해하거나 거부한 자
7. 제153조제1항을 위반하여 다른 사람에게 자기의 성명이나 사무소의 명칭을 사용하여 지도사의 직무를 수행하게 하거나 자격증·등록증을 대여한 사람
8. 제153조제2항을 위반하여 지도사의 성명이나 사무소의 명칭을 사용하여 지도사의 직무를 수행하거나 자격증·등록증을 대여받거나 이를 알선한 사람

제170조의2(벌칙) 제174조제1항에 따라 이수명령을 부과받은 사람이 보호관찰소의 장 또는 교정시설의 장의 이수명령 이행에 관한 지시에 따르지 아니하여 「보호관찰 등에 관한 법률」 또는 「형의 집행 및 수용자의 처우에 관한 법률」에 따른 경고를 받은 후 재차 정당한 사유 없이 이수명령 이행에 관한 지시에 따르지 아니한 경우에는 다음 각 호에 따른다.
1. 벌금형과 병과된 경우는 500만원 이하의 벌금에 처한다.
2. 징역형 이상의 실형과 병과된 경우에는 1년 이하의 징역 또는 1천만원 이하의 벌금에 처한다.

[본조신설 2020. 3. 31.]

제171조(벌칙) 다음 각 호의 어느 하나에 해당하는 자는 1천만원 이하의 벌금에 처한다. <개정 2020. 3. 31.>
1. 제69조제1항·제2항, 제89조제1항, 제90조제2항·제3항, 제108조제2항, 제109조

제2항 또는 제138조제1항(제166조의2에서 준용하는 경우를 포함한다)·제2항을 위반한 자

2. 제90조제4항, 제108조제4항 또는 제109조제3항에 따른 명령을 위반한 자
3. 제125조제6항을 위반하여 해당 시설·설비의 설치·개선 또는 건강진단의 실시 등의 조치를 하지 아니한 자
4. 제132조제4항을 위반하여 작업장소 변경 등의 적절한 조치를 하지 아니한 자

제172조(벌칙) 제64조제1항제1호부터 제5호까지, 제7호, 제8호 또는 같은 조 제2항을 위반한 자는 500만원 이하의 벌금에 처한다. <개정 2021. 8. 17.>

제173조(양벌규정) 법인의 대표자나 법인 또는 개인의 대리인, 사용인, 그 밖의 종업원이 그 법인 또는 개인의 업무에 관하여 제167조제1항 또는 제168조부터 제172조까지의 어느 하나에 해당하는 위반행위를 하면 그 행위자를 벌하는 외에 그 법인에게 다음 각 호의 구분에 따른 벌금형을, 그 개인에게는 해당 조문의 벌금형을 과(科)한다. 다만, 법인 또는 개인이 그 위반행위를 방지하기 위하여 해당 업무에 관하여 상당한 주의와 감독을 게을리하지 아니한 경우에는 그러하지 아니하다.

1. 제167조제1항의 경우: 10억원 이하의 벌금
2. 제168조부터 제172조까지의 경우: 해당 조문의 벌금형

제174조(형벌과 수강명령 등의 병과) ① 법원은 제38조제1항부터 제3항까지(제166조의2에서 준용하는 경우를 포함한다), 제39조제1항(제166조의2에서 준용하는 경우를 포함한다) 또는 제63조(제166조의2에서 준용하는 경우를 포함한다)를 위반하여 근로자를 사망에 이르게 한 사람에게 유죄의 판결(선고유예는 제외한다)을 선고하거나 약식명령을 고지하는 경우에는 200시간의 범위에서 산업재해 예방에 필요한 수강명령 또는 산업안전보건프로그램의 이수명령(이하 "이수명령"이라 한다)을 병과(倂科)할 수 있다. <개정 2020. 3. 31.>

② 제1항에 따른 수강명령은 형의 집행을 유예할 경우에 그 집행유예기간 내에서 병과하고, 이수명령은 벌금 이상의 형을 선고하거나 약식명령을 고지할 경우에 병과한다. <신설 2020. 3. 31.>

③ 제1항에 따른 수강명령 또는 이수명령은 형의 집행을 유예할 경우에는 그 집행유예기간 내에, 벌금형을 선고하거나 약식명령을 고지할 경우에는 형 확정일부터 6개월 이내에, 징역형 이상의 실형(實刑)을 선고할 경우에는 형기 내에 각각 집행한다. <개정 2020. 3. 31.>

④ 제1항에 따른 수강명령 또는 이수명령이 벌금형 또는 형의 집행유예와 병과된 경우에는 보호관찰소의 장이 집행하고, 징역형 이상의 실형과 병과된 경우에는 교정시설의 장이 집행한다. 다만, 징역형 이상의 실형과 병과된 이수명령을 모두 이행하기 전에

석방 또는 가석방되거나 미결구금일수 산입 등의 사유로 형을 집행할 수 없게 된 경우에는 보호관찰소의 장이 남은 이수명령을 집행한다. 〈개정 2020. 3. 31.〉

⑤ 제1항에 따른 수강명령 또는 이수명령은 다음 각 호의 내용으로 한다. 〈개정 2020. 3. 31.〉

1. 안전 및 보건에 관한 교육
2. 그 밖에 산업재해 예방을 위하여 필요한 사항

⑥ 수강명령 및 이수명령에 관하여 이 법에서 규정한 사항 외의 사항에 대해서는 「보호관찰 등에 관한 법률」을 준용한다. 〈개정 2020. 3. 31.〉

제175조(과태료) ① 다음 각 호의 어느 하나에 해당하는 자에게는 5천만원 이하의 과태료를 부과한다.

1. 제119조제2항에 따라 기관석면조사를 하지 아니하고 건축물 또는 설비를 철거하거나 해체한 자
2. 제124조제3항을 위반하여 건축물 또는 설비를 철거하거나 해체한 자

② 다음 각 호의 어느 하나에 해당하는 자에게는 3천만원 이하의 과태료를 부과한다. 〈개정 2020. 3. 31.〉

1. 제29조제3항(제166조의2에서 준용하는 경우를 포함한다) 또는 제79조제1항을 위반한 자
2. 제54조제2항(제166조의2에서 준용하는 경우를 포함한다)을 위반하여 중대재해 발생 사실을 보고하지 아니하거나 거짓으로 보고한 자

③ 다음 각 호의 어느 하나에 해당하는 자에게는 1천500만원 이하의 과태료를 부과한다. 〈개정 2020. 3. 31., 2021. 8. 17.〉

1. 제47조제3항 전단을 위반하여 안전보건진단을 거부·방해하거나 기피한 자 또는 같은 항 후단을 위반하여 안전보건진단에 근로자대표를 참여시키지 아니한 자
2. 제57조제3항(제166조의2에서 준용하는 경우를 포함한다)에 따른 보고를 하지 아니하거나 거짓으로 보고한 자

2의2. 제64조제1항제6호를 위반하여 위생시설 등 고용노동부령으로 정하는 시설의 설치 등을 위하여 필요한 장소의 제공을 하지 아니하거나 도급인이 설치한 위생시설 이용에 협조하지 아니한 자

2의3. 제128조의2제1항을 위반하여 휴게시설을 갖추지 아니한 자(같은 조 제2항에 따른 대통령령으로 정하는 기준에 해당하는 사업장의 사업주로 한정한다)

3. 제141조제2항을 위반하여 정당한 사유 없이 역학조사를 거부·방해하거나 기피한 자

4. 제141조제3항을 위반하여 역학조사 참석이 허용된 사람의 역학조사 참석을 거부하거나 방해한 자

④ 다음 각 호의 어느 하나에 해당하는 자에게는 1천만원 이하의 과태료를 부과한다. 〈개정 2020. 3. 31., 2020. 6. 9., 2021. 5. 18., 2021. 8. 17.〉

1. 제10조제3항 후단을 위반하여 관계수급인에 관한 자료를 제출하지 아니하거나 거짓으로 제출한 자
2. 제14조제1항을 위반하여 안전 및 보건에 관한 계획을 이사회에 보고하지 아니하거나 승인을 받지 아니한 자
3. 제41조제2항(제166조의2에서 준용하는 경우를 포함한다), 제42조제1항·제5항·제6항, 제44조제1항 전단, 제45조제2항, 제46조제1항, 제67조제1항·제2항, 제70조제1항, 제70조제2항 후단, 제71조제3항 후단, 제71조제4항, 제72조제1항·제3항·제5항(건설공사도급인만 해당한다), 제77조제1항, 제78조, 제85조제1항, 제93조제1항 전단, 제95조, 제99조제2항 또는 제107조제1항 각 호 외의 부분 본문을 위반한 자
4. 제47조제1항 또는 제49조제1항에 따른 명령을 위반한 자
5. 제82조제1항 전단을 위반하여 등록하지 아니하고 타워크레인을 설치·해체하는 자
6. 제125조제1항·2항에 따라 작업환경측정을 하지 아니한 자

    6의2. 제128조의2제2항을 위반하여 휴게시설의 설치·관리기준을 준수하지 아니한 자
7. 제129조제1항 또는 제130조제1항부터 제3항까지의 규정에 따른 근로자 건강진단을 하지 아니한 자
8. 제155조제1항(제166조의2에서 준용하는 경우를 포함한다) 또는 제2항(제166조의2에서 준용하는 경우를 포함한다)에 따른 근로감독관의 검사·점검 또는 수거를 거부·방해 또는 기피한 자

⑤ 다음 각 호의 어느 하나에 해당하는 자에게는 500만원 이하의 과태료를 부과한다. 〈개정 2020. 3. 31., 2021. 5. 18.〉

1. 제15조제1항, 제16조제1항, 제17조제1항·제3항, 제18조제1항·제3항, 제19조제1항 본문, 제22조제1항 본문, 제24조제1항·제4항, 제25조제1항, 제26조, 제29조제1항·제2항(제166조의2에서 준용하는 경우를 포함한다), 제31조제1항, 제32조제1항(제1호부터 제4호까지의 경우만 해당한다), 제37조제1항, 제44조제2항, 제49조제2항, 제50조제3항, 제62조제1항, 제66조, 제68조제1항, 제75조제6항, 제77조제2항, 제90조제1항, 제94조제2항, 제122조제2항, 제124조제1항(증명자료의 제출은

제외한다), 제125조제7항, 제132조제2항, 제137조제3항 또는 제145조제1항을 위반한 자
2. 제17조제4항, 제18조제4항 또는 제19조제3항에 따른 명령을 위반한 자
3. 제34조 또는 제114조제1항을 위반하여 이 법 및 이 법에 따른 명령의 요지, 안전보건관리규정 또는 물질안전보건자료를 게시하지 아니하거나 갖추어 두지 아니한 자
4. 제53조제2항(제166조의2에서 준용하는 경우를 포함한다)을 위반하여 고용노동부장관으로부터 명령받은 사항을 게시하지 아니한 자

   4의2. 제108조제1항에 따른 유해성·위험성 조사보고서를 제출하지 아니하거나 제109조제1항에 따른 유해성·위험성 조사 결과 또는 유해성·위험성 평가에 필요한 자료를 제출하지 아니한 자
5. 제110조제1항부터 제3항까지의 규정을 위반하여 물질안전보건자료, 화학물질의 명칭·함유량 또는 변경된 물질안전보건자료를 제출하지 아니한 자
6. 제110조제2항제2호를 위반하여 국외제조자로부터 물질안전보건자료에 적힌 화학물질 외에는 제104조에 따른 분류기준에 해당하는 화학물질이 없음을 확인하는 내용의 서류를 거짓으로 제출한 자
7. 제111조제1항을 위반하여 물질안전보건자료를 제공하지 아니한 자
8. 제112조제1항 본문을 위반하여 승인을 받지 아니하고 화학물질의 명칭 및 함유량을 대체자료로 적은 자
9. 제112조제1항 또는 제5항에 따른 비공개 승인 또는 연장승인 신청 시 영업비밀과 관련되어 보호사유를 거짓으로 작성하여 신청한 자
10. 제112조제10항 각 호 외의 부분 후단을 위반하여 대체자료로 적힌 화학물질의 명칭 및 함유량 정보를 제공하지 아니한 자
11. 제113조제1항에 따라 선임된 자로서 같은 항 각 호의 업무를 거짓으로 수행한 자
12. 제113조제1항에 따라 선임된 자로서 같은 조 제2항에 따라 고용노동부장관에게 제출한 물질안전보건자료를 해당 물질안전보건자료대상물질을 수입하는 자에게 제공하지 아니한 자
13. 제125조제1항 및 제2항에 따른 작업환경측정 시 고용노동부령으로 정하는 작업환경측정의 방법을 준수하지 아니한 사업주(같은 조 제3항에 따라 작업환경측정기관에 위탁한 경우는 제외한다)
14. 제125조제4항 또는 제132조제1항을 위반하여 근로자대표가 요구하였는데도 근로자대표를 참석시키지 아니한 자
15. 제125조제6항을 위반하여 작업환경측정 결과를 해당 작업장 근로자에게 알리지

아니한 자

16. 제155조제3항(제166조의2에서 준용하는 경우를 포함한다)에 따른 명령을 위반하여 보고 또는 출석을 하지 아니하거나 거짓으로 보고한 자

⑥ 다음 각 호의 어느 하나에 해당하는 자에게는 300만원 이하의 과태료를 부과한다. 〈개정 2020. 3. 31., 2021. 8. 17.〉

1. 제32조제1항(제5호의 경우만 해당한다)을 위반하여 소속 근로자로 하여금 같은 항 각 호 외의 부분 본문에 따른 안전보건교육을 이수하도록 하지 아니한 자
2. 제35조를 위반하여 근로자대표에게 통지하지 아니한 자
3. 제40조(제166조의2에서 준용하는 경우를 포함한다), 제108조제5항, 제123조제2항, 제132조제3항, 제133조 또는 제149조를 위반한 자
4. 제42조제2항을 위반하여 자격이 있는 자의 의견을 듣지 아니하고 유해위험방지계획서를 작성·제출한 자
5. 제43조제1항 또는 제46조제2항을 위반하여 확인을 받지 아니한 자
6. 제73조제1항을 위반하여 지도계약을 체결하지 아니한 자
  6의2. 제73조제2항을 위반하여 지도를 실시하지 아니한 자 또는 지도에 따라 적절한 조치를 하지 아니한 자
7. 제84조제6항에 따른 자료 제출 명령을 따르지 아니한 자
8. 삭제 〈2021. 5. 18.〉
9. 제111조제2항 또는 제3항을 위반하여 물질안전보건자료의 변경 내용을 반영하여 제공하지 아니한 자
10. 제114조제3항(제166조의2에서 준용하는 경우를 포함한다)을 위반하여 해당 근로자를 교육하는 등 적절한 조치를 하지 아니한 자
11. 제115조제1항 또는 같은 조 제2항 본문을 위반하여 경고표시를 하지 아니한 자
12. 제119조제1항에 따라 일반석면조사를 하지 아니하고 건축물이나 설비를 철거하거나 해체한 자
13. 제122조제3항을 위반하여 고용노동부장관에게 신고하지 아니한 자
14. 제124조제1항에 따른 증명자료를 제출하지 아니한 자
15. 제125조제5항, 제132조제5항 또는 제134조제1항·제2항에 따른 보고, 제출 또는 통보를 하지 아니하거나 거짓으로 보고, 제출 또는 통보한 자
16. 제155조제1항(제166조의2에서 준용하는 경우를 포함한다)에 따른 질문에 대하여 답변을 거부·방해 또는 기피하거나 거짓으로 답변한 자
17. 제156조제1항(제166조의2에서 준용하는 경우를 포함한다)에 따른 검사·지도 등

을 거부·방해 또는 기피한 자
　18. 제164조제1항부터 제6항까지의 규정을 위반하여 서류를 보존하지 아니한 자
　⑦ 제1항부터 제6항까지의 규정에 따른 과태료는 대통령령으로 정하는 바에 따라 고용노동부장관이 부과·징수한다.

부칙〈제20677호, 2025. 1. 21.〉(전기통신사업법)

제1조(시행일) 이 법은 공포 후 6개월이 경과한 날부터 시행한다. <단서 생략>

제2조 부터 제5조까지 생략

제6조(다른 법률의 개정) ① 및 ② 생략

　③ 산업안전보건법 일부를 다음과 같이 개정한다.
　　제78조 중 "「이동통신단말장치 유통구조 개선에 관한 법률」 제2조제4호"를 "「전기통신사업법」 제2조제20호"로 한다.
　④부터 ⑥까지 생략

7. 정치자금법

[시행 2024. 4. 3.] [법률 제19923호, 2024. 1. 2., 일부개정]

중앙선거관리위원회(법제과 – 법령 제개정)

중앙선거관리위원회(의정지원선거안내센터 – 법령 해석)

제1장 총칙

제1조(목적) 이 법은 정치자금의 적정한 제공을 보장하고 그 수입과 지출내역을 공개하여 투명성을 확보하며 정치자금과 관련한 부정을 방지함으로써 민주정치의 건전한 발전에 기여함을 목적으로 한다.

제2조(기본원칙) ①누구든지 이 법에 의하지 아니하고는 정치자금을 기부하거나 받을 수 없다.

② 정치자금은 국민의 의혹을 사는 일이 없도록 공명정대하게 운용되어야 하고, 그 회계는 공개되어야 한다.

③ 정치자금은 정치활동을 위하여 소요되는 경비로만 지출하여야 하며, 사적 경비로 지출하거나 부정한 용도로 지출하여서는 아니된다. 이 경우 "사적 경비"라 함은 다음 각 호의 어느 하나의 용도로 사용하는 경비를 말한다.

1. 가계의 지원·보조
2. 개인적인 채무의 변제 또는 대여
3. 향우회·동창회·종친회, 산악회 등 동호인회, 계모임 등 개인간의 사적 모임의 회비 그 밖의 지원경비
4. 개인적인 여가 또는 취미활동에 소요되는 비용

④ 이 법에 의하여 1회 120만원을 초과하여 정치자금을 기부하는 자와 다음 각 호에 해당하는 금액을 초과하여 정치자금을 지출하는 자는 수표나 신용카드·예금계좌입금 그 밖에 실명이 확인되는 방법으로 기부 또는 지출하여야 한다. 다만, 현금으로 연간 지출할 수 있는 정치자금은 연간 지출총액의 100분의 20(선거비용은 선거비용제한액의 100분의 10)을 초과할 수 없다.

1. 선거비용 외의 정치자금 : 50만원. 다만, 공직선거의 후보자·예비후보자의 정치자금은 20만원

2. 선거비용 : 20만원
⑤ 누구든지 타인의 명의나 가명으로 정치자금을 기부할 수 없다.

제3조(정의) 이 법에서 사용하는 용어의 정의는 다음과 같다. 〈개정 2016. 3. 3.〉
　1. 정치자금의 종류는 다음 각 목과 같다.
　　가. 당비
　　나. 후원금
　　다. 기탁금
　　라. 보조금
　　마. 정당의 당헌·당규 등에서 정한 부대수입
　　바. 정치활동을 위하여 정당(중앙당창당준비위원회를 포함한다), 「공직선거법」에 따른 후보자가 되려는 사람, 후보자 또는 당선된 사람, 후원회·정당의 간부 또는 유급사무직원, 그 밖에 정치활동을 하는 사람에게 제공되는 금전이나 유가증권 또는 그 밖의 물건
　　사. 바목에 열거된 사람(정당 및 중앙당창당준비위원회를 포함한다)의 정치활동에 소요되는 비용
　2. "기부"라 함은 정치활동을 위하여 개인 또는 후원회 그 밖의 자가 정치자금을 제공하는 일체의 행위를 말한다. 이 경우 제3자가 정치활동을 하는 자의 정치활동에 소요되는 비용을 부담하거나 지출하는 경우와 금품이나 시설의 무상대여, 채무의 면제·경감 그 밖의 이익을 제공하는 행위 등은 이를 기부로 본다.
　3. "당비"라 함은 명목여하에 불구하고 정당의 당헌·당규 등에 의하여 정당의 당원이 부담하는 금전이나 유가증권 그 밖의 물건을 말한다.
　4. "후원금"이라 함은 이 법의 규정에 의하여 후원회에 기부하는 금전이나 유가증권 그 밖의 물건을 말한다.
　5. "기탁금"이라 함은 정치자금을 정당에 기부하고자 하는 개인이 이 법의 규정에 의하여 선거관리위원회에 기탁하는 금전이나 유가증권 그 밖의 물건을 말한다.
　6. "보조금"이라 함은 정당의 보호·육성을 위하여 국가가 정당에 지급하는 금전이나 유가증권을 말한다.
　7. "후원회"라 함은 이 법의 규정에 의하여 정치자금의 기부를 목적으로 설립·운영되는 단체로서 관할 선거관리위원회에 등록된 단체를 말한다.
　8. 공직선거와 관련한 용어의 정의는 다음과 같다.
　　가. "공직선거"라 함은 「공직선거법」 제2조(적용범위)의 규정에 의한 선거를 말한다.
　　나. "공직선거의 후보자"라 함은 「공직선거법」 제49조(후보자등록 등)의 규정에 의

하여 관할 선거구선거관리위원회에 등록된 자를 말한다.
- 다. "공직선거의 예비후보자"라 함은 「공직선거법」 제60조의2(예비후보자등록)의 규정에 의하여 관할 선거구선거관리위원회에 등록된 자를 말한다.
- 라. "비례대표지방의회의원"이라 함은 비례대표시·도의회의원 및 비례대표자치구·시·군의회의원을 말한다.
- 마. "정당선거사무소"라 함은 「공직선거법」 제61조의2(정당선거사무소의 설치)의 규정에 의한 정당선거사무소를 말한다.
- 바. "선거사무소"·"선거연락소"라 함은 각각 「공직선거법」 제63조(선거운동기구 및 선거사무관계자의 신고)의 규정에 의한 선거사무소·선거연락소를 말한다.
- 사. "선거사무장"·"선거연락소장"이라 함은 각각 「공직선거법」 제63조의 규정에 의한 선거사무장·선거연락소장을 말한다.
- 아. "선거비용"이라 함은 「공직선거법」 제119조(선거비용 등의 정의)의 규정에 의한 선거비용을 말한다.
- 자. "선거비용제한액"이라 함은 「공직선거법」 제122조(선거비용제한액의 공고)의 규정에 의하여 관할 선거구선거관리위원회가 공고한 당해 선거(선거구가 있는 때에는 그 선거구)의 선거비용제한액을 말한다.

제2장 당비

제4조(당비) ① 정당은 소속 당원으로부터 당비를 받을 수 있다.
② 정당의 회계책임자는 타인의 명의나 가명으로 납부된 당비는 국고에 귀속시켜야 한다.
③ 제2항의 규정에 의하여 국고에 귀속되는 당비는 관할 선거관리위원회가 이를 납부받아 국가에 납입하되, 납부기한까지 납부하지 아니한 때에는 관할 세무서장에게 위탁하여 관할 세무서장이 국세체납처분의 예에 따라 이를 징수한다.
④ 제3항의 규정에 의한 국고귀속절차 그 밖에 필요한 사항은 중앙선거관리위원회규칙으로 정한다.

제5조(당비영수증) ① 정당의 회계책임자는 당비를 납부받은 때에는 당비를 납부받은 날부터 30일까지 당비영수증을 당원에게 교부하고 그 원부를 보관하여야 한다. 다만, 당비를 납부한 당원이 그 당비영수증의 수령을 원하지 아니하는 경우에는 교부하지 아니하고 발행하여 원부와 함께 보관할 수 있다. 〈개정 2010. 1. 25., 2012. 2. 29.〉
② 1회 1만원 이하의 당비납부에 대한 당비영수증은 해당 연도말일(정당이 등록취소되

나 해산되는 경우에는 그 등록취소일 또는 해산일을 말한다) 현재로 연간 납부총액에 대하여 1매로 발행·교부할 수 있다. 〈개정 2010. 1. 25.〉
③ 제1항 및 제2항에 따른 당비영수증은 전자적 형태로 제작하여 인터넷을 통하여 발행·교부할 수 있되, 위조·변조를 방지할 수 있는 기술적 조치를 하여야 한다. 〈신설 2008. 2. 29.〉
④ 제1항부터 제3항까지의 규정에 따른 당비영수증의 서식 그 밖에 필요한 사항은 중앙선거관리위원회규칙으로 정한다. 〈개정 2008. 2. 29.〉

제3장 후원회

제6조(후원회지정권자) 다음 각 호에 해당하는 자(이하 "후원회지정권자"라 한다)는 각각 하나의 후원회를 지정하여 둘 수 있다. 〈개정 2008. 2. 29., 2010. 1. 25., 2016. 1. 15., 2017. 6. 30., 2021. 1. 5., 2024. 2. 20.〉
 1. 중앙당(중앙당창당준비위원회를 포함한다)
 2. 국회의원(국회의원선거의 당선인을 포함한다)
  2의2. 지방의회의원(지방의회의원선거의 당선인을 포함한다)
  2의3. 대통령선거의 후보자 및 예비후보자(이하 "대통령후보자등"이라 한다)
 3. 정당의 대통령선거후보자 선출을 위한 당내경선후보자(이하 "대통령선거경선후보자"라 한다)
 4. 지역선거구(이하 "지역구"라 한다)국회의원선거의 후보자 및 예비후보자(이하 "국회의원후보자등"이라 한다). 다만, 후원회를 둔 국회의원의 경우에는 그러하지 아니하다.
 5. 중앙당 대표자 및 중앙당 최고 집행기관(그 조직형태와 관계없이 당헌으로 정하는 중앙당 최고 집행기관을 말한다)의 구성원을 선출하기 위한 당내경선후보자(이하 "당대표경선후보자등"이라 한다)
 6. 지역구지방의회의원선거의 후보자 및 예비후보자(이하 "지방의회의원후보자등"이라 한다). 다만, 후원회를 둔 지방의회의원의 경우에는 그러하지 아니하다.
 7. 지방자치단체의 장선거의 후보자 및 예비후보자(이하 "지방자치단체장후보자등"이라 한다)
  [2017. 6. 30. 법률 제14838호에 의하여 2015. 12. 23. 헌법재판소에서 헌법불합치 결정된 이 조를 개정함.]

[2021. 1. 5. 법률 제17885호에 의하여 2019. 12. 27. 헌법재판소에서 헌법불합치 결정된 이 조제6호를 개정함.]

제7조(후원회의 등록신청 등) ①후원회의 대표자는 당해 후원회지정권자의 지정을 받은 날부터 14일 이내에 그 지정서를 첨부하여 관할 선거관리위원회에 등록신청을 하여야 한다.

② 후원회의 등록신청사항은 다음 각 호와 같다.

1. 후원회의 명칭
2. 후원회의 소재지
3. 정관 또는 규약
4. 대표자의 성명·주민등록번호·주소
5. 회인(會印) 및 그 대표자 직인의 인영
6. 중앙선거관리위원회규칙으로 정하는 사항

③ 후원회를 둔 후원회지정권자는 다음 각 호의 어느 하나에 해당하는 경우 각 호에서 정하는 바에 따라 기존의 후원회를 다른 후원회로 지정할 수 있다. 이 경우 그 대통령후보자등·대통령선거경선후보자·당대표경선후보자등 또는 지방자치단체장후보자등의 후원회의 대표자는 후원회지정권자의 지정을 받은 날부터 14일 이내에 그 지정서와 회인(會印) 및 그 대표자 직인의 인영을 첨부하여 관할 선거관리위원회에 신고하여야 한다. 〈개정 2024. 2. 20.〉

1. 후원회를 둔 국회의원이 대통령후보자등·대통령선거경선후보자 또는 당대표경선후보자등이 되는 경우: 기존의 국회의원후원회를 대통령후보자등·대통령선거경선후보자 또는 당대표경선후보자등의 후원회로 지정
2. 후원회를 둔 대통령예비후보자가 대통령선거경선후보자가 되는 경우: 기존의 대통령예비후보자후원회를 대통령선거경선후보자후원회로 지정
3. 후원회를 둔 지방의회의원이 대통령선거경선후보자·당대표경선후보자등 또는 해당 지방자치단체장후보자등이 되는 경우: 기존의 지방의회의원후원회를 대통령선거경선후보자·당대표경선후보자등 또는 지방자치단체장후보자등의 후원회로 지정

④ 제2항의 규정에 의한 등록신청사항 중 제1호 내지 제5호에 규정된 사항 및 제3항의 규정에 의한 회인(會印) 및 그 대표자 직인의 인영에 변경이 생긴 때에는 후원회의 대표자는 14일 이내에 관할 선거관리위원회에 변경등록신청 또는 신고를 하여야 한다.

⑤ 관할 선거관리위원회는 제1항 또는 제4항의 규정에 의한 등록신청을 접수한 날부터 7일 이내에 등록을 수리하고 등록증을 교부하여야 한다.

제8조(후원회의 회원) ① 누구든지 자유의사로 하나 또는 둘 이상의 후원회의 회원이 될 수 있다. 다만, 제31조(기부의 제한)제1항의 규정에 의하여 기부를 할 수 없는 자와 「정당

법」제22조(발기인 및 당원의 자격)의 규정에 의하여 정당의 당원이 될 수 없는 자는 그러하지 아니하다.

② 후원회는 회원명부를 비치하여야 한다.

③ 제2항의 회원명부는 법원이 재판상 요구하는 경우와 제52조(정치자금범죄 조사 등)의 규정에 의하여 관할 선거관리위원회가 회원의 자격과 후원금내역 등 필요한 사항을 확인하는 경우를 제외하고는 이의 열람을 강요당하지 아니한다.

④ 범죄수사를 위한 회원명부의 조사에는 법관이 발부한 영장이 있어야 한다.

⑤ 누구든지 회원명부에 관하여 직무상 알게 된 사실을 누설하여서는 아니된다.

제 9조(후원회의 사무소 등) ①후원회는 그 사무를 처리하기 위하여 다음 각 호에서 정하는 바에 따라 사무소와 연락소를 설치할 수 있다. 〈개정 2008. 2. 29., 2017. 6. 30.〉

1. 중앙당후원회

   사무소 1개소와 특별시·광역시·특별자치시·도·특별자치도마다 연락소 각 1개소

2. 지역구국회의원후원회·지역구국회의원후보자후원회

   서울특별시와 그 지역구에 사무소 또는 연락소 각 1개소. 이 경우 사무소를 둔 지역구 안에는 연락소를 둘 수 없다.

3. 제1호·제2호 외의 후원회

   사무소 1개소

② 후원회의 사무소와 연락소에 두는 유급사무직원의 수는 모두 합하여 2인을 초과할 수 없다. 다만, 중앙당후원회·대통령후보자등후원회·대통령선거경선후보자후원회는 그러하지 아니하다. 〈개정 2008. 2. 29., 2017. 6. 30.〉

③ 국회의원이 지역에 두는 사무소의 유급사무직원의 수는 5인을 초과할 수 없다. 다만, 하나의 국회의원지역구가 2 이상의 구(자치구가 아닌 구를 포함한다)·시(구가 설치되지 아니한 시를 말한다)·군으로 된 경우 2를 초과하는 구·시·군마다 2인을 추가할 수 있다.

제10조(후원금의 모금·기부) ①후원회는 제7조(후원회의 등록신청 등)의 규정에 의하여 등록을 한 후 후원인(회원과 회원이 아닌 자를 말한다. 이하 같다)으로부터 후원금을 모금하여 이를 당해 후원회지정권자에게 기부한다. 이 경우 후원회가 모금한 후원금 외의 차입금 등 금품은 기부할 수 없다.

② 후원회가 후원금을 모금한 때에는 모금에 직접 소요된 경비를 공제하고 지체 없이 이를 후원회지정권자에게 기부하여야 한다.

③ 후원인이 후원회지정권자에게 직접 후원금을 기부한 경우(후원회지정권자의 정치활동에 소요되는 비용을 부담·지출하거나 금품·시설의 무상대여 또는 채무의 면제·경

감의 방법으로 기부하는 경우는 제외한다) 해당 후원회지정권자가 기부받은 날부터 30일(기부받은 날부터 30일이 경과하기 전에 후원회를 둘 수 있는 자격을 상실하는 경우에는 그 자격을 상실한 날) 이내에 기부받은 후원금과 기부자의 인적사항을 자신이 지정한 후원회의 회계책임자에게 전달한 경우에는 해당 후원회가 기부받은 것으로 본다. 〈신설 2010. 7. 23.〉

제11조(후원인의 기부한도 등) ①후원인이 후원회에 기부할 수 있는 후원금은 연간 2천만원을 초과할 수 없다.

② 후원인이 하나의 후원회에 연간(대통령후보자등·대통령선거경선후보자·당대표경선후보자등·국회의원후보자등·지방의회의원후보자등 및 지방자치단체장후보자등의 후원회의 경우에는 당해 후원회를 둘 수 있는 기간을 말한다. 이하 같다) 기부할 수 있는 한도액은 다음 각 호와 같다. 〈개정 2008. 2. 29., 2010. 1. 25., 2016. 1. 15., 2017. 6. 30., 2021. 1. 5., 2024. 2. 20.〉

1. 대통령후보자등·대통령선거경선후보자의 후원회에는 각각 1천만원(후원회지정권자가 동일인인 대통령후보자등후원회에는 합하여 1천만원)

2. 다음 각 목의 후원회에는 각각 500만원

   가. 중앙당후원회(중앙당창당준비위원회후원회가 중앙당후원회로 존속하는 경우에는 합하여 500만원)

   나. 국회의원후원회(후원회지정권자가 동일인인 국회의원후보자등후원회와 국회의원후원회는 합하여 500만원)

   다. 국회의원후보자등후원회(후원회지정권자가 동일인인 경우 합하여 500만원)

   라. 당대표경선후보자등후원회

   마. 삭제 〈2024. 2. 20.〉

   바. 지방자치단체장후보자등후원회(후원회지정권자가 동일인인 경우 합하여 500만원)

3. 다음 각 목의 후원회에는 각각 200만원

   가. 시·도의회의원후원회(후원회지정권자가 동일인인 지역구시·도의회의원선거 후보자·예비후보자의 후원회와 시·도의회의원후원회는 합하여 200만원)

   나. 지역구시·도의회의원선거 후보자·예비후보자의 후원회(후원회지정권자가 동일인인 경우 합하여 200만원)

4. 다음 각 목의 후원회에는 각각 100만원

   가. 자치구·시·군의회의원후원회(후원회지정권자가 동일인인 지역구자치구·시·군의회의원선거 후보자·예비후보자의 후원회와 자치구·시·군의회의원

후원회는 합하여 100만원)
　　나. 지역구자치구·시·군의회의원선거 후보자·예비후보자의 후원회(후원회지정권자가 동일인인 경우 합하여 100만원)
③ 후원인은 1회 10만원 이하, 연간 120만원 이하의 후원금은 이를 익명으로 기부할 수 있다.
④ 후원회의 회계책임자는 제3항의 규정에 의한 익명기부한도액을 초과하거나 타인의 명의 또는 가명으로 후원금을 기부받은 경우 그 초과분 또는 타인의 명의나 가명으로 기부받은 금액은 국고에 귀속시켜야 한다. 이 경우 국고귀속절차에 관하여는 제4조(당비)제3항 및 제4항의 규정을 준용한다.
⑤ 후원회의 회원은 연간 1만원 또는 그에 상당하는 가액 이상의 후원금을 기부하여야 한다.
⑥ 후원인의 기부방법 그 밖에 필요한 사항은 중앙선거관리위원회규칙으로 정한다.

제12조(후원회의 모금·기부한도) ①후원회가 연간 모금할 수 있는 한도액(이하 "연간 모금한도액"이라 하고, 전년도 연간 모금한도액을 초과하여 모금한 금액을 포함한다)은 다음 각 호와 같다. 다만, 신용카드·예금계좌·전화 또는 인터넷전자결제시스템 등에 의한 모금으로 부득이하게 연간 모금한도액을 초과하게 된 때에는 연간 모금한도액의 100분의 20의 범위에서 그러하지 아니하되, 그 이후에는 후원금을 모금할 수 없다. 〈개정 2006. 3. 2., 2008. 2. 29., 2010. 1. 25., 2016. 1. 15., 2017. 6. 30., 2021. 1. 5., 2024. 2. 20.〉
1. 중앙당후원회는 중앙당창당준비위원회후원회가 모금한 후원금을 합하여 50억원
2. 삭제〈2008. 2. 29.〉
3. 대통령후보자등후원회·대통령선거경선후보자후원회는 각각 선거비용제한액의 100분의 5에 해당하는 금액(후원회지정권자가 동일인인 대통령후보자등후원회는 합하여 선거비용제한액의 100분의 5에 해당하는 금액)
4. 국회의원·국회의원후보자등 및 당대표경선후보자등의 후원회는 각각 1억5천만원(후원회지정권자가 동일인인 국회의원후보자등후원회는 합하여 1억5천만원)
5. 지방의회의원후원회 및 지방의회의원후보자등후원회는 다음 각 목의 구분에 따른 금액(후원회지정권자가 동일인인 지방의회의원후보자등후원회는 합하여 다음 각 목의 구분에 따른 금액)
　　가. 시·도의회의원후원회 및 지역구시·도의회의원선거 후보자·예비후보자의 후원회는 각각 5천만원
　　나. 자치구·시·군의회의원후원회 및 지역구자치구·시·군의회의원선거 후보

자·예비후보자의 후원회는 각각 3천만원
6. 지방자치단체장후보자등후원회는 선거비용제한액의 100분의 50에 해당하는 금액(후원회지정권자가 동일인인 지방자치단체장후보자등후원회는 합하여 선거비용제한액의 100분의 50에 해당하는 금액)

② 후원회가 해당 후원회지정권자에게 연간 기부할 수 있는 한도액(이하 "연간 기부한도액"이라 한다)은 제1항의 규정에 의한 연간 모금한도액과 같은 금액으로 한다. 다만, 부득이하게 해당 연도(대통령후보자등·대통령선거경선후보자·당대표경선후보자등·국회의원후보자등·지방의회의원후보자등 및 지방자치단체장후보자등의 후원회는 해당 후원회를 둘 수 있는 기간을 말한다)에 후원회지정권자에게 기부하지 못한 때에는 제40조(회계보고)제1항에 따른 회계보고[국회의원후원회 및 지방의회의원후원회는 12월 31일 현재의 회계보고를, 후원회가 해산한 때에는 제40조(회계보고)제2항에 따른 회계보고를 말한다]를 하는 때까지 기부할 수 있다. 〈개정 2010. 1. 25., 2016. 1. 15., 2021. 1. 5., 2024. 2. 20.〉

③ 후원회가 모금한 후원금이 연간 기부한도액을 초과하는 때에는 다음 연도에 이월하여 기부할 수 있다.

④ 제19조(후원회의 해산 등)의 규정에 의하여 후원회가 해산된 후 후원회지정권자가 같은 종류의 새로운 후원회를 두는 경우 그 새로운 후원회가 모금·기부할 수 있는 후원금은 당해 후원회의 연간 모금·기부한도액에서 종전의 후원회가 모금·기부한 후원금을 공제한 금액으로 한다.

제13조(연간 모금·기부한도액에 관한 특례) ① 다음 각 호에 해당하는 후원회는 공직선거가 있는 연도에는 연간 모금·기부한도액의 2배를 모금·기부할 수 있다. 같은 연도에 2 이상의 공직선거가 있는 경우에도 또한 같다. 〈개정 2008. 2. 29., 2012. 2. 29., 2017. 6. 30., 2024. 2. 20.〉

1. 대통령선거
후보자를 선출한 정당의 중앙당후원회 및 지역구국회의원후원회
2. 임기만료에 의한 국회의원선거
후보자를 추천한 정당의 중앙당후원회 및 지역구에 후보자로 등록한 국회의원후원회
3. 임기만료에 의한 동시지방선거
후보자를 추천한 정당의 중앙당후원회, 해당 선거구에 후보자를 추천한 정당의 지역구국회의원후원회 및 지역구에 후보자로 등록한 지방의회의원후원회

② 제1항에서 "공직선거가 있는 연도"라 함은 당해 선거의 선거일이 속하는 연도를 말한다.

제14조(후원금 모금방법) ①후원회는 우편·통신(전화, 인터넷전자결제시스템 등을 말한다)에 의한 모금, 중앙선거관리위원회가 제작한 정치자금영수증(이하 "정치자금영수증"이라 한다)과의 교환에 의한 모금 또는 신용카드·예금계좌 등에 의한 모금 그 밖에 이 법과 「정당법」 및 「공직선거법」에 위반되지 아니하는 방법으로 후원금을 모금할 수 있다. 다만, 집회에 의한 방법으로는 후원금을 모금할 수 없다.

② 삭제 〈2010. 1. 25.〉

제15조(후원금 모금 등의 고지·광고) ① 후원회는 회원모집 또는 후원금 모금을 위하여 인쇄물·시설물 등을 이용하여 후원회명, 후원금 모금의 목적, 기부처, 기부방법, 해당 후원회지정권자의 사진·학력(정규학력과 이에 준하는 외국의 교육과정을 이수한 학력에 한한다)·경력·업적·공약과 그 밖에 홍보에 필요한 사항을 알릴 수 있다. 다만, 다른 정당·후보자(공직선거의 후보자를 말하며, 후보자가 되려는 자를 포함한다)·대통령선거경선후보자 및 당대표경선후보자등에 관한 사항은 포함할 수 없다. 〈개정 2010. 1. 25., 2016. 1. 15.〉

② 후원회는 「신문 등의 진흥에 관한 법률」 제2조(정의)에 따른 신문 및 「잡지 등 정기간행물의 진흥에 관한 법률」 제2조(정의)에 따른 정기간행물을 이용하여 분기별 4회 이내에서 후원금의 모금과 회원의 모집 등을 위하여 제1항의 내용을 광고할 수 있다. 이 경우 후원회를 둘 수 있는 기간이 3월을 초과하지 아니하는 때에는 4회 이내로 한다. 〈개정 2009. 7. 31.〉

③ 제2항의 규정에 의한 1회 광고의 규격은 다음 각 호의 기준에 의한다.
  1. 신문광고는 길이 17센티미터 너비 18.5센티미터 이내
  2. 제1호 외의 광고는 당해 정기간행물의 2면 이내

④ 제2항의 광고횟수 산정에 있어서 같은 날에 발행되는 하나의 정기간행물을 이용하는 것은 1회로 본다. 이 경우 같은 날에 발행되는 정기간행물이 배달되는 지역에 따라 발행일자가 각각 다르게 기재된 경우에도 그 광고횟수는 1회로 본다.

⑤ 제1항의 규정에 의한 인쇄물·시설물 등에 의한 고지방법 그 밖에 필요한 사항은 중앙선거관리위원회규칙으로 정한다.

제16조(정치자금영수증과의 교환에 의한 모금) ① 후원회 또는 후원회로부터 위임을 받은 자는 정치자금영수증을 후원금과 교환하는 방법으로 모금을 할 수 있다.

② 제1항의 규정에 의하여 후원회로부터 위임받은 자가 후원금을 모금한 때에는 30일 이내에 그 후원회의 회계책임자에게 정치자금영수증 원부와 후원인의 성명·생년월일·주소·전화번호 및 후원금을 인계하여야 한다.

③ 정치자금영수증과의 교환에 의한 모금의 위임절차와 방법 그 밖에 필요한 사항은 중

앙선거관리위원회규칙으로 정한다.

제17조(정치자금영수증) ① 후원회가 후원금을 기부받은 때에는 후원금을 기부받은 날부터 30일까지 정치자금영수증을 후원인에게 교부하여야 한다. 〈개정 2012. 2. 29.〉

② 제1항의 규정에 의한 정치자금영수증은 중앙선거관리위원회가 제작하는 정액영수증과 무정액영수증만을 말한다. 이 경우 무정액영수증은 인터넷을 통하여 발행·교부할 수 있도록 전자적 형태로 제작할 수 있되, 위조·변조를 방지할 수 있는 기술적 조치를 하여야 한다. 〈개정 2008. 2. 29.〉

③ 무정액영수증은 1회 10만원 미만의 후원금이나 10만원을 초과하여 기부한 후원금의 경우라도 10만원 미만에 해당하는 후원금에 한하여 교부할 수 있다. 다만, 제2항 후단에 따라 전자적 형태로 제작한 무정액영수증을 인터넷을 통하여 교부하는 경우에는 그러하지 아니하다. 〈개정 2008. 2. 29.〉

④ 1회 1만원 이하의 후원금 기부에 대한 정치자금영수증은 해당 연도말일(후원회가 해산되는 경우에는 그 해산일을 말한다) 현재로 일괄 발행·교부할 수 있다. 〈개정 2010. 1. 25.〉

⑤ 제1항에도 불구하고 다음 각 호의 어느 하나에 해당하는 경우에는 정치자금영수증을 후원인에게 교부하지 아니하고 후원회가 발행하여 원부와 함께 보관할 수 있다. 〈개정 2010. 1. 25.〉

　1. 후원인이 정치자금영수증 수령을 원하지 아니하는 경우
　2. 익명기부, 신용카드·예금계좌·전화 또는 인터넷 전자결제 시스템 등에 의한 기부로 후원인의 주소 등 연락처를 알 수 없는 경우
　3. 후원인이 연간 1만원 이하의 후원금을 기부한 경우

⑥ 후원회가 정치자금영수증을 발급받고자 하는 때에는 정치자금영수증의 종류와 발급수량 등을 기재한 신청서 및 정치자금영수증 제작비용을 관할 선거관리위원회에 제출·납부하여야 한다.

⑦ 하나의 후원회가 연간 발급받을 수 있는 정액영수증의 액면가액총액은 그 후원회의 연간 모금한도액을 초과할 수 없다. 이 경우 후원회는 연간 모금한도액의 범위안에서 정액영수증을 일시에 발급받을 수 있다.

⑧ 정치자금영수증에는 후원금의 금액, 그 금액에 대하여 세금혜택이 된다는 문언과 일련번호를 표시하되, 규격과 양식 그 밖에 필요한 사항은 중앙선거관리위원회규칙으로 정한다.

⑨ 정액영수증에 표시하는 금액은 1만원·5만원·10만원·50만원·100만원·500만원의 6종으로 하고 기부자에게 교부하는 정치자금영수증에는 후원회명을 기재할 수 없다.

⑩ 후원회는 관할 선거관리위원회로부터 발급받은 정치자금영수증의 매년 12월 31일 현재 매수 등 사용실태를 제40조(회계보고)제1항에 따른 12월 31일 현재의 회계보고를 하는 때에 관할 선거관리위원회에 보고하여야 하며, 후원회가 해산되는 경우에는 제40조(회계보고)에 따른 회계보고를 하는 때에 사용하지 아니한 정치자금영수증을 관할 선거관리위원회에 반납하여야 한다. 〈개정 2010. 1. 25.〉

⑪ 후원회는 무정액영수증의 기재금액 및 정액영수증의 액면금액과 상이한 금액을 기부받고 사용할 수 없으며, 사용하지 아니한 정치자금영수증에 대하여 제10항의 규정에 의한 기한 이내에 매수를 보고 또는 반납하지 아니한 경우에는 그 액면금액 총액을 기부받은 것으로 본다.

⑫ 선거관리위원회와 후원회 그 밖에 정치자금영수증의 발급·발행·교부 등에 관계하는 자는 법률에 의한 절차에 의하지 아니하고는 그 후원회에 발급한 정치자금영수증의 일련번호를 공개하거나 이를 다른 국가기관에 고지하여서는 아니된다.

⑬ 후원회는 제34조(회계책임자의 선임신고 등)제4항에 따라 신고된 정치자금의 수입을 위한 예금계좌에 입금된 후원금에 대한 정치자금영수증 발행을 위하여 해당 금융기관에 입금의뢰인(신용카드·전화 또는 인터넷 전자결제 시스템 등에 의한 입금을 포함한다)의 성명과 연락처를 알려줄 것을 서면으로 요청할 수 있으며, 그 요청을 받은 금융기관은 「금융실명거래 및 비밀보장에 관한 법률」에도 불구하고 지체 없이 그 내용을 알려주어야 한다. 〈신설 2010. 1. 25.〉

⑭ 제13항에 따른 입금의뢰인의 성명과 연락처를 알려 줄 것을 요청하는 서식과 그 밖에 필요한 사항은 중앙선거관리위원회규칙으로 정한다. 〈신설 2010. 1. 25.〉

제18조(불법후원금의 반환) 후원회의 회계책임자는 후원인으로부터 기부받은 후원금이 이 법 또는 다른 법률에 위반되는 청탁 또는 불법의 후원금이라는 사실을 안 날부터 30일 이내에 후원인에게 반환하고, 정치자금영수증을 교부하였을 때에는 이를 회수하여야 한다. 이 경우 후원인의 주소 등 연락처를 알지 못하여 반환할 수 없거나 후원인이 수령을 거절하는 때에는 선거관리위원회를 통하여 이를 국고에 귀속시켜야 한다.

제19조(후원회의 해산 등) ① 후원회는 해당 후원회지정권자가 해산, 그 밖의 사유로 소멸하거나 후원회를 둘 수 있는 자격을 상실하거나 후원회의 지정을 철회한 때 또는 정관 등에 정한 해산사유가 발생한 때에는 해산한다. 다만, 후원회를 둔 중앙당창당준비위원회가 정당으로 등록하거나 후원회를 둔 국회의원후보자 또는 지방의회의원후보자가 각각 국회의원 또는 지방의회의원으로 당선된 경우에는 그 후원회는 대의기관이나 수임기관의 존속결의로써 등록된 중앙당, 당선된 국회의원 또는 당선된 지방의회의원의 후원회로 존속할 수 있으며, 국회의원당선인후원회·지방의회의원당선인후원회는 국

회의원후원회·지방의회의원후원회로, 후원회를 둔 대통령예비후보자·국회의원예비후보자·지방의회의원예비후보자·지방자치단체장예비후보자가 대통령후보자·국회의원후보자·지방의회의원후보자·지방자치단체장후보자로 등록된 때에는그 대통령예비후보자후원회·국회의원예비후보자후원회·지방의회의원예비후보자후원회·지방자치단체장예비후보자후원회는 대통령후보자후원회·국회의원후보자후원회·지방의회의원후보자후원회·지방자치단체장후보자후원회로 본다. 〈개정 2008. 2. 29., 2017. 6. 30., 2021. 1. 5., 2024. 2. 20.〉

② 제1항 단서의 경우에 중앙당후원회·국회의원후보자후원회 및 지방의회의원후보자후원회의 대표자는 그 존속결의가 있은 날부터 14일 이내에 제7조(후원회의 등록신청 등)제4항의 규정에 의한 변경등록을 신청하여야 하며, 그 후원회는 종전의 후원회의 권리·의무를 승계한다. 〈개정 2008. 2. 29., 2017. 6. 30., 2024. 2. 20.〉

③ 후원회가 해산한 때에는 그 대표자는 14일 이내에 그 사실을 관할 선거관리위원회에 신고하여야 한다. 다만, 다음 각 호의 어느 하나에 해당하는 경우에는 그러하지 아니하다. 〈개정 2008. 2. 29., 2010. 1. 25., 2012. 2. 29., 2016. 1. 15., 2021. 1. 5., 2024. 2. 20.〉

1. 대통령선거경선후보자와 당대표경선후보자등이 경선의 종료로 그 신분이 상실되어 해산되는 경우
2. 국회의원 또는 지방의회의원의 임기만료, 대통령후보자등·국회의원후보자등·지방의회의원후보자등 또는 지방자치단체장후보자등의 신분상실로 인하여 해산되는 경우

④ 후원회가 해산일부터 14일 이내에 제3항 본문의 규정에 의한 해산신고를 하지 아니한 경우에는 관할 선거관리위원회는 그 후원회의 등록을 말소할 수 있다.

제20조(후원회의 합병 등) ①「정당법」제19조에 따라 정당이 신설합당하거나 흡수합당하는 경우에는 각 후원회의 대의기관이나 수임기관의 합동회의의 합병결의 또는 대의기관이나 수임기관의 존속결의로써 신설 또는 흡수하는 정당의 후원회로 존속할 수 있다. 이 경우 각 후원회는 제7조제4항에 따른 변경등록신청을 하여야 한다.

② 제1항에 따른 합병으로 신설 또는 존속하는 후원회는 합병 전 후원회의 권리·의무를 승계한다.

③ 제1항에 따라 존속하는 후원회의 모금·기부 한도액, 그 밖에 필요한 사항은 중앙선거관리위원회규칙으로 정한다.

[본조신설 2017. 6. 30.]

제21조(후원회가 해산한 경우의 잔여재산 처분 등) ①제19조(후원회의 해산 등)제1항 본문

의 규정에 의하여 후원회가 해산된 경우 잔여재산은 다음 각 호에서 정한바 에 따라 제40조(회계보고)의 규정에 의한 회계보고 전까지 처분하여야 한다. 〈개정 2008. 2. 29., 2016. 1. 15., 2017. 6. 30., 2024. 2. 20.〉

1. 후원회지정권자가 중앙당(중앙당창당준비위원회를 포함한다) 또는 당원인 경우 해산 당시의 소속 정당에 인계한다. 다만, 후원회를 둔 국회의원이 대통령후보자등후원회·대통령선거경선후보자후원회나 당대표경선후보자등후원회를 둔 경우, 후원회를 둔 대통령예비후보자가 대통령선거경선후보자후원회를 둔 경우 또는 후원회를 둔 지방의회의원이 대통령선거경선후보자후원회·당대표경선후보자등후원회나 지방자치단체장후보자등후원회를 둔 경우로서 어느 하나의 후원회가 해산된 경우 그 잔여재산은 해산되지 아니한 후원회에 그 후원회의 연간 모금·기부한도액 범위 안에서 후원금으로 기부할 수 있다.
2. 후원회지정권자가 당원이 아닌 경우와 정당이 해산, 그 밖의 사유로 소멸한 경우 「공익법인의 설립·운영에 관한 법률」에 의하여 등록된 공익법인(학교법인을 포함하며, 이하 "공익법인"이라 한다) 또는 사회복지시설에 인계한다.

② 후원회지정권자(중앙당은 제외한다)가 후원회를 둘 수 있는 자격을 상실한 경우 후원회로부터 기부받아 사용하고 남은 잔여재산[제36조(회계책임자에 의한 수입·지출)제5항을 위반하여 지출한 비용을 포함한다]은 제40조의 규정에 의한 회계보고 전까지 제1항 각 호의 규정에 준하여 처분하여야 한다. 이 경우 후원회를 둔 중앙당창당준비위원회가 중앙당으로 존속하지 아니하고 해산된 경우에는 후원회로부터 기부받아 사용하고 남은 잔여재산은 제1항제2호에 준하여 처분하여야 한다. 〈개정 2008. 2. 29., 2010. 1. 25., 2017. 6. 30.〉

③ 제1항 및 제2항에도 불구하고 대통령선거경선후보자·당대표경선후보자등·대통령예비후보자·국회의원예비후보자·지방의회의원예비후보자 또는 지방자치단체장예비후보자가 후원회를 둘 수 있는 자격을 상실한 때(정당의 공직선거 후보자선출을 위한 당내경선 또는 당대표경선에 참여하여 당선 또는 낙선한 때를 제외한다)에는 그 후원회와 후원회지정권자는 잔여재산을 제40조에 따른 회계보고 전까지 국고에 귀속시켜야 한다. 〈개정 2010. 7. 23., 2016. 1. 15., 2021. 1. 5.〉

④ 제1항 및 제2항의 규정에 의하여 잔여재산 또는 후원회로부터 기부받은 후원금을 인계하지 아니한 때에는 이를 국고에 귀속시켜야 한다.

⑤ 후원회가 해산된 후에 기부된 후원금은 지체 없이 후원인에게 이를 반환하되, 제40조의 규정에 의한 회계보고 전까지 반환하지 아니하는 때에는 이를 국고에 귀속시켜야 한다.

⑥ 제3항 내지 제5항의 규정에 의한 국고귀속절차에 관하여는 제4조(당비)제3항 및 제4항의 규정을 준용한다.
⑦ 후원회가 해산된 경우의 잔여재산 처분절차 그 밖에 필요한 사항은 중앙선거관리위원회규칙으로 정한다.
[2010. 7. 23. 법률 제10395호에 의하여 2009. 12. 29. 헌법재판소에서 위헌 결정된 이 조 제3항을 개정함.]

제4장 기탁금

제22조(기탁금의 기탁) ① 기탁금을 기탁하고자 하는 개인(당원이 될 수 없는 공무원과 사립학교 교원을 포함한다)은 각급 선거관리위원회(읍·면·동선거관리위원회를 제외한다)에 기탁하여야 한다.
② 1인이 기탁할 수 있는 기탁금은 1회 1만원 또는 그에 상당하는 가액 이상, 연간 1억원 또는 전년도 소득의 100분의 5 중 다액 이하로 한다.
③ 누구든지 타인의 명의나 가명 또는 그 성명 등 인적 사항을 밝히지 아니하고 기탁금을 기탁할 수 없다. 이 경우 기탁자의 성명 등 인적 사항을 공개하지 아니할 것을 조건으로 기탁할 수 있다.
④ 기탁절차 그 밖에 필요한 사항은 중앙선거관리위원회규칙으로 정한다.
제23조(기탁금의 배분과 지급) ①중앙선거관리위원회는 기탁금의 모금에 직접 소요된 경비를 공제하고 지급 당시 제27조(보조금의 배분)의 규정에 의한 국고보조금 배분율에 따라 기탁금을 배분·지급한다.
② 중앙선거관리위원회가 기탁금을 배분·지급하는 때에는 1회 300만원을 초과하여 기탁한 자의 성명 등 인적 사항을 공개하여야 한다. 다만, 제22조(기탁금의 기탁)제3항 후단의 규정에 의하여 이를 공개하지 아니할 것을 조건으로 기탁한 경우에는 그러하지 아니하다. 〈개정 2008. 2. 29.〉
③ 기탁금의 지급시기 및 절차 그 밖에 필요한 사항은 중앙선거관리위원회규칙으로 정한다.
제24조(기탁금의 국고귀속 등) ① 제22조(기탁금의 기탁)제2항 및 제3항의 규정을 위반하여 기탁된 기탁금은 국고에 귀속한다.
② 중앙선거관리위원회는 기탁금을 지급받을 정당이 수령을 거절하는 경우에는 그 기탁금은 수령을 거절한 정당을 제외한 나머지 정당에 제23조(기탁금의 배분과 지급)제1

항의 규정에 의하여 배분·지급한다.
③ 제1항의 규정에 의한 국고귀속절차에 관하여는 제4조(당비)제3항 및 제4항의 규정을 준용한다.

제5장 국고보조금

제25조(보조금의 계상) ① 국가는 정당에 대한 보조금으로 최근 실시한 임기만료에 의한 국회의원선거의 선거권자 총수에 보조금 계상단가를 곱한 금액을 매년 예산에 계상하여야 한다. 이 경우 임기만료에 의한 국회의원선거의 실시로 선거권자 총수에 변경이 있는 때에는 당해 선거가 종료된 이후에 지급되는 보조금은 변경된 선거권자 총수를 기준으로 계상하여야 한다. 〈개정 2008. 2. 29.〉

② 대통령선거, 임기만료에 의한 국회의원선거 또는 「공직선거법」 제203조(동시선거의 범위와 선거일)제1항의 규정에 의한 동시지방선거가 있는 연도에는 각 선거(동시지방선거는 하나의 선거로 본다)마다 보조금 계상단가를 추가한 금액을 제1항의 기준에 의하여 예산에 계상하여야 한다. 〈개정 2008. 2. 29.〉

③ 제1항 및 제2항에 따른 보조금 계상단가는 전년도 보조금 계상단가에 「통계법」 제3조에 따라 통계청장이 매년 고시하는 전전년도와 대비한 전년도 전국소비자물가변동률을 적용하여 산정한 금액을 증감한 금액으로 한다. 〈신설 2008. 2. 29.〉

④ 중앙선거관리위원회는 제1항의 규정에 의한 보조금(이하 "경상보조금"이라 한다)은 매년 분기별로 균등분할하여 정당에 지급하고, 제2항의 규정에 의한 보조금(이하 "선거보조금"이라 한다)은 당해 선거의 후보자등록마감일 후 2일 이내에 정당에 지급한다. 〈개정 2008. 2. 29.〉

제26조(공직후보자 여성추천보조금) ① 국가는 임기만료에 의한 지역구국회의원선거, 지역구시·도의회의원선거 및 지역구자치구·시·군의회의원선거에서 여성후보자를 추천하는 정당에 지급하기 위한 보조금(이하 "여성추천보조금"이라 한다)으로 최근 실시한 임기만료에 의한 국회의원선거의 선거권자 총수에 100원을 곱한 금액을 임기만료에 의한 국회의원선거, 시·도의회의원선거 또는 자치구·시·군의회의원선거가 있는 연도의 예산에 계상하여야 한다. 〈개정 2006. 4. 28.〉

② 여성추천보조금은 제1항에 따른 선거에서 여성후보자를 추천한 정당에 대하여 다음 각 호에 따라 배분·지급한다. 이 경우 지역구시·도의회의원선거와 지역구자치구·시·군의회의원선거에서의 여성추천보조금은 제1항에 따라 해당 연도의 예산에

계상된 여성추천보조금의 100분의 50을 각 선거의 여성추천보조금 총액으로 한다. 〈개정 2022. 4. 20., 2024. 1. 2.〉

1. 여성후보자를 전국지역구총수의 100분의 40 이상 추천한 정당에는 여성추천보조금 총액의 100분의 40을 다음 기준에 따라 배분·지급한다.
    가. 배분대상 여성추천보조금 총액의 100분의 40: 지급 당시 정당별 국회의석수의 비율
    나. 배분대상 여성추천보조금 총액의 100분의 40: 최근 실시한 임기만료에 따른 국회의원선거에서의 득표수의 비율(비례대표전국선거구 및 지역구에서 해당 정당이 득표한 득표수 비율의 평균을 말한다. 이하 "국회의원선거의 득표수 비율"이라 한다)
    다. 배분대상 여성추천보조금 총액의 100분의 20: 각 정당이 추천한 지역구 여성후보자수의 합에 대한 정당별 지역구 여성후보자수의 비율
2. 여성후보자를 전국지역구총수의 100분의 30 이상 100분의 40 미만을 추천한 정당에는 여성추천보조금 총액의 100분의 30을 제1호 각 목의 기준에 따라 배분·지급한다. 이 경우 하나의 정당에 배분되는 여성추천보조금은 제1호에 따라 각 정당에 배분되는 여성추천보조금 중 최소액을 초과할 수 없다.
3. 여성후보자를 전국지역구총수의 100분의 20 이상 100분의 30 미만을 추천한 정당에는 여성추천보조금 총액의 100분의 20을 제1호 각 목의 기준에 따라 배분·지급한다. 이 경우 하나의 정당에 배분되는 여성추천보조금은 제2호에 따라 각 정당에 배분되는 여성추천보조금 중 최소액을 초과할 수 없다.
4. 여성후보자를 전국지역구총수의 100분의 10 이상 100분의 20 미만을 추천한 정당에는 여성추천보조금 총액의 100분의 10을 제1호 각 목의 기준에 따라 배분·지급한다. 이 경우 하나의 정당에 배분되는 여성추천보조금은 제3호에 따라 각 정당에 배분되는 여성추천보조금 중 최소액을 초과할 수 없다.

③ 여성추천보조금은 임기만료에 의한 지역구국회의원선거, 지역구시·도의회의원선거 또는 지역구자치구·시·군의회의원선거의 후보자등록마감일 후 2일 이내에 정당에 지급한다. 〈개정 2006. 4. 28.〉

제26조의2(공직후보자 장애인추천보조금) ① 국가는 임기만료에 의한 지역구국회의원선거, 지역구시·도의회의원선거 및 지역구자치구·시·군의회의원선거에서 장애인후보자(후보자 중 「장애인복지법」 제32조에 따라 등록된 자를 말한다. 이하 같다)를 추천한 정당에 지급하기 위한 보조금(이하 "장애인추천보조금"이라 한다)으로 최근 실시한 임기만료에 의한 국회의원선거의 선거권자 총수에 20원을 곱한 금액을 임기만료에 의한 국

회의원선거, 시·도의회의원선거 또는 자치구·시·군의회의원선거가 있는 연도의 예산에 계상하여야 한다.

② 장애인추천보조금은 제1항에 따른 선거에서 장애인후보자를 추천한 정당에 대하여 다음 각 호에 따라 배분·지급한다. 이 경우 지역구시·도의회의원선거와 지역구자치구·시·군의회의원선거에서의 장애인추천보조금은 제1항에 따라 해당 연도의 예산에 계상된 장애인추천보조금의 100분의 50을 각 선거의 장애인추천보조금 총액으로 한다. 〈개정 2022. 4. 20.〉

  1. 장애인후보자를 전국지역구총수의 100분의 5 이상 추천한 정당에는 장애인추천보조금 총액의 100분의 50을 다음 기준에 따라 배분·지급한다.

    가. 배분대상 장애인추천보조금 총액의 100분의 40: 지급 당시 정당별 국회의석수의 비율

    나. 배분대상 장애인추천보조금 총액의 100분의 40: 최근 실시한 국회의원선거의 득표수 비율

    다. 배분대상 장애인추천보조금 총액의 100분의 20: 각 정당이 추천한 지역구 장애인후보자수의 합에 대한 정당별 지역구 장애인후보자수의 비율

  2. 장애인후보자를 전국지역구총수의 100분의 3 이상 100분의 5 미만을 추천한 정당에는 장애인추천보조금 총액의 100분의 30을 제1호 각 목의 기준에 따라 배분·지급한다. 이 경우 하나의 정당에 배분되는 장애인추천보조금은 제1호에 따라 각 정당에 배분되는 장애인추천보조금 중 최소액을 초과할 수 없다.

  3. 장애인후보자를 전국지역구총수의 100분의 1 이상 100분의 3 미만을 추천한 정당에는 장애인추천보조금 총액의 100분의 20을 제1호 각 목의 기준에 따라 배분·지급한다. 이 경우 하나의 정당에 배분되는 장애인추천보조금은 제2호에 따라 각 정당에 배분되는 장애인추천보조금 중 최소액을 초과할 수 없다.

③ 장애인추천보조금은 임기만료에 의한 지역구국회의원선거, 지역구시·도의회의원선거 또는 지역구자치구·시·군의회의원선거의 후보자등록마감일 후 2일 이내에 정당에 지급한다.

[본조신설 2010. 1. 25.]

제26조의3(공직후보자 청년추천보조금) ① 국가는 임기만료에 의한 지역구국회의원선거, 지역구시·도의회의원선거 및 지역구자치구·시·군의회의원선거에서 청년후보자(39세 이하 후보자를 말한다. 이하 같다)를 추천한 정당에 지급하기 위한 보조금(이하 "청년추천보조금"이라 한다)으로 최근 실시한 임기만료에 의한 국회의원선거의 선거권자 총수에 100원을 곱한 금액을 임기만료에 의한 국회의원선거, 시·도의회의원선거 또는 자치

구·시·군의회의원선거가 있는 연도의 예산에 계상하여야 한다.
② 청년추천보조금은 제1항에 따른 선거에서 청년후보자를 추천한 정당에 대하여 다음 각 호에 따라 배분·지급한다. 이 경우 지역구시·도의회의원선거와 지역구자치구·시·군의회의원선거에서의 청년추천보조금은 제1항에 따라 해당 연도의 예산에 계상된 청년추천보조금의 100분의 50을 각 선거의 청년추천보조금 총액으로 한다.
1. 청년후보자를 전국지역구총수의 100분의 20 이상 추천한 정당에는 청년추천보조금 총액의 100분의 50을 다음 기준에 따라 배분·지급한다.
   가. 배분대상 청년추천보조금 총액의 100분의 40: 지급 당시 정당별 국회의석수의 비율
   나. 배분대상 청년추천보조금 총액의 100분의 40: 최근 실시한 국회의원선거의 득표수 비율
   다. 배분대상 청년추천보조금 총액의 100분의 20: 각 정당이 추천한 지역구 청년후보자수의 합에 대한 정당별 지역구 청년후보자수의 비율
2. 청년후보자를 전국지역구총수의 100분의 15 이상 100분의 20 미만을 추천한 정당에는 청년추천보조금 총액의 100분의 30을 제1호 각 목의 기준에 따라 배분·지급한다. 이 경우 하나의 정당에 배분되는 청년추천보조금은 제1호에 따라 각 정당에 배분되는 청년추천보조금 중 최소액을 초과할 수 없다.
3. 청년후보자를 전국지역구총수의 100분의 10 이상 100분의 15 미만을 추천한 정당에는 청년추천보조금 총액의 100분의 20을 제1호 각 목의 기준에 따라 배분·지급한다. 이 경우 하나의 정당에 배분되는 청년추천보조금은 제2호에 따라 각 정당에 배분되는 청년추천보조금 중 최소액을 초과할 수 없다.
③ 청년추천보조금은 임기만료에 의한 지역구국회의원선거, 지역구시·도의회의원선거 또는 지역구자치구·시·군의회의원선거의 후보자등록마감일 후 2일 이내에 정당에 지급한다.

[본조신설 2022. 2. 22.]

제27조(보조금의 배분) ① 경상보조금과 선거보조금은 지급 당시 「국회법」 제33조(교섭단체)제1항 본문의 규정에 의하여 동일 정당의 소속의원으로 교섭단체를 구성한 정당에 대하여 그 100분의 50을 정당별로 균등하게 분할하여 배분·지급한다.
② 보조금 지급 당시 제1항의 규정에 의한 배분·지급대상이 아닌 정당으로서 5석 이상의 의석을 가진 정당에 대하여는 100분의 5씩을, 의석이 없거나 5석 미만의 의석을 가진 정당 중 다음 각 호의 어느 하나에 해당하는 정당에 대하여는 보조금의 100분의 2씩을 배분·지급한다.

1. 최근에 실시된 임기만료에 의한 국회의원선거에 참여한 정당의 경우에는 국회의원선거의 득표수 비율이 100분의 2 이상인 정당
2. 최근에 실시된 임기만료에 의한 국회의원선거에 참여한 정당 중 제1호에 해당하지 아니하는 정당으로서 의석을 가진 정당의 경우에는 최근에 전국적으로 실시된 후보추천이 허용되는 비례대표시·도의회의원선거, 지역구시·도의회의원선거, 시·도지사선거 또는 자치구·시·군의 장선거에서 당해 정당이 득표한 득표수 비율이 100분의 0.5 이상인 정당
3. 최근에 실시된 임기만료에 의한 국회의원선거에 참여하지 아니한 정당의 경우에는 최근에 전국적으로 실시된 후보추천이 허용되는 비례대표시·도의회의원선거, 지역구시·도의회의원선거, 시·도지사선거 또는 자치구·시·군의 장선거에서 당해 정당이 득표한 득표수 비율이 100분의 2 이상인 정당

③ 제1항 및 제2항의 규정에 의한 배분·지급액을 제외한 잔여분 중 100분의 50은 지급 당시 국회의석을 가진 정당에 그 의석수의 비율에 따라 배분·지급하고, 그 잔여분은 국회의원선거의 득표수 비율에 따라 배분·지급한다.

④ 선거보조금은 당해 선거의 후보자등록마감일 현재 후보자를 추천하지 아니한 정당에 대하여는 이를 배분·지급하지 아니한다.

⑤ 보조금의 지급시기 및 절차 그 밖에 필요한 사항은 중앙선거관리위원회규칙으로 정한다.

제27조의2(보조금을 지급받을 권리의 보호) 이 법에 따라 정당이 보조금을 지급받을 권리는 양도 또는 압류하거나 담보로 제공할 수 없다.

[본조신설 2010. 1. 25.]

제28조(보조금의 용도제한 등) ①보조금은 정당의 운영에 소요되는 경비로서 다음 각 호에 해당하는 경비 외에는 사용할 수 없다.

1. 인건비
2. 사무용 비품 및 소모품비
3. 사무소 설치·운영비
4. 공공요금
5. 정책개발비
6. 당원 교육훈련비
7. 조직활동비
8. 선전비
9. 선거관계비용

② 경상보조금을 지급받은 정당은 그 경상보조금 총액의 100분의 30 이상은 정책연구소[「정당법」제38조(정책연구소의 설치·운영)에 의한 정책연구소를 말한다. 이하 같다]에, 100분의 10 이상은 시·도당에 배분·지급하여야 하며, 100분의 10 이상은 여성정치발전을 위하여, 100분의 5 이상은 청년정치발전을 위하여 사용하여야 한다. 이 경우 여성정치발전을 위한 경상보조금의 구체적인 사용 용도는 다음 각 호와 같다. 〈개정 2022. 2. 22., 2024. 1. 2.〉

1. 여성정책 관련 정책개발비
2. 여성 공직선거 후보자 지원 선거관계경비
3. 여성정치인 발굴 및 교육 관련 경비
4. 양성평등의식 제고 등을 위한 당원 교육 관련 경비
5. 여성 국회의원·지방의회의원 정치활동 지원 관련 경비
6. 그 밖에 여성정치발전에 필요한 활동비, 인건비 등의 경비로서 중앙선거관리위원회규칙으로 정하는 경비

③ 정당은 소속 당원인 공직선거의 후보자·예비후보자에게 보조금을 지원할 수 있으며, 제1항에도 불구하고 여성추천보조금은 여성후보자의, 장애인추천보조금은 장애인후보자의, 청년추천보조금은 청년후보자의 선거경비로 사용하여야 한다. 〈개정 2010. 1. 25., 2022. 2. 22.〉

④ 각급 선거관리위원회(읍·면·동선거관리위원회를 제외한다) 위원·직원은 보조금을 지급받은 정당 및 이의 지출을 받은 자 그 밖에 관계인에 대하여 감독상 또는 이 법의 위반 여부를 확인하기 위하여 필요하다고 인정하는 때에는 보조금 지출에 관하여 조사할 수 있다.

제29조(보조금의 감액) 중앙선거관리위원회는 다음 각호의 규정에 따라 당해 금액을 회수하고, 회수가 어려운 때에는 그 이후 당해 정당에 지급할 보조금에서 감액하여 지급할 수 있다. 〈개정 2006. 4. 28., 2010. 1. 25., 2022. 2. 22.〉

1. 보조금을 지급받은 정당(정책연구소 및 정당선거사무소를 포함한다)이 보조금에 관한 회계보고를 허위·누락한 경우에는 허위·누락에 해당하는 금액의 2배에 상당하는 금액
2. 제28조(보조금의 용도제한 등)제1항의 규정에 의한 용도 외의 용도로 사용한 경우에는 그 용도를 위반하여 사용한 보조금의 2배에 상당하는 금액
3. 제28조제2항의 규정에 의한 용도 외의 용도로 사용한 경우에는 용도를 위반한 보조금의 2배에 상당하는 금액
4. 제28조제3항의 규정에 의한 여성추천보조금, 장애인추천보조금 또는 청년추천보

조금의 용도 외의 용도로 사용한 경우에는 용도를 위반한 보조금의 2배에 상당하는 금액
   5. 제40조(회계보고)의 규정을 위반하여 회계보고를 하지 아니한 경우에는 중앙당의 경우 지급한 보조금의 100분의 25에 상당하는 금액, 시·도당의 경우 중앙당으로부터 지원받은 보조금의 2배에 상당하는 금액

제30조(보조금의 반환) ① 보조금을 지급받은 정당이 해산되거나 등록이 취소된 경우 또는 정책연구소가 해산 또는 소멸하는 때에는 지급받은 보조금을 지체 없이 다음 각 호에서 정한 바에 따라 처리하여야 한다. 〈개정 2010. 1. 25.〉
   1. 정당
      보조금의 지출내역을 중앙선거관리위원회에 보고하고 그 잔액이 있는 때에는 이를 반환한다.
   2. 정책연구소
      보조금의 사용잔액을 소속 정당에 인계한다. 이 경우 정당은 새로이 설립하는 정책연구소에 그 잔액을 인계하여야 하며, 정당이 해산 또는 등록이 취소된 경우에는 제1호에 준하여 이를 반환한다.
② 중앙선거관리위원회는 제1항의 규정에 의하여 정당이 반환하여야 할 보조금을 반환하지 아니한 때에는 국세체납처분의 예에 의하여 강제징수할 수 있다.
③제2항의 규정에 의한 보조금의 징수는 다른 공과금에 우선한다.
④보조금 잔액의 반환 그 밖에 필요한 사항은 중앙선거관리위원회규칙으로 정한다.

제6장 기부의 제한

제31조(기부의 제한) ①외국인, 국내·외의 법인 또는 단체는 정치자금을 기부할 수 없다.
② 누구든지 국내·외의 법인 또는 단체와 관련된 자금으로 정치자금을 기부할 수 없다.
제32조(특정행위와 관련한 기부의 제한) 누구든지 다음 각 호의 어느 하나에 해당하는 행위와 관련하여 정치자금을 기부하거나 받을 수 없다.
   1. 공직선거에 있어서 특정인을 후보자로 추천하는 일
   2. 지방의회 의장·부의장 선거와 교육위원회 의장·부의장, 교육감·교육위원을 선출하는 일
   3. 공무원이 담당·처리하는 사무에 관하여 청탁 또는 알선하는 일
   4. 다음 각 목의 어느 하나에 해당하는 법인과의 계약이나 그 처분에 의하여 재산상의

권리·이익 또는 직위를 취득하거나 이를 알선하는 일
가. 국가·공공단체 또는 특별법의 규정에 의하여 설립된 법인
나. 국가나 지방자치단체가 주식 또는 지분의 과반수를 소유하는 법인
다. 국가나 공공단체로부터 직접 또는 간접으로 보조금을 받는 법인
라. 정부가 지급보증 또는 투자한 법인

제33조(기부의 알선에 관한 제한) 누구든지 업무·고용 그 밖의 관계를 이용하여 부당하게 타인의 의사를 억압하는 방법으로 기부를 알선할 수 없다.

제7장 정치자금의 회계 및 보고·공개

제34조(회계책임자의 선임신고 등) ① 다음 각 호에 해당하는 자(이하 "선임권자"라 한다)는 정치자금의 수입과 지출을 담당하는 회계책임자 1인을 공직선거의 선거운동을 할 수 있는 자 중에서 선임하여 지체 없이 관할 선거관리위원회에 서면으로 신고하여야 한다. 〈개정 2008. 2. 29., 2016. 1. 15., 2017. 6. 30., 2024. 2. 20.〉

1. 정당(후원회를 둔 중앙당창당준비위원회, 정책연구소 및 정당선거사무소를 포함한다. 이하 이 장에서 같다)의 대표자
2. 후원회의 대표자
3. 후원회를 둔 국회의원·지방의회의원
4. 대통령선거경선후보자, 당대표경선후보자등
5. 공직선거의 후보자·예비후보자(선거사무소 및 선거연락소의 회계책임자를 선임하는 경우를 말한다). 이 경우 대통령선거의 정당추천후보자, 비례대표국회의원선거 및 비례대표지방의회의원선거에 있어서는 그 추천정당이 선임권자가 되며, 그 선거사무소 및 선거연락소의 회계책임자는 각각 정당의 회계책임자가 겸한다.
6. 선거연락소장(선거연락소의 회계책임자에 한한다)

② 누구든지 2 이상의 회계책임자가 될 수 없다. 다만, 후원회를 둔 국회의원이 대통령후보자등후원회·대통령선거경선후보자후원회 또는 당대표경선후보자등후원회를 두거나 후원회를 둔 지방의회의원이 대통령선거경선후보자후원회·당대표경선후보자등후원회 또는 지방자치단체장후보자등후원회를 두는 등 중앙선거관리위원회규칙으로 정하는 경우에는 그러하지 아니하다. 〈개정 2008. 2. 29., 2016. 1. 15., 2024. 2. 20.〉

③ 지방의회의원, 공직선거의 후보자·예비후보자 또는 그 선거사무장이나 선거연락소장은 회계책임자를 겸할 수 있다. 이 경우 그 뜻을 지체 없이 관할 선거관리위원회에 서면으로 신고하여야 한다. 제1항제5호 후단 및 제2항 단서의 규정에 의하여 회계책임자를 겸하는 경우에도 또한 같다. 〈개정 2024. 2. 20.〉

④ 제1항 및 제3항의 규정에 의하여 회계책임자를 신고하는 때에는 다음 각 호의 사항을 첨부하여야 한다.
 1. 정치자금의 수입 및 지출을 위한 예금계좌
 2. 선거비용제한액 한도 내에서 회계책임자가 지출할 수 있는 금액의 최고액을 정하고 회계책임자와 선임권자가 함께 서명·날인한 약정서(선거사무소의 회계책임자에 한한다)

⑤ 회계책임자의 선임신고 및 예금계좌의 개설 그 밖에 필요한 사항은 중앙선거관리위원회규칙으로 정한다.

제35조(회계책임자의 변경신고 등) ① 선임권자는 회계책임자의 변경이 있는 때에는 14일 이내에 [제34조(회계책임자의 선임신고 등)제1항제5호 및 제6호의 규정에 의한 선임권자는 지체 없이] 관할 선거관리위원회에 서면으로 변경신고를 하여야 한다.

② 회계책임자의 변경이 있는 때에는 인계자와 인수자는 지체 없이 인계·인수서를 작성하여 서명·날인한 후 재산, 정치자금의 잔액과 회계장부, 예금통장·신용카드 및 후원회인(後援會印)·그 대표자 직인 등 인장 그 밖의 관계 서류를 인계·인수하여야 한다.

③ 회계책임자의 변경신고를 하는 때에는 제2항의 규정에 의한 인계·인수서를 함께 제출하여야 한다.

④ 회계책임자의 변경신고 및 인계·인수 그 밖에 필요한 사항은 중앙선거관리위원회규칙으로 정한다.

제36조(회계책임자에 의한 수입·지출) ①정당, 후원회, 후원회를 둔 국회의원·지방의회의원, 대통령선거경선후보자, 당대표경선후보자등 또는 공직선거의 후보자·예비후보자의 정치자금 수입·지출은 그 회계책임자(공직선거의 후보자·예비후보자의 경우 그 선거사무소·선거연락소의 회계책임자를 말한다. 이하 같다)만이 이를 할 수 있다. 다만, 다음 각 호의 어느 하나에 해당하는 경우에는 그러하지 아니하다. 〈개정 2008. 2. 29., 2010. 1. 25., 2016. 1. 15., 2017. 6. 30., 2024. 2. 20.〉
 1. 회계책임자로부터 지출의 대강의 내역을 알 수 있는 정도의 지출의 목적과 금액의 범위를 정하여 서면으로 위임받은 회계사무보조자(공직선거의 선거운동을 할 수 있는 자에 한한다)가 지출하는 경우

2. 회계책임자의 관리·통제 아래 제34조(회계책임자의 선임신고 등)에 따라 신고된 정치자금 지출을 위한 예금계좌를 결제계좌로 하는 신용카드·체크카드, 그 밖에 이에 준하는 것으로 지출하는 경우

② 회계책임자가 정치자금을 수입·지출하는 경우에는 제34조(회계책임자의 선임신고 등)제4항의 규정에 의하여 관할 선거관리위원회에 신고된 예금계좌를 통해서 하여야 한다. 이 경우 정치자금의 지출을 위한 예금계좌는 1개만을 사용하여야 한다.

③ 대통령선거경선후보자, 당대표경선후보자등 또는 공직선거의 후보자·예비후보자가 자신의 재산으로 정치자금을 지출하는 경우에도 그 회계책임자를 통하여 지출하여야 한다. 후원회를 둔 국회의원·지방의회의원이 해당 국회의원선거·지방의회의원선거의 예비후보자로 신고하지 아니한 경우로서 해당 선거의 예비후보자등록신청개시일부터 자신의 재산으로 정치자금을 지출하는 경우에도 또한 같다. 〈개정 2016. 1. 15., 2024. 2. 20.〉

④ 「공직선거법」 제135조(선거사무관계자에 대한 수당과 실비보상)의 규정에 의한 선거사무장 등의 수당·실비는 당해 선거사무장 등이 지정한 금융기관의 예금계좌에 입금하는 방법으로 지급하여야 한다.

⑤ 후원회를 둔 공직선거의 후보자·예비후보자의 회계책임자는 후원회로부터 기부받은 후원금을 후원회 등록 전에 지출의 원인이 발생한 용도로 지출할 수 없다. 다만, 「공직선거법」 제7장에서 허용하는 선거운동(같은 법 제59조제3호에 따른 인터넷 홈페이지를 이용한 선거운동과 같은 법 제60조의4에 따른 예비후보자공약집은 제외한다)을 위한 경우에는 그러하지 아니하다. 〈개정 2010. 1. 25.〉

⑥ 대통령선거에 있어 예비후보자가 정당추천후보자로 된 경우 그 예비후보자의 선거사무소 회계책임자는 예비후보자의 선거비용의 지출에 관한 내역을 지체 없이 후보자의 선거사무소 회계책임자에게 통지하여 선거비용의 지출에 지장이 없도록 하여야 한다.

⑦ 정치자금의 지출방법 그 밖에 필요한 사항은 중앙선거관리위원회규칙으로 정한다.

제37조(회계장부의 비치 및 기재) ① 회계책임자는 회계장부를 비치하고 다음 각 호에서 정하는 바에 따라 모든 정치자금의 수입과 지출에 관한 사항을 기재하여야 한다. 이 경우 보조금과 보조금 외의 정치자금, 선거비용과 선거비용 외의 정치자금은 각각 별도의 계정을 설정하여 구분·경리하여야 한다. 〈개정 2008. 2. 29., 2016. 1. 15., 2017. 6. 30., 2024. 2. 20.〉

1. 정당의 회계책임자(대통령선거의 정당추천후보자와 비례대표국회의원선거 및 비례대표지방의회의원선거의 선거사무소와 선거연락소의 회계책임자를 포함한다)

    가. 수입

당비, 후원회로부터 기부받은 후원금, 기탁금, 보조금, 차입금, 지원금 및 기관지의 발행 그 밖에 부대수입 등 수입의 상세내역

　나. 지출

　　지출(대통령선거와 비례대표국회의원선거 및 비례대표지방의회의원선거에 있어서 추천후보자의 정치자금의 지출을 포함한다)의 상세내역

2. 후원회의 회계책임자

　가. 수입

　　후원금 등 수입의 상세내역. 다만, 제11조(후원인의 기부한도 등)제3항의 규정에 의한 익명기부의 경우에는 일자·금액 및 기부방법

　나. 지출

　　후원회지정권자에 대한 기부일자·금액과 후원금 모금에 소요된 경비 등 지출의 상세내역

3. 후원회를 둔 국회의원·지방의회의원의 회계책임자

　가. 수입

　　소속 정당의 지원금과 후원회로부터 기부받은 후원금의 기부일자·금액 및 후원금에서 공제하고자 하는 선임권자의 재산(차입금을 포함한다) 등 수입의 상세내역

　나. 지출

　　지출의 상세내역

4. 대통령선거경선후보자, 당대표경선후보자등의 회계책임자, 공직선거의 후보자·예비후보자의 회계책임자(대통령선거의 정당추천후보자와 비례대표국회의원선거 및 비례대표지방의회의원선거의 선거사무소와 선거연락소의 회계책임자를 제외한다)

　가. 수입

　　소속 정당의 지원금과 후원회로부터 기부받은 후원금의 기부일자·금액, 선임권자의 재산(차입금을 포함한다) 및 선거사무소 회계책임자의 지원금(선거연락소의 회계책임자에 한한다) 등 수입의 상세내역

　나. 지출

　　지출의 상세내역

② 제1항에 규정된 용어의 정의는 다음 각 호와 같다.

　1. "수입의 상세내역"이라 함은 수입의 일자·금액과 제공한 자의 성명·생년월일·주소·직업 및 전화번호 그 밖의 명세를 말한다.

　2. "지출의 상세내역"이라 함은 지출의 일자·금액·목적과 지출을 받은 자의 성

명·생년월일·주소·직업 및 전화번호를 말한다. 이 경우 선거운동을 위한 인쇄물·시설물 그 밖에 물품·장비 등을 시중의 통상적인 거래가격보다 현저히 싼 값 또는 무상으로 사용한 경우에는 회계책임자가 중앙선거관리위원회규칙으로 정하는 시중의 통상적인 거래가격 또는 임차가격에 상당하는 가액을 계상한 금액을 지출금액으로 처리한다.

③ 제1항의 회계장부의 종류·서식 및 기재방법 그 밖에 필요한 사항은 중앙선거관리위원회규칙으로 정한다.

제38조(정당의 회계처리) ① 중앙당은 정치자금의 지출을 공개적·민주적으로 처리하기 위하여 회계처리에 관한 절차 등을 당헌·당규로 정하여야 한다.

② 제1항의 당헌·당규에는 다음 각 호의 사항이 포함되어야 한다.
  1. 예산결산위원회의 구성 및 운영에 관한 사항
  2. 다음 각 목의 내용을 명시한 지출결의서에 관한 사항
    가. 지출과목, 지출의 목적·일자 및 금액
    나. 지급받거나 받을 권리가 있는 자의 성명·생년월일·주소·직업 및 전화번호
  3. 중앙당(정책연구소를 포함한다) 및 시·도당이 물품·용역을 구입·계약하고자 하는 때의 구입·지급품의서에 관한 사항

③ 중앙당의 예산결산위원회(시·도당의 경우에는 그 대표자를 말한다. 이하 같다)는 매 분기마다 다음 각 호의 사항을 확인·검사하여야 하며, 그 결과를 지체 없이 당원에게 공개하여야 한다.
  1. 당헌·당규에 정한 회계처리절차 준수 여부
  2. 예금계좌의 잔액
  3. 정치자금의 수입금액 및 그 내역
  4. 정치자금의 지출금액 및 그 내역

④ 정당의 회계처리 등에 관하여 필요한 사항은 중앙선거관리위원회규칙으로 정한다.

제39조(영수증 그 밖의 증빙서류) 회계책임자가 정치자금을 수입·지출하는 경우에는 영수증 그 밖의 증빙서류를 구비하여야 한다. 다만, 중앙선거관리위원회규칙으로 정하는 경우에는 그러하지 아니하다.

제40조(회계보고) ①회계책임자는 다음 각 호에서 정하는 기한까지 관할 선거관리위원회에 정치자금의 수입과 지출에 관한 회계보고(이하 "회계보고"라 한다)를 하여야 한다. 〈개정 2008. 2. 29., 2016. 1. 15., 2017. 6. 30., 2024. 2. 20.〉
  1. 정당의 회계책임자
    가. 공직선거에 참여하지 아니한 연도

매년 1월 1일부터 12월 31일 현재로 다음 연도 2월 15일(시·도당의 경우에는 1월 31일)까지

나. 전국을 단위로 실시하는 공직선거에 참여한 연도

매년 1월 1일(정당선거사무소의 경우에는 그 설치일)부터 선거일 후 20일(20일 후에 정당선거사무소를 폐쇄하는 경우에는 그 폐쇄일을 말한다) 현재로 당해 선거일 후 30일(대통령선거 및 비례대표국회의원선거에 있어서는 40일)까지, 선거일 후 21일부터 12월 31일 현재로 다음 연도 2월 15일(시·도당은 1월 31일)까지

다. 전국의 일부지역에서 실시하는 공직선거의 보궐선거 등에 참여한 연도

중앙당과 정책연구소는 가목에 의하고, 당해 시·도당과 정당선거사무소는 나목에 의한다.

2. 후원회를 둔 국회의원·지방의회의원의 회계책임자

가. 공직선거에 참여하지 아니한 연도

매년 1월 1일부터 12월 31일 현재로 다음 연도 1월 31일까지

나. 공직선거에 참여한 연도

매년 1월 1일부터 선거일 후 20일 현재로 선거일 후 30일까지, 선거일 후 21일부터 12월 31일 현재로 다음 연도 1월 31일까지

3. 중앙당후원회(중앙당창당준비위원회후원회를 포함한다) 및 국회의원후원회·지방의회의원후원회의 회계책임자

가. 연간 모금한도액을 모금할 수 있는 연도

매년 1월 1일부터 6월 30일 현재로 7월 31일까지, 7월 1일부터 12월 31일 현재로 다음 연도 1월 31일까지

나. 연간 모금한도액의 2배를 모금할 수 있는 연도

매년 1월 1일부터 선거일 후 20일 현재로 선거일 후 30일까지, 선거일 후 21일부터 12월 31일 현재로 다음 연도 1월 31일까지. 다만, 선거일이 12월 중에 있는 경우에는 가목에 의한다.

4. 대통령선거경선후보자·당대표경선후보자등 및 그 후원회의 회계책임자

정당의 경선일 후 20일 현재로 경선일 후 30일까지. 이 경우 후원회를 둔 국회의원·지방의회의원의 회계책임자는 제2호의 규정에 불구하고 매년 1월 1일부터 경선일 후 20일 현재로 경선일 후 30일까지, 경선일 후 21일부터 12월 31일 현재로 다음 연도 1월 31일까지

5. 공직선거의 후보자·예비후보자 및 그 후원회의 회계책임자

선거일 후 20일(대통령선거의 정당추천후보자의 경우 그 예비후보자의 회계책임자

는 후보자등록일 전일) 현재로 선거일 후 30일(대통령선거의 무소속후보자는 40일)까지. 이 경우 대통령선거의 정당추천 후보자와 비례대표국회의원선거 및 비례대표지방의회의원선거의 선거사무소·선거연락소의 회계책임자는 제1호 나목 또는 다목에 의한다.

② 제1항의 규정에 불구하고 다음 각 호에 해당하는 사유가 있는 때에는 그 회계책임자는 그 날부터 14일 이내에 관할 선거관리위원회에 회계보고를 하여야 한다. 〈개정 2008. 2. 29., 2010. 1. 25., 2016. 1. 15., 2017. 6. 30., 2024. 2. 20.〉

1. 정당이 등록취소되거나 해산한 때
2. 후원회를 둔 중앙당창당준비위원회가 소멸한 때
3. 후원회가 제19조(후원회의 해산 등)제1항의 규정에 의하여 해산한 때(선거 또는 경선의 종료로 후원회지정권자가 후원회를 둘 수 있는 자격을 상실하여 해산한 때는 제외한다)
4. 후원회를 둔 국회의원·지방의회의원, 대통령선거경선후보자 또는 당대표경선후보자등이 후원회지정을 철회하거나 후원회를 둘 수 있는 자격을 상실한 때(경선의 종료로 인하여 자격을 상실한 때는 제외한다)
5. 공직선거의 예비후보자 또는 그 후원회가 선거기간개시일 30일 전에 그 자격을 상실하거나 해산할 때

③ 제1항 및 제2항의 규정에 의하여 회계보고하는 사항은 다음 각 호와 같다. 〈개정 2008. 2. 29., 2016. 1. 15., 2017. 6. 30.〉

1. 정당 및 후원회의 회계책임자

    가. 재산상황

        정당에 있어서는 12월 31일 현재의 회계보고에 한한다.

    나. 정치자금의 수입내역

        1회 30만원 초과 또는 연간 300만원(대통령후보자등후원회·대통령선거경선후보자후원회의 경우에는 500만원)을 초과하여 수입을 제공한 자의 경우에는 성명·생년월일·주소·직업·전화번호와 수입일자 및 그 금액을, 그 이하 금액의 수입을 제공한 자의 경우에는 일자별로 그 건수와 총금액. 다만, 당비의 경우에는 그러하지 아니하다.

    다. 제37조(회계장부의 비치 및 기재)제1항의 규정에 의하여 회계장부에 기재하는 지출의 상세내역

2. 후원회지정권자(정당은 제외한다)·대통령선거경선후보자, 당대표경선후보자등, 공직선거의 후보자·예비후보자의 회계책임자(대통령선거의 정당추천 후보자, 비

례대표국회의원선거 및 비례대표지방의회의원선거에 있어서는 제1호에 의한다)
　　가. 후원금 및 소속 정당의 지원금으로 구입·취득한 재산상황
　　나. 제37조제1항의 규정에 의하여 회계장부에 기재하는 수입·지출의 상세내역
④ 제1항 내지 제3항의 규정에 의하여 회계보고를 하는 때에는 다음 각 호의 서류를 첨부하여야 한다. 〈개정 2008. 2. 29., 2012. 2. 29., 2017. 6. 30.〉
1. 정치자금의 수입과 지출명세서
2. 제39조(영수증 그 밖의 증빙서류) 본문의 규정에 의한 영수증 그 밖의 증빙서류 사본
3. 정치자금을 수입·지출한 예금통장 사본
4. 제41조제1항 본문에 따른 자체 감사기관의 감사의견서와 대의기관(그 수임기관을 포함한다)·예산결산위원회의 심사의결서[제38조(정당의 회계처리)제3항의 규정에 의한 공개자료를 포함한다] 사본[정당(정당선거사무소를 제외한다)과 후원회의 회계책임자에 한한다]
5. 제41조제1항 단서의 규정에 의한 공인회계사의 감사의견서(중앙당과 그 후원회에 한한다). 다만, 정치자금의 수입·지출이 없는 경우에는 그러하지 아니하다.
6. 잔여재산의 인계·인수서(인계의무자에 한한다). 이 경우 제58조(후보자의 반환기탁금 및 보전비용의 처리)제1항의 규정에 의한 반환·보전비용의 인계·인수서는 반환·보전받은 날부터 30일까지 제출한다.
7. 제36조(회계책임자에 의한 수입·지출)제6항의 규정에 의한 예비후보자의 선거비용 지출내역서 사본(대통령선거의 정당추천후보자의 선거사무소의 회계책임자와 그 예비후보자의 회계책임자에 한한다)
⑤ 선거사무소·선거연락소의 회계책임자가 회계보고를 하는 때에는 정당의 대표자 또는 공직선거후보자와 선거사무장의 연대 서명·날인을 받아야 한다. 다만, 선거연락소의 경우에는 선거연락소장의 서명·날인을 받아야 한다.
⑥ 회계보고 그 밖에 필요한 사항은 중앙선거관리위원회규칙으로 정한다.

제41조(회계보고의 자체 감사 등) ①정당(정당선거사무소를 제외한다)과 후원회의 회계책임자가 회계보고를 하는 때에는 대의기관(그 수임기관을 포함한다) 또는 예산결산위원회의 심사·의결을 거쳐야 하며, 그 의결서 사본과 자체 감사기관의 감사의견서를 각각 첨부하여야 한다. 다만, 정당의 중앙당과 그 후원회는 해당 정당의 당원이 아닌 자 중에서 공인회계사의 감사의견서를 함께 첨부하여야 한다. 〈개정 2008. 2. 29., 2017. 6. 30.〉
② 제1항의 규정에 의한 공인회계사는 성실하게 감사하여야 한다.

제42조(회계보고서 등의 열람 및 사본교부) ① 제40조(회계보고)의 규정에 의하여 회계보

고를 받은 관할 선거관리위원회는 회계보고 마감일부터 7일 이내에 그 사실과 열람·사본교부기간 및 사본교부에 필요한 비용 등을 공고하여야 한다.

② 관할 선거관리위원회는 제40조제3항 및 제4항의 규정에 의하여 보고된 재산상황, 정치자금의 수입·지출내역 및 첨부서류를 그 사무소에 비치하고 제1항의 규정에 의한 공고일부터 6개월간(이하 "열람기간"이라 한다) 누구든지 볼 수 있게 하여야 한다. 다만, 선거비용에 한하여 열람대상 서류 중 제40조(회계보고)제4항제1호의 수입과 지출명세서를 선거관리위원회의 인터넷 홈페이지를 통하여 공개할 수 있되, 열람기간이 아닌 때에는 이를 공개하여서는 아니된다. 〈개정 2010. 1. 25., 2024. 2. 20.〉

③ 누구든지 회계보고서, 정치자금의 수입·지출내역과 제40조제4항의 규정에 의한 첨부서류(제2호 및 제3호의 서류를 제외한다)에 대한 사본교부를 관할 선거관리위원회에 서면으로 신청할 수 있다. 이 경우 사본교부에 필요한 비용은 그 사본교부를 신청한 자가 부담한다.

④ 제2항 및 제3항의 규정에 불구하고 후원회에 연간 300만원(대통령후보자등·대통령선거경선후보자의 후원회의 경우 500만원을 말한다) 이하를 기부한 자의 인적 사항과 금액은 이를 공개하지 아니한다. 〈개정 2008. 2. 29.〉

⑤ 누구든지 제2항 및 제3항의 규정에 의하여 공개된 정치자금 기부내역을 인터넷에 게시하여 정치적 목적에 이용하여서는 아니된다.

⑥ 제40조의 규정에 의하여 관할 선거관리위원회에 보고된 재산상황, 정치자금의 수입·지출내역 및 첨부서류에 관하여 이의가 있는 자는 그 이의에 대한 증빙서류를 첨부하여 열람기간 중에 관할 선거관리위원회에 서면으로 이의신청을 할 수 있다.

⑦ 제6항의 규정에 의한 이의신청을 받은 관할 선거관리위원회는 이의신청을 받은 날부터 60일 이내에 이의신청사항을 조사·확인[제39조(영수증 그 밖의 증빙서류) 단서의 규정에 해당하는 사항을 제외한다]하고 그 결과를 신청인에게 통보하여야 한다.

⑧ 선거비용에 관하여 제6항의 규정에 의한 이의신청을 받은 관할 선거관리위원회는 회계책임자 그 밖의 관계인에게 이의사실에 대한 소명자료를 제출하도록 통지하여야 하며, 회계책임자 그 밖의 관계인은 통지를 받은 날부터 7일 이내에 소명자료를 제출하여야 한다. 이 경우 관할 선거관리위원회는 그 소명자료를 제출받은 때에는 그 이의신청내용과 소명내용을, 그 소명자료의 제출이 없는 때에는 이의신청내용과 소명이 없음을 공고하고 지체 없이 그 사실을 당해 이의신청인에게 통지하여야 한다.

⑨ 제1항의 공고, 회계보고서 등의 열람, 이의신청 및 사본교부 그 밖에 필요한 사항은 중앙선거관리위원회규칙으로 정한다.

제43조(자료제출요구 등) ①각급 선거관리위원회(읍·면·동선거관리위원회를 제외한다.

이하 이 조에서 같다) 위원·직원은 선거비용의 수입과 지출에 관하여 확인할 필요가 있다고 인정되는 때에는 회계장부 그 밖의 출납서류를 보거나, 정당, 공직선거의 후보자·예비후보자·회계책임자 또는 선거비용에서 지출하는 비용을 지급받거나 받을 권리가 있는 자 그 밖의 관계인에 대하여 조사할 수 있으며, 보고 또는 자료의 제출을 요구할 수 있다.

② 선거관리위원회로부터 제1항의 규정에 의한 요구를 받은 자는 지체 없이 이에 따라야 한다.

③ 선거관리위원회는 제42조(회계보고서 등의 열람 및 사본교부)제6항의 이의신청과 이 조 제1항의 규정에 의한 열람·보고 또는 제출된 자료 등에 의하여 회계장부 그 밖의 출납서류 또는 회계보고서의 내용 중 허위사실의 기재·불법지출이나 초과지출 그 밖에 이 법에 위반되는 사실이 있다고 인정되는 때에는 관할 수사기관에 고발 또는 수사의뢰 그 밖에 필요한 조치를 하여야 한다.

제44조(회계장부 등의 인계·보존) ① 회계책임자는 제40조(회계보고)의 규정에 의하여 회계보고를 마친 후 지체 없이 선임권자에게 이 법의 규정에 의한 당비영수증원부, 정치자금영수증 원부, 회계장부, 정치자금의 수입·지출에 관한 명세서, 영수증 그 밖의 증빙서류, 예금통장, 지출결의서 및 구입·지급품의서("회계장부등"이라 한다. 이하 제2항에서 같다)를 인계하여야 하며, 선임권자는 회계책임자가 회계보고를 마친 날부터 3년간 보존하여야 한다.

② 제1항의 규정에 불구하고 회계책임자는 선임권자의 동의를 얻어 관할 선거관리위원회에 회계장부등의 보존을 위탁할 수 있다.

제8장 벌칙

제45조(정치자금부정수수죄) ① 이 법에 정하지 아니한 방법으로 정치자금을 기부하거나 기부받은 자(정당·후원회·법인 그 밖에 단체에 있어서는 그 구성원으로서 당해 위반행위를 한 자를 말한다. 이하 같다)는 5년 이하의 징역 또는 1천만원 이하의 벌금에 처한다. 다만, 정치자금을 기부하거나 기부받은 자의 관계가 「민법」 제777조(친족의 범위)의 규정에 의한 친족인 경우에는 그러하지 아니하다.

② 다음 각 호의 어느 하나에 해당하는 자는 5년 이하의 징역 또는 1천만원 이하의 벌금에 처한다.

   1. 제6조(후원회지정권자)의 규정에 의한 후원회지정권자가 아닌 자로서 정치자금의

기부를 목적으로 후원회나 이와 유사한 기구를 설치·운영한 자

2. 제11조(후원인의 기부한도 등)제1항의 규정을 위반하여 기부한 자와 제11조제2항, 제12조(후원회의 모금·기부한도)제1항·제2항 또는 제13조(연간 모금·기부한도액에 관한 특례)제1항의 규정을 위반하여 후원금을 받거나 모금 또는 기부를 한 자

3. 제14조(후원금 모금방법) 내지 제16조(정치자금영수증과의 교환에 의한 모금)제1항의 규정을 위반하여 고지·광고하거나 후원금을 모금한 자

4. 제22조(기탁금의 기탁)제1항의 규정을 위반하여 선거관리위원회에 기탁하지 아니하고 정치자금을 기부하거나 받은 자

5. 제31조(기부의 제한) 또는 제32조(특정행위와 관련한 기부의 제한)의 규정을 위반하여 정치자금을 기부하거나 받은 자

6. 제33조(기부의 알선에 관한 제한)의 규정을 위반하여 정치자금의 기부를 받거나 이를 알선한 자

③ 제1항 및 제2항의 경우 그 제공된 금품 그 밖에 재산상의 이익은 몰수하며, 이를 몰수할 수 없을 때에는 그 가액을 추징한다.

[헌법불합치, 2013헌바168, 2015. 12. 23., 정치자금법(2008. 2. 29. 법률 제8880호로 개정된 것) 제45조 제1항 본문의 '이 법에 정하지 아니한 방법' 중 제6조에 관한 부분은 헌법에 합치되지 아니한다. 위 각 조항 부분은 2017. 6. 30.을 시한으로 입법자가 개정할 때까지 계속 적용한다.]

제46조(각종 제한규정위반죄) 다음 각 호의 어느 하나에 해당하는 자는 3년 이하의 징역 또는 600만원 이하의 벌금에 처한다.

1. 제5조(당비영수증)제1항·제2항 또는 제17조(정치자금영수증)제11항의 규정을 위반하여 당비영수증·정치자금영수증의 기재금액 또는 액면금액과 상이한 금액을 기부한 자와 이를 받은 자, 당비영수증·정치자금영수증을 허위로 작성하여 교부하거나 위조·변조하여 이를 사용한 자

2. 제8조(후원회의 회원)제3항의 규정을 위반하여 회원명부의 열람을 강요한 자 또는 같은 조제5항의 규정을 위반하여 회원명부에 관하여 직무상 알게 된 사실을 누설한 자

3. 제10조(후원금의 모금·기부)제1항 후단의 규정을 위반하여 정치자금을 기부한 자

4. 제17조제12항의 규정을 위반하여 법률에 의한 절차에 의하지 아니하고 후원회에 발급한 정치자금영수증의 일련번호를 공개하거나 이를 다른 국가기관에 고지한 자

5. 제37조(회계장부의 비치 및 기재)제1항 또는 제40조(회계보고)제1항 내지 제4항의 규정을 위반하여 회계장부를 비치하지 아니하거나 허위로 기재한 자 또는 회계보고

를 하지 아니하거나 재산상황, 정치자금의 수입·지출금액과 그 내역, 수입·지출에 관한 명세서, 영수증 그 밖의 증빙서류, 예금통장 사본을 제출하지 아니하거나 이를 허위로 제출한 자 또는 수입·지출에 관한 영수증 그 밖의 증빙서류를 허위기재·위조 또는 변조한 자

6. 제44조(회계장부 등의 인계·보존)제1항의 규정을 위반하여 당비영수증 원부, 정치자금영수증 원부, 회계장부, 정치자금의 수입·지출명세서와 증빙서류, 예금통장, 지출결의서 또는 구입·지급품의서를 인계·보존하지 아니한 자

7. 제63조(비밀엄수의 의무)의 규정을 위반하여 직무상 비밀을 누설한 자

제47조(각종 의무규정위반죄) ①다음 각 호의 어느 하나에 해당하는 자는 2년 이하의 징역 또는 400만원 이하의 벌금에 처한다. 〈개정 2006. 4. 28., 2010. 1. 25., 2012. 2. 29.〉

1. 제2조(기본원칙)제3항의 규정을 위반하여 정치자금을 정치활동을 위하여 소요되는 경비 외의 용도로 지출한 자

2. 제5조(당비영수증)제1항 또는 제17조(정치자금영수증)제1항·제3항의 규정을 위반하여 당비·후원금을 납부 또는 기부받은 날부터 30일까지 당비영수증이나 정치자금영수증을 발행 또는 교부하지 아니한 자와 무정액영수증의 사용범위를 위반하여 교부한 자

3. 제16조(정치자금영수증과의 교환에 의한 모금)제2항의 규정을 위반하여 정당한 사유 없이 정치자금영수증 원부, 기부자의 인적 사항 또는 후원금을 인계하지 아니한 자

4. 제28조(보조금의 용도제한 등)제1항 내지 제3항의 규정을 위반하여 보조금을 사용한 자

5. 제30조(보조금의 반환)제1항의 규정을 위반하여 보조금의 잔액을 반환하지 아니한 자

6. 제34조(회계책임자의 선임신고 등)제4항제1호의 규정을 위반하여 정치자금의 수입·지출을 위한 예금계좌를 신고하지 아니한 자

7. 제35조(회계책임자의 변경신고 등)제2항의 규정을 위반하여 재산 및 정치자금의 잔액 또는 회계장부 등을 인계·인수하지 아니한 자

8. 제36조(회계책임자에 의한 수입·지출)제1항 또는 제3항의 규정을 위반하여 회계책임자에 의하지 아니하고 정치자금을 수입·지출한 자

9. 제36조제2항의 규정을 위반하여 신고된 예금계좌를 통하지 아니하고 정치자금을 수입·지출한 자

10. 제39조(영수증 그 밖의 증빙서류) 본문의 규정을 위반하여 영수증 그 밖의 증빙서류를 구비하지 아니하거나 허위기재·위조·변조한 자
11. 제41조(회계보고의 자체 감사 등)제2항의 규정을 위반하여 허위의 감사보고를 한 자
12. 제42조(회계보고서 등의 열람 및 사본교부)제5항의 규정을 위반하여 공개된 정치자금 기부내역을 인터넷에 게시하여 정치적 목적에 이용한 자
13. 제53조(정치자금범죄 신고자의 보호 등)제2항의 규정을 위반한 자

② 제28조제4항·제42조제7항 또는 제52조(정치자금범죄 조사 등)제1항·제4항의 규정을 위반하여 선거관리위원회의 조사·자료확인이나 제출요구에 정당한 사유 없이 응하지 아니하거나 허위자료의 제출 또는 장소의 출입을 방해한 자는 1년 이하의 징역 또는 200만원 이하의 벌금에 처한다.

제48조(감독의무해태죄 등) 다음 각 호의 어느 하나에 해당하는 자는 200만원 이하의 벌금형에 처한다.

1. 회계책임자가 제46조(각종 제한규정위반죄)제5호의 규정에 의한 죄를 범한 경우 당해 회계책임자의 선임 또는 감독에 상당한 주의를 태만히 한 회계책임자의 선임권자
2. 제2조(기본원칙)제4항의 규정을 위반하여 실명이 확인되지 아니한 방법으로 정치자금을 기부·지출한 자 또는 현금으로 지출할 수 있는 연간 한도액을 초과하여 지출한 자
3. 제2조제5항의 규정을 위반하여 타인의 명의나 가명으로 정치자금을 기부한 자
4. 제4조(당비)제2항·제11조(후원인의 기부한도 등)제4항·제21조(후원회가 해산한 경우의 잔여재산 처분 등)제3항 내지 제5항 또는 제58조(후보자의 반환기탁금 및 보전비용의 처리)제4항의 규정을 위반하여 당비 등을 정당한 사유 없이 국고에 귀속시키지 아니한 자
5. 제8조(후원회의 회원)제2항의 규정을 위반하여 회원명부를 비치하지 아니하거나 허위로 작성한 자
6. 제11조제3항의 규정에 의한 익명기부한도액을 위반하여 기부한 자

제49조(선거비용관련 위반행위에 관한 벌칙) ①회계책임자가 정당한 사유 없이 선거비용에 대하여 제40조(회계보고)제1항·제2항의 규정에 의한 회계보고를 하지 아니하거나 허위기재·위조·변조 또는 누락(선거비용의 수입·지출을 은닉하기 위하여 누락한 경우를 말한다)한 자는 5년 이하의 징역 또는 2천만원 이하의 벌금에 처한다.

② 선거비용과 관련하여 다음 각 호의 어느 하나에 해당하는 자는 2년 이하의 징역 또는 400만원 이하의 벌금에 처한다. 〈개정 2012. 2. 29., 2024. 3. 8.〉

1. 제2조(기본원칙)제4항의 규정을 위반한 자
2. 제34조(회계책임자의 선임신고 등)제1항·제4항제1호 또는 제35조(회계책임자의 변경신고 등)제1항의 규정을 위반하여 회계책임자·예금계좌를 신고하지 아니한 자
3. 제36조(회계책임자에 의한 수입·지출)제1항·제3항·제5항의 규정을 위반한 자, 동조제2항의 규정을 위반하여 신고된 예금계좌를 통하지 아니하고 수입·지출한 자와 동조제4항의 규정을 위반하여 예금계좌에 입금하지 아니하는 방법으로 지급한 자
4. 제36조제6항의 규정을 위반하여 선거비용의 지출에 관한 내역을 통지하지 아니한 자
5. 제37조(회계장부의 비치 및 기재)제1항의 규정을 위반하여 회계장부를 비치·기재하지 아니하거나 허위기재·위조·변조한 자
6. 제39조(영수증 그 밖의 증빙서류) 본문의 규정에 의한 영수증 그 밖의 증빙서류를 허위기재·위조·변조한 자
7. 제40조제4항제3호의 규정을 위반하여 예금통장 사본을 제출하지 아니한 자
8. 제43조(자료제출요구 등)제2항을 위반하여 선거관리위원회의 보고 또는 자료의 제출요구에 정당한 사유없이 응하지 아니하거나 보고 또는 자료의 제출을 허위로 한 자
9. 제44조(회계장부 등의 인계·보존)제1항의 규정을 위반한 자

③ 선거비용과 관련하여 다음 각 호의 어느 하나에 해당하는 자는 200만원 이하의 과태료에 처한다.
1. 제34조제1항·제3항 또는 제35조제1항의 규정을 위반하여 회계책임자의 선임·변경·겸임신고를 해태한 자
2. 제34조제4항제2호의 규정에 의한 약정서를 제출하지 아니한 자
3. 제35조제2항의 규정을 위반하여 인계·인수서를 작성하지 아니한 자
4. 제40조제5항의 규정을 위반한 자

제50조(양벌규정) 정당·후원회의 회계책임자와 그 회계사무보조자 또는 법인·단체의 임원이나 구성원이 그 업무에 관하여 제45조(정치자금부정수수죄)부터 제48조(감독의무해태죄 등)까지의 어느 하나에 해당하는 위반행위를 한 때에는 행위자를 벌하는 외에 당해 정당이나 후원회 또는 법인·단체가 한 것으로 보아 그 정당이나 후원회 또는 법인·단체에 대하여도 각 해당 조의 벌금형을 과한다. 다만, 해당 정당이나 후원회 또는 법인·단체가 그 위반행위를 방지하기 위하여 해당 업무에 관하여 상당한 주의와 감독을 게을리하지 아니한 경우에는 그러하지 아니하다. 〈개정 2010. 1. 25.〉

제51조(과태료) ①다음 각 호의 어느 하나에 해당하는 행위를 한 자는 300만원 이하의 과

태료에 처한다. 〈개정 2010. 1. 25.〉
1. 제5조(당비영수증)제1항 또는 제17조(정치자금영수증)제1항의 규정을 위반하여 당비영수증 또는 정치자금영수증의 발행·교부를 해태한 자
2. 제9조(후원회의 사무소 등)제2항·제3항의 규정을 위반하여 유급사무직원의 수를 초과하여 둔 자
3. 「형사소송법」제211조(현행범인과 준현행범인)에 규정된 현행범인 또는 준현행범인으로서 제52조(정치자금범죄 조사 등)제5항의 규정에 의한 동행요구에 응하지 아니한 자

② 다음 각 호의 어느 하나에 해당하는 행위를 한 자는 200만원 이하의 과태료에 처한다.
1. 제35조(회계책임자의 변경신고 등)제2항의 규정을 위반하여 인계·인수를 지체한 자
2. 제38조(정당의 회계처리)제2항의 규정을 위반하여 지출결의서나 구입·지급품의서에 의하지 아니하고 정치자금을 지출한 자

③ 다음 각 호의 어느 하나에 해당하는 행위를 한 자는 100만원 이하의 과태료에 처한다. 〈개정 2008. 2. 29., 2017. 6. 30.〉
1. 제7조제1항·제4항, 제19조제2항·제3항 본문, 제20조제1항 후단, 제34조제1항·제3항, 제35조제1항 또는 제40조제1항·제2항을 위반하여 신고·보고 또는 신청을 해태한 자
2. 제7조의 규정을 위반하여 후원회의 등록신청 또는 변경등록신청을 허위로 한 자
3. 제8조(후원회의 회원)제1항의 규정을 위반하여 후원회의 회원이 될 수 없는 자를 회원으로 가입하게 하거나 가입한 자
4. 제17조제10항의 규정을 위반하여 정치자금영수증 사용실태를 보고하지 아니하거나 정치자금영수증을 관할 선거관리위원회에 반납하지 아니한 자
5. 제21조(후원회가 해산한 경우의 잔여재산 처분 등)제1항·제2항 또는 제58조(후보자의 반환기탁금 및 보전비용의 처리)제1항의 규정을 위반하여 잔여재산 또는 반환기탁금·보전비용의 인계의무를 해태한 자
6. 제34조제2항 본문의 규정을 위반하여 회계책임자가 된 자
7. 제37조(회계장부의 비치 및 기재)제1항 후단의 규정을 위반하여 보조금과 보조금 외의 정치자금, 선거비용과 선거비용 외의 정치자금을 각각 구분하여 경리하지 아니한 자
8. 제40조제4항제4호 내지 제6호의 규정을 위반하여 예산결산위원회가 확인·검사한 사실이 명시된 공개자료의 사본, 의결서 사본 또는 감사의견서와 인계·인수서를 첨부하지 아니한 자

9. 제52조(정치자금범죄 조사 등)제5항의 규정을 위반하여 출석요구에 응하지 아니한 자

④ 이 법의 규정에 의한 과태료는 중앙선거관리위원회규칙이 정하는 바에 의하여 관할 선거관리위원회(읍·면·동선거관리위원회를 제외한다. 이하 이 조에서 "부과권자"라 한다)가 그 위반자에게 부과하며, 납부기한까지 납부하지 아니한 때에는 관할 세무서장에게 위탁하고 관할 세무서장이 국세체납처분의 예에 따라 이를 징수한다. 다만, 과태료 처분대상자가 정당인 경우에는 당해 정당에 배분·지급될 보조금 중에서 공제하고, 후보자[제49조(선거비용관련 위반행위에 대한 벌칙)제3항에 따라 과태료 처분을 받은 선거연락소장과 회계책임자를 포함한다]인 경우에는 「공직선거법」 제57조(기탁금의 반환 등) 및 제122조의2(선거비용의 보전 등)의 규정에 의하여 당해 후보자(대통령선거의 정당추천후보자, 비례대표국회의원선거 및 비례대표지방의회의원선거에 있어서는 그 추천정당을 말한다)에게 반환·지급할 기탁금 또는 선거비용 보전금에서 공제할 수 있다. 〈개정 2010. 1. 25.〉

⑤ 삭제 〈2012. 2. 29.〉

⑥ 삭제 〈2012. 2. 29.〉

⑦ 삭제 〈2012. 2. 29.〉

[제목개정 2012. 2. 29.]

제9장 보칙

제52조(정치자금범죄 조사 등) ①각급 선거관리위원회(읍·면·동선거관리위원회를 제외한다. 이하 이 조에서 같다) 위원·직원은 이 법을 위반한 범죄의 혐의가 있다고 인정되거나 현행범의 신고를 받은 경우에는 그 장소에 출입하여 정당, 후원회, 후원회를 둔 국회의원·지방의회의원, 대통령선거경선후보자, 당대표경선후보자등, 공직선거의 후보자·예비후보자, 회계책임자, 정치자금을 기부하거나 받은 자 또는 정치자금에서 지출하는 비용을 지급받거나 받을 권리가 있는 자 그 밖에 관계인에 대하여 질문·조사하거나 관계 서류 그 밖에 조사에 필요한 자료의 제출을 요구할 수 있다. 〈개정 2016. 1. 15., 2024. 2. 20.〉

② 각급 선거관리위원회는 정치자금의 수입과 지출에 관한 조사를 위하여 불가피한 경우에는 다른 법률의 규정에 불구하고 금융기관의 장에게 이 법을 위반하여 정치자금을 주거나 받은 혐의가 있다고 인정되는 상당한 이유가 있는 자의 다음 각 호에 해당하는

금융거래자료의 제출을 요구할 수 있다. 다만, 당해 계좌에 입·출금된 타인의 계좌에 대하여는 그러하지 아니하다. 이 경우 당해 금융기관의 장은 이를 거부할 수 없다.
1. 계좌개설 내역
2. 통장원부 사본
3. 계좌이체의 경우 거래상대방의 인적 사항
4. 수표에 의한 거래의 경우 당해 수표의 최초 발행기관 및 발행의뢰인의 인적 사항
③ 각급 선거관리위원회 위원·직원은 이 법에 규정된 범죄에 사용된 증거물품으로서 증거인멸의 우려가 있다고 인정되는 경우에는 조사에 필요한 범위 안에서 현장에서 이를 수거할 수 있다. 이 경우 당해 선거관리위원회 위원·직원은 수거한 증거물품을 그 관련된 범죄에 대하여 고발 또는 수사의뢰한 때에는 관계 수사기관에 송부하고 그러하지 아니한 때에는 그 소유·점유·관리하는 자에게 지체 없이 반환하여야 한다.
④ 누구든지 제1항의 규정에 의한 장소의 출입을 방해하여서는 아니되며, 질문·조사를 받거나 자료의 제출을 요구받은 자는 즉시 이에 따라야 한다.
⑤ 각급 선거관리위원회 위원·직원은 정치자금범죄의 조사와 관련하여 관계자에게 질문·조사하기 위하여 필요하다고 인정되는 때에는 선거관리위원회에 출석할 것을 요구할 수 있고, 범죄혐의에 대하여 명백한 증거가 있는 때에는 동행을 요구할 수 있다. 다만, 공직선거(대통령선거경선후보자·당대표경선후보자등의 당내경선을 포함한다)의 선거기간 중 후보자(대통령선거경선후보자·당대표경선후보자등을 포함한다)에 대하여는 동행 또는 출석을 요구할 수 없다. 〈개정 2016. 1. 15.〉
⑥ 각급 선거관리위원회 위원·직원이 제1항의 규정에 의한 질문·조사·자료의 제출 요구 또는 장소에 출입하거나 제5항의 규정에 의한 동행 또는 출석을 요구하는 경우에는 관계인에게 그 신분을 표시하는 증표를 제시하고 소속과 성명을 밝히고 그 목적과 이유를 설명하여야 한다.
⑦ 제2항의 규정에 의하여 금융거래의 내용에 대한 정보 또는 자료(이하 "거래정보등"이라 한다)를 알게 된 자는 그 알게 된 거래정보등을 타인에게 제공 또는 누설하거나 그 목적 외의 용도로 이를 이용하여서는 아니된다.
⑧ 3제1항 내지 제6항의 규정에 의한 자료제출요구서, 증거자료의 수거 및 증표의 규격 그 밖에 필요한 사항은 중앙선거관리위원회규칙으로 정한다.

제53조(정치자금범죄 신고자의 보호 등) ①정치자금범죄(제8장에 해당하는 죄를 말한다. 이 장에서 같다)에 관한 신고·진정·고소·고발 등 조사 또는 수사단서의 제공, 진술 또는 증언 그 밖에 자료제출행위 및 범인검거를 위한 제보 또는 검거활동을 한 자(이하 이 조에서 "정치자금범죄 신고자등"이라 한다)가 그와 관련하여 피해를 입거나 입을 우려가

있다고 인정할 만한 상당한 이유가 있는 경우 그 정치자금범죄에 관한 형사절차 및 선거관리위원회의 조사과정에 있어서는「특정범죄신고자등 보호법」제5조(불이익처우의 금지)·제7조(인적 사항의 기재생략)·제9조(신원관리카드의 열람) 내지 제12조(소송진행의 협의 등) 및 제16조(범죄신고자 등에 대한 형의 감면)의 규정을 준용한다.

② 누구든지 제1항의 규정에 의하여 보호되고 있는 정치자금범죄 신고자등이라는 정을 알면서 그 인적 사항 또는 정치자금 범죄신고자등임을 미루어 알 수 있는 사실을 다른 사람에게 알려 주거나 공개 또는 보도하여서는 아니된다.

제54조(정치자금범죄 신고자에 대한 포상금 지급) ① 각급 선거관리위원회(읍·면·동선거관리위원회를 제외한다. 이하 이 조에서 같다) 또는 수사기관은 정치자금범죄에 대하여 선거관리위원회 또는 수사기관이 인지하기 전에 그 범죄행위의 신고를 한 자에 대하여는 중앙선거관리위원회규칙이 정하는 바에 따라 포상금을 지급할 수 있다.

② 각급선거관리위원회 또는 수사기관은 제1항에 따라 포상금을 지급한 후 담합 등 거짓의 방법으로 신고한 사실이 발견된 경우 해당 신고자에게 반환할 금액을 고지하여야 하고, 해당 신고자는 그 고지를 받은 날부터 30일 이내에 해당 선거관리위원회 또는 수사기관에 이를 납부하여야 한다. 〈신설 2008. 2. 29.〉

③ 각급선거관리위원회 또는 수사기관은 해당 신고자가 제2항의 납부기한까지 반환할 금액을 납부하지 아니한 때에는 해당 신고자의 주소지를 관할하는 세무서장에게 징수를 위탁하고 관할 세무서장이 국세 체납처분의 예에 따라 징수한다. 〈신설 2008. 2. 29.〉

④ 제2항 또는 제3항에 따라 납부 또는 징수된 금액은 국가에 귀속된다. 〈신설 2008. 2. 29.〉

제55조(피고인의 출정) ① 정치자금범죄에 관한 재판에서 피고인이 공시송달에 의하지 아니한 적법한 소환을 받고서도 공판기일에 출석하지 아니한 때에는 다시 기일을 정하여야 한다.

② 피고인이 정당한 사유 없이 다시 정한 기일 또는 그 후에 열린 공판기일에 출석하지 아니한 때에는 피고인의 출석 없이 공판절차를 진행할 수 있다.

③ 제2항의 규정에 의하여 공판절차를 진행할 경우에는 출석한 검사 및 변호인의 의견을 들어야 한다.

④ 법원은 제2항의 규정에 따라 판결을 선고한 때에는 피고인 또는 변호인(변호인이 있는 경우에 한한다)에게 전화 그 밖에 신속한 방법으로 그 사실을 통지하여야 한다.

제56조(기소·판결에 관한 통지) ① 정치자금범죄로 정당의 대표자, 국회의원, 지방자치단체의 장, 지방의회의원, 공직선거 후보자·예비후보자, 대통령선거경선후보자·당대표경선후보자등, 후원회의 대표자 또는 그 회계책임자를 기소한 검사는 이를 관할 선거

관리위원회에 통지하여야 한다. 〈개정 2016. 1. 15.〉

② 제45조부터 제48조까지 및 제49조제1항·제2항의 범죄에 대한 확정판결을 행한 재판장은 그 판결서 등본을 관할 선거관리위원회에 송부하여야 한다. 〈개정 2012. 2. 29.〉

제57조(정치자금범죄로 인한 공무담임 등의 제한) 제45조(정치자금부정수수죄)에 해당하는 범죄로 인하여 징역형의 선고를 받은 자는 그 집행을 받지 아니하기로 확정된 후 또는 그 형의 집행이 종료되거나 면제된 후 10년간, 금고 이상의 형의 집행유예의 선고를 받은 자는 그 형이 확정된 후 10년간, 100만원 이상의 벌금형(집행유예를 포함한다)의 선고를 받은 자는 그 형이 확정된 후 5년간「공직선거법」제266조(선거범죄로 인한 공무담임 등의 제한)제1항 각 호의 어느 하나에 해당하는 직에 취임하거나 임용될 수 없으며, 이미 취임 또는 임용된 자의 경우에는 그 직에서 퇴직된다. 〈개정 2023. 8. 8.〉

제58조(후보자의 반환기탁금 및 보전비용의 처리) ①공직선거의 후보자가 후원회의 후원금 또는 정당의 지원금으로「공직선거법」제56조(기탁금)의 규정에 의한 기탁금을 납부하거나 선거비용을 지출하여 같은 법 제57조(기탁금의 반환 등) 또는 제122조의2(선거비용의 보전 등)의 규정에 의하여 반환·보전받은 경우 그 반환·보전비용 [자신의 재산(차입금을 포함한다)으로 지출한 비용을 모두 공제한 잔액을 말한다]은 선거비용을 보전받은 날부터 20일 이내(이하 이 조에서 "인계기한"이라 한다)에 정당추천후보자는 소속 정당에, 무소속후보자는 공익법인 또는 사회복지시설에 인계하여야 한다. 〈개정 2012. 2. 29.〉

② 국회의원선거 또는 지방의회의원선거의 당선인은 제1항에도 불구하고 그 반환·보전비용을 자신의 정치자금으로 사용할 수 있으며, 이 경우 제34조(회계책임자의 선임신고 등)제4항제1호의 규정에 의한 예금계좌(후원회를 두지 아니한 경우에는 자신의 명의로 개설한 예금계좌를 말한다)에 입금하여 정치자금으로 사용하여야 한다. 〈개정 2024. 2. 20.〉

③ 후원회를 두지 아니한 국회의원 또는 지방의회의원이 자신 명의로 개설한 예금계좌에 입금한 제2항의 자금을 모두 지출한 때에는 중앙선거관리위원회규칙이 정하는 바에 따라 관할 선거관리위원회에 보고하여야 한다. 〈개정 2024. 2. 20.〉

④ 공직선거의 후보자가 제1항에 따라 인계하여야 하는 반환·보전비용을 그 인계기한 이내에 소속 정당 등에 인계하지 아니한 경우에는 이를 국고에 귀속시켜야 한다. 이 경우 국고귀속절차에 관하여는 제4조(당비)제3항 및 제4항의 규정을 준용한다. 〈개정 2012. 2. 29.〉

제59조(조세의 감면) ①이 법에 의하여 정치자금을 기부한 자 또는 기부받은 자에 대하여는「조세특례제한법」이 정하는 바에 따라 그 정치자금에 상당하는 금액에 대한 소득세 및

증여세를 면제하되, 개인이 기부한 정치자금은 해당 과세연도의 소득금액에서 10만원까지는 그 기부금액의 110분의 100을, 10만원을 초과한 금액에 대해서는 해당 금액의 100분의 15(해당 금액이 3천만원을 초과하는 경우 그 초과분에 대해서는 100분의 25)에 해당하는 금액을 종합소득산출세액에서 공제하고, 「지방세특례제한법」에 따라 그 공제금액의 100분의 10에 해당하는 금액을 해당 과세연도의 개인지방소득세 산출세액에서 추가로 공제한다. 다만, 제11조(후원인의 기부한도 등)제3항의 규정에 의한 익명기부, 후원회 또는 소속 정당 등으로부터 기부받거나 지원받은 정치자금을 당비로 납부하거나 후원회에 기부하는 경우에는 그러하지 아니하다. 〈개정 2016. 1. 15.〉

② 후원회의 명의로 개설된 정치자금 예금계좌에 입금하는 방법으로 1회 10만원, 연간 120만원 이하의 정치자금을 기부한 자는 그 후원회의 명의와 기부자의 성명·생년월일 등 인적 사항, 거래일자·거래금액 등 기부내역이 기재된 금융거래 입금증이나 위조·복사·변조를 방지하기 위한 장치가 된 전자결제영수증 원본을 제1항의 규정에 따른 세액공제를 위한 영수증으로 사용할 수 있다. 〈개정 2016. 1. 15.〉

[제목개정 2016. 1. 15.]

제60조(정치자금의 기부 등 촉진) 각급 선거관리위원회(읍·면·동선거관리위원회를 제외한다)는 정치자금의 기부·기탁을 촉진하기 위하여 정치자금의 기부·기탁의 방법·절차 및 필요성 등을 인쇄물·시설물·광고물 등을 이용하여 홍보하여야 한다.

제61조(정치자금 모금을 위한 방송광고) ① 「방송법」에 의한 지상파방송사는 깨끗한 정치자금의 기부문화 조성을 위하여 공익광고를 하여야 하며, 그 비용은 당해 방송사가 부담한다.

② 제1항의 공익광고를 위하여 「방송광고판매대행 등에 관한 법률」에 따른 한국방송광고진흥공사(이하 이 조에서 "한국방송광고진흥공사"라 한다)는 그 부담으로 방송광고물을 제작하여 연 1회 이상 지상파방송사에 제공하여야 한다. 〈개정 2020. 3. 11.〉

③ 한국방송광고진흥공사는 제2항의 규정에 의한 방송광고물을 제작하고자 하는 때에는 그 방송광고의 주제에 관하여 중앙선거관리위원회와 협의하여야 한다. 〈개정 2020. 3. 11.〉

제62조(「기부금품의 모집 및 사용에 관한 법률」의 적용배제) 이 법에 의하여 정치자금을 기부하거나 받는 경우에는 「기부금품의 모집 및 사용에 관한 법률」의 적용을 받지 아니한다. 〈개정 2006. 3. 24.〉

[제목개정 2006. 3. 24.]

제63조(비밀엄수의 의무) 각급 선거관리위원회 위원과 직원은 재직 중은 물론 퇴직후라도 이 법의 시행과 관련하여 직무상 알게 된 비밀을 누설하여서는 아니된다.

제64조(공고) 관할 선거관리위원회는 제7조(후원회의 등록신청 등)·제19조(후원회의 해산 등)제3항 본문의 규정에 의한 신고나 등록신청을 받은 때, 제40조(회계보고)제1항·제2항의 규정에 의한 회계보고를 받은 때, 제19조제4항의 규정에 의하여 후원회의 등록을 말소한 때, 제23조(기탁금의 배분과 지급)·제27조(보조금의 배분)의 규정에 의한 정치자금을 정당에 지급한 때 또는 제30조(보조금의 반환)의 규정에 의하여 보고를 받거나 보조금을 반환받은 때에는 중앙선거관리위원회규칙이 정하는 바에 따라 그 뜻을 공고하여야 한다.

제65조(시행규칙) 이 법 시행에 관하여 필요한 사항은 중앙선거관리위원회규칙으로 정한다.

부칙〈제20371호, 2024. 3. 8.〉

제1조(시행일) 이 법은 공포한 날부터 시행한다.

제2조(지역구국회의원예비후보자후원회에 관한 경과조치) ① 2024년 4월 10일 실시하는 국회의원선거에서 법률 제20370호 공직선거법 일부개정법률 시행에 따라 선거구역이 변경된 국회의원지역구의 지역구국회의원예비후보자후원회 중 관할 선거관리위원회가 변경되지 아니한 경우 그 지역구국회의원예비후보자후원회는 제7조에도 불구하고 이 법 시행 당시 관할 선거관리위원회에 등록된 것으로 본다.

② 2024년 4월 10일 실시하는 국회의원선거에서 법률 제20370호 공직선거법 일부개정법률 시행에 따라 선거구역이 변경된 국회의원지역구의 지역구국회의원예비후보자후원회 중 관할 선거관리위원회가 변경된 경우 그 지역구국회의원예비후보자후원회 대표자는 이 법 시행 후 10일까지 서면으로 변경신고를 하여야 하며, 종전에 교부받은 후원회등록증을 반납하고 새로운 등록증을 교부받아야 한다.

제3조(지역구국회의원예비후보자 및 그 후원회 회계책임자에 관한 경과조치) ① 2024년 4월 10일 실시하는 국회의원선거에서 법률 제20370호 공직선거법 일부개정법률 시행에 따라 선거구역이 변경된 국회의원지역구의 예비후보자 및 그 후원회 중 관할 선거관리위원회가 변경되지 아니한 경우 해당 예비후보자 및 그 후원회 회계책임자는 제34조에도 불구하고 이 법 시행 당시 관할 선거관리위원회에 신고된 것으로 본다.

② 2024년 4월 10일 실시하는 국회의원선거에서 법률 제20370호 공직선거법 일부개정법률 시행에 따라 선거구역이 변경된 국회의원지역구의 예비후보자 및 그 후원회 중 관할 선거관리위원회가 변경된 경우에는 이 법 시행 후 10일까지 서면으로 회계책임자 변경신고를 하여야 한다.

제9회 지방선거 홍익인간k 민주주의누구나출마

isbn 9791193186565
700페이지
정가49800원

대한민국의 기탁금 제도 (주요 내용)
- **목적**: 아무나 쉽게 후보로 나오지 못하게 하고, 진지하게 선거에 임하도록 유도
- **납부 주체**: 입후보자 본인(또는 정당이 대신 낼 수도 있음)
- **금액**: 선거 종류별로 다름
  - 대통령 선거:**3억 원**
  - 국회의원 선거:**1,500만 원**
  - 시·도지사 선거:**5천만 원**
  - 구청장·시장·군수 선거:**1천만 원**
  - 광역의원 선거:**300만 원**
  - 기초의원 선거:**200만 원**
  - 교육감 선거:**5천만 원**

주소 서울강남구 선능로704 청담빌딩10층30호
매주금요일16시 회의실12층 토론장

저자 김정수
출생 전북고창
약력 국립대 경제학과
국내최초국가기간전산망
국내최초이동통신사업자선정
비트코인 백만장자저자
억만장자선물옵션저자
발행일 11월20일